Human Resource Development and Management in Public Sector

## 作者简介

**李和中**，男，回族。主要研究方向为：公共部门人力资源开发与管理、国家公务员制度研究。教授，博士生导师，系中国政治学会理事、中国行政管理教学研究会常务理事、湖北省公共管理研究会副会长。现任武汉大学政治与公共管理学院公共管理系主任。先后发表专业论文40余篇，出版著作9部（其中主编6部，个人专著3部），参加编写词典一部（编委）。

李和中教授曾被《中国专家学者辞典》（《人民日报》海外新闻交流中心编撰）作为有影响的学者收录。

**常　荔**，武汉大学政治与公共管理学院公共管理系副教授、管理学博士。

高等学校公共管理类系列教材

# 公共部门人力资源开发与管理

Human Resource Development and Management in Public Sector

■ 李和中 常荔 编著

Human Resource Development and Management in Public Sector

WUHAN UNIVERSITY PRESS
武汉大学出版社

**图书在版编目(CIP)数据**

公共部门人力资源开发与管理/李和中,常荔编著.—武汉:武汉大学出版社,2007.11
高等学校公共管理类系列教材
ISBN 978-7-307-05783-8

Ⅰ.公… Ⅱ.①李… ②常… Ⅲ.人事管理学—高等学校—教材
Ⅳ.D035.2

中国版本图书馆 CIP 数据核字(2007)第 092833 号

责任编辑:王雅红　　责任校对:程小宜　　版式设计:詹锦玲

---

出版发行:**武汉大学出版社**　(430072　武昌　珞珈山)
(电子邮件:wdp4@whu.edu.cn　网址:www.wdp.com.cn)
印刷:湖北恒泰印务有限公司
开本:720×1000　1/16　印张:22　字数:378 千字　插页:3
版次:2007 年 11 月第 1 版　2007 年 11 月第 1 次印刷
ISBN 978-7-307-05783-8/D·746　定价:29.00 元

---

# 内容提要

本书以人力资源开发与管理理论为基石，选取公共部门人力资源开发与管理为研究对象，以公共部门人力资源管理流程为主线展开，系统阐述了公共部门人力资源规划与预测、工作分析与职位分类、招募与选录、绩效评估、薪酬管理、培训与开发、监控与约束、公共部门人力资源的流动、使用和激励等诸环节的活动，力求以多元化的视角全面反映公共部门人力资源管理的发展规律和最新趋势。本书注重基础理论和基本方法，同时吸收和融入国内外最新理论成果；强调人力资源管理方法的国际普适性，也结合中国国情，突出人力资源管理技能的实用性和可操作性，具有布局新颖、结构严谨、内容充实、脉络清晰和实践性强等特点。

本书各章均搭配有思考题和案例分析题，可作为公共管理、人力资源管理等相关专业学生的专业课教材，也可作为各级政府公务员的培训教材。

# 目 录

# 第一章 导论

被誉为“经营之神”的日本企业家松下幸之助曾说过：“国家的兴盛在于人，国家的灭亡亦在于人，古圣先贤早有明训；回顾古来历史，可谓丝毫不爽。经营事业的成败，毋庸讳言，与治国同一道理，在于人事安排是否合宜。”可见，管理中，人的因素是第一位的。既然在管理中人的因素是第一位的，故人们对开掘人、使用人必须予以研究，可以说自从人类社会组织诞生以来，对人的管理规律的研究就从没间断过。然而，开始人们只是注重对现存“人力”（即劳动力）的组织与管理，随着人类社会发展的进步，人们愈来愈认识到对“人力”的使用依赖于对“人力”的开发，人力的开发是人力使用的前提，对劳动力的组织与管理应该从它的源头——原生态的人力资源的开发抓起，这也就是为什么越是生产力发达的国家越是重视教育和培训、重视人力资源开发的道理。

## 第一节 人力资源开发与管理概述

人类发展的历史雄辩地证明，一个国家社会经济的发展，国力的增强，固然与自然资源、资金条件、历史遗产等密切相关，但起决定作用的仍然是人力资源及其开发利用。第二次世界大战后，世界经济的迅猛发展，社会生产力水平的极大提高，使人力资源在生产中的地位发生了质的改变，西方传统经济学中将劳动力看做是同质的、非资本的，将劳动力素质看做是外生变量的理论已难以解释个人收入间的差别，人们开始认识到，劳动力是具有异质性的，个人发展能力的大小和自身价值的高低归根结底取决于个人素质的高低；前联邦德国和日本凭借战后保留下来的技术力量和高素质的人力资源所创造的经济奇迹，也使人们再次认识到，一个国家只有注重开发和利用人力资源，才可能顺应时代潮流，应对各种挑战，最终自立于世界民族之林。因此，自20世纪50

年代以来，对于人力资源的研究方兴未艾，越来越为经济学家所重视，研究成果所体现出的共同观点是：在自然资源、物质资源和人力资源三种资源中，人力资源是最宝贵、最重要的资源，是所有资源中的核心资源。

## 一、人力资源的概念

### 1. 人力资源的含义

根据人力资源理论，“人力”是指人的劳动能力，包括体力、智力、知识、技能四个部分，这四者的不同组合，构成了人力资源的丰富内容，其中体力和智力是其最基本的组成部分。从经济学角度看，人力资源是指一定范围内的人口总体所具有的劳动能力的总和，是存在于人的自然生命机体中的一种社会经济资源；从人口学角度看，人力资源是指能够推动社会和经济发展、具有智力和体力劳动能力的人的总称，也可以称作“劳动力资源”，劳动适龄人口是人力资源的主体，从业人员和求业人员构成了现实性的人力资源。

综上所述，所谓人力资源，也称“劳动力资源”或“劳动资源”，是指一个国家或地区在一定时期内，能够推动整个国民经济和社会发展的具有智力劳动和体力劳动能力的人们的总称。

人力资源的含义一般包括以下三个方面的内容：

其一，人力资源是指能推动国民经济和社会发展的、具有智力劳动和体力劳动能力的总和。

其二，人力资源是指劳动力资源，即一个国家或地区有劳动能力的人口总和。对于“劳动力资源”的理解，有些学者认为应该是指“处在劳动年龄的已直接投入建设和尚未投入建设的人口的能力”。其实，作出这种限定是不必要的，难道不处于劳动年龄的人口就不是人力资源了吗？只不过他们不是现实的人力资源，而是潜在的人力资源，其实有些“不处于劳动年龄”的人口也可以成为现实的人力资源，例如，很多退休人员为了发挥余热，再次就业即成为了现实的人力资源。

其三，人力资源作为一个经济范畴，包括数量和质量两个方面的内容，具有质的规定性和量的规定性。人力资源总量表现为人力资源数量与平均质量的乘积，即：

人力资源总量 = 人力资源数量 × 人力资源平均质量

### 2. 人力资源的构成

人力资源一般由八个方面构成，这八个方面可具体分为两种类别：就业人口和待业人口（见图 1-1）。

就业人口分为三部分：其一是适龄就业人口，是指处于劳动年龄之内的人口，它是人力资源的主体。其二是未成年就业人口，即尚未达到劳动年龄的人力资源。其三是老年就业人口，指超过劳动年龄，继续从事社会劳动的人口。以上三部分构成了总的就业人口的主流。

待业人口分为五部分：其一是求业人口，是指处于劳动年龄之内，具有劳动能力并要求参加社会劳动的人口。其二是就学人口，即处于劳动年龄之内，正在从事学习的人口。其三是处于劳动年龄之内，正在从事家务劳动的人口。其四是处于劳动年龄之内，正在军队服役的人口。其五是处于劳动年龄之内的其他人口。

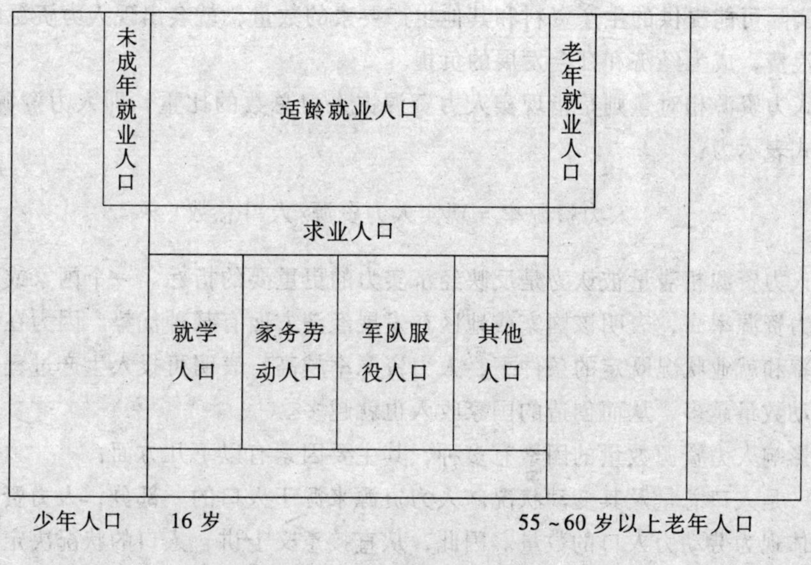


图 1-1　人力资源的构成图

人力资源的就业状况又可以按一定的方式分成不同的类别。20 世纪 80 年代以前，西方国家对人力资源的构成采取传统的分类法将其分为两类：白领和蓝领。20 世纪 80 年代以后，国外普遍采用了按职业性质的新分类方式，即分为行政长官、经理及行政管理人员、专业人员、职员、熟练工人及技工、非熟练工及半熟练工。我国国家统计局 1987 年在人口抽样时将人口按职业分为八类：（1）各类专业技术人员；（2）国家机关、党群组织、企事业单位负责人；（3）办事人员和有关人员；（4）商业工作人员；（5）服务性工作人员；（6）农、林、牧、渔劳动者；（7）生产工人、运输工人和有关人员；（8）不便分类的其他劳动者。

### 3. 人力资源的数量和质量关系

(1) 人力资源的数量。

人力资源的数量是构成人力资源总量的基础性指标，它反映了人力资源的量的规定性。人力资源又分为绝对量和相对量两个指标。

一个国家或地区的人力资源绝对总量，是指该国家或地区中具有劳动能力、从事社会劳动的人口总数，即现实人力资源总数。

通常认为，人力资源绝对量是反映一个国家或地区经济实力的重要指标。人力资源越丰富，社会生产中投入的活劳动越多，创造的价值越多。不过，人力资源必须和生产资料及其他生产要素在量上保持平衡，一旦人力资源量超过社会实际可能提供的生产资料和其他生产要素的数量，就会出现人力资源的过剩和浪费，成为经济和社会发展的负担。

人力资源相对量则是指现实人力资源占人口总数的比重，即人力资源率，用公式表示为：

$$人力资源率=现实人力资源/人口总数$$

人力资源相对量被认为是反映经济实力的更重要的指标。一个国家或地区的人力资源率高，表明该国家或地区在发展经济方面有某种优势。因为在劳动生产率和就业状况既定的条件下，人力资源率越高，表明可投入生产过程中的活劳动数量越多，从而创造的国家收入也就越多。

影响人力资源数量的因素有多种，其主要因素有以下几方面：

一是人口总量及其变动状况。人力资源来源于人口的一部分，人力资源的数量体现为劳动力人口的数量。因此，从直接意义上讲，人口的状况决定着总人力资源的数量。

从动态看，人口数量由于出生和死亡而时刻处于变化之中，由人口总量所制约的人力资源数量也会相应地发生变化。在人口年龄构成不变的情况下，人口总量的变化，必然导致人力资源数量发生相应的变化，即人口总量越大，人力资源越多；反之，则越少。如果考察的是一个封闭系统内的人口，那么人口的自然增长率实际上也决定了人力资源数量的增长率。不过，两者在时间上正好相隔一个劳动力的成长周期。

二是人口的年龄构成状况。人口的年龄构成，是影响人力资源数量的一个重要因素。也就是说，人口的年龄结构类型是年轻型、成年型还是老年型，对人力资源数量有重要影响。在人口总量一定的条件下，人口的年龄构成直接决定了人力资源的数量，即：

人力资源数量 = 人口总量 × 劳动年龄人口比例

由于人力资源主要集中在总人口中劳动年龄区域内，故老年型或年轻型人口结构，会减少潜在的人力资源数量。

三是劳动力参与率。劳动力参与率是决定人力资源数量的又一重要因素。在一定的人口数量和结构条件下，现实的人力资源数量直接取决于劳动力参与率。

劳动力参与率是指一个国家或地区在一定时期内，实际参加社会劳动的人口和正在谋取职业的，以及失业后准备再就业的人口之和占总的人力资源的比例，也就是现实的人力资源在潜在的人力资源中所占的比重。用公式表示为：

劳动力参与率 = （在业人口 + 正在求业人口）/具有劳动能力的劳动人口

可见，劳动力参与率越高，人力资源利用的可能性越高；反之，则越低。

劳动力参与率的高低，受多种因素的影响。不同的国家，不同的时期，影响因素也有所不同。主要因素是：劳动能力的界限，教育普及程度，社会保险状况，宗教及社会风俗，劳动制度及工资制度，经济结构类型及其发展水平，卫生保健事业状况，经济生活状况，等等。

此外，人口的性别构成、人口迁徙、人口的质量和政治、经济、教育等社会条件对人力资源的数量也有一定程度的影响。例如，人口迁移的范围对一个地区甚至对一个国家的人力资源状况都将产生直接影响。

（2）人力资源的质量。

人力资源的质量是构成人力资源总量的另一个重要指标，它反映了人力资源质的规定性。人力资源的质量，指人力资源所具有的体质、智力、知识和技能的水平，以及劳动者的劳动态度。一般用健康卫生指标、教育状况、技术等级状况、劳动态度指标来衡量。它由身体素质、心理素质、文化技术素质和思想道德素质共同构成。人力资源的质量是劳动者劳动能力的体现，并在社会生产实践中形成工作技能。人力资源的质量随着生产力发展、劳动方式改革和人类自身进化而不断得到提高。

**身体素质** 劳动者的身体素质是指劳动者的健康状况、体力状况、生命力和寿命，它是人力资源质量的生理基础。人体解剖生理过程，如人体肌肉骨骼构成、心脏跳动、血液循环、物质合成和分解、新陈代谢、参量转换等通常被视为身体素质。

**心理素质**　劳动者的心理素质是指劳动者心理特征的总体状况，包括劳动者的心理功能素质和人格素质，它是人力资源质量的心理基础。

**文化技术素质**　劳动者的文化技术素质是指劳动者群体的文化知识、科学技术水平、生产经验和劳动技能等。它是人类在认识、改造自然和社会过程中长期积累的知识结晶，是人力资源质量的核心部分。

**思想道德素质**　劳动者的思想道德素质是指劳动者的思想意识状况，主要由观念体系和观念更新机制构成，它是衡量人力资源质量的重要标准之一。

影响人力资源质量的因素有遗传因素和其他先天性因素、营养因素、教育方面的因素等。其中教育方面的因素是影响人力资源质量的最重要因素。目前，相对于发达国家，甚至是部分发展中国家而言，中国教育投资的强度较低，其结果是教育效益较差。据有关资料统计，我国的教育投资占国民生产总值（GNP）的3%左右，发达国家一般是6.1%左右；发展中国家一般是4%左右，就世界教育投资占国民生产总值（GNP）的平均水平而言亦达到了5.7%。另一组数据更能说明问题，据2002年有关方面的统计，中国人均教育投资只有美国教育投资的0.9%，分别是日本和英国的1.6%。所以，中国靠教育投资对经济增长的贡献是9.7%，而发达国家一般都达到了49%，部分发展中国家也达到了31%。

上面分别考察了人力资源的数量与质量。实际上，数量与质量是统一的。一定数量的人力资源是一个国家或地区、一个公司或企业存在和发展的基础和前提条件。然而，人力资源数量的确定，往往又依赖于人力资源质量状况。人力资源数量只反映推动物质资料生产的人数；人力资源质量则反映推动不同类型、不同复杂程度和不同数量生产资料的具体能力及其与物质资料生产相应的劳动力结构状况，其中也包括数量结构。当今时代，经济发展主要取决于知识和科学技术进步，因此，对人力资源质量的要求越来越高，需要也更迫切，而对数量需求则相对减弱。再加上人力资源的质量对数量有很强的替代性，而数量对质量的替代性则较差，甚至不能替代，所以，在人力资源数量一定的情况下，质量更重于数量。明确这个道理，对于自觉扩大人力资本投资，加强人力资源管理，合理开发、利用、配置人力资源是十分必要的。

## 二、人力资源的主要特征

人力资源作为一种区别于自然资源的特殊的资源形态，具有以下特征：

### 1. 人力资源具有自然性和社会性双重属性

人力资源以人身为载体，存在于人体之中，是一种“活”的资源。人力资源与人的自然生理特征相联系，这就是人力资源的自然属性。自然性是人力资源最基本的属性。同时，人并不是孤立的存在，个人总是与一定的社会环境相联系，社会政治经济、意识形态、文化传统与人的成长发展密切相关，对人的人生观、价值观、世界观产生深刻影响，其影响的深度和广度，因人所处的时代背景、社会阶层、生活经历等因素不同而异。社会阶层的客观存在使个人在个性特征基础上明显地打上了所属阶层的烙印，社会阶层可以造成个人能力结构差异、思维方式的差异和价值观等意识形态层次上的差异和人生需求的多方面差异，其对人的影响是深刻的、多方面的。同时，同一阶层的人亦会因生活方式的选择而具有不同的价值观和行为导向。因此，人所需要和感受到的激励需求是多层次多纬度的，所以单一的薪酬策略往往效果不佳，高薪不一定能留住人才。尤其在现代社会生产和生活中，物质水平的提高带来了人类精神的解放，世界劳动力市场发生了深刻的变化：过去雇员找活干，现在老板想方设法留住员工；人性得到更充分的发挥，需要得到更充分的尊重，人们工作的价值已从过去单纯追求工作成就，转向了包括追求工作成就在内的对自身潜能与客观世界的多方位体验。因此，组织必须充分尊重人力资源个人的价值，才能获得其自身所需要的价值。

**2. 人力资源具有能动性**

人具有主观能动性，人对客观世界的认识是多元化、多层次的，所以具有复杂多变的思想、情感境界，它能支配人的高级意识活动，使人类能够根据自己的价值判断作出行为选择、产生态度变化，对诸如接受—抵触、积极—消极、创新—应付、合作—对抗、共享—独立等相互对立的情绪或精神状态做出反应，人力资源管理应当诱使人们的行为态度向有利于提高组织效率的一端变化。在以信息和知识为特征的信息经济时代，大约有60%的工作需要运用员工的知识方可解决，特别是计算机的广泛应用以及以高科技为核心的新经济形态的出现，促使人们重新认识与思考知识与职权的关系，员工是组织所需的知识与信息的占有者，外在的职权只有通过促动员工更多地发挥主观能动性，积极主动地捕捉并吸收组织所需的信息和知识，并能自愿与决策者或组织其他成员分享，才能真正发挥作用，组织才能尽可能多地分享员工的知识与信息，提高组织效率。

**3. 人力资源具有发展性**

个人的学习扩展、经验积累都会丰富和发展人力资源的质和量，具体地增强人的能力，从而使潜在能力转化为现实能力。第一，人所处的环境条件，对人力资源的开发投入，对人力资源的发展有重要影响，如健康保障、不同的工作经历、教育投资和时间花费等都会影响人的能力发展。第二，个体在不同的生命阶段，能力发展是不平衡的，价值选择也不同。如记忆、模仿、创造、思考能力以及协调合作能力等会因人的年龄增长而变化，人的风险观、变革观等亦会因时而变。第三，马斯洛的需求层次理论生动地解释了人力资源个体的需求存在层次性，且只有在人的低级需求得到充分满足时，才会产生高级需求，低级需求的满足不能代替高级需求。第四，从人力资源整体考察，随着社会物质水平的提高，增加教育投人、改善学习环境，新生劳动力受教育水平总是比前人有所进步，其素质呈提高趋势。因此，劳动力市场总是有思想意识跟得上时代发展的新生人力资源补充进来。

**4. 人力资源具有稀缺性**

稀缺性意味着不能任意获得。一方面企业经营所需的人力资源特别是人才资源市场供给不足，造成人力资源的显性稀缺；另一方面不同企业对人力资源的开发使用存在差异，导致在选择和配置人力资源方面的相对差异，从而存在隐性稀缺。在企业经营中，显性稀缺的人力资源可以通过提高企业竞争力，增强职位吸引力来获得。隐性稀缺的人力资源则要靠对人才的辨识、开发培育来获取。

**5. 人力资源具有创新性**

著名经济学家西奥多·舒尔茨认为，人力资源不仅是自然性资源，更重要的是一种资本性资源，人通过思想意识、思维方法的创新，可以整合其他资源而创造价值。企业对人的知识、能力、保健等人力资本方面的投资收益率远远高于对其他形态资本的投资收益率。20 世纪 90 年代美国经济 100 多个月持续增长主要是得益于对人力资本的投资。

## 三、人力资源的开发与管理

人力资源的开发与管理是两个并列的活动，二者内涵有异，功能不同。

所谓人力资源开发，是指运用现代化的科学方法，对人力进行合理的培训，提高其智力，激发其活力。其含义包括两个方面的内容：一是“提高其智力”；二是“激发其活力”。一个是智力的提升，一个是活力的强化，二者结合起来才是人力开发的基本内涵所在。我们之所以这么说，道理在于以下公式：

$$人力贡献 = 人的智力 \times 人的活力$$

如公式所示，一个人智力再高，如若缺少活力，或根本没有活力，那么这个人的贡献可能很小，甚至等于零，还可能是负数。基于这样的认识，我们的人力开发活动，不能只关注被开发者是不是提升了智力，还要考虑是否增强了他的活力。目前，学术界对人力开发的理解往往偏重于前者而忽略了后者，这是片面的。日本学者认为，对于一个企业职工来说，"知识不及才能重要，才能不及觉悟重要"。觉悟就包括工作的积极性、主动性和创造性，以及乐业、敬业精神。由此看来，只讲人力开发的一个目标是失之片面的。在商潮澎湃，人欲横流，普遍缺乏乐业、敬业精神的今天，尤其需要强调"激发活力"这一层面的重要性。这是当今中国人力资源开发者面临的挑战。

开发（development）一词，最早用于人类指向自然界的活动，如煤矿开发、森林开发、石油开发；接着又转而指向技术，如新技术开发、新工艺开发；现在又指向了人类自身，如智力开发、人才开发，它是人力资本的投人过程。广义上的人力资源开发包括人力数量与质量的开发。

数量开发可从宏观与微观两个层次分析。宏观层次的主要内容有：人口政策及其调整，人力布局及配置等，主要由政府完成。微观层次则是指某一具体组织而言，主要包括招聘、保持（数量控制）等。

质量开发是指对人力资源中人的素质和才能的培养和提高，使其潜能得以充分发挥，最大地实现其价值。内容包括：组织与个人开发计划的制定，组织与个人对教育、培训和继续教育的投入，教育、培训及继续教育的实施，个人职业生涯开发及人才的有效使用等。以往我们在探讨人力资源开发时往往忽略了人力的有效使用，造成人力资源的浪费。事实上，有效使用是一种投资最少、见效最快的方法。质量开发包括四个层次，即建立在"自我开发"基础上的"培养性开发"、"使用性开发"和"政策性开发"，这四个层次体现了连续开发、深层开发、才能升值的崭新开发观。

人力开发的四个层次相互联系，一个比一个涵盖面广，影响范围大。因此，我们完全可以把我国的人力开发看做一个系统工程。只要人类社会存在一天，开发活动就得进行一天。就其进程而言，是永无止境的。世界著名数学家、计算机权威冯·诺伊曼在其《计算机与人脑》中指出，人的大脑皮层约有 100～140 亿个神经元，每个神经元就相当于一个记忆元件，每秒可接受的信息为 14～25 比特，如以人生 60 年计算，普通人一生可接受的信息量相当于 50 个美国国会图书馆的藏书。人脑的神经元还延伸出许多分支，形成 $10^{15}$ 对突触，它们好比开关，通过特有的有机化学分子起作用，能产生 $10^{800}$ 种形式的神经联系。所以，我们的大脑简直是个奇妙无比、潜力巨大的未知世界。自古至今，人类对于他最为宝贵的大脑资源的开发利用，最多只有 20%，其余

80%还处在沉睡状态。我们说人力资源开发具有无止境性，实质上是说人的大脑开发永远没有止境。

所谓人力资源管理，是指对与一定物力相结合的人力进行组织和调配，使人力、物力经常保持最佳比例，同时对其思想、心理和行为进行恰当的诱导、控制和协调，充分发挥人力的主观能动性，使人尽其才，事得其人，人事相宜，以实现组织目标。

人力资源管理从内容上可以从两个方面理解：一是对人力资源的外在要素——量的管理，即按要求对人与物按比例合理配置，使其发挥最佳效应；二是对人力资源内在要素——质的管理，指对人的心理和行为的管理。就人的个体而言，主观能动性是积极性和创造性的基础，而人的心理和行为正是人的主观能动性的表现。就人的群体而言，所有个体主观能动性的相加并不一定能形成群体的最佳效应，这里有一个内耗问题。众所周知，管理学中有一个通俗的道理：一加一可能小于一甚至等于零，即一个和尚挑水吃，两个和尚抬水吃，三个和尚反而会没水吃。所以，所谓内在要素的管理就是通过有效的管理手段，充分发挥人的主观能动性，使一加一大于二。

人力资源管理在其职能上包括五个方面：人力资源规划、人力资源获取、人力资源整合、人力资源激励、人力资源调控。这五个职能前后相继，相互关联，形成了一个完整的管理系统。

**人力资源规划** 包括预算准备和人力资源计划、在雇员之间划分与分配工作任务（工作分析、职位分类、工作评估）、决定工作的价值是多少（工资或薪酬）。

**人力资源获取** 包括对人力的招聘、选录、甄补三个环节。

**人力资源整合** 使组织成员之间和睦相处，协调共事并取得群体认同的过程。主要手段是组织同化，即个人价值观趋同于组织理念，个人行为服从于组织规范，产生归属感。

**人力资源激励** 是人力资源管理的凝聚职能，包括根据人才考评的结果，公平地提供合理的报酬等，目的是增强组织人员的满意感，提高其积极性和劳动生产率，增加绩效。

**人力资源调控** 是人力资源管理的控制和调整职能。它体现的是对人力实施合理、公平的动态管理过程，包括两个方面：一是绩效考评与素质考评；二是以绩效考评为依据，对人力使用进行动态管理，如晋升、调动、奖惩、解雇等。

## 四、如何有效地开发和利用人力资源

人力资源的有效开发和利用是关系到一个国家、一个组织发展的重要课题。对人力资源基本特征的认识，给人力资源的有效开发和利用提供了必要基础。利用和开发人力资源，必须结合人力资源的基本特征，方能收到较好的效果。

1. 人力资源的开发利用应尊重其自然性和社会性

人力资源的自然性说明了它首先是一种生物性资源，这一特性决定了在人力资源的开发过程中应注重人的生物规律对开发利用的影响，应针对不同年龄、性别、气质的人力资源的具体情况，设计不同的开发方案。人力资源的社会性说明人力资源的开发利用是在一定社会条件下进行的，必须以现实的社会发展水平为基础，并注重社会环境对开发利用的影响。在人力资源的利用方面，应结合转型时期的社会特征，加快人力资源市场建设，通过规范市场秩序、完善服务体系、健全政策法规等措施，推动人力资源的市场化配置，使人尽其才、学以致用、用人所长。在具体的劳动实践中，应运用以人为本的现代管理方法，在注重发挥个体优势的基础上，促进个体间在知识、气质、能力、性别、年龄、技能等方面的互补，以达到整个人力资源系统的结构最优，协同效应最大。

2. 人力资源的开发利用应充分发挥其主观能动性

人力资源的主观能动性，即人自身的创造力，是推动社会经济发展的决定性力量。因此，在人力资源的开发过程中，应实现观念上的三个转向，即由学历学业教育目标转向素质教育目标，由“对口”观念转向“适应”观念，由偏重专业、知识传授转向以能力、创新品质培养为主，同时，在教育培训过程中，应从培养人的创新能力角度出发，对教育内容、教材建设、教学方法等进行改革，从兴趣入手，变“填鸭式”教学为“启发式”教学，着力培养能够创造性地运用所学知识的能力。在人力资源的利用方面，企业内部应建立和完善有利于发明创造的竞争和激励机制，通过企业内部各种有组织的非对抗性的良好竞争，培养和激发员工的进取心和创新精神，发现和选拔优秀人才；政府也应努力营造区域创新环境，促进科研与生产的联合，并运用财政、税收等多种经济手段，提供优惠条件，鼓励科研机构或人才资源以投资或科技成果、人力资本等入股的形式参与生产实践，大力发展知识技术密集型产业，促进科技成果尽快转化为生产力，进一步孵化和孕育新的发明创造。

3. 人力资源的开发利用应树立人力投资是生产性投资的观念

舒尔茨及其以后的经济学家的研究已经充分证明了人力投资的高收益性和收益递增性，并认为越是不发达国家，其人力投资的收益越高。因此，应摒弃传统的人力投资是消费性投资的观念，树立人力投资是高回报的生产性投资的观念，纠正重物质资本、轻人力资本的发展战略，注重物质资本与人力资本的均衡增长问题，切实将教育看做是战略性产业来发展，提高教育经费在国民生产总值中的比重，避免陷入因教育不发达阻碍技术进步和经济发展，经济落后教育更加不发达的恶性循环之中。同时，通过改革收入分配制度和培育人力资本投资市场，形成“高素质—好工作—高工资”的人力投资的良性机制，逐步扭转脑体分配不公和一定程度的“倒挂”现象，通过提高人力资本的投资收益率，发挥工资率及工资差机制对人力资源开发和利用的导向作用，提高全社会的人力投资意识，引导人们由物质资本化的享乐型消费向人力资本化的发展型消费转变。

## 第二节　公共部门人力资源的开发与管理

21 世纪是知识经济和知识社会。在知识社会中，人力资源的地位凸显，人力资源已取代工业时代的物质资本，成为我们这个时代最重要的战略资源。在知识经济社会，管理的重点已从生产转移到知识和人力资源上。管理者最主要的职责在于创造一个人才成长的优良环境，通过激发人的潜能和创造性，最终实现高绩效的工作。对于公共管理者而言，拥有一支积极主动、尽职尽责、精明强干的公共部门人才队伍无疑是政府实现治理目标的根本保证之一，因为缺乏一支高素质、有活力、负责任的公共部门人力队伍，政府是不可能有活力、有效率的。当今风靡各国的“政府再造”（Reengineering Government），莫不把公共部门人力资源再造作为一个重点，就是其证明。

公共部门是以公共权力为基础的，而公共权力则来源于社会公众，公共组织存在的合法性受制于公众的信任与支持，它们依法管理社会公共事务，不以市场取向或利润、营利为存在目的，其目标是谋取社会的公共利益，对社会与公众负责，而不偏私于某个政党或集团的独特利益，其产出是维持社会存在与发展的公共物品、公共秩序与安全、社会价值的分配。

公共部门汇聚了大量高素质的人才资源，同时他们又是公共管理的执行者和公共服务的提供者，人作为核心资源，牵一发而动全身。所以公共部门作为一特殊部门对人有较高的要求，不是一般的人力资源，故称之为人才资源更为确切。

## 一、公共部门人力资源开发与管理的含义及其性质

所谓公共部门人力资源开发与管理，是指以国家行政组织和相关的国有企事业单位人力资源为主要分析对象，研究管理机关以社会公正和工作效率为目的、依据法律规定对其所属的人力资源进行规划、录用、任用、使用、工资、保障等管理活动的过程的总和。以往，公共部门的人事管理通常使用“人事行政管理”这一概念。“公共部门人力资源开发与管理”是对传统“人事行政管理”的全面更新，与“人事行政管理”相比，“人力资源开发与管理”具有以下几个方面的突破：

1. 人力资源开发与管理将组织中的人本身看做资源，强调其再生性和高增值性。人力资源与其他物质资源一样，在投入使用以后都可能引起损耗，但人力资源和其他资源又有不同，它自身能在使用过程中不断实现自我补偿、更新和发展，可以持续不断地开发和有效使用。它本身就能够给组织带来巨大的投资回报率和效益，是一种高增值的资源。而人事行政管理将人只视为是一种成本或生产、技术要素，是对组织资本资源的消耗。

2. 人力资源开发与管理强调人力资源的能动性。人力资源的能动性，核心表现为人力资源在管理活动中的主导作用。人力资源的活动总是处在发起、组织、操纵和控制其他资源的中心位置。与其他资源相比，在经济活动中，人力资源是惟一起创造作用的资源，能够主动地适应不同工作种类与性质的需要，完成组织的工作任务。因此，人力资源管理注重的是塑造组织人才成长的环境、尊重员工主体地位的态度和发展激励、保障、服务、培训等引导性、开发性和管理功能，重现人与组织发展的统一性。人事行政管理一般将组织的工作人员看成是被动的工具，他们的存在无非是要满足组织工作性质的需要，与组织工作相比，人的地位是附属性的。因此，在人事行政管理过程中，组织比较强调管制、监控等方面的功能。

3. 人力资源开发与管理的内容不断拓展，不仅包含传统人事行政管理的基本内容，而且为了适应现代社会发展和人力资源发展的需求，重视和增强了一些新的管理内容。如公共人力资源的预测与规划，人员评析与人员甄选，激励与薪酬管理，人力资源管理与组织发展紧密地结合在一起。传统人事行政管理的内容比较简单，主要从事录用、考核、奖惩、工资等管理活动，过程也比较僵化和呆板。

4. 人力资源开发与管理强调的是人力资源使用和开发并重。一方面要充分发挥现有人员的科研智慧才能，避免闲置；同时，还要充分挖掘人员的潜

能，使其在未来发展中具有较大的弹性，这就是现代人力资源管理的“全方位拓潜”的功能。人事行政管理强调的是组织成员的现状，它比较注重人员现有能力的使用，而不重视其素质的进一步开发，不具前瞻性。

这样，公共部门的人力资源作为国家人力资源总体结构中的一部分，毫无疑问，它具有一般人力资源所具备的一切基本性质。这些性质反映了人力资源本身的内涵、属性、实质与基本特征。与此同时，公共部门中的人力资源，由于国家政权组织自身性质所决定，使其具有除人力资源一般性质以外的特殊性质。这一特殊性表现在公共部门人力资源的政治性和道德品质要高于国家人力资源整体的平均水平。

公共部门的人力资源掌握着公民和国家赋予的公共权力，执行着国家制定的法律和大政方针，在社会价值的权威性分配中起着重要作用；公共部门人力资源行为的过程和结果，直接关系到政府的公共形象和合法性。因此，在公共部门人力资源的获取、使用和开发过程中，对政治素质和道德素质的要求，构成其自身性质中极其重要的部分。它反映了公共部门的人力资源必须拥有较高的理论水平、政策水平、法律观念、政治品质、道德觉悟，以及对公众服务的热情、端正的工作态度和认真的工作作风。如果说上述公共部门人力资源具有的一般性质说明了政府人事行政管理的机制与方法、措施与手段的意义，那么公职人员的政治品德与职业道德素养则是公共部门人力资源管理内在的本质的要求。

同样，公共部门人力资源开发与管理也具有一般人力资源开发与管理的性质和作为公共部门组织形态的特殊管理性质。人力资源开发与管理的一般性体现了各种组织形态在人事管理上的共同性。如在管理过程中有“入口”、“在职”、“出口”的三大环节划分，设立了组织竞争、激励、保障、开发等管理机制，以及人事选拔、测评、考核、奖励的一些具体管理措施、方法和技术等，这些在包括公共组织在内的各种组织的人事管理中表现出明显的一致性，反映了组织对人力资源开发与管理一般属性的共同认识。另一方面，公共组织本身具有的特性和公共部门人力资源的特殊性，使得公共部门的人力资源开发与管理有其独特性。第一，公共部门是一个横向部门分化、纵向层级节制的庞大的组织结构体系。而这样一个体系又是按照完整统一的组织原则建立起来的，它意味着组织必须目标统一、领导指挥统一、机构设置统一。因此，合理划分职责与权力是政府管理体制必然的要求。原则上，用人与治事应当统一，事权与人权应尽量接近工作点，划分人事行政管理权限，建立相关的管理制度，明确职责范围是完整统一原则的实施，是公共部门人力资源有效管理的基础。以此建立起与公共组织体系契合的纵横交错的人力资源主管部门，在上级机关的统一领导下，承担着不同部门、不同层级的人力资源管理职能。由此可见，任何其他形态的组织，其人事权的划分与人事管理部门的构造，都无法与公共组织人事行政机构的复杂性相比拟。第二，国家制定专门的法律和法规对公共部门人力资源的管理行为进行规制，保证他们依法合理地行使行政管理和人事管理的权力。第三，在公共部门人力资源的具体管理中，体现出了自身的性质。如针对政府组织的工作性质与公职人员的政治要求，强化了其德才的测评、考核与培训的方法和技术；而针对公共部门产出的非量化性特征，公共部门人力资源开发管理必然发展出适用于公共组织的绩效评价指标。

公共部门作为提供公共产品和公共服务的组织，必须主动做好、做准、做深、做透公共部门人力资源开发这篇大文章，通过公共部门人力资源开发，为公共部门提供高层次人才，提高公共部门的服务质量与水平，最终为国家的经济和社会发展服务。而留住人才、培养和吸引更多人才，是人力资源开发的关键。对公共部门人力资源培养、成长和使用的规律进行新的探索，改革人事体制、用人制度、分配制度，实现公共部门人力资源管理的全面创新，具有深刻的理论与实践意义。这既有利于公共部门自身的持续、稳定发展，又有利于公共部门人力资源建设的整体推进。

## 二、公共部门人力资源的损耗与增值

人力资源具有高增值性，这一特征体现在：任何组织的硬件、资金等资源的运用方式和范围都有一定的局限，而人力资源则基于“人”的特性，其所产生的价值与影响、收益的份额远远超过其他资源，并且呈不断上升的趋势。① 因此，劳动力的市场价格在上升，人力资源的投资收益率在上升，劳动者自己可支配的收入也在上升。当然不可否认的是，人力资源和机器厂房、能源等其他资源一样，在投入使用后都可能引起损耗，但人力资源却能在使用过程中不断实现自我补偿、更新和发展。归根结底，只要后续的教育与学习得当，人力资源的增值程度将超过其损耗程度，人力资源依然是一种增值资源。

### 1. 活劳动与劳动生产率之间的经济效益关系

马克思把劳动分为两种：一是活劳动；二是物化劳动。活劳动是指生产过程中劳动者体力和脑力的消耗，也就是我们平常所说的劳动者创造价值的劳动。所谓物化劳动，即凝结在生产资料中，体现为劳动产品的人类劳动。劳动

① 参见《公共部门人才资源管理》，中国国际广播出版社 2002 年版，第 4 页。

者借助生产资料进行劳动，使劳动对象发生预定变化，生产出新产品，这个新产品就是活劳动和生产资料相结合的产物，劳动过程结束，劳动由流动形式转化为物的形式，凝结在产品当中，所以称为物化劳动。①

劳动生产率是指具体劳动的效率。而劳动生产率的提高，意味着用更少的活劳动（劳动力）推动更多的物化劳动（资本），其结果包括活劳动和物化劳动在内的劳动总量的减少。影响劳动生产率的因素是多重的，既有自然资源条件、生产资料状况等客观因素，也有科学技术水平和它的应用程度、经济管理水平和劳动力素质等主观方面的因素。随着社会的发展，决定劳动生产率高低的主要是劳动力素质，就体现为"科学技术是第一生产力"，而科学技术是形式化的知识，并不能变为现实的生产力，这需要依赖于劳动者的活劳动。先进科学技术变为现实生产力，并不仅仅是将先进技术转化为先进的机器设备、材料和工艺，更重要的是要用先进的科学技术知识武装生产领域的工程技术人员，因为这些都需要工程技术人员去设计和研制。另外，要想充分发挥机器设备等的效能，还必须对操作人员进行技术培训，提高他们的劳动能力。不要忘记在生产力诸要素中，人才是最关键的起主导作用的要素。②

随着社会经济的发展，科技人员、管理人员等劳动者的地位越来越重要，他们的知识和经验的积累对社会劳动生产率提高所起的作用越来越大。在某些情况下，从表面上看，先进的机器设备、材料和工艺应用于生产提高了劳动效率，似乎是物化劳动的功劳，而实际上是人类复杂程度更高的活劳动的功劳。决不能仅仅从表面现象看问题，只看到机器设备的作用，而看不到人才活劳动的作用。随着人类逐步进入知识经济时代，劳动生产率的提高越来越依靠人的头脑，机器设备的作用逐步退居次要地位。

**2. 公共部门人力资源的损耗**

人力资源具有特殊的资本性。人力资源是一种经济性资源，因而具有资本的属性，但其与一般形态的资本又有明显区别。资本的三个突出特点，人力资源同样具备：首先，因为人的能力是后天获得的，人力资源的质量高低在一定程度上取决于教育培训投资的程度，所以它是投资的结果和产物。其次，人力资源在一定时期内能够不断地给投资者带来收益，这种收益既可直接表现为货币形态，也可以非货币的形式表现出来。最后，人力资源在使用过程中会出现

① 参见《马克思恩格斯全集》第23卷，人民出版社1972年版，第225页。

② 参见刘泓《"物化劳动创造价值"不是马克思的观点》，《理论与现代化》2002年第4期，第64～66页。

有形磨损和无形磨损，劳动者自身的衰老属有形磨损，而知识和技能的老化是无形磨损。其中，公共部门人力资源损耗，依据损耗发生的原因可以分为制度性损耗、管理损耗与投资损耗。

（1）制度性损耗。制度性损耗是指由于公共部门人力资源管理制度存在缺陷和不合理而导致的人才未尽其用的损耗现象，这种损耗是一种隐形损耗。公共部门人力资源管理制度主要是指在政府组织人力资源的使用和任用过程中，政党组织与其他政治组织在人事管理权划分上形成的相对稳定的关系模式，也包括国有企事业组织在人事权上与政党组织、政府形成的关系模式。①公共部门人力资源管理制度是影响政府人力资源构成和素质的根本因素，政府人事管理制度是行政机关能否合理使用人才，促进人才发展的关键。它确立了公共部门选才用才的根本原则，决定着公共部门人力资源成长的方式和路径。一个良性的人事行政管理制度，是国家政权稳固的支柱，能够促进政府从社会获得优秀的人才，并有利于他们的成长，实现政府公职人员队伍整体素质和结构的优化。反之，不良的政府人事管理制度，不仅能够腐蚀整个政府机构，导致其丧失公众基础，而且会影响到整个社会的人才发展机制，必然使人力资源无法有效地配置，造成人力资源的流失和浪费，从而降低政府的行政管理能力。

（2）人事管理的损耗。人事管理的损耗就是指公共部门人事管理的问题导致没有充分调动公共部门工作人员的工作积极性，没有充分发挥其聪明才干。公共部门人事管理的问题主要体现在人事管理权限高度集中，管理方式陈旧单一，用人与治事严重脱节。由于人事管理权集中在中央以及地方各级党委的组织部门，用人单位缺乏任用人才的自主权，使自身的用人与治事严重脱节，进一步阻碍了人才，特别是专业技术人才的发展。同时，只强调人事控制为主导的管理手段，导致人事管理大都采用行政命令或指令、控制等方式，难以给各类人才留下成长与发展的广阔空间。

（3）后续投资的损耗。公共部门人力资源损耗的问题除了制度和管理问题引起的损耗外，还存在由于人才知识结构老化得不到及时更新，从而适应不了新技术环境下公共部门工作要求所造成的损耗，这在一定程度上是由于公共部门与公共部门工作人员对再教育再学习的投资不够而引起的。其原因在于人们总认为人力不是资产，不注意其保值与增值，只强调物资资产的折旧及设备

① 参见孙柏瑛 祈光华《公共部门人力资源管理》（修订版），中国人民大学出版社2004年版，第29～30页。

的更新改造，不知道人才这种资产更需要追加投资、更新改造。因此，组织没有正确使用人力资产折旧费来追加人力资本，即没有投资培训员工，使人力资本存量日渐减少。随着社会的快速变迁与高新技术日新月异的发展，人才知识结构的更新速度越来越快，这就意味着人才知识结构自然老化的速度也会越来越快。因此再教育再学习已成为组织生存与发展的必不可少的重要工作环节，我们应当努力创建学习型组织，培养学习型人才。

**3. 有效增值及其途径**

人力资本具有增值性。相对于物力资本，人力资本是主动资产，其增值来源于自身的创造和能动性，社会物力价值的增大，离不了人力资本的贡献。相对于一般人力资本，人才资本增值范围大，阈限小，人才对自身人才资本的增值动机强烈。人才资本增值是以人力资本为基础的，当人力投资大到一定值时，即人力成为人才时，人才资本会自身增值。这是因为，人力投资达到一定程度后，就会有了最基本的知识技能——个人进一步获取新知识、形成新技能的基本能力，从而使人才资本滚雪球般地不断丰富与壮大。个体人才资本的增值有下列特征：第一，当人力资本存量达到一定程度时，人才资本自觉为自身增值；第二，自学或自我陶冶是人才增值的重要途径；第三，人才资本增值是连续不间断的，但在人生周期内呈现出起伏状态，幼年及老年增值力差，中青年增值力强。由于人才资本往往具有专用性，社会人才资本的增值还有赖于人才资本之间的协作，这种协作关系产生的效果决不止 1 + 1 > 2。因此，加强人才资本的整合，调整人才资本的结构，对人才资本本身的积累是很有意义的。

与普通资本一样，人力资本也需要积累以获得持续发展的需要。人力资本的积累主要是通过教育和培训来实现的。联合国科教文组织提供的研究结果表明，劳动生产率与劳动者文化程度呈指数曲线关系，如与文盲相比，小学毕业可提高劳动生产率 43%，初中毕业可提高 108%，大学毕业可提高 300%。舒尔茨早在 20 世纪 60 年代就指出并论证了人力资本投资对经济增长的贡献远比物质资本的增加重要得多。可见员工的教育和培训是最有效的提高劳动生产率的途径，也是人力资本增值的重要途径。①

要实现人力资本的增值，还要注重如何使人力资源合理流动起来。开发经营人力资源，就是要把人力资源合理地配置到能够创造社会财富的领域，发挥其智力优势，成倍创造新的价值，在实现自身价值增值的同时催化其他要素资本的增值。而人力资源流动是人才资源优化配置的重要前提。人力资源流动既

① 刘家强：《论人才资源向人才资本的转换》，《财经科学》2004 年第 1 期。

是经济社会发展的需要，也是人力资源自身发展的需要。①

人力资源流动对于促进人力资本增值具有积极作用。人力资本在流动中的增值主要表现为两种形式：一是内在价值的增值，即人的知识、技能增长和身心状态的改善；二是外在价值的增值，通过人力资源流动，人力资本进入各种生产领域与物质资本相结合，通过人的知识和技能的运用，产生经济效益和社会效益。人才流动对人力资本的增值能够起到促进作用。

### 三、公共部门人力资源的开发模式

新经济的发展，可能造成劳动力相对过剩，这会影响到各国的就业、教育及培训等有关发展计划的制定和相关政策调整。随着各国公共部门改革的深化，人力资源的开发已成为影响公共部门可持续发展的主要问题。学习将成为公共部门的核心能力，构筑学习型组织，及时有效的学习将成为公共部门人才资源开发工作者的重要职能，不仅学习政策、法规、技术、方法，而且还要学习公共部门管理理念、公共部门核心价值观、公共部门行为伦理和哲学。培育公共部门共同的价值观，提高其团队凝聚力，建设公共部门的“企业”文化。

公共部门人力资源开发的专业人员，应大胆抛弃传统的思想方法，与时俱进地吸收、采纳新的人力资源开发管理理念和技术，在更新观念的同时，寻求制度创新的有效措施和途径，以期取得“后发性竞争”优势。

首先，在公共部门人力资源开发中，引人人才使用的“委托制”。目前，大量流动到海外的人才，在经过系统学习并在跨国公司锻炼实践后，已经一批又一批地成长起来了，如能善加利用，则可能成为公共部门宝贵的人才资源财富。在公共部门人才资源的优化配置中，适当引进管理人才定会收到相辅相承的双赢效果。台湾新竹科技园区的运营管理经验，特别是园区公共部门人才资源开发的经验，可以作为国际人才资源开发成功的典范。在新竹科技园区的各类技术人才中，40% ~50%是海外学子。新竹科技园区吸引、留住并使这些海外学子扎根的办法和措施，很值得公共部门人才资源开发部门认真研究。这些海外学子所带来的新理念、新规则、新模式、新思维，反过来又进一步推动国际人才资源开发。那些高级信息技术人员、管理人员极为紧缺的公共部门，必须按照国际惯例，建立与国际接轨的公共部门人力资源开发新体制和运行机制，事业留人胜于“感情”留人，机制留人胜于“让利”留人。

---

① 陈力：《人才流动促进人才的全面发展》，http：//www. gdrst. gov. cn/info/Information. aspx? InfoID = 173211941291007327

其次，在公共部门人力资源开发中，引入与竞争“对手”合作的理念。因为在激烈的国际人才市场形成的人才竞争格局中，公共部门要招聘并留住优秀人才，可与其他部门寻求合作，甚至与竞争“对手”建立互补、互惠的合作关系，以人才为纽带，与竞争部门或企业建立良好的合作关系。

最后，在公共部门人力资源开发中，可以跨国界、跨行业、跨领域、跨部门“共享”，充分发挥人才的作用。我国公共部门人力资源开发的当务之急是构建与国际人才市场接轨的人才通道，在分配上向市场上稀缺的专业技术人才与管理人才资源倾斜，建立分配激励机制，在公共部门内部的重要岗位，尝试实行“工资特区”，使市场稀缺的人力资源进入特区，享受与市场接轨的高薪，要对战略人才以及其他骨干人才实行“特岗特薪”，用“谈判工资”取代制度工资。

广义的公共部门人力资源开发，其主要形式是教育。教育是人类的一种自觉的人力资源开发活动，其主要功能在于将知识形态的生产力因素在时间和空间上积累起来，提高人力资本的存量，它包括正规教育与非正规（业余）教育。狭义的公共部门人力资源开发则指的是公职人员培训，是广义的公共部门人力资源开发的一种重要形式，是公共组织为开展业务及培育人才的需要，采用各种方式对公职人员进行有目的、有计划的培养和训练，其目的是使公职人员不断地更新知识，开拓技能，改进其动机、态度和行为，使其适应新的要求，更加完美地胜任现职工作或担负更高级别的职务，从而促进公共组织效率的提高和公共组织目标的实现。①

## 四、现代公共部门人力资源管理发展的新趋势

每一个时代和不同的历史时期皆有不同的管理理念、制度和方法，管理和环境之间存在共生和依存关系。我国目前的公共部门人力资源管理正处在由传统人事行政管理向现代人力资源管理的过渡期，怎样把握公共部门人力资源管理发展趋势，对我国目前的政府机构发展和政府职能转变有着十分重要的意义。纵观西方现代公共部门人力资源发展的脉络，结合我国公共管理环境的变化，今后公共部门人力资源管理呈现出来的特点和趋势，概括起来，主要有以下几个方面：

### 1. 专家治理以及政府管理职业化

随着知识经济和信息社会的来临，随着政府管理复杂性的增加，随着政府

① 参见赵曼主编《公共部门人才资源管理》，清华大学出版社 2005 年版，第 107 页。

管理对大量信息的需求，随着政府管理日趋技术化和专门化，政府管理对专门性的需要更加强烈，这一切均导致了知识工作者的兴起。以发达国家为例，据估计，在不远的将来，无论是公共组织还是私营组织的工作，将有90%为专家系统或人工智能所扩张或替代。所谓扩张，系指专家系统与专门技术人员兼顾工作，使工作的效率效能提高；所谓替代，系指未来相当比例的工作，由机器代替人力去做。与此同时，知识和信息工作者，在政府公务领域内将占主导地位。在未来的公共组织中，知识和专家的权威将会日益显现。

**2. 从消极的控制转为积极的管理**

传统的公共部门人力资源管理，是一种以控制为导向的消极管理，这种管理的基本特点在于：强调效率价值的优先性；强调公务员的工具角色；强调严格的规划和程序；重视监督的作用；强调集中性的管理等。传统的以控制为导向的管理不免使公共部门人事制度僵化、缺乏活力。而新的公共部门人力资源管理更具积极性。所谓更具积极性的公共部门人力资源管理，乃是要在已有的公共部门人事制度的基础上，创造一个公务员潜能发挥的良好环境，促使公务人员具有使命感，从而更好地促使组织目标的达成和效能的实现。与传统的控制导向不同，新的公共部门人力资源管理强调的“授能”（Empowerment），即授权赋能，主要特征表现在：开放参与决策机会；提供行政人员发展自主性的机会；发展组织共同愿景；发展并维持组织成员之间的依赖、开放式沟通等。

**3. 对公共部门人力资源发展的重视和强调**

面对知识经济和信息社会的到来，面对新知识和新技术的挑战，越来越多的组织认识到公共部门人力资源发展，即通过持续的学习以改变公务员和公共管理者的态度、行为和技能的重要性。更为重要的是由于今天公共组织管理者和公务员面临的是一个快速变迁的社会，过去被动式的学习已经无法适应时代的要求，具备新的学习能力是公共部门人力资源发展的核心，学者马库德称之为“新学习”，“新学习”具有以下特征：学习目标是欲达成组织绩效；学习重点在“学习如何学习”的过程；灵活适用具有弹性的组织结构，使学习多样化；学习时要发挥、运用创造力，培养非直线式、直觉式的思考；学习可使人们更有意愿及能力、发挥更有效率而迈向成功；鼓励人们积极参与到各项组织的活动中；组织应具有开放性特征，对于不同的学习方式都能够讨论及包涵；学习是一连串的规划、执行与反馈过程；强调教学相长，相互学习；将学习融人工作之中，同时成为生活中不可分割的一部分。另外，未来学家约翰·奈斯比特等人也认为，未来组织的人力资源发展将强调学习如何学习，学习如何思考，学习如何创造，并向终身学习发展。

4. 人力资源管理与新型组织的整合

在信息技术的冲击下，传统的金字塔形的组织机构正在让位于更合乎新信息社会需要的组织结构。为了适应环境的变化，提高效率，符合创新的要求，发挥公共部门人力的专业才能，有效运用科学技术，组织的弹性化、灵活化、临时性扩大授权已成为必然趋势。对未来的组织结构，人们有许多描述，如网络组织、无缝隙组织、后官僚组织等等，不管叫什么名称，可以肯定，新型的组织结构将具有如下特色：对环境具有开放性，组织结构的弹性化；组织更趋扁平化，中层管理的削减；强调通过对话建立权威，权力的均等化；信息的共享和决策的开放；权力结构从集中、等级式的，转化为分散网络式的；从自上而下的控制转为相互作用和组织成员自我控制；组织的价值观从效率、安全、回避风险转向效能、敏感性、适应性和勇于创新。总之，新型组织结构强调的是更能发挥公务员的能力和潜能，而不是抑制创新与活力。

5. 公共部门人力资源管理的电子化

信息和网络技术在公务员管理中的应用已成为一个显著的特征，人力资源管理的电子化和网络化，可以增加效率，节约成本，有利于人力资源战略和政策的制定；有利于加强人员之间的沟通与联系；有利于实现参与管理。未来主要的发展包括：电子人事政策法规和电子人力资源资料库；电子招聘；电子福利支付；电子动态管理等。

6. 政府人力精简与小而能的政府

政府组织规模的庞大，乃是过去各国政府的一个普遍现象，究其原因在于政府功能的扩张、社会的发达、政务的增繁以及政府自身的内在扩张。而政府之扩张反过来导致赤字、绩效低下、成本扩张。所以，从 1990 年以后，各国的文官改革莫不把人力精简和紧缩管理作为主要措施。美国在 1999 年精简全职公务人员 27.29 万人；加拿大亦在总数 22.5 万名公务员中精简 5.5 万名；中国中央政府亦精简了 30% 的公务员。随着“小政府”观念的深入人心，人力精简继续成为公共部门人力资源管理的一个基本趋势。

7. 绩效管理的强调与重视

随着公共组织目的取向色彩日益浓厚，绩效将深入到种种目的当中，成为最受关注的课题。事实上，组织的成功与否，应视人力资源有效运用的有效程度而定。如今，无论公私组织，绩效管理成为一个最热门的话题。绩效管理意味着组织管理者为公务员规划责任及目标，以使他们的能力获得最大发挥；并通过绩效考评，以此作为公务员奖惩的依据。一个有效的绩效管理系统应包括以下几部分：对每一项任务及价值作清楚的陈述；规划一套用以建立个人行为表现契约的程序；建立一套流程，作为公务人员能力改善计划的基础；订立绩效指标；建立绩效评估机制。

**8. 公务伦理责任的强调和重视**

近年来，越来越多的公职人员的不道德行为（如腐败）导致了政府威信的下降，导致了公民对政府官员产生“信任赤字”，严重影响到了政府的合法性问题。在此背景下，通过强调公务员的伦理责任而重振政府威信，就成为未来公共部门人力资源管理的一个显著特征和趋势。在美国，1978 年制定“政府伦理法”，对公务员的伦理作了法律规定，同时成立“政府伦理局”，具体负责公务人员的伦理管理问题。美国公共行政学会 1985 年发表公务员伦理法典，1994 年又予以修正，要求公务员为公共利益服务，尊重宪法及法律，展现个人正直，追求专业卓越表现。经济合作与发展组织国家也致力于公务道德基础设施建设工作，许多国家亦有关于公务员伦理的法律。我国目前虽然还没有公务员伦理方面的法律法规，维持公务员的职业伦理还主要停留在靠党规党纪和说服教育的层面，但随着“以德治国”观念的逐步深入，公务员的职业伦理总是会越来越受到人们的重视。可以肯定，如何强化公务员的伦理责任，是今后我国公共部门人力资源管理的最大挑战之一。

## 第三节　新世纪中国人力资源开发与管理的发展趋势

进入 21 世纪后，人类已经步入新经济时代。在知识经济条件下，无论是企业组织，还是事业组织，要想在激烈的竞争中求得生存、发展和辉煌，正确有效地实施人力资源管理，已成为管理中的重中之重。有人认为，在组织内部，人力资源管理应该成为“三心”——重心、中心、核心。所谓重心，是指人力资源管理举足轻重，关系到组织发展，决定了组织的所有活动；所谓中心，是指在组织所有管理事项中，人力资源管理处于中心地位，没有人力资源的管理，其他的一切就无从谈起；所谓核心，是指人力资源管理是组织各项管理链环中最关键的一环。

### 一、21 世纪人力资源的特征

21 世纪的经济是以知识为基础的经济，是建立在知识和信息的生产、配置与利用基础上的经济。知识经济的出现，昭示着人类社会正进入一个以现代科学技术为核心，以知识资源的创造、配置和消费为最主要因素的新经济时代。在这一时代，生产资源中传统的劳动力资源和物质资源已退居次要地位，而作为知识载体的人才资源凸现出非凡的价值，成为当之无愧的“第一资源”。这一资源具有如下重要特征：

1. 极度稀缺性

生产资源的稀缺性是由人类需要的无限性引出的生产资源的相对有限性。人才资源的极度稀缺性则是由能与它配合的其他资源的相对丰富而引出的人才资源的相对有限性。20世纪末世界经济发展的经验向世人昭示，知识成为创造财富最重要的资源，但知识资源与物质资源又有不同，它需要通过人这一载体来体现其价值和使用价值，并发挥其创造财富的功能。掌握并善于运用知识资源来创造财富的那些人被称为人才资源。由于人们的先天禀赋和后天生存发展环境的差异以及社会教育资源的有限性，使社会人口中仅有少数人有幸成为人才资源。在主要依靠科学技术知识来发展事业、保持强大竞争力的时代，人才资源总量与社会各方面对它的巨大需求相比，显得尤为稀缺和宝贵。

2. 层次性

人力资源作为一个整体，一般是指社会人口中那些掌握并能运用一定科学技术知识的群体，但由于在这一群体中人们所掌握和运用的科学技术知识在质和量上存在差异，人力资源因此又可分成若干层次。如按以往我国政府文件规定，凡属接受过中等专业教育以上的人员均可视为人才，则可按人们的学历将人才资源划分成中等专门人才、高等专门人才、硕士、博士等多层次人才资源；据人们掌握和运用知识资源的实际情况，将人力资源分成一般人力资源和高级人才资源等。

3. 知识性

知识是人们在社会实践中积累起来的经验。有学者将知识分为编码化知识和经验性知识两类，编码化知识可通过数据、信息、科学（知识体系）和技术（专利）等形式固化在软件、数据库、设计方案等特殊形态中；经验性知识则通过教育培训被固化在人的头脑中。拥有比一般人更多的经验性知识，并能熟练运用编码化知识来创造财富是人才资源的显著特征之一。此外，在不同的经济社会形态下，人力资源所载有的知识资本又具有不同的特点。在农业经济社会，知识是一般劳动生产经验的总结；在工业经济社会，知识主要体现在机械化、自动化技术以及与之相适应的管理技术和人文社会科学知识之上；在知识经济社会，知识作为第一生产资源，呈现出以创新能力为主要标志的信息化、智能化态势。

4. 创造性

人才资源作为知识资源的载体，它是以知识为资本，以智力为依托，以创新为使命的一种活的资源，只要具备适当环境和必要条件，人才资源的使用就能体现出其创造性功能，即人才具有通过产品创新、技术创新、管理创新等创新才能，为人才资源的拥有者带来巨大物质财富的特殊功能。人才资源的创造性，不仅体现在物质财富的创造上，更重要的是它还能对知识本身加以创新。

5. 流动性

人才与一般劳动者不同，通常都受过良好的教育和培训，他们不仅拥有更多的人力资本，而且有着更高层次的个人素养、独立精神、自主意识以及理想抱负，他们对成就、荣誉、责任等有着更大的期望值。因此，人才一旦发现他们目前所处的工作、生活环境无助于实现其预期目标，他们就会表现出强烈的流动倾向，除非有强硬的制度约束，否则他们一旦采取行动，人才资源的稀缺性使他们很容易成功流动。人才资源的这种流动性特征表明人才资源不像物质资源那样，可以成为占有者最终使用或消费的对象。

6. 可再生性

人才资源的可再生性体现在两个方面：第一，对人才资源的使用或消费实际上是对知识资源的消费，知识资源的消费不是一次性消费，只要人才资源所载有的知识没有全部老化，这种知识资源就可被反复利用；第二，人才资源具有主动补充和更新知识资源的天性，因为具有较高科学文化知识素养的人才，尤其懂得知识的不断充实和更新与个人发展的联系，懂得不断增加自身人力资本的价值。人才资源的可再生性意味着人才资源是一种低投入高产出、并能使拥有者长期受益的特殊资源。

7. 收益递增性

在正常情况下，人才资源的边际产量收入总是大于其边际支出，且呈现出边际收益递增的趋势。人才资源的这种特性是由其稀缺性、知识性、创造性、可再生性等特征所决定的。首先，由于人才资源的稀缺性，通常情况下能与其他可利用资源相配合的人才资源总是显得不足，使增加这种稀缺生产资源投入的经济主体在正常情况下总可获得高于其成本的收益。其次，由于人才资源的知识性和创造性，在知识和智力对经济发展、经济竞争起决定作用的时代，拥有人才资源就意味着拥有产品创新、技术创新、管理创新、知识创新等创新能力和在相关领域中的领先地位与市场垄断地位，这样的能力和地位可为人才资源拥有者不断增加财富。比尔·盖茨主要依靠知识和人才缔造微软帝国的神话以及美国依靠人才资源和科技领先优势创造的连续九年实现低通胀高增长的经济奇迹等事实，都有力地佐证了上述结论。最后，由于人才资源的可再生性，使人才资源的拥有者在拥有期内可以持续获得人才资源所固有的出色的创造力和产出率，并可减少乃至避免发生类似于物质资源的反复搜寻和获取所需要的成本。

## 二、新世纪我国人力资源开发与管理应该注意的问题

我国幅员辽阔、物产众多，这是我们的优势，但是这些优势被众多的人口所抵消，我们曾经信奉“人多力量大”的信条，但是人多并没有给我们带来经济上的优势，反而成为我们的巨大包袱。面对激烈的国际竞争，提高科学技术水平是当务之急，要提高科技水平，首要条件是管理好人，把人口负担变成人口资源。人是与其他生命物质有着本质区别的智能生命，人类通过各种活动，使其他物质在保持其自然属性的前提下，又增加了社会意义。换句话说，其他所有资源，不论是生命的资源，如畜力资源、渔业资源、微生物资源、林业资源、草原资源等，还是无生命的资源，如电力资源、煤炭资源、风力资源、矿产资源、核能资源等，亦或是一些抽象的资源，如信息资源等，只有通过人的劳动才能转化成对社会有实际意义的财富。可见，劳动力就社会而言也是一种资源，并且它是位于其他所有资源之上的资源，它的合理运用与管理可以引导其他资源的合理运用与开发，最大程度上创造社会物质与精神财富。在社会主义市场经济条件下，人力资源的发挥和利用，是发展经济的重要环节，因此对人力资源的管理也就显得十分重要。因为管理得好，能使人才资源发挥出最大的效力，为社会创造财富；管理得不好，则会造成人才资源的浪费，无形之中带来了损失，甚至会使其成为巨大的负担。针对新经济时期人才资源的特殊性，笔者认为新经济时期我国的人力资源管理主要应注意以下几个问题：

### 1. 要注意现代市场经济条件下人力资源的流动性

最近几年，人才在全国范围内的流动，恰如喷薄而出的朝阳，给中国大地带来莫大的活力和生机，同时，又以其巨大的能量给社会的许多方面以强烈的震撼。沿海城市的开放，使得人力资源涌向南方的势头有增无减。就目前情况来看，人才流动有三个方向：一是开放地区和城市，其开放与改革的程度越大越深，人才流动的向心力越大；二是外向企业，其外向性越强，对人才流动的吸引力越大；三是德才兼备的领导者，确实能任人唯贤的领导者，其周围必然会汇集越来越多的人才。

人才的流动，势必破除将人视为“单位所有”、“部门所有”、“地区所有”的陈规陋习，造成市场调节需求，需求引导人才流动的大环境。因此在管理人才资源的时候必须注意人才资源的流动性，做到正确引导，合理流动。既为人才的合理流动创造条件，又应制定相应的法律法规规范人才资源的流

动。国务院主管部门可定期发行《全国人才资源需求指南》，各省亦可效法，从而提高人才资源流动的目的性。同时，要避免人才外流，并注意引进国外人才。人才外流是近几年比较严重的社会现象，国家要为人才提供优厚的生活和工作条件，使在国外的人才能回来，国内的人才留得住，如果可能的话还可以吸引国外的人才到我国工作。

2. 要注意现代化市场经济条件下人才资源的竞争性

人才资源总量与社会各方面对它的巨大需求相比，显得尤为稀缺和宝贵。但是，人才流动必然带来竞争，竞争可以导致人才资源的合理分配，但是，盲目的竞争却会带来人才资源的浪费，比如说，人才资源盲目地流向沿海发达地区，而沿海发达地区容纳人力的能力毕竟是有限的，多余的人才资源的积存形成浪费，同时，也给社会带来不稳定因素。可见从人才资源管理的角度来看，要对人才资源流动做出正确引导，避免无谓的竞争所导致的不合理人才流动。具体做法是：加强内陆地区的经济发展，尽可能多地创造就业机会，就地消化多余的人力资源。

3. 要注意区分普通人力资源和高素质人才资源

普通人力资源和高素质人才资源的区别就是一般劳动者与人才的区别。两者的区别是由每个劳动者的自身素质决定的，从一般作用上讲人力资源都是普通的劳动力。但是，一旦具备了某种技能，就有了很大区别。通常我们把素质较高、具备某种技能和创造力的劳动者叫做人才。把这部分人力资源从一般的人力资源中区分出来，进行特殊的管理是很有必要的。人才是在广大的劳动者中成长起来的，他们在广大劳动者的生产、科学实践活动中，总结出了劳动者的实践经验和智慧，创造和发明了先进的生产工具，推动了科学技术的发展，提高了社会生产力，大大提高了劳动生产率。人才是人类的精华，是人群中先进的部分。人才集德、识、才、学、体于一体，特别是高级人才，在创造物质财富和精神财富方面比一般劳动者的贡献大得多。

4. 应该确立大的人才战略

首先，应该认识到人才是国家人力资源的精华部分，人才是为经济建设服务的，国家经济发展的总战略和人力资源开发战略是人才管理战略的基础。国家必须有连续递进的十几年、几十年的正规的人才培养与使用的规划与措施，同时，随时以短期培训作为补充。要从全世界发展、进步与竞争的角度认识人才、培养人才、使用人才、尊重人才、爱护人才。我们要争取较高的人才占有率，要保持人才拥有量大于培养量，还要保持较高的人才合理使用率。其次，要树立宏观的人才使用观念。尊重知识、尊重人才，其核心是正确使用人才。

在现实社会中，有的人“唯亲是用”，有的人“囤积居奇”，有的人“顺我者用”，有的人“低我者用”，这就是狭隘、低级的用人观，是改革和建设有中国特色社会主义的反动力。

## 三、人力资源开发与管理中的政府行为

人力资源开发与管理中的政府行为实际就是对人力资源宏观开发与管理，它是知识经济时代政府的一项重要管理职能。宏观人力资源管理的主要内容包括：社会人力资源状况的监测和预测，人力资源发展战略和规划的制定，社会人力资源教育培训投资、项目管理及政策的制定，就业及收入政策的制定与管理，人力资源流动调控，规范和维护人力资源市场秩序，社会人力资源的保障与保护，人力资源相关政策法规的监督与协调实施等。

政府在宏观人力资源管理上的根本职能是促进社会人力资源的发展和人力资源配置的优化，具体包括以下几个方面：监测与预测、战略规划、社会人力资源的开发利用与发展、维护和规范人力资源市场秩序、社会人力资源的保障与保护、相关政策法规的策划制定和监督实施。

1. 宏观人力资源管理的第一个基本职能就是监测和预测社会人力资源的发展变化情况，诸如人力资源的总量、结构、供求状况、人力资源效益、就业收入状况以及人力资源流动情况等。社会人力资源的现状和发展趋势，可以作为进行人力资源及其他方面决策和规划的依据。

2. 战略规划是根据国家和地区社会经济发展总体战略和要求，分析人力资源发展的软件硬件环境和条件，制定一定时期内地区人才资源建设与发展的战略与规划，以此指导社会人才资源的发展，提高用于人才资源发展的社会资源的配置效率。

3. 通过改革和完善人事制度、科技教育制度、劳动用工制度及产权制度，开展再就业工程、支持社会培训、企业在职培训和继续教育项目，以及投资公共工程、调整产业产品结构，贯彻引导企业投资和教育科研发展方向等政策和措施，以提高就业率，充分开发和利用人力资源潜力，促进人力资源合理流动，不断提高人力资源的素质和人力资源的开发效益，是政府实施社会人力资源开发、利用与发展的主要任务。

4. 维护和规范人才资源市场秩序要求政府通过人才中介机构的改制，建立人才中介服务职业资格制度，促进人才中介服务业的多元化、专业化、市场化和规范化发展，完善和监督实施有关劳动力市场的法律法规，维护和规范劳动力资源市场的正常秩序，促进人才中介服务业的服务水平和人力资源配置效

率的提高。

5. 社会人力资源的保障与保护。主要是政府要监督社会保障制度和劳动用工制度的实施，促进社会保障制度和劳动用工制度的完善，建立劳动法律救济制度，保障社会人力资源的合法利益和劳动安全。

6. 相关法规的策划、制定和监督实施。宏观人力资源管理部门可以根据社会人力资源开发、利用和发展中产生和存在的带有普遍性的问题、有益的实践经验和研究成果，协助有关部门或主持进行有关人力资源的政策法规的制定和修改，并负责协调和监督有关政策法规的实施。

现在人们已经普遍认识到企业人力资源管理的重要性，企业的微观人力资源管理发展很快，有了很大的进步；而对于社会人力资源的宏观管理，从理论到实践都没有相应的变化。事实上，在21世纪，把社会人力资源作为社会经济发展的核心战略资源进行专业化的宏观管理和调控，是政府的一项根本战略职能。政府要改革传统的人事管理观念和方式，学习、确立现代人力资源管理理念，并应用到政府对社会人力资源的管理中。

总的来说，政府在人力资源开发与管理的过程中，必须坚定地确立起以人为本的管理理念和战略指导原则，并在实践中自觉贯彻执行，具体而言要从“更新观念”、“建立机制”、“落实方法”三个方面入手。

**1. 转变观念，发展教育**

人力资本理论的创始人，美国经济学家，诺贝尔奖金获得者舒尔茨提出：人类的未来不是由耕地、空间、能源所决定的，人类的未来是由人类的智慧所决定的。所以人力资本理论当中渗透着人文关怀，深刻思考和乐观的情绪，与人力资本的现实与未来息息相关。我们不能再将专家、学者、青年中的睿智者等同于机器设备，认为仅仅给予物质的刺激和鼓励便可以“驱之如牛”。政府应在全社会范围内真正实现尊重人才，服务人才，给人才的成长和才能发挥开路，给予专家、学者以更多的信任，委以重任，给青年中的人才以更多施展才华和自我发展的机会，使之在精神上得到满足，情感上拥有归宿。这不仅是使人力资源能够充分发挥其价值的有效手段，更是我们在硝烟四起的国际人才争夺战中唯一可以与对手抗衡的武器。

不错，当我们的竞争对手以高工资、高报酬、优越的工作条件等诱人的物质条件来挖我们的人才时，我们的确捉襟见肘。如果想通过颁布几条政策，给人才的离去多设置几道关卡，这只能是堵了门却堵不住窗的自欺欺人之术。既然，我们不想像印度那样成为软件发达国家的“后方加工厂”，就必须改变原来被动的留人之道，而改为“一稳定，二发展，三招募”的积极型战略。加入 WTO 后人才为世界所共有。一方面我们的人才外流严重，另一方面我们也拥有留在海外的“人才银行”。因此，如何改变观念，探索一条具有中国特色的留才之道，是加入 WTO 后首先应认真思考的问题。中国有众多优秀的高等院校，有许多待开发的课题，更有广阔的市场和发展空间，完全可以靠事业留人，靠环境留人，靠体制留人，而这一切方法的关键是人的感情因素，给予人才更多的信任，更大的权力，更大的施展空间，就能在感情上吸引人才，留住人才。

2. 建立吸引人才的机制

首先，必须站在国家战略的高度来实施人才战略。人才战略的重点是培育决策人才和创新人才、高级经营管理人才，制定出一套培养、造就管理家、前沿领域的科学家和高科技工业领域专家的制度。同时还应制定出既符合国情又具有运作活力的包括知识产权、劳动合同以及社会保障等方面的法律法规体系，从而保证人才作用的充分发挥和人才价值的最大体现。

其次，对于出国留学人员以及已在海外定居的华人学者，政府也应认真研究出一套能吸引他们回国创业的政策，并且应建立一套以“不求所有，但求所用”为指导思想的用人制度，对于已从海外回国的人员不要因为“不放心”就只任命为副校长、副经理、副主任，只要他能把业务搞上去，就放权，让他在技术上说了算。同时还应该允许他们继续与国外保持联系，允许他们再次出国深造，消除他们回国服务的后顾之忧。

再次，还应加快科技体制和教育体制改革的步伐，促进科技、教育与经济、工业的紧密结合。目前，我国受过高等教育的人才资源有 80% 以上都在高校、科技院所和事业单位工作，让他们放弃较稳定的收入待遇和安逸的生活条件去企业工作显然不现实。政府应建立一套以科技投资或风险性期权报酬为引导的灵活多样的奖励制度鼓励科技人员、科研院所进入企业，服务于企业的技术创新，加快知识技术产业化的进程，为科技成果与企业构建一个通畅的交流渠道，真正激发科研人员的创造激情，也为科技创新增添活力。

最后，加大国家和社会对教育、科研的投资，从而促进社会人才资源的发展，从整体上提高国力，来应对国际竞争。国家的兴旺发达，同时也是吸引人才的极为有利的条件。

3. 科学的落实手段

面对发达国家几近疯狂的人才“掠夺”和国内发展所需优秀人才奇缺的现实，政府应坚决落实一套具操作性和实用性的政策，以保证人才资源的合理开发和有效利用，以保证我们能够与国外的猎头公司和用人公司进行有实力的争夺。

(1) 确立以市场为基础的灵活多样的人才流动机制，建立正规的劳动力市场中介服务机构，清除旧体制的障碍，促进人才的合理流动，真正使人才能够实现自身价值最大化。

(2) 真正建立一套按贡献大小支付报酬的分配制度，而且要使报酬多少的差距真正体现出贡献大小的差距来，使报酬真正成为衡量人才价值的一把标尺，而且应综合运用高工资，风险期权和继续教育等多种分配手段，使分配真正成为有效调动人才积极性的基础手段。

(3) 为科研院所和高等院校的研究成果建立一个通畅的与企业沟通和科技创新商业化、产业化的转化渠道。如鼓励首创精神的政策、保护知识产权的政策和法律、以及创新成果的价格确定政策等。

(4) 制定鼓励个人、企业扩大教育投资的政策，可给予收入分配，社会保障待遇，以及税收、费用等方面的优惠政策等，这些均可起到不错的效果。

(5) 宣传新的用人观念，为人才的“柔性流动”提供服务和帮助。

## ☞思考题：

1. 试论人力资源的数量与质量的关系。
2. 试述人力资源开发的内容及其相互关系。
3. 试论现代公共部门人力资源管理发展的新趋势。
4. 试述公共部门人力资源损耗的原因及其增值途径。
5. 结合21世纪人力资源的特征，分析我国在人力资源开发中应注意的问题。
6. 如何认识人力资源开发中的政府行为？

## ☞案　例：

### 美国政府的人才战略

二战以后，美国之所以能够在经济上取得巨大的成就，成为当今世界头号发达国家，在一定程度上得益于其宏观层面的人才资源开发，这些对包括中国在内的发展中国家具有借鉴意义。美国宏观层面的人力资源开发范围很广，概括起来，其手段主要有以下几点。

## 一、建立了政府、社会对教育的重视与投入机制

教育是人力资源开发的最主要、最有效的手段。建国200多年来，在美国已形成了完备的教育体系和独特的教育思想，这些都在美国的人力资源开发中发挥了重要作用。而美国教育之所以能成为世界上最好的教育并能在人力资源开发中发挥作用，首先得益于美国政府和社会各界对教育的高度重视与投入。历届美国政府都十分重视教育，前总统布什就曾以“教育总统”作为自己的竞选口号。1983年美国就提出了《为21世纪而教育美国人》，1985年又发表了《国家为21世纪准备师资》的报告，主张面向21世纪培养科技人才。面对知识经济的严峻挑战，克林顿总统认为美国迈向21世纪的知识经济需要新的教育战略，而实现教育领先将比以往任何时候都更为重要。为此，美国教育部颁布了《美国2000年教育战略》，提出了面向未来的美国教育目标和战略。因此，美国是世界上教育经费支出最多的国家，年教育投入达到3 530亿美元，教育经费占政府总支出的15.8%，每年培养的大学以上学历的人才超过150万。

## 二、建立了完善的人力资源市场机制

为了在劳动力供求双方建立有效的联系，美国成立了许多类型的政府和民间就业辅导机构。有的政府就业辅导机构除了帮助寻找工作外，还对符合条件的低收入者提供就业资助。在美国的人力资源市场上，除本国公民外，其他国家留学人员、访问学者等，只要不是非法移民，只要取得美国移民局的认可，都可获得被聘用的机会。美国人力资源的流动，不受户籍、地域的制约，也不存在流向是否合理的问题。一方面，在劳动力和企业之间建立了双向选择关系。在人力资源政策上，企业的用人完全自由。企业根据实际情况制定人力资源规划，需要人力可以通过市场，裁员可以推向市场，使得人力资源和物力资源达到有效的结合，从而使企业及国家的经济效益得以提高。同时，美国人力资源开发及管理的社会化程度很高，维持劳动力再生产的因素，除薪金以外，住房、医疗、保险等都实现了社会化，劳动力不依附于企业，可以在劳动力市场上自由流动。另一方面，由企业和个人上缴法定税金，政府建立了完善的社会保障体系，雇员伤残或解雇时的保障由政府承担。政府在帮助企业安排裁员方面发挥着一定的作用，遇到企业大规模裁员，政府进行必要的安置和救济，以保持社会的稳定。

## 三、建立了全方位的人力资源信息服务、评估及素质测评体系

美国政府部门提供的人力资源交流服务方式主要是计算机信息交流，由美国人事署下属的联邦政府工作信息中心提供。类似这样的子中心，散布在全国

各地的有150多个，其统计数据及人口普查所获得的信息都可以充分利用。这些信息中心免费为社会公布招聘信息，是由联邦政府的法律所规定的。人事署相关部门每天把需求信息及求职信息输入计算机，计算机全国联网，为寻找工作的人提供参考。各种信息不但在信息中心可以查到，在一些公共娱乐场所、商店、学校等地也设有可供查询的电脑。人力信息系统允许州政府及个人将信息输入网络，因而该系统覆盖面广，功能齐全。在美国，由人事署所属的执法评估处负责对各机关人力机构、人力素质、人力运用及人力发展等作出客观的评价，提出改进意见，作为合理配置人员、制定人事政策和健全人事法规的参考。1986年10月，美国颁布了关于人力评估规划较为完整的法律《美国联邦人事管理手册》，提出联邦人力评估的目的、目标，规定了机关内部的评估活动。1988年，为了引起企业对质量的重视，奖励过去一年经营卓越的企业，美国政府将企业人力资源开发与管理确定为国家质量奖的评奖项目之一，并对企业人力资源开发的评估项目及评价标准作出规定，主要从人力资源规划和评估、员工绩效工作系统、员工教育与发展、员工福利和满意度等方面进行评估。美国人力素质测评是由专门的机构承担的，有官办的，也有民办的。测评中心主要服务于用人单位对本单位人员素质的分析及人力资源的开发，其突出的特点是测评项目和标准是由测评中心根据用人单位的要求与高层次管理人员协商确定，测评中心只对客户负责，因而其测试过程是科学的，测试结果符合用人单位高层次人员的主观要求，因而针对性也很强。

### 四、确立了具有战略眼光的人才资源引进策略

随着科学技术的飞速发展，经济发展对知识密集型人才的依赖性越来越强。能够吸纳和争夺到别国的人才，既可减少或节省本国在人力资源开发中的投资，又可坐享其成，真可谓“一本万利”。由于美国是一个移民国家，特别是一个科技移民国家，其多元、开放、包容并蓄的社会和文化氛围，优越的工作环境和生活条件，以及与人力资源开发相关的政策、法规比较健全，这些就为其吸纳和引进别国的人才奠定了基础。再加上确立了一系列富有成效的人才引进战略，从而使美国成为世界上公认的最会吸纳人才的国家。美国的人才引进策略主要包括：趁人才所在母国政局不稳、社会动荡、经济危机、战争威胁，以及人才自身遭受迫害、面临困境时进行“抢”；对发展中国家的人才施之以惠、舍以重金进行“买”；利用人才成就事业的心理动机，为他们创造优厚的工作条件并委以重任进行“诱”；最关键的还是政府从立法上对引进人才给予特别的重视。1952年、1965年、1991年，美国先后修改了为引进国外科技人才服务的移民法。在1965年颁布的通称“普惠制”的移民法中，规定每

年专门留出29 000个移民名额给来自任何国家的高级专门人才。该法还特别规定，凡著名学者、高级人才和有某种专长的科技人员，不考虑国籍、资历和年龄，一律允许优先入境。在实行该法的第一年（1967 年），移居到美国的外国科学家和工程师猛增到12 500多人，比 1965 年的5 300多人增加了一倍多。美国政府 1991 年开始实行的新移民法进一步强化了人才优先的原则，使原来的人才优先体制更加趋于完善。这些策略也使美国成为世界人才的聚集地。据美国《商业周报》透露，仅上世纪 80 年代，就有 150 万受过高等教育的移民加入美国劳动大军。

（资料来源：中国教育与人力资源问题报告组：《从人口大国迈向人力资源强国》，高等教育出版社，2003 年版，第 159 ~ 166 页）

## ☞案例讨论：

1. 结合美国的国情，分析美国政府人才战略的特点。
2. 你认为美国的人才战略有哪些值得借鉴之处。

# 第二章

# 人力资源生态环境

世间万物都不可能封闭地、孤立地存在。它们都必须在各自特定的环境内生存、发展直至衰亡，人力资源的管理和发展也不例外。它同样处于特定的环境之中，环境因素本身以及环境因素的变化都会对人力资源的管理和发展产生直接或间接的影响。因此，研究人力资源的环境因素，有利于适应环境及其变化对人力资源的要求，是我们研究人力资源的基础性工作。从古到今，凡是教育发达的地区也就是经济发达的地区。因此人力生长与社会经济发展息息相关，它是人力生长的土壤；反过来，人力生长又直接为经济发展注入了推动力。可见人力与生态环境呈正相关关系。

## 第一节　人力资源生态环境及其构成

人力是经济社会发展的关键因素。所谓人力资源生态系统，是指客观存在的、并直接或间接地影响人力生存和发展的各种要素的总和。它是人力赖以生存和发展的各种自然和社会环境的总和，是人力资源发展的外因条件和首要前提。主要包括人力资源的外部环境和内部环境。

### 一、外部生态环境

就外部环境而言，主要是指以人力资源为中心，环绕人力的生存和发展而具有渗透和影响作用的环境总和。主要包括政治制度、经济与技术环境、市场体制、劳动力与人口素质、物价指数及生活水准以及人口的多样性问题。

**1. 政治制度**

一个国家的政治制度不同，如民主政治、君主政治、独裁政治等，其对待人力资源的政策和原则就会大不相同，这些均会对人力的生存和发展产生重大的渗透力及影响力。在君主制条件下，合君意者则为人才，不合君意者则视为庸才。我国封建时期实行的科举制，本来是为挑选人才而设立的。随着朝代更替和科举制的不断演变，科举制成为官员受贿、有钱人买官的有效途径，而且八股文也限制了人才能力的发展和发挥，最终选出的人才不是庸才就是迂腐而不通世事的“冬烘”。在民主政治条件下，政府挑选人才必须经由公开竞争的考选，公务人员的任用不得有不公或歧视的现象存在，公务人员系为国家、民众服务，公务人员行为需由法律来规范，公务人员的职务需有适度保障等。

2. 经济与技术环境

在经济全球化和知识经济时代，技术创新在以人们无法追赶的速度发展着。个人对技术的应用同样改变了信息的流动和使用方式。科学技术水平的发展及科学技术作为新的生产手段被广泛运用，将成为支撑知识经济大潮的关键。因此，现在的人力就是要走在信息的前面，不断学会借助信息手段来为经济服务。不仅如此，在经济全球化和以技术创新为支撑的知识经济两股大潮的冲击下，新市场、新产品、新观念、新竞争力乃至新经营思维方式层出不穷。创建新的模式和流程来培养全球性的灵敏嗅觉、效率和竞争力，是时代对人力能力提出的新要求。作为知识经济发展过程中组织取胜的关键，人的能力已成为普遍关注的焦点。如何用好用活现有的人力资源，如何吸引人才、留住人才，如何到更广阔的国际市场上招揽人才等，将成为人力资源管理和发展的关键所在。

3. 市场体制的发展深化

在封闭经济条件下，解决一国经济问题只能靠本国的资源。随着经济全球化的推进，各种要素、服务与商品的跨国流动更加容易。加入 WTO 对中国以市场为导向的经济体制改革提出了新的要求。加快完善市场经济体制，建立公平竞争的体制环境，变得更为迫切。在经济全球化的新形势下，一个国家在激烈的国际竞争中取胜的惟一办法，是创造一个富有吸引力的投资环境，吸引和聚集全世界的人才、资金、信息等生存要素，发挥本国的比较优势，推动经济的快速发展。其中，至关重要的是人力资源的素质，人的能力的发挥将决定地区的服务支撑环境与制度环境的好坏。

4. 劳动力的可用性

随着社会、经济，特别是科学技术的迅速发展和人口增长呈减缓趋势，劳动力市场进入了卖方市场，传统的简单、低成本替代已有人员的过程（如解聘、辞职、退休、伤残、死亡后及新增岗位人员的补充过程），已经越来越不能适应科学技术发展对人力的要求。由于具有能从事新岗位工作所需技能的员工供给不足，越来越多的组织，包括公共部门，都出现了人力结构性短缺现象。传统产业人力供给过剩，而新兴产业的人才，包括为新兴产业提供服务的人员则供不应求，这使人力资源的管理在人员流动和人员培训上面临更大压力。随着时代的发展，未来需要更高知识的人数将以更快的速度增长。现有的具有专业知识和技能的人才与现有的知识和技能的结构性差距在日益扩大。在经济全球化背景下，政府部分权力向区域组织或国际组织让渡。国际组织的规则也日益成为各国制定法律与政策的依据。培养具有世界级眼光，提高应对国际竞争力，建设高素质、专业化人才队伍，已成为当务之急。

5. 教育水准

一个国家国民受教育水准的高低，肯定会对人力资源的发展产生渗透和影响。国民受教育的平均水准高，则会整体提高国民的素质，就整个国家而言，人力的整体能力水准提升，将直接提高工作效率和增加工作产量；国民受教育的平均水准低，则会降低国民的素质，对整个国家而言，人力的整体能力也会偏低，势必会影响国家的整体经济发展水平和国际竞争力的提高。人力资源是第一资源，只有加大对人力的教育投资，才能使人力投资转化为人力资本，进而转化为物质成果，为国家的经济和发展做出贡献。

6. 人口多样性

人口的多样性也是人力资源的外生环境之一，并对人力资源的开发与管理产生直接影响。例如，随着劳动力平均年龄的持续增长，老龄化已成为世界各国人口多样性问题较为突出的一面。当许多具有较多工作经验和技能的老年员工退休时，各个企业或部门的人力资源将面临严峻的挑战。这种挑战就是使他们的员工必须具有老年员工所拥有的能力和工作行为准则，组织唯有通过调整和培训，才对能够迅速填补老年员工退休后造成的岗位和技能空缺，保证组织的持续稳定运转。另外，针对不同类型、不同层次人力的特点，注重人力队伍的合理搭配，也是目前人才资源管理健康发展的内容之一。

## 二、内部生态环境

内部生态环境主要是指围绕人力发展，人力个体的内在素质及其一切影响人力培养和管理的环境之总和。

1. 人力个体内在素质

由于人力本身是人力之“人”、人力之“力”与人力之“心”的高度有机的整体，所以就人力主体的内生态而言，人力生态是人体生态、智能生态和伦理生态的有机统一体。人体生态主要用身体健康素质指标来衡量。身心健康是人力的一个必然要求。李卜克内西说：“没有非常的精力和工作能力便不可能成为天才。”而精力和能力都来自于健康的身体。21世纪是竞争十分激烈的社会，人们的生活和工作节奏普遍加快，如果没有良好的身体素质，也难以胜任繁重的工作。除了健康的身体素质以外，良好的心理素质也是必不可少的。心理健康的人，情绪稳定、性格开朗、乐于助人、人际关系协调、兴趣广泛、意志坚定、热情自信、思维敏捷、工作效率高。具有勇敢迎接挑战和战胜挑战的积极的人生态度，能以极大的热情投身于学习和工作，充分发挥自己的主观能动性，使潜能得以有效发挥。

**2. 微观的人力群体生态环境①**

微观的人力群体生态环境是指就一个单位或一个部门而言，能使组织中群体保持优化、平衡、和谐的环境状态；能使人力群体发挥能力的各种环境的总和。这种环境具体可以表现为人力战略环境、人力政策法规环境、人力市场环境、人力管理环境等等。21世纪最重要的就是人力。在知识经济时代，人力资源管理问题是关系到组织生死存亡的问题。因此，现在所有的单位、部门、企业都强调以人为本，制定自己独特的人才政策。为了营造良好的工作环境，为了留住出色的人才，单位和企业都会对自己拥有的人才实施一系列的政策。如新进人员，单位或企业就会对他们进行单位或企业文化的交流，使员工对自己所处的工作环境有思想上的认同；为了让人力资源紧跟时代步伐，还会不断给员工提供培训的机会；同时还时时刻刻关心员工生活，帮助员工解决生活中的困难；举办各种比赛等文体活动，加强大家的联系、增强大家的团队精神。只有加强对人力管理的重视，才能给人力最大的发展空间，使每一个人都能够施展自己的才华。

**3. 宏观的人力群体生态环境②**

宏观的人力群体生态环境是相对于微观的人力群体生态环境而言的。宏观的人力群体生态环境是指就一个地区、国家甚至全球而言，能够使人力群体保持优化、平衡、和谐的环境状态。宏观的人力群体生态环境与微观的人力群体生态环境有着共同点，只不过，宏观的人力生态环境对人力的开发和管理的影响更广、更复杂。人力群体生态环境中，突出的一个问题就是人力的流动。现代社会的人力流动频繁，大多是因为与经济相关的工作机会、报酬、生活条件等原因而“跳槽”。而且，在信息时代、网络时代，人才很容易被一些经济发展水平高、工作机会多、报酬和生活条件好的地区和国家所吸引。作为发展中

① 沈邦仪：《关于人才生态学的几个基本概念》，《人才开发》2003年第12期。

② 沈邦仪：《关于人才生态学的几个基本概念》，《人才开发》2003年第12期。

国家，我国由于以前对人力资源的管理不够重视，使得很多人才都纷纷外流，造成我国大量的人才流失。因此我国应制定相关政策，重视人才的发展和管理，留住人才，才会有利于我国的经济建设。

### 三、内、外部人力生态环境之间的关系

内、外部人力生态环境是相互作用、相互影响、相互制约的关系。内、外部生态环境的存在和它的作用都不是孤立的。人力的兴衰成败与流动聚散，无不是环境诸要素相互联系、相互影响，以及他们相互作用、形成合理的结果。整体相关性是人力生态环境系统的本质特征。一般来说，社会整体环境的优劣，主要取决于生产力发展水平和经济发展水平，因为归根结底起决定性作用的还是社会经济环境，其他的内、外环境最终要通过人的自身内在因素能动地对社会环境发生作用。

人力外部的生态环境决定和制约着人力开发和管理活动。经济发达地区往往是优质人力最集中的地区；教育越发达的地区，高素质的人才的供应量也就越大；国家越民主，给人才自由发挥的空间也就越大；市场体制的不断深化促使人才更加公平合理地竞争等，这些都促进了人力的开发、竞争和管理。反过来，内部的人力生态环境对外部人力生态环境也具有反作用。一个企业重视人才管理，企业必将不断进步；一个地区人力规划体系越系统、人力政策越全面，这个地区的经济建设和文化生活水平就会越高。总之，外部环境为人力的开发和管理提供了物质保障、精神动力和信息支持；内部环境促进了人的自身的修养和能力的提高，从而能够不断推动外部环境向前发展。

## 第二节　社会主义市场经济条件下人力生态环境的特点

21世纪的竞争是人才的竞争，当今世界一个人力生态环境综合竞争的格局已经形成。马克思曾经指出："人创造环境，环境也创造人。"因此，各种人力都生长在一定的环境中，必然要受到所处环境的制约。探讨人力资源主体，主动利用生态环境促使人才成长，使环境对人的"改造"向着有利于人才成长的方向发展，是极其重要的。

### 一、市场经济条件下人力生态环境的特点

#### 1. 市场经济以前的人力生态环境

在原始社会，还处于自然经济时期，由于生产力水平极其低下，人们从事

简单的手工劳动，因此当时人们生活简单纯朴，还不存在人才观念。

到了封建社会时期，主要是商品经济初期，从我国封建社会时期人力的生态环境看，各个王朝的帝王将相都非常重视吸纳人才辅助朝政，科举制就是我国古代选贤的一个主要途径。那个时候，知识分子都信奉“十年寒窗苦”来换得“金榜题名”，从而可以光宗耀祖，衣锦还乡。封建时期皇权至上，环境决定了这一时期的人才都是为当朝统治者培养的，思想禁锢，个人能力的发挥受到很大限制。这一时期的人才观比较狭隘，人才所处的生态环境虽然有政策保障（如科举制），但是人才生态环境单一，人才活动领域狭窄，一旦朝代更替，不仅人才的内涵会跟着变动，而且人力生态环境必然也会发生变化，因此，人力生态环境缺乏独立性和稳定性，非常不利于人力的开发和管理。

到了资本主义生产关系确立时期，由于社会分工、分层的发展，人们的社会关系和社会生活也日趋复杂，生产力水平也日趋提高。而且在欧洲资本主义萌芽时期，引起了一系列的社会历史变革。反映在思想文化领域出现了人文主义思潮：宗教改革和文艺复兴运动，推动了自然科学的产生和发展。资产阶级脱去宗教外衣，直接公开提出了以“民主、自由、平等”为核心价值观的资本主义启蒙思想。因此，形成了开放式的人力生态环境氛围，各种思潮不断涌现，相互碰撞，各类人才都得到了充分施展的机会，但是这时的生态环境布局零散，缺乏系统性，还没有形成真正的独立的人力市场和全面完整的人才观。

**2. 市场经济条件下人力生态环境的特点**

市场经济是商品经济的最发达阶段。所谓市场经济，是以交换为主要特征和内容的社会制度，这里说的交换，是针对整个社会而言的。市场经济的出现是一个漫长的过程。同时，市场经济在全世界的扩展也是一个长期曲折的过程，这个过程直到今天也没有停止。人力生态环境处在市场经济这样的大背景之下，有其自身的特点。

其一，系统性和复杂性。在市场经济高度发达的今天，构成和影响人力生态环境的要素众多，既有政治因素、经济因素、教育因素等的影响，又有人力政策环境等的影响。这些不同的要素相互作用、相互影响，形成一个开放的生态系统。在该生态系统中，不同层面的要素所起的作用在不同的空间和时间维中是不一样的，因而现在的人才生态环境具有复杂性和系统性。

其二，动态性和稳定性。在人力生态环境的各种要素中，有的要素变化快，例如经济要素。经济发展可谓是日新月异，每时都有新变化，而且信息技术更是以分、秒在变化，这些必然对人才的发展有很大的影响。从这方面看，人力生态环境是一个处于动态变化的过程，具有动态性。相反，有些要素变化相对较慢，例如政治因素，一个国家的政治体制是不会轻易改变的，相对比较稳定，因此，国家制定的政策有一定的连贯性、稳定性，能够保持人力生态环境的持续性。所以在一定的时期和一定的范围内，人力环境又具有它的相对稳定性。但当人力环境的量变到达一定程度，便呈现出质的变化，这种质的变化是一种显著的突变，甚至是一种根本性的变化。

其三，相关性和独立性。“人才生态环境与自然地理环境和社会文化环境具有紧密的联系，自然地理环境的优劣间接影响着人才生态环境的质量以及对人才的吸引，它通过影响该地区的社会经济环境而对人才发生作用。而社会经济文化环境是人才环境的基础和背景。但人才环境有它的独立性和特殊性，它并不是一个地区社会经济文化环境的转化形式。独立性主要表现在:(1)人才环境的质量与社会经济文化的状况不一致,即两者之间并不完全是正相关的关系;(2)影响人才环境的因素并不一定对社会经济文化环境起明显的作用,而对社会经济文化环境起作用的因素也未必对人才环境起直接的作用。”①

## 二、社会主义市场经济条件下人力生态环境的个性特征

市场经济具有平等性、竞争性、法制性和开放性的特征。有中国特色的社会主义市场经济是由社会主义制度决定的，是由中国的特殊国情决定的。简要说来，有中国特色的社会主义市场经济的特殊性，主要表现在三个方面：首先，我国以公有制为主体，多种经济成分并存，在市场上进行平等竞争、共同发展，推动着社会主义市场的发展与繁荣。其次，实行以按劳分配为主体、其他分配方式为补充、兼顾效率与公平的原则。最后，我国实行计划导向、宏观调控是代表广大劳动人民的利益，因公有制占主体而且有强大的经济实力，能够从全局出发，把人民的局部利益与整体利益、当前利益与长远利益结合起来，制定经济计划和各项经济政策，运用各种经济杠杆，使宏观调控更有力、更有效、更有利于促进市场经济的发展和整个国民经济的发展与社会生产力的提高。在我国社会主义市场经济这种特定的背景之下，人力生态环境也有着自己的个性特征。

1. 构建和谐社会下的人才生态环境。中共十六届三中全会明确提出了“坚持以人为本，树立全面、协调、可持续的发展观，促进经济社会和人的全面发展”；强调“按照统筹城乡发展、统筹区域发展、统筹经济社会发展、统

① 丁丁：《人才环境及人才环境评价》，http：//www. chinahrd. net/zhi_ sk/jt_ page. asp？ articleid = 30503

筹人与自然和谐发展、统筹国内发展和对外开放的要求”，推进改革和发展。在构建和谐社会的进程中必须始终坚持科学发展观，这是由科学发展观的基本内容和本质规定所决定的。加快经济发展是科学发展观的重要内容，也是构建和谐社会的物质基础；以人为本是科学发展观的本质规定，也是构建和谐社会的内在要求；全面协调可持续发展是科学发展观的基本要求，也是构建和谐社会的重要内涵。只有坚持以人为本，才能促进社会经济发展，维护社会稳定。构建和谐社会，需要坚持民主与法制的统一、公平与效率的统一、活力与秩序的统一、科学与人文的统一、人与自然的统一。树立“以人为本”的观念，充分认识到人力是经济社会发展中最为重要的宝贵资源，是现代经济中最为活跃的生产要素，是市场经济竞争中最有价值的经济资本，是带动社会公众走向文明富裕的中坚力量。真正在全社会形成一种尊重知识、重视人才、爱护人才、支持人才的社会风尚，在各级领导中确实树立“人才兴省”、“人才立省”的战略思想。构建和谐社会，把人力资源工作纳入经济和社会发展的总体规划和布局之中，加强人力环境和队伍建设，在促进人的全面发展的同时，推动经济和社会的可持续发展。

2. 实践识人。我们常说“知人善任”，怎么知人善任？辩证唯物主义认为，实践是检验真理的唯一标准。只有实践才能出“真知”。“知人”是“善任”的前提和条件，“善任”是“知人”的目的和结果。只有在实践中“知人”，才能真正地做到“善任”。在社会主义市场经济条件下，只有通过市场经济的实践，才能真正的“知人善任”。选“千里马”，靠传统的“相马经”是远远不够的，只有让人才在市场经济实践的大潮中，在其工作舞台的创造性劳动中，通过“赛马”来分出高下，决出优劣；也只有考察人才的实践活动和业绩，才能达到我们“知人善任”的目的。所以我们无论研究人才、评价人才，还是培养人才、引进人才，抑或选拔人才、使用人才，都应当放到市场经济的实践中去观察、去运作、去选择、去检验。①

3. 公平竞争环境。优胜劣汰、公平竞争，这是市场经济最基本的规律。只有竞争，才能使人才脱颖而出，才能扩大人才视野，才能鼓励后进，鞭策后进，淘汰落后。没有真正的竞争，就不能形成奋发向上的社会导向，就不能激励奋发向上的活力，事业就不能发展，社会就不能进步。在市场经济条件下，没有竞争，就不会发现人才；不参与竞争，在竞争中取得自身的发展，也不会

① 郑社奎：《树立与社会主义市场经济相适应的现代人才观》，《中国经济快讯周刊》2001 年第 45 期。

成为人才。所以竞争机制的形成是人才机制创新的关键所在。要切实把竞争引入一切领域和各个行业，不但要有选拔、引进机制，激励、预期机制，而且还要有更新、淘汰机制。

## 第三节　当前中国人力生态环境所面临的问题及对策

如果说21世纪的竞争是人才竞争的话，那么，一个人力生态环境综合竞争的新格局，正逐步展现在人们面前。因此，人力生态环境的建设好坏是直接关系到党和国家事业发展的关键问题，能否把我国建设成为一个经济强国，关键在于是否有一支适应新形势需要的人才队伍，更关键的是这支队伍是否具有适应新时期发展需要的科学观念，是否处在一个有利的人才生态环境之中。改革开放以来，人力资源工作已经取得显著的成绩，已经为进一步加快人才发展工作奠定了坚实基础；但必须清楚地看到，我国人力环境面对的困难和问题还很多，我们必须清醒地认识问题，才能使我国的人力开发和管理更加科学化、系统化，才能更好地服务于我国的经济建设。

### 一、中国人力生态环境面临的问题及原因

#### 1. 人力生态环境的不平衡性

我国自确立社会主义市场经济制度以来，由于各个地区的发展程度不同，政策环境也不同，因此各个地区经济发展水平显出了极大的不平衡性，这种经济的不平衡性导致了人力生态环境的不平衡性。我国是一个地广人多，但人均资源占有并不丰富的发展中国家。由于各地区的自然环境、资源条件、经济基础、历史文化背景存在很大差异，因此，地区间的经济发展是不平衡的。我国经济发展存在着三个不同层次的地带：东部沿海经济比较发达地区，中部经济次发达地区，西部经济不发达地区。由于东部沿海地区经济比较发达，因此，高素质的人力资源主要集中于此，并且人才还不断向东部沿海聚拢。这就出现了东部沿海地区高素质人力资源集中，而中部和西部留不住人才的现象。而且人才资源集中的地方，经济发展也就越快；反之，人才缺乏的地方，经济发展也就越慢，这就造成了恶性循环。人才一边倒的趋势越来越明显，这不仅影响我国人才环境建设的平衡，使得有的地方人才饱和，不能做到人尽其才，而有的地方却人才匮乏，这样也非常不利于我国的经济建设和发展。

#### 2. 人力政策体制建设环境还不完善

当前的人力政策法规体系内容丰富，涵盖面广，由于人力开发更新较快，

我国人力政策的更新相对滞后，且规范调整全国整体性人力开发的文件较少；人力宏观调控政策门类尚未形成；政策调节的对象比较集中在公务员管理领域，对企业经营管理者和专业技术人力开发的政策较少；政策的法制化进程滞后，大量行之有效的人力政策有待在梳理、整合、加工的基础上上升到人力资源管理的法律、法规层面，对人力资源进行管理的全面性基本法尚未制定。另外当前中国人力资源开发中的一些重要问题，人才政策还尚未覆盖到，人力宏观管理目标还不明确，缺乏统一的领导和权利机构的协同机制，也缺乏宏观调控手段；政策的国际化水准不高，有些人力政策法规的国际通用性不够，个别的人力政策法规甚至还和国际通行做法相悖，人力政策法规的国际影响力不强，难以充分达到更好地使用国际人才和智力资源为我所用的目的。再者，有效政策作用的发挥是需要政策保持一定的稳定性的，但由于中国人力政策尚处于探索阶段，再加上人力资源工作的复杂性，导致中国政策的前瞻性不够。由于缺乏有效的预见，致使中国人力政策缺乏稳定性，变化太快，这显然不利于政策的有效实施，不利于充分发挥政策的公信作用。

3. 人力管理环境滞后

首先，人力管理环境方面的问题表现在人力培养与需求相互脱节。一是人才教育培养与社会对人才的需求相互脱节。学校教育与社会需求之间往往缺乏有效的衔接，过于注重学科理论体系的人才培养模式，不利于培养复合型人才和创新型、开拓型人才。二是职业技术教育培训、社区学习培训、专业技术人员继续教育培训和终身学习培训等有利于人才成长、提高的培养方式重视不够，且未形成制度。

其次，选人用人机制还有待进一步完善。在选拔人才上，中国现行的选任制度，是在长期的计划经济体制下形成的，与社会主义市场经济体制的要求有很大距离，公开、平等、竞争、择优的制度尚未真正建立起来，特别是干部录用制度还不完善，影响了提高干部人才队伍的素质。虽然近些年来中国在党政领导干部的选拔任用方面不断进行探索和改革，坚持扩大民主选拔的基本方向，着力于建立科学规范的选拔任用制度，但就整个人才选拔使用制度而言，离形成充满生机与活力、有利于优秀人才脱颖而出的选人用人机制的环境目标，还有一定差距。在使用人才上，中国通过1956年、1985年、1993年三次工资制度改革，分配制度方面还残留有“官本位”和“大锅饭”的痕迹，效率优先、兼顾公平原则有待于进一步落实；事业单位的薪酬制度还没有真正体现岗位绩效和分级分类管理的特点；鼓励人才最大限度发挥创造性方面缺乏科学的激励手段，也制约了人才的有效流动和人才创新能力的提高；在监督约束机制方面，没有健全用人失察、失误责任追究制度，不能从制度上保证选准人、用好人。此外，在人才的考核评价方面，无论是对党政领导干部，还是对企业经营管理人才，都还缺乏一套科学规范的考核评价体系，因此导致考核失真的情况时有发生。

最后，人力资源工作是涉及多个部门、多个层面、多个领域的工作，要做好人才工作，需要各个部门之间的密切协作和配合，特别是在制定政策法规时，彼此之间不能产生冲突和矛盾。但是，在中国人力资源工作中，部门各自为政的现象比较明显，往往出现部门之间的不协调，这不仅降低了人力资源的工作效率，而且导致很大的人力、物力、财力的浪费。

**4. 劳动力市场环境还不成熟**

发展劳动力市场，提高人力资源配置市场化程度，是促进人才发展的一个重要因素。但是我国劳动力市场环境发展得还不成熟。

首先，我国劳动力市场体系不完善。中国的劳动力市场虽然遍布各地，但劳动力市场的运行机制不够健全，体系不完善，劳动力市场的建立主要由政府运作，而不是自我发展和独立运作，政府与其所属劳动力中介服务机构之间存在着政事、政企不分的问题，影响了劳动力市场的公平竞争；劳动力市场的法制化程度不高，立法层次偏低，立法内容落后，难以对市场运作进行权威有效的规范，政府对劳动力市场管理的效率和质量还有待提高；我国的劳动力市场的布局还不尽合理。

其次，我国的劳动力市场信息不通畅。劳动力市场是一个十分特殊的市场，供求双方需要市场提供的是信息，市场的信息越丰富，对劳动力配置的作用就越大。然而，我国劳动力市场与用人单位和劳动力培训机构没有建立起经常、稳定的联系，特别是政府所属劳动力市场中介，不少地方行政色彩依然较浓，劳动力资源的配置效益不高。其改制进程普遍滞后，与现代企业制度和现代事业制度的要求还有较大差距，没有发挥劳动力市场信息枢纽的功能，各类从业人员素质也亟待优化。

最后，劳动力市场的服务功能不健全。我国劳动力市场的服务功能还不能很好地满足各层次人力配置的需要，劳动力市场的整体信息化服务水平不高，特别是针对高层次劳动力特点的服务功能不强。由于劳动力市场的调控盲区和信息死角大量存在，缺乏行业自律和规范化管理，导致劳动力市场中介机构运行不规范、诚信度较低、整体形象较差、普遍缺乏权威性，这在一定程度上阻碍了劳动力中介业务的发展。大部分劳动力市场大同小异，业务特色不突出、不明显。

## 二、优化人力生态环境的政策分析

全部人类的历史和当代的实践都证明，最基本的生产力是人，最重要的资源是人力资源，特别是掌握了一定文化、科学和技术的人才及其群体构成的人才资源。人类社会已经进入21世纪，并且正在面临一场极为深刻的变革。理论界普遍认为，这场变革的一个重要特点就是经济和社会赖以发展的战略资源发生了根本性变化——人力资源成为了一个国家经济和社会发展的最主要的战略资源。正因为如此，党中央在《关于制定国民经济和社会发展第十个五年计划的建议》中明确指出："人才是最宝贵的资源。当今和未来的国际竞争，说到底是人才的竞争。要把培养、吸引和用好人才作为一项重大的战略任务切实抓好。"

### 1. 逐步缩小地区经济差距

如前所述，地区经济发展的差距，使得经济发达地区高素质人力供给量过剩，而经济欠发达地区则供给量不足，这样就无法使人力资源得到合理配置，也不利于国家经济和社会的协调平衡发展。所以，国家近年来提出了中部崛起、西部大开发等一系列经济政策，目的也是为了逐步缩小地区经济差距。只有优化了地区经济结构，才能发挥各地区的特点和优势，充分利用各地区的自然资源、人力资源和物质技术条件，加速地区经济的均衡发展，才能促进整个国民经济的发展。而且，地区经济发展好了，可以使各地更好地互相补充和协作，也有利于劳动力的自由均衡流动。加快中西部地区的经济发展是我国消灭贫困，最终实现共同富裕的必要条件，也是优化人力资源生态环境必不可少的前提条件。因此，只有加快中西部地区发展，引导地区经济合理布局，积极推进地区间的横向联合、协作，实行优势互补，逐步实现在全国范围内的资源合理利用和优化配置，才能保证人力资源生态环境的平衡，才能保证国民经济健康、协调地发展。

### 2. 改善育人环境，着重培养高层次人力资源

开发人力资源的基础性工作就是要对人力进行教育培训。在知识经济时代，知识更新很快，因此，我国旧的教育体制必须进行变革。首先就是要拓宽培训渠道。在进一步强化党校和行政学院阵地建设，充分发挥其干部教育培训主渠道作用的同时，按照"纵向抓延伸、横向求拓展、国内挖潜力、国外建基地"的思路，拓宽培训渠道。"所谓纵向抓延伸，就是党校和行政学院在系统内，上对中央（上级）党校和国家（下级）行政学院，下对基层党校，按照计划安排，分层次、分类别抓好各级各类别干部的培训；所谓横向求拓展，

就是面向国内名牌高校，充分利用国民教育领域丰厚的教学资源、对在职干部进行教育和专业培训；所谓国内挖潜力，就是把干部送到沿海发达地区实地考察学习，送到香港和澳门特别行政区集中教育培训，还可以送到中央和国家机关挂职学习锻炼等；所谓国外建基地，就是有选择地在发达国家如美国、日本、新加坡及西欧国家建立干部教育培训基地，以培养适应经济全球化和知识经济时代需要的高层次人才。"① 经济社会发展需要大批优秀人力，特别是高层次人才，而中、西部地区又最缺高层次人才。因此在客观上要求我们把培养重点放在高层次人才的培养上。同时，要加大培训投入，保证人才培训经费，改善育人环境的物质基础。此外，国家在高层次人才的流向上要进行宏观指引，避免人才流动的盲目聚集效应，从而最终导致人才浪费。

**3. 优化人力资源战略和政策环境，引进适用人才**

党的十三届四中全会以后，江泽民同志面对新的国际国内形势，从推进现代化建设，从战略高度出发，对搞好人才资源开发，建设高素质干部队伍作了一系列重要论述，提出了明确要求。他指出"人才是第一资源"、"当今和未来世界的竞争，从根本上说是人才的竞争"，"要抓紧做好培养、吸引和用好各方面人才的工作"。以胡锦涛同志为核心的党中央提出并实施了科教兴国战略、人才战略，在加强各级领导人才队伍建设，加强干部的教育培训和监督工作，深化干部人事制度改革，做好各类人才的培养、吸引和使用等方面，做出了一系列重大部署，将中国人才资源开发和人才队伍建设工作推向了一个新阶段。实施人才强国战略，就是要努力造就数以亿计的高素质劳动者、数以千万计的专门人才和一大批拔尖人才，建设规模宏大、结构合理、素质较高的人才队伍，充分发挥各类人才的积极性、主动性和创造性，开创人才辈出、人尽其才的新局面，为全面建设小康社会和实现中华民族的伟大复兴提供重要保障。

在长期的人才队伍建设和人才工作实践中，我们党非常重视政策法规的研究和制定，及时发现和总结各地区各部门在人才工作中的有益经验和做法，使之上升为政策法规，先后研究制定了一系列干部人才工作的政策法规。改革开放以来，中国已初步形成了具有中国特色的人才政策法规体系，政策范围涵盖了人才培养、引进、使用等人才开发的各个环节，人才政策的开放度不断扩大，与国际惯例接轨开始成为人才工作决策者的主动选择，人才政策的发展层次从部门和地区的政策体系向国家政策体系升华，并不断在实践中发展和完

① 范卿泽：《论人才环境的优化》，《平顶山师专学报》2002年第6期。

善。中国的人才政策在促进经济社会发展，促进干部人事制度改革，促进人的全面发展等方面，发挥了积极作用。

引进人才是当今世界各国特别是发达国家争夺人才的主要形式，其有效手段就是用优惠的政策吸引人才。这些年来，各地在优化引人环境方面做了大量工作，对有关引人政策做了明确规定，取得显著成效。但要进一步优化引人环境，办法应该更多一些，落实应该到位一些。比如，建立博士后流动站和企业博士后工作站。实现人才柔性流动，或变户籍管理为身份证管理，变人员引进为智力引进等，制定一系列的人力自由流动政策，创造一流的人力软环境，规范政府管理，为外来人才提供快捷优质的服务。在引进人才方面，还要注意它的适用性，各地区应该根据自身的发展特色及发展现状，有选择地引进人才，而不是“人云亦云”地盲目被动跟进。

**4. 创造良好的劳动力市场竞争环境，选拔优秀人才**

我国劳动力市场体系已初步形成，市场机制在人力资源配置中的主导地位也已初步确立。具体表现在：以政府所属劳动力市场服务机构为基础的人力市场体系已经形成；单位自主用人、人才自主择业的双向选择机制基本建立；劳动力市场的法规建设和规范管理受到重视，法制化管理初见成效；劳动力市场的社会化服务功能和公共人事服务体系日趋完善。但是我国还需进一步规范人力市场，扶持民营劳动力市场中介机构。使人才市场中介的投资与经营主体逐步走向多元化，经营模式出现企业化和产业化的发展趋势。而且很多中介机构，已经打通了中外合作渠道，可以促进我国引进国外优秀人才。

目前，我国人力市场服务功能还不够完善。因此我国要加强人力市场的功能扩展。在服务内容和服务方式上要采用多样化和现代化的方式。交流配置、综合服务、人事代理、信息疏导、社会保险、咨询指导、远程交流等服务功能都要逐步建立起来，特别是要加快在信息网络化基础上的无形人力市场的发展步伐。同时，要加强全国区域性劳动力市场的接轨。以经济区划为重心，打破行政区划的跨省市劳动力市场一体化趋势，不断促进专业性人力市场建设和高层次人才市场的发展，不断提高沿海开放城市劳动力市场的国际化程度。

**5. 提高人力资源安全环境，防止人才流失**

在社会跨入知识经济时代的今天，人力资本主要以无形的知识形态存在于人们的头脑中，而增加的人力资源开发投入也大都转化成人们头脑中的知识或能力。随着人才流动进一步加剧，当事主体的资本、财富流失的风险也大幅度增加。以信息技术为核心，以因特网为载体的新科技革命，使地球日益成为一个“村”，人才流动与交流越来越方便，愈演愈烈的人才争夺战也使人才流失的风险大幅度上升。在这种环境下，如果缺乏安全保密意识，将使国家、企业等利益主体遭受重大损失。在这一背景下，人才流失已经危及一个国家的科技、经济、国防等各方面的安全。人才安全及其风险防范，已成为各个国家和地区共同面临的世界性课题。因此，世界各国尤其是发达国家从保护自身利益和长远安全出发，纷纷制定了人才发展战略及人才安全的法律与制度保障体系。

经过多年的改革与建设，我国人力资源安全环境有了一定的改善。当事主体不仅在观念上已经认识到人才安全的重要性，而且在人力开发的各个层面采取一系列的激励措施以降低人才流失的风险。但是，同国外人力资源安全机制相比，我国人力资源安全机制还处在初步建构的过程中。在人才流失风险加大的环境下，要有效防止重要人才流失，我们需要高度重视和充分信任国家重要人才，通过立法维护国家重要人才安全。需要制定政策法规，提高重要人才待遇，保障重要人才权益，规范重要人才流动。需要建立国家重要人才的信息档案，实施动态管理。

总之，我们只有对社会主义市场经济的基本国情有一个全面的认识，才能够形成科学合理的人力资源理念，优化人力资源生态环境，最大限度地保证人力环境的健康和谐发展。

## ☞思考题：

1. 什么是人力资源的内部生态环境？什么是人力资源的外部生态环境？
2. 试分析人力资源内、外生态环境的关系。
3. 说明市场经济条件下人力生态环境的特征。
4. 当前我国应如何构建合谐的人力生态环境？
5. 试作出优化我国人力生态环境的政策分析。

## ☞案　例：

### 领导干部走马上任的第一件事

三个20世纪80年代名牌大学的学生，毕业后各奔前程，少有来往，某天在党校学习时不期而遇，想不到由于工作的需要，他们都被推上了领导岗位，分别在三个局担任局长。B约A、C两位老同学星期日到家一叙。老同学聚会，自然而然地谈起了各自走马上任后的情况。

A说，他上任后做的第一件事是，分头召集机关处室负责人的座谈会，通过这种座谈形式，让大家了解自己，也使自己熟悉各处室负责人，从而对局内的整个情况有个大致了解。

B与A的情况不同，他选择的第一件事是，与局领导班子的其他成员逐个谈心，向他们了解局里的情况，同时也谈了自己新上任的一些想法，借以沟通思想，使彼此有所了解，为今后顺利开展工作打下基础。

C走马上任后的第一件事是，通过多种渠道，采取各种形式，广泛地开展调查研究，在较短时间内，基本上掌握了该局的历史、现状，以及当前面临的问题，同时与上下左右沟通了思想，建立了感情，密切了相互之间的联系。

1. A、B、C三位局长上任后，A、B两人通过接触领导，C通过各种形式广泛调查研究开始各自上任后的第一件事，你认为哪种方式最好？并说明理由。

2. 根据你的认识，A、B和C在上任后应该做的第二件事是什么？

## ☞案例分析：

1. 没有最好，关键在于是否适合本单位的具体情况。理由是：

（1）领导干部的工作思路是不可能有一个“标准”思路的，工作思路正确与否，主要在于这一主观思路是否符合单位的客观环境。所以，正确的工作思路都是因时因地而异的，关键是要对症下药，符合本单位的实际。

（2）要做到对症下药，就必须准确地把握外部的客观情势。更重要的是要透彻地了解本单位的具体情况。

2. A、B和C在上任后应该做的第二件事可以从以下方面着手：

（1）从制度上构建和谐的组织生态环境。没有规矩就没有方圆，科学的制度是良好的组织生态环境存在、发展的前提。

（2）创造公平竞争的环境。只有竞争，才能使人才脱颖而出，才能扩大人才视野，才能鼓励后进，鞭策后进，淘汰落后。

（3）在实践中把握好“知人善任”的原则。怎么知人善任？辩证唯物主义认为，实践是检验真理的唯一标准。只有实践才能出“真知”。“知人”是“善任”的前提和条件，“善任”是“知人”的目的和结果。

（4）通过制定相应政策来改善育人环境，着重培养组织的骨干人才；选拔优秀人才；引进适用人才。

# 第三章

# 人力资本理论

当今世界，自然资源竞争日益白热化。自然资源是人类赖以生存和发展的重要资源，对自然资源的占有和争夺成为引发人类发展史上相互竞争、导致冲突的重要原因，争田掠地、抢草夺林、争夺石油和天然气资源引发了无数战争。同样，无数没有硝烟的战争也因自然资源的争夺而起。国与国之间的资源竞争是一个长期存在的历史话题，人类从早期主要依靠剑与犁掠夺和开发自然资源的农业社会，进入到主要依靠技术与机器争夺和开发自然资源的工业社会，又将逐步进入到主要依靠教育开发人类自身资源、科学利用自然资源的知识经济时代。

中国学者胡鞍钢和门洪华将国家战略资源分为经济资源、人力资源、自然资源、技术资源、资本资源、政府资源、军事资源和国际资源八个方面，并进一步提出：中国总人力资本占世界总量的比重为24%，相当于印度的1倍，美国的1.8倍。人力资本是中国各类资源中最具潜力的战略资源。

## 第一节 人力资本理论的发展轨迹

人力资本理论已成为人力资源理论研究的热点之一。人力资本理论在经历了一个较漫长的历史进程后，其思想理论体系才逐渐趋于成形。它的形成和发展显示出西方人力资源管理发展进程中，人们对人力资本及其作用认识的不断深化。人力资本概念的引进，使人力资源理论与经济学理论得到充分地结合，极大地丰富了人力资源理论。一般认为人力资本理论的发展经历了三个阶段：人力资本理论的萌芽阶段、人力资本理论的形成阶段和人力资本理论进一步发展的阶段。

## 一、人力资本理论的历史渊源

有关人力资本的思想最早是由古典经济学派提出的。被视为古典经济学派鼻祖的威廉·配第早在1676年将战争中武器和其他军械等物资的损失与人类生命的损失进行了比较。人们认为，这是“首次严肃地运用了人力资本概念”，是人力资本最早的思想萌芽。

此外，威廉·配第在分析生产要素创造劳动价值过程中，把人的“技艺”列为除了土地、物力资本和劳动以外的第四个特别重要的因素。他认为具有“技艺”的人在劳动过程中创造的价值比没有这种“技艺”的人要大。为了比较研究国家实力，估计由于战争、瘟疫造成的人口死亡和迁出所带来的经济损失，威廉·配第还运用“生产成本法”计算了英国人口的货币价值。计算结果是英国人——包括男人、女人和儿童——的平均货币价值为80英镑，其中成年人的货币价值为儿童的两倍。故而威廉·配第提出了劳动创造价值的观点，得出“土地是财富之母，劳动是财富之父”① 的结论。

后来，西方经济学家之父亚当·斯密在《国富论》中指出：学习一种才能，须受教育，须进学校……这些才能对于他个人自然是财产的一部分，对于他所属的社会，也是财产的一部分。他认为“一个国家全体居民的所有后天获得的有用能力是资本的重要组成部分，因为获得能力需要花费一定的费用，所以这种能力可以被看做是在每个人身上固定的，已经实现了的资本”②。并明确提出，劳动技巧的熟练程度和判断能力的强弱必然要制约人的劳动能力与水平，而技巧的熟练程度是需要经过教育培训才能获得的，教育培训又需要花费时间和付出学费。他还认为，人们学习有用的技能，是一种投资活动，学习中所花费的费用，“可以得到偿还，赚取利润”。亚当·斯密的观点可以说是最早关于人力资本投资的思想萌芽，至今仍有重要的学术价值和实践意义。

李嘉图进一步发展了劳动创造价值的理论，非常明确地强调了人的劳动是创造价值以及使价值增值的源泉。

然而，正统的古典经济学并没有把人的这种特定的劳动能力看做是一种资本，而是将人与土地、资本并列为生产要素。因为在古典经济学建立时期，社




---

① ［英］威廉·配第著，陈冬野译：《政治算术》，商务印书馆出版社1978年版，第12页。

② ［英］亚当·斯密著，郭大力、王亚南译：《国民财富的性质和原因的研究》上卷，商务印书馆1974年版，第257～258页。

会劳动力素质相当低下，知识和技能对人的劳动能力和社会生产力还没有决定性的影响，人们绝大多数从事简单劳动。随着科学技术的飞速发展，人类资源在生产中的地位发生了很大变化，用古典经济学的理论已很难解释许多经济现象。

## 二、人力资本理论的形成

对人力资本理论做出突破性贡献的另外一位学者是欧文·费歇尔，他在1906年发表的《资本与收入的本性》一文中提出建立一个包括人力资本在内的全部资本概念的逻辑基础，将所有能产生收入的来源统统看做各种形式的资本，包括自然资源、可再生产的生产物资和消费物资等物质形式的资源，也包括生产者和消费者遗传及后天获得的能力等人力资本形式。然而，他在强调教育和培训对个人和国家的经济价值的同时，却坚决反对将人力资本概念用于实际分析。他指出，“以一种抽象的和数学的观点来看，无可否认，人是资本，但是，在实际分析中把他们当做资本，与市场的实际情况是不相符合的。”

1935年，沃尔什发表了《人力资本观》，首次明确提出了人力资本的概念。其基本理论观点为：在各种资本的投资中，对“人”本身的投资是最有效值的。但受当时历史条件的限制，他对这一问题并没有深入探讨和展开研究。

20世纪50年代后期，社会生产力、科学技术以空前的速度向前发展，社会生产条件以及社会综合因素的深刻变化，使人力资源在社会生活中的地位产生了质的变化，经济运动中的要素运行成果很难用传统的经济学理论说明。因此，许多学者开始对人力资本进行系统研究。同时，战后西方经济理论研究领域大为拓宽，研究方法产生了飞跃，经济发展理论、经济总量理论、经济运行理论逐步成熟，使人们对诸如总投资、总收入、总储蓄、总消费之类的总量关系以及它们之间内在关联的探讨日益深入。总量分析揭示了一个过去人们从未看到过的现象：对于不同国家和地区来说，相同的实物资本总投入量会带来差别异常悬殊的收益增长。差别部分的真正来源使经济学者进行探源研究，分析的结果进一步揭示了其主要因素乃是人力资源质量存量的差异。于是，人力资本理论体系应运而生，其产生的必然性来自经济发展和增长的客观过程。

现代人力资本理论的创始人被认为是美国经济学家西奥多·舒尔茨和加里·贝克尔。

西奥多·舒尔茨是从探索经济增长和社会丰裕的秘密而逐步踏上研究人力资本的道路的。他认为，单纯地从自然资源、实物资本和劳动力的角度不能解释生产力提高的全部原因，他通过对物质资本和人力资本投资收益率差别的研究发现，人力资本投资收益率比物质资本投资收益率高，因而得出人力资本是现代各国经济发展的关键的结论，尤其对自然资源相对贫乏的国家更是如此。对人进行投资的结果，形成了人的知识和技能，从而形成人力资本。正是这种人的知识和技能，才产生了促进经济增长的重要力量。因此，所谓人力资本，就是体现在劳动者身上的，以劳动者的知识和技能或者其质量表现出来的资本形式。

舒尔茨人力资本理论的核心观点主要有：

（一）人力，人的知识和技能是资本的一种形态。舒尔茨强调，资本概念既包括物质资本，也包括人力资本。而且人力资本这一资本形态在经济发展中起着决定性作用。然而人力、人的技能的取得并不是无代价的。它需要消费资源，需要消耗资本投资。因此，人力，包括人的知识、人的技能的形成乃是投资的结果。只有通过一定方式的投资，掌握了一定知识和技能的人力资源才是一切资源中的头等资源。这种资源本质是财富的转化形态，进而在财富的再生产中起着举足轻重的作用。

（二）人力资本投资增长水平决定人类经济和社会发展的未来。舒尔茨认为，现代化生产条件下劳动生产率的提高，正是人力资本大幅度增长的结果。“知识和技能大半是投资的产物，而这种产物加上其他人力投资便是技术先进国家的生产力方面占优势的主要原因。”战后，发达国家人力资本以比物质资本快得多的速度在增长，因而国民收入比物质资源增长的速度快得多，劳动者的实际收入明显增加，这正反映了人力资本投资的收益。舒尔茨指出，离开大量的人力投资，要取得现代农业的成果和达到现代工业的富足程度是完全不可能的。①

（三）人力资本投资收益率远高于物质资本投资收益率。舒尔茨采用收益法测算了人力资本投资中最主要的教育投资对美国 1929 ~ 1957 年间经济增长的贡献，其比率高达 33%。这一实证研究成果证明，人力资源作为一种生产要素资源能力，已经远远超过了一切其他形态的生产要素资源能力的总和，对人的投资带来的收益超过了一切其他形态的资本的投资收益。

（四）人力资本投资的核心是提高人口质量，教育投资是人力资本投资的主要部分。舒尔茨认为，人力资源包括人口数量和质量，而提高人口质量更为重要。对企业来说，人力资本投资的核心就是提高职工素质问题，而由于教育

---

① ［美］舒尔茨著：《论人力资本投资》，北京经济学院出版社 1990 年版，第 16 页。

是提高人力资本最基本的手段，所以也可以把人力资本投资视为教育投资问题。教育投资应以市场供求关系为依据，以人力价格的浮动为衡量符号。

（五）摆脱一国贫困状况的关键是致力于人力资本投资，提高人口质量。他认为以往的经济学家在对不发达国家的研究中，过高估计了自然资源的作用而过低估计了人口质量因素的作用，而后者恰恰是不发达国家走向发达的最重要因素。

人力资本理论的另一代表人物是经济学家加里·贝克尔，他的著作《人力资本》被西方学术界认为是“经济思想中人力资本投资革命”的起点。贝克尔的贡献突出表现在对人力资源的微观分析上。他对家庭生育行为的经济决策和成本效用进行分析，他提出的孩子的直接成本和间接成本的概念，家庭时间价值和时间配置的概念，家庭中市场活动和非市场活动的概念都令人耳目一新，他对人力资本形成中的教育和培训以及其他人力资本投资过程的研究具有开拓意义。

另外，美国经济学家爱德华·丹尼森通过人力资源计算方法，对用传统经济分析方法估算劳动和资本对国民收入增长所起的作用时所产生的大量未被认识的、不能由劳动和资本投入解释的余数，作出了令人折服的定量分析和解释。

## 三、人力资本理论的发展

人力资本理论的研究和应用热潮，在经过20世纪70年代末到80年代前期短时间的冷化之后，在20世纪80年代，尤其是20世纪80年代后期，人力资本理论研究的势头更加猛烈。以罗默的《收益递增和长期增长》及卢卡斯的《论经济发展机制》为标志，经济学者们的研究视野进一步拓宽，尤其是开始注意研究发展中国家的经济发展，强调人力资本存量和人力资本投资，在从不发达国家向发达国家经济转变过程中的重要作用，确立了人力资本和人力资本投资在经济增长和发展中的重要作用，给人力资本理论增添了新内容。经济理论界将人力资源置于生产诸要素中的首要位置，普遍认同人是积累资本、开发自然资源、建立社会经济和政治组织并推动国家向前发展的主动力量。

罗默提出人力资本的经济增长—收益递增型的增长模式。在这一新增长理论中，罗默以技术内生和规模收益递增为前提，建立“收益递增型的增长模式”，将特殊的知识和专业化的人力资本作为经济增长的主要因素，它们不仅能形成递增的收益，而且能使资本和劳动等要素投入也产生递增收益，从而使整个经济的规模收益递增，递增的收益保证着长期经济增长。罗默将知识作为一个独立的因素纳入增长模式，并且认为知识积累是促进现代经济增长的重要因素。知识分为一般知识和专业知识，一般知识可以产生规模经济，专业知识可以产生要素的递增收益。两种效应结合不仅使知识、技术和人力资本本身产生递增收益，而且也使资本和劳动等其他投入要素的收益递增。

卢卡斯提出“专业化人力资本积累增长”模式。他研究出人力资本的增长率与人力资本生产过程的投入产出率、社会平均的和私人的人力资本在最终产品中的边际产出率是正相关的关系，而与私人贴现率负相关。卢卡斯的“专业化人力资本积累增长”模式还提出，人力资本积累取决于由物质资本和人力资本相互作用形成的专门学习时间的多少、人力资本存量及人力资本的产出弹性。通过人力资本的不断积累与增长率的提高，经济增长就可以持续和提高。卢卡斯区分了人力资本所产生的“内生效应”和“外在效应”两种效应，他认为，人力资本不是通过学校学习，而是通过“边学边干”所形成的外在效应，同时一般人力资本不是产出增长的主要因素，生产某一商品所需的特殊的或专业化的人力资本才是产出增长的决定性因素。

斯科特提出“资本投资决定技术进步”模式。他认为知识投入或人力资本与投资是结合在一起的，而反对新经济增长理论将人力资本或知识投入作为单独的要素。他强调技术进步的作用与投资密不可分，技术进步是经济增长的主要因素。同时，他从动态方面考虑了劳动质量提高对经济增长的推动作用，建立了一贯有物质资本投入和“质量调整过的劳动力投入”两个变量的简单模式。这个模式强调资本投资决定技术进步，但不是简单地重复古典的资本积累，而是同时强调了经济增长中知识和技术对劳动力质量和劳动效率的影响。

人力资本理论的产生与不断发展，实质上是人们对人力资本在经济发展及增长中的地位的正确认识过程。现在人们已经清醒地意识到，随着时代的进步与发展，经济增长将主要以人力资源为依托。特别是像我国这样经济目前还处于落后状况的国家，要想在短时间内赶上和超过发达国家，人力资本的投资、管理、运营水平起着至关重要的作用。




## 第二节　人力资本理论的基本内容

人力资本理论是20世纪60年代在西方经济学领域迅速崛起的一种理论。主要探讨人力资本的基本特征、形成过程和人力资本投资的成本与效益。美国经济学家西奥多·舒尔茨是人力资本理论的代表人物。除了舒尔茨，为“人力资本”理论的形成和发展作出重要贡献的还有丹尼森、贝克尔、恩格尔曼、鲍曼、哈比森等西方资产阶级经济学家。

## 一、人力资本的概念及其涵义

“人力资本”理论认为，在传统的经济理论中，资本仅仅是指处于生产过程中的厂房、机器设备、原材料和燃料等各种物质生产要素的数量和质量，这是不完整的。完整的资本概念应包括物质资本和人力资本两种形式。物质资本是体现在物质产品或生产资料上的资本，人力资本则是体现在人主要是劳动者身上的资本。人力资本是国民财富的组成部分。和物质资本一样，人力资本也有着数量和质量上的规定。从数量上看，一个社会中劳动力人数的多少，在一定程度上可表示该社会人力资本的规模。从质量上看，每个劳动者的素质，即知识、智力、技能、经验和健康状况各不一样。

关于人力资本的内涵，贝克尔认为人力资本不仅意味着才干、知识和技能，而且还意味着时间、健康和寿命。贝克尔认为，人力资本首先是一种人格化的资本，表现为人的能力与素质，与人本身不可分离。因此，工作性质、种类等都会影响人力资本的使用，同时也意味着人力资本具有私有性质，如何使用取决于个人。

传统的经济理论认为经济增长必须依赖于物质资本和劳动力的增加已不再符合今天的事实，对于现代经济来说，人的知识、能力、健康等人力资本的提高，对经济增长的贡献远比物质资本、劳动力数量的增加重要。

### 1. 人力资本的内涵

何谓人力资本，至今没有统一的定义，但比较公认的定义有两个。一是辞典给出的定义：“所谓人力资本，指的是蕴涵于人自身中的各种生产知识与技能的存量总和。”二是流行于教科书的定义：“人力资本表示以教育和训练的形式，为改进工作者的质量而作的时间和货币投资。”尽管人力资本的定义很多，但有一点是共同的，这就是都着眼于人力资源的质量或劳动者的素质。

舒尔茨对人力资本的定义是：人作为生产者和消费者的能力。大部分学者都接受了舒尔茨的人力资本定义，即人力资本是体现于人身上的知识、能力和健康。

但有的学者对这个概念作了更深入的探讨。一是认为人力资本分初级和高级两个层次。前者是指健康人的体力、经验、生产知识和技能。后者是指人的天赋、才能和资源被发掘出来的潜能的集中体现——智慧（周坤，1997）。二是认为人力资本具有不同的生产力形态，提出了异质型人力资本和同质型人力资本的概念。前者是指在特定历史阶段中具有边际报酬递增生产力形态的人力资本。后者是指在特定历史阶段具有边际报酬递减生产力形态的人力资本（丁栋虹，1999）。三是从个人和群体角度来对其下定义，前者指存在于人体之中、后天获得的具有经济价值的知识、技术、能力和健康等质量因素之和；后者指存在一个国家或地区人口群体每一个人体之中，后天获得的具有经济价值的知识、技术、能力及健康等质量因素之整和（李建民，1999）。这四个关于人力资本的定义各有合理之处。舒尔茨的定义对人力资本的内容进行了一般概括；周坤的定义是对人力资本表现形态及其发展的概括；丁栋虹的定义则是侧重于人力资本的实际作用方面；李建民的定义则是从人力资本的表现形态和发展的角度出发。我们认为在他们的基础上，人力资本可以实际上理解为它是体现于人身上的知识、能力和健康，既包括先天具有的，也包括后天培养的，在实际发挥过程中具有边际报酬递增和递减两种效用形态。

总体而言，人力资本具有以下几方面的重要涵义：

（1）人力资本不是指人本身或人口群体本身，而是指一个人或一个人口群体所具有的知识、技术、能力和健康等质量因素。

（2）人力资本是一种具有经济价值的生产能力。如舒尔茨所言："人力资本是一种严格的经济学概念………它之所以是一种资本是因为它是未来收入与满足的来源。"

（3）一个人所拥有的人力资本并非与生俱来，而是后天靠投入一定的成本获得的。虽然，人力资本的形成及其效能的发挥会受到某些先天因素的影响，但是这种差别影响在人力资本概念中，就如同土地及其自然概念在资本理论中一样，被视为一种级差地租。

**2. 人力资本的性质和特点**

人力资本的性质可以从其与物质资本及其他形式资本统一性角度来认识和理解。人力资本的性质主要体现在以下几个方面：

（1）人力资本的生产性

人力资本的生产性是人力资本最本质的性质。人力资本是一种重要的经济资源，是生产过程中必不可少的生产要素，特别是在现代经济中，人力资本相对于物质资本的重要性更加显著。

（2）人力资本的稀缺性

同其他形式的资本一样，人力资本也是一种稀缺资源。这种稀缺性一方面是由于无论是在何等优越的条件下，一个人所获得的人力资本及其维持的实践终究是有限的；另一方面是因为人力资本的形成和存量会增加投入劳动、时间和金钱等稀缺性资源。所以存量水平越高的人力资本，其稀缺性也就越大。

(3) 人力资本的可变性

一个人或者一个人口群体的人力资本存量不是固定不变的，其存量水平或价值可能会增加，也可能会消耗、闲置和贬值。因此，在人力资本使用过程中也需要投入一定的成本进行维护，使其处于正常的工作状态，发挥正常的生产功能。

(4) 人力资本的功利性

人力资本是其所有者用来谋取经济利益的一种手段，一个人之所以愿意牺牲或放弃眼前的利益和满足，进行人力资本投资，就是为了在将来能够从中获得更多的利益和满足。当然，人力资本本身还可以导致外部效益和非经济效益，而这类收益对于一个国家的社会经济发展和个人生活质量的提高具有重要意义。

人力资本虽然具有许多与其他资本一样的共性，但还具有自己鲜明的特点，概括为：人力资本是存在于人体之中，与其承载者不可分离，不能够直接转让和买卖，只能被出租，或转让使用权；人力资本的形成与效能的发挥都与人的生命周期紧密地联系在一起，而且受其个人偏好的影响；一个人可能拥有不同形式的人力资本但其总量是相当有限的，同时一个人所具有的非互补的人力资本也不能同时使用；人力资本的形成一般是在消费领域，当然有时也在生产领域；人力资本不仅是一种经济资源，而且还是一种涵义更为丰富的社会资源。

### 3. 人力资本的构成

人力资本在构成上包括人力资本的数量、质量和结构三个方面。人力资本的数量是指具有劳动能力的那部分人口数量，它是指在社会中从事有用工作的人数及百分比、劳动时间，这是一般的劳动者和劳动能力的概念。其公式为：

$$人力资源 = 15 \sim 64 岁人口总量 \times 人均受教育年限$$

人力资本的数量反映了可以推动物质资本的人数。人力资本的质量是指社会中具有知识、技艺、熟练程度与其他可以影响人类从事生产性工作的能力，是人力资本的本质特征，一般体现在劳动者的健康水平、知识和技能水平、职业道德水平和劳动态度等总体素质上，反映的是可以推动物质资本的类型、数量和复杂程度。它们共同构成了人力资本的基本内容。但人力资本并非一个抽象的概念，不是数量和质量的简单、机械的累加，而是有其合理的结构要求。只有结构合理，才能使人力资本从适度数量和较高质量上促进经济增长。首先，人力资本的数量比例和质量水平要适应经济发展的客观要求。其次，人力资本在地区、行业、年龄、性别、知识技能等许多方面必须全面协调，不能片面畸形。最后，人力资本必须是发展变化和动态灵活的，可以在城乡、产业部门、行业间合理流动而得到最优配置，不能呈现静态或刚性的状态。

4. “人力资本”是投资的产物

早在18世纪中叶，著名经济学家亚当·斯密就认识到教育或训练的支出可以被看做一种投资。但这一思想在相当长一段时间内未得到足够重视。舒尔茨等对这一思想予以高度重视和通过对这一思想的深入研究，提出人力资本是通过对人力的投资而形成的。并提出三大人力资本要素：用于人们接受教育或培训的支出，保健方面的支出，劳动力国内流动支出和移民入境支出。教育投资又称智力投资，它可以转化为知识的存量，提高人口的智能、知识和技术水平。教育投资有两种积极作用：一是直接的知识效应，通过提高劳动力质量从而增加国民素质，二是非知识效应，即人们接受教育后，改变不正确的价值判断，增强社会责任感，从而促使劳动者为社会积极创造更多社会财富。保健投资则是转化为健康资本存量，可提高人口身体素质，增强劳动者工作能力。劳动力在国内的自由流动有助于解决国内劳动力的余缺调剂和发挥专长，用最少的人力资本的社会投入，最大限度地获得全社会劳动力资源的经济效益和社会效益；减少人力资本的浪费。移民是人力在国际间的流动，移民入境是增加人力资本的一条经济合算的途径。对人力进行投资的目的，按照舒尔茨的说法，是为了通过人力资本获得更大的经济效益。人力资本的多少，直接影响劳动者的收入水平。因此可用人力资本形成说明人们收入的差异。

5. 人力资本效用

贝克尔在《人力资本》一书中分析，人们为自己与孩子所支出的各种费用，不仅是为了现在获得效用和满足，更重要的是获得未来的效用与满足。而满足未来的支出是如何投资的呢？它必须遵循一个基本公式，即预期收益价值＝现在支出的价值（等价交换）。所谓预期收益价值是按照反映资本机会成本的利息率贴现之后的价值。惟此，人们才会投资。人们投资于教育和保健的支出即是按这一原则作出的。

所以，贝克尔的结论是：人之所以作出人力资本的投资决定是取决于人力资本的投资的边际收入是否等于投资的边际成本。以此为出发点，贝克尔在《人力资本》一书中，对人力资本的形成、正规学校教育和培训的支出和收入、年龄一收入曲线等问题展开了分析和讨论。

## 二、人力资本理论的基本内容

### 1. 资本的两种形态及人力资本的运营

以往传统经济学一直认为，资本只有一个形态，即单纯同质性的货币资本，并将其视为经济增长和财富增加的最主要或基本的来源。对土地、劳动力和资本三种要素，一般把土地作为自然的、天生的生产条件；把劳动力也看成是同质的、原生的人力；而对资本则认为是“被生产出来的生产手段”，是一种能带来经济增长的物质投人。

其实，在生产力现代化不断发展的条件下，资本形态已发生重大的变化，因为技术变革已成为经济增长和财富增加的重要来源，其贡献率已越来越高，目前发达国家70%左右的经济增长是靠技术变革所取得的。而技术变革包括技术的研制和开发与技术的教育和培训两个方面，前者是技术创新生产，后者是技术传播使用，这二者都与人的能力素质有直接的关系。技术要靠人们所掌握的知识去研制和开发，而技术本身也是知识，人们掌握了技术知识，便能强化自身的能力，大幅度提高劳动生产率，并增加自己的收入，且具有不同能力素质的劳动力，其生产率和收入是很不一样的。所以，现代经济活动中的劳动力并非是一种同质的、原生的人力投人，而是异质的、被再生产出来的人力投资，人们为提高自身能力素质而进行的投资。在这里，人力投资便具备了“本金”的性质，是一种预付的资本，是人们增加自身福利的重要途径。

由上可见，劳动力可以从人力资本和自然人力两个层面进行分析。自然人力一般是指没有经过任何教育、培训而直接投入经济活动中的劳动力。传统经济学所认为的同质性的、原生的劳动力，就是这种自然人力。由于自然人力没有凝固开发人类智力的投资，其劳动力素质很低，只具有从事简单手工劳动的操作方法，对经济增长的贡献极小，于是，经济增长便只能主要靠物质资本的投入。通常，在落后的发展中国家、在以自然农业为主的传统经济中，劳动力的投入以自然人力为主。而人力资本则是指教育、培训、迁移等投资和接受教育、培训所放弃的机会收入等价值在劳动者身上的凝固，其物质体便是劳动者的高能素质。可见，人力资本是在自然人力基础上的一种能力投资追加。这种能力投资包括直接成本和间接成本两个方面，直接成本是指直接用于形成人力资本积累的教育培训费用和劳动力迁移的费用，而间接成本则是指因接受教育和培训所放弃的工作收入，也称机会成本。

人力资本运营是指在市场经济条件下通过对劳动者高能素质的投资经营和对劳动力素质的配置使用，而实现经济增长和收益增加，进而达到资本增值的目的。

人力资本运营具有两个过程，即劳动者高能素质凝固过程与劳动力素质使用过程。这里的第一个过程是劳动者作为市场经济的主体为提高自身的文化技术等能力素质，以便在未来增加其收入而进行的投资。这种投资跟对物化资本的投资不一样，它是自己对自己的投资，投资消耗的主体就是投资者本人，其结果是取得教育、培训服务，进而凝固成符合市场经济所需要的、特定的高能素质。可见，人力资本投资的消耗，一方面是高能素质在劳动者人体内的凝固，也即人力资本价值的形成和积累；另一方面这种投资消耗又开拓出了一个生产新型资本（即人力资本）的行业和领域，教育、培训已从以往单纯的社会公益行业转化为直接推进国民经济增长的现代化产业部门。第二个过程是对劳动力素质通过市场的直接运作，进行合理的配置和有效的使用，最终达到经济增长和收入增长的目的。所以，人力资本的使用价值将带来两个效益，即劳动者收益增加（人力资本价值增值）和使用人力资本的企业利润最大化。

人力资本具有二重主体，即高素质培育和投资主体与体力再生产的消费主体。尽管后者一般不属于人力资本的运营，但人力资本毕竟同“人力”有直接关联，是存在于人体之内的，且高于普通同质性劳动的能力。这样，在人力资本中，投资与消费就存在着一个比例关系，而且这个比例关系不是一成不变的，它处在动态发展的过程之中。首先，体力再生产的消费是人力资本积累的一个基础，如果身体不健康，体力不强，高能素质是无法形成的。而且体力的强弱还直接影响人体器官对文化技术知识的吸收和消化，既直接关系人力资本的投资固化为劳动者高能素质的转化效益，也直接关系高能素质在使用中的生产效率，间接制约人力资本投资的三大效益即教育生产效益、市场转让效益和使用运作效益。其次，生产方式内部矛盾运动的变化，会促使劳动者调整消费与投资的比例关系。在失常经济条件下，劳动者真正成为了劳动力供给的主体，其个人收入同所供给的劳动力质量息息相关，人力资本的概念真正形成，并对经济增长产生重大作用。在这种情况下，劳动者便必须加强对自身高能素质培养的投资，并随着现代生产力发展水平的提升而不断追加，以至占主导地位。所以，在人力资本中正确处理好体力再生产消费与人力资本投资的关系，需要创造一个有助于人力资本积累的市场环境和制度条件。

**2. 人力资本理论认为教育是人力资本的核心**

“人力资本”理论认为，人力资本包括人力资源的数量和质量，但提高人口质量是关键。人力资源质量又表现为先天的能力和后天获得的能力。先天能力一般差别不大，而后天能力表现为知识、技能、文化水平等等，主要是通过学校教育、在职培训、成人教育等途径获得的，教育投资是人力投资的主要部分。舒尔茨指出，教育投资带来的收益远比对非人力资本的投资更加有益于经济增长。根据他的测算，美国从1900年到1957年，实际的物质资本增加大约4.5倍，而对劳动力进行教育和训练的投资增加大约8.5倍，同时物质资本投资获得的利润增加3.5倍，而教育投资增加的利润达17.5倍。他还研究了教育费用测算问题，认为教育收益率原则上与物质形态投资收益相同，即收益率=收益/成本。如果将教育分为不同阶段，则某一阶段教育收益率=该阶段毕业生对前阶段毕业生工资差额/本阶段教育费用。

另外人力资本理论也认为人力资本投资是生产支出而非简单的消费支出。舒尔茨指出："我们称之为消费的大部分内容构成了人力资本投资。用于教育、卫生保健和旨在获得较好工作出路的国内迁移的直接开支就是明显的例证。在校的成年学生和接受在职培训的工人所放弃的收入同样是明显的例证。然而，在我们的国民收入和生产核算中却丝毫没有反映出这些情况。"舒尔茨以教育为例认为教育方面的开支是人力资本投资的重要组成部分，不宜划归为纯粹的消费支出，对此他作出如下评论："由于教育本身是一种投资，所以把所有教育支出当做通常意义上的消费是一个严重的错误。这个错误源于教育仅是一种消费的假说。它使人们错误地认为，有关教育的公共开支是福利开支，资源的使用有减少储蓄的效果。相同的错误也发生在公共和私人的卫生开支上。""尽管在某种程度上教育可以说是一项消费活动，它为受教育的人提供满足，但它主要是一项投资活动，其目的在于获取本领，以便将来进一步得到满足，或增加此人作为一个生产者的未来收入。因此它的一部分是类似普通耐用消费品的消费品，另一部分是生产物资。所以，主张将教育看做一项投资，将其结果看做资本的一种形式。由于教育成为其接受者的一部分，我将把它称做人力资本。"因此，由于教育投资属于一种人力资本投资，而人力资本投资显然是一种生产性投资，所以这种投资应是生产性开支，而不是消费开支。

人力资本理论侧重强调了正规教育和职业培训支出在形成人力资本的地位，认为是现代人力资本形成的首要条件。一般来说，人们的投资活动可分为两种：一是影响未来福利的投资，二是影响现在福利的投资。经济学的基本规律是把投资与效益联系在一起的，投资的目的即是效益，人力资本投资的效益即是人的福利。教育与培训的投资既影响现在福利，也影响未来福利。对这二种投资，贝克尔更强调教育投资，他的观点是：教育既影响消费，又影响货币收入（福利作为效益是由收入—消费链构成的），培训则只影响货币收入。

总之，人力资本是通过教育（含培训）形成的，增加人力资本的数量，提高人力资本的质量，就必须按市场经济和知识经济的规律来发展教育产业，提高教育的产出效率。

人力资本理论主张教育投资应以市场供求关系为依据，以人力价格的浮动为衡量信号。舒尔茨认为，在一个复杂多变的世界里，一个国家企图对所需的各种人才做出长远规划，然后按计划执行，实际上是办不到的。教育制度本身相当于一连串的联立方程，只要其中一个变量改变了，其余的也会随之改变，又加上经济发展的不平衡状态，会使教育在适应—不适应中发展。在资本有限的情况下，增加或减少教育投资，主要取决于人力价格的高低，当人力价格上涨时，则增加教育投资；当人力价格下降时，则减少教育投资。特别是技术迅速发展的今天，这种教育与经济非固定不变的相关关系，要求我们的教育投资体制要有相应的灵活性。教育生产结构的合理化，是教育产业成功与否的关键环节。所谓教育生产，是指培养劳动者的高能素质而形成的人才生产。优化教育生产结构是教育产业化极为关键的一环。教育生产结构的合理化，实际上集中表现为基础教育与专业教育的结构关系。由于我国专业教育投资收益率比基础教育要高 66.67%，因而在不放松基础教育的前提下，应大力发展专业教育，实现国民教育职业化，这应该成为教育产业化的一个基本战略。教育职业化有两层涵义：一层是专业教育应以职业教育为中心，包括专业的设置和专业内容的安排，都要以经济社会发展对人才的需要以及劳动力市场就业供求状况为根据，达到专业结构与职业结构和劳动者专业兴趣的统一。由于产业结构是一个动态发展过程，产业升级和技术更新，会对劳动者的能力素质不断提出新要求。在这种情况下，只有对原有的专业知识进行调整充实和提高，人力资本才能保值。所以，就业后的继续教育即在职培训教育，实际是人力资本存量的结构性重组，是对就业前专业教育投资的保养性升值。

根据新增长理论，经济长期增长的关键因素是人力资本增长。随着科学技术的进步和社会生产力的发展，知识更新的速度越来越快，经济的发展要求人们不断提高自身的文化素质，人们对知识需求日益增强，这种增长是现代经济发展的知识条件。而教育具有提高生产者素质的经济作用，对国家经济发展至关重要，教育普及可提高国民收入，促进经济的增长，平均性的教育发展政策可减小国民收入分布的方差，减小收入分配差距。正是由于教育与劳动生产率、劳动生产率与工资间的正向作用，教育才成为人力资本理论的核心内容。

3. 人力资本是经济增长与发展的根本基础

人力资本理论认为人的知识与技能在一个国家的经济增长中发挥着关键作用，而国家可以通过投资和制度建设提高人力资本的质量。古典经济学虽然也谈到人的知识和能力在生产中的作用，但在总体上一直把物质因素作为经济增长的惟一源泉，没有认识到经济发展主要取决于人的质量，而不是自然资源的丰瘠或资本存量的多寡。二战后工业化国家经济的高速增长证明了这种认识的缺陷。许多经济学家发现，资本存量和劳动力数量的增加只能说明经济增长速度的一小部分，起决定作用的是人的质量。只有实现人力资本投入和物质资本投入的均衡，才能推动经济的持续增长。如果只重视物质资本的投入，缺乏对人的能力的投资，就会造成物质资本与人力资本投入的不配套，产生经济增长的"瓶颈"。换句话说，低质量的人力资本会从根本上制约物质资本效率的实现。舒尔茨对美国经济增长之谜的研究和对战后某些国家的经济快速复兴的实例分析也证实这一点。通过分析发展中国家贫穷落后的原因，指出贫穷国家经济之所以落后，根本原因不在于物质资本短缺，而在于人力资本匮乏，这是一种与传统经济发展理论完全不同的结论。

舒尔茨首先注意到，大量统计数字表明，美国二战后国民收入的增长大大快于国民资源的增长，即与用于产生收入的土地、实际劳动量和再生产性资本的数量三者结合起来的数量相比，美国国民收入持续增长的速度要高得多，而且从一个商业周期到另一个商业周期，两个增长速度之差变得越来越大。他认定人力资本比能进行再生产的非人力资本以更快的比率增长，是二者产生缺口的根本原因。舒尔茨由此提出，经济发展主要取决于人的质量而不是自然资源的丰瘠或资本存量的多寡，处于现代经济生活中的人力资本，其作用远比物质资本重要得多。他还从战后某些物质资本在战争中受到严重破坏的国家能以飞快的速度复兴经济的实例，证明增加对人的资本投资要比对物力资本投资更为重要。由于向这些国家提供的新的外国资本通常被用于建筑物、设备、有时也被用来购置存货，而一般不被用来增加人力投资，所以，人的能力没有与物质资本齐头并进，而变成经济增长的约束因素。

这种认识改变了把人力资本投资看做纯消费的观念。围绕人力资本进行的包括教育、卫生保健、人力资源市场的建设、知识产权的保护在内的各种形式的投入都是生产性的。这些投入收效虽然较慢，但是一旦发生作用，其经济效果可以超过其他投资。相同的费用，用于提高劳动者的质量比起单纯地增加生产设备和劳动者的数量，更有利于提高劳动生产率，而劳动生产率一旦有新的提高，便可以加倍的速度增加社会财富。人力资本理论对于人才资源的开发有两方面的突出贡献。一是它明确了人力资本投资是生产性投资，是回报率更高的投资。人力资本论者主张"全资本"概念，即资本除了包含物质资本外，还应包含人力资本。舒尔茨和贝克尔等对人力资本的投资收益率进行测算，结果表明，对人力资本的投资收益率大大高于对物质资本的投资收益率；二是人力资本投资是多方面的，根本目的是提高人力资本的质量和人力资本的合理流动。而教育是众多投资中的核心。舒尔茨用收益率的方法计算了教育对美国经济增长的贡献率达33%，丹尼森进一步定量研究了人力资本对美国经济增长的贡献率为23%。自1994年起，世界银行对一些国家和地区的国家财富进行了初步计算，结果表明：除中东和少数资源型国家外，其他国家的人力资源在国家财富中所占的份额都在60%或以上。

人力资本理论突破了传统理论中的资本只是物质资本的束缚，将资本划分为人力资本和物质资本。这样就可以从全新的视角来研究经济理论和实践。该理论认为物质资本指现有物质产品上的资本，包括厂房、机器、设备、原材料、土地、货币和其他有价证券等，而人力资本则是体现在人身上的资本，即对生产者进行普通教育、职业培训等支出和其在接受教育的机会成本等价值在生产者身上的凝结，它表现在蕴含于人身中的各种生产知识、劳动与管理技能和健康素质的存量总和。按照这种观点，人类在经济活动过程中，一方面不间断地把大量的资源投入生产，制造各种适合市场需求的商品；另一方面以各种形式来发展和提高人的智力、体力与道德素质等，以期形成更高的生产能力。这一论点把人的生产能力的形成机制与物质资本等同，提倡将人力视为一种内含与人自身的资本——各种生产知识与技能的存量总和。

## 第三节 对“人力资本理论”的评述

人力资本理论将“人”与“资本”的某些特征进行嫁接，强调“人”作为资本是要追求自身投入的最大回报，而这种回报是不具有普遍资本边际收益递减的特征，因为人本身所特有的创造性以及不断积累的创造性，使其回报有递增的趋势，因此，引入人力资本的概念进行理论分析突破了传统的理论框架。同时，“人力资本”也是一个重要的现实问题，它是经济快速增长的一个重要源泉。只有应用好人力资本，才能理顺分配关系，更进一步激励人力资本的投资。因此，探讨如何开发、积累并有效利用人力资本，不仅是一个重大的理论问题，也是一个重大的实践问题。

### 一、人力资本理论形成的历史动因

第二次世界大战后，科技飞速发展，新知识、新技术、新工艺、新产品层出不穷，知识折旧步伐加快，竞争日益激烈。与产业革命初期相比，对劳动力要求的突出变化，就是把劳动力质量问题提到首位，进而使劳动力的内涵发生深刻变化。以前简单、繁重的体力劳动已被现在的知识、技术等复杂劳动所代替，体力作用日益减少，智力的作用则愈来愈大，而智力又主要依赖后天的投资，即要求重视人力资本投资。这使人力资本的研究有了现实的需要。破解二战后的“经济之谜”，则成为推动人力资本研究的理论动力。

美国经济学家里昂惕夫通过对外贸易结构的分析得出的结论是：美国进口产品的资本密集程度大于出口产品，而美国出口产品的劳动密集程度却大于进口产品。这一结论和传统理论正好相反，因为按西方经济学的国际分工理论，美国是一个资本充裕而劳动价格昂贵的国家，应当出口资本密集型产品以换取劳动密集型产品，可事实相反。其次，资本—所得比例的长期变动趋势。按照传统理论，一个国家的资本积累越多，相对土地和劳动，资本就会便宜，因此这个国家就会采用更多的资本而少用劳动，也即资本所得比例会随经济增长越来越高，但是根据资料统计，当一国经济增长时，其资本所得比例不是越来越高，而是不断下降。再次，剩余因子的出现。按照传统增长理论，产出增长是各种要素投入贡献之和，没有剩余，但战后发达国家国民收入增长速度比用来生产国民收入的土地、劳动和资本存量的增长速度快，且差距越来越大。除非这个未曾解释的“剩余”被视为技术变化，否则就有可能违背了经济学中一个基本的守恒定律。最后，日本、西德在二战中损失惨重，但战后两国经济的复兴和增长速度之快却令人吃惊，其原因是什么？还有，战后发达国家工人的工资为什么增长很快？这就是所谓的“里昂惕夫之谜”。

里昂惕夫之谜使经济学家们认识到：实物资本不能够解释一切，必须考虑无形实体的经济作用。至此，诸如技术变革和人力资本的衡量都引起了人们广泛的兴趣。

按照人力资本理论的解释，如果把由于人力投资所形成的人力资本包括到资本中去，即只要有一个完整的资本概念，上述之谜就迎刃而解。通过分析，美国是一个人力资本多的国家，美国劳动者的技术水平和熟练程度是世界上最高的，美国出口的产品不是一般意义上的劳动密集型产品，而是熟练劳动密集型产品，所以美国是以熟练劳动密集型产品（即人力资本密集型产品）换取一般资本密集型产品。因此，尽管美国工资水平高于世界上其他国家，但交换仍然对美国有利。根据这种理论，一国输出的劳动密集型产品，只要有充足连续的人力投资，劳动者的技术水平和熟练程度达到很高的地步，那么输出的就是人力资本密集型产品，仍然在国际交换中处于有利地位。同样，资本—所得比例之所以下降，是因为所得中有一部分反映的是人力资本的增加，如果把这一部分加到资本之中，资本—所得比例就会随着经济增长而提高。国民收入的增加速度之所以比劳动和资本投入的增加速度快，是因为物质资本质量的改进和人力资本的增加未被计算进去，而这一被遗漏部分（剩余因子）在技术进步的条件下，对产出的贡献越来越大。战争虽然严重地破坏了物质资本，但并未破坏人力资本，人力资本的长期积累和战后注意人力资本投资，是日本和西德战后经济复兴和增长速度飞快的原因。至于发达国家工人的工资增长很快，在于人力资本投资的大幅度增加，大大提高了工人的劳动生产率，而工资又决定于劳动生产率。

这些研究成果的积累，促成了20世纪50、60年代人力资本理论最终形成。

人力资本理论是针对战后实现工业化的国家和地区的发展现实而提出来的，它研究和解释了西方战后经济增长和经济腾飞的奥秘。但是，随后即逐步受到诸如“社会化理论”、“劳动力市场划分理论”等理论思潮的挑战，其基本的观点诸如“教育的经济功能主要取决于智力因素”、“教育对个人收入的影响将决定其劳动率的高低”、“高技术产业的发展将越来越需要培养大批高级技术人才”等，都受到了不同程度的质疑和挑战。对此人力资本论在20世纪70年代中期的逆境中，进行了新的探索，并取得了新的发展：

1. 教育的发展离不开经济所提供的人、财、物等各种物质基础，社会经济发展、生产力的提高越来越离不开生产过程中人的生产能力的增长。在经济与教育相互影响，相互作用，相互依赖的关系中，经济对教育的依赖程度提高，并具有新的特点。

2. 教育与经济之间的协调平衡发展，才能真正有利于两者的发展，有利于社会其他事业的进步，这是社会发展的客观要求。

3. 教育是人力资本的重要投资，它不是纯消费也不是纯投资，而是既消费又投资。

4. 国际比较表明，各级教育的入学率与人均GNP之间存在不同程度的相关。在人均GNP超过1 000美元阶段，高等教育将有一个加速发展的过程。

5. 发达国家的人力资本投资利润远高于物质资本的投资利润，高等教育的成本较为昂贵。

6. 战后各国教育投资所占比例依其发展战略不同而划分三种不同的发展战略：其一是重视物力投资的发展战略，物力投资大约为人力投资的20倍，它们选择的是数量增长型经济发展模式，其经济增长一般较缓慢，如巴西、巴基斯坦。其二是重视人力投资的发展战略，物力投资为人力投资的7倍或教育投资占国民生产总值的比重始终超过世界平均水平。此种模式下，产生了如美国、日本、韩国经济腾飞的结果，也产生了如印度、斯里兰卡经济进一步恶化的结果。其三是重视人力投资和物力投资协调平衡发展的战略。此战略物力方面的投入约10倍于人力方面的投资，经济发展到一定发达程度的国家大多数均转向这一战略。

## 二、人力资本理论在公共部门的应用

公共部门引入人力资本理论，可以从一个新的视角来研究公共管理。尽管公共部门从20世纪90年代以来，开始注意把私人部门管理的方法引入公共部门，但是人力资本并没有作为一个正式的名词出现。知识经济是现代社会的主要特征，其实质就是要充分挖掘人的潜能，把人作为一种资源来促进社会的发展。因此，将人力资本引入公共部门，将有助于推进公共管理的科学化，极大地提高公共部门的效率，从而推动整个社会的发展。

### 1. 人力资本理论是公共管理以人为本管理理念和操作实践的桥梁

以人为本的理念可以追溯到几千年前的古希腊和古代中国，但这一理念基本上是一种从主观愿望出发，且带有明显价值观偏好和抽象性，不具有在实践中切实可行的操作方法，往往流于观念层面的追求和希冀。而依据人力资本理论，人力资本是存在于人身上的知识、技能、能力和健康等因素，是通过投资发展起来的。要获得和使用这种资本就必须对其进行投资和维护，即要对人进行必要的教育、培训和健康保障，为人提供舒适的工作场所和必备的工作设施，为人的发展和人生规划提供制度保障。因此人力资本理论成为以人为本管理理念和操作实践的桥梁。

### 2. 牢固树立人力资本的观念

长期以来，我国公共部门并没有意识到人力资本的重要性，没有人力资本的观念，更谈不上对人力资本概念的理解，也就没有对公务人员的人力资本投资。人力资本作为一种可再生的资源，是经济社会的最主要资源。在我国，由于长期以来的计划经济体制的影响，加上“社资”社会意识形态的干扰，“资本”一词被排除在我们的观念之外。“人”很大程度上被视为物的附属物。政府部门对人的开发仅仅停留在一般意义上的政治性的层面上，如提高政府公务员的政治素质，很少真正对政府工作人员进行智能开发投资。而观念的东西是根深蒂固的，最难以改变。只有观念改变了，才能在具体实施上主动消除自我的抵制。因此，对公共部门进行人力资本投资首要的是要牢固树立人力资本的理念，从理性的高度认识到人力资本理论在公共部门的重要性和深远意义。

### 3. 人力资本的投资必须要有一定的制度安排

在公共部门，必须以一定制度形式来保证人力资本的投资，需要注意制度设计形成相应的激励机制，从而调动公共部门人员的积极性。制度是社会持续发展的保障，尤其是在社会转型中。随着市场经济体制的进一步完善和政治体制改革的推进，以及全球化进程的加快，建设强有力的法制政府是我国实行依法治国的重要目标。人力资本在公共部门，尤其是在政府部门的应用还是第一次。根据我国的实际情况进行制度设计，合理定位人力资本在我国社会经济中的功能和作用，是充分发挥人力资本在公共部门作用的前提和基础。也就是说，制度设计是发挥人力资本作用的操作平台和制度保障。一方面，制度设计使人力资本在政府部门有了合法性，另一方面，制度规定了对人力资本投资的激励机制，从而真正调动公务员的积极性，有效提高政府效率。

### 4. 公共部门人力资本投资要有一定的财政保障

人力资本投资在很大程度上是对人力资本的资金投入。为了保证公共部门人力资本得到合理配置及效用得到充分发挥，不管是中央政府还是地方政府，或是各级政府中的职能部门，都必须为人力资本的投资提供充足的财力支持，政府有必要从公共预算中列出专项资金用于人力资本开发和管理，任何部门和个人都不得以任何名义动用这笔资金。如果没有充足的财政支持，很难想像公务员的培训能得到顺利开展，所谓对公务员的人力资本投资也只是一句空话。

## 三、人力资本理论所面临的问题

人力资本理论不仅丰富了经济学理论宝库，对促进社会经济增长也发挥直接作用。但是，该理论在发展的进程中也面临着一些有争议的理论问题。因此，有必要加以研究解决、进一步完善人力资本理论。

关于人力资本理论所面临的问题，或者说人力资本理论在阐释中所需要解决的缺陷，有学者总结为以下诸方面：

第一，人力资本拓展了“资本”的内涵，问题是：“人力资本”与马克思所讲的“资本”区别何在，如何界定其中的性质？人力资本并非传统意义上的资本，但由于早期研究者使用了人力资本这一概念，而且人力资本中的“资本”一词与传统资本概念的区别没有得到应有的重视，导致人力资本理论的混乱，就为后来者将其与资本混淆埋下了伏笔。尽管人力资本理论的主流是研究人力资源投资与个人收入、企业发展和国民经济增长之间关系的，但还是造成了人力资本与物质资本相提并论、人力资本产权及人力资本入股等问题的出现。导致这一混乱出现的方法论原因是人力资本研究没有明确的研究路径，逻辑学原因是没有注意人力资本的语境。人力资本的研究路径是劳动力（劳动者）的投入产出（用于提高劳动者素质即人力资源质量的投资与个人收入水平与企业发展及国民经济增长之间的关系），资本的研究路径是企业的投入产出（用于企业生产的投资与企业利润之间的关系）；人力资本的语境是劳动者（劳动力），资本的语境是企业。因此，人力资本理论研究应该围绕着人力资源的投入产出，而不应过多涉足生产关系和产权问题。

第二，作为一个理论的基石性概念，实事求是地分析，人力资本的概念具有不确定性。“人力资本”这一语词，不同学者往往作为不同的概念使用，同一学者在不同的场合有时亦作为不同的概念使用，甚至同一学者在同一篇文章中也作为不同的概念使用，出现概念转移的现象。例如，“人力资本”在不同学者的文章中（甚至在同一篇文章中）有时指劳动者，有时指劳动力（劳动能力），有时指人力资源投资，由此导致了“人力资本”概念的混乱。

第三，自 20 世纪 60 年代以来，不少经济学家在测量人力资本方面做了大量的工作，尽管目前尚能定性地说人力资本对增长有明显的贡献，但定量分析仍没有令人信服的结果。因此，如何对人力资本进行测量乃是今后我们需要解决的问题。

第四，人力资本与知识、分工、专业化、知识资本等经济范畴之间的关系，没有形成一个系统的逻辑体系。今后可能要从深入理解它们之间的逻辑关系中建立一个较为完整的人力资本理论的基础体系。

第五，重知识，轻技能。例如，有文章写道：在传统经济时代，作为手工工作者，雇员不拥有生产资料，虽然他也有一些宝贵经验，但它们只有在工作岗位上才有价值，且无法随身带走。而我们正在进入的知识经济之中，情况就根本不同了。知识工作者都拥有自己的生产资料，这就是他脑袋里装的知识，他完全可以自己带走。当他加盟于某个企业进入生产经营运作并生产出产品时，这些资产便成为一种“资本”，因此，杜拉克认为，对企业来说，手工工作者是一种“成本”，而知识工作者则是一种“资本”。这里，将“知识”与“技能”绝然分开，在逻辑上是明显错误的。按照通常人们对“人力资本”中“资本”的理解，所谓“人力资本”是指经过专门训练、有一定专长的、在企业生产运作中足以使企业资产增值的劳动技能。这一定义实际上揭示了“知识”和“技能”是融合在一起的。从另一角度分析，一个缺乏劳动技能的“壮工”只能视为“人力成本”，而不是“人力资本”。事实上，现在摆在我们面前的最迫切的战略性任务就是，如何迅速、有效而大规模地实施各种形式的专业技能训练，使大量的、头脑空空的“壮工”即仅仅只能算“成本”的手工工作者成为用各种各样专业知识、技能武装起来的“资本”，成为“知识工作者”。

此外，人力资本理论事实上将劳动区分为复杂劳动与简单劳动、而没有区分创造性劳动与重复性劳动（当然，这不属于人力资本理论本身的问题而是经济学基本理论的问题），由于没有区分重复劳动和创造性劳动，导致了知识产权与人力资本的关系不清，这也是其理论混乱的重要原因，现实中出现人力资本入股问题也就不足为奇了。

## ☞思考题：

1. 试述舒尔茨人力资本理论的基本框架。
2. 说明贝克尔对人力资本理论的发展。
3. 说明人力资本的涵义。
4. 为什么教育是人力资本的核心？
5. 试分析人力投资在支出上的双重性。
6. 公共部门应如何运用人力资本理论？
7. 人力资本理论的发展面临什么问题？

## ☞案　例：

### 世界现代化进程中的三次成功赶超典型

第一次：美国赶超英国

19世纪与20世纪之交，美国经济起飞花了大约43年时间赶超英国。整个19世纪到1913年，英国的生产率水平都居于欧洲所有其他国家（乃至全世界所有国家）水平之上，而这一时期英国的人均受教育年限也要高于其他国家。到1913年，英国经济在世界上的领先地位则让位于美国。1871～1913年是美国迅速超过英国的重要时期。

根据麦迪森（1996）的数据，1820年美国人均国内生产总值（GDP）相当于英国人均国内生产总值（GDP）水平的73.3%，1870年为75.3%，而后美国开始经济起飞，1870～1913年GDP年平均增长率为3.9%，同期英国为1.9%，到1900年美国人均GDP相当于英国人均GDP水平的89.2%，到1913年美国人均GDP已超过英国人均GDP水平，相当于英国的105.5%。

与此同时，1870～1913年也是美国人力资本对英国加速追赶的时期。美国在1820年人均受教育年限相当于英国的87.5%，到1870年相当于英国的88.3%，1913年则相当于英国的91.2%。

第二次：日本赶超美国

第二次世界大战之后日本经济起飞，花了40年时间追上美国，并成为迄今为止最成功的"追赶者"典型案例。1950年日本人均GDP只相当于美国人均GDP水平的19.6%，1953年日本GDP增长指数超过第二次世界大战期间的最高水平，开始经济起飞。1953～1992年，日本GDP年平均增长率为6.5%，同期美国为3.0%，到1992年，日本人均GDP相当于美国人均GDP水平的90.1%。因此，日本也被视为世界上最成功的"追赶"国家，它创造了从1820～1992年间人均收入提高28倍的世界记录。

与此同时，日本也成功实现了人力资本积累上的追赶。为了缩小与先进国家的差距，在1867年，日本改革了政治、社会和经济制度，花了几十年时间创造了强大的物力资本和人力资本。1913年日本人均受教育年限相当于美国的68.2%，到1953年就达到美国的80.0%，随后大致保持在这一水平上，1973年为82.9%，1992年为82.4%。

第三次：韩国赶超西欧

第三次追赶是20世纪60年代以来以韩国为代表的亚洲"四小龙"花了30年时间追赶西欧国家。1965～1992年，韩国GDP年平均增长率均为8.8%。1973年韩国人均GDP相当于西欧国家（12个国家）人均GDP水平的24.3%，到1992年上升为57.5%。

许多分析人士认为，韩国在相当长的时间内保持经济增长，教育与培训起了非常重要的作用。1960年韩国实现全民教育，为劳动力受到良好的教育提供了基础。随着逐步工业化，这些高素质的人力资源促进了经济的增长。20世纪70年代，即韩国经济起飞后不久，大学入学率开始迅速提高，大约每十年提高20个百分点：1975～1985年高等教育入学率从10%提高到30%；1985～1995年，高等教育入学率又从30%提高到50%。中等教育入学率从60%左右提高到90%大约用了15年（1980～1995年）的时间（世界银行，1998年）。到1995年，韩国中等教育总体入学率达到90%，大学入学率几乎达到55%，可以与大多数经济合作与发展组织国家媲美。这表明一个国家在经济起飞过程中出现了中等教育和高等教育加速发展阶段。

——中国教育与人力资源问题报告组《从人口大国迈向人力资源强国》，高等教育出版社 2003 年版，第 159～166 页。

## ☞案例讨论：

1. 上述材料反映出了人力资本积累和经济发展水平之间什么样的关系？
2. 对我国经济发展有何启示？

# 第四章

# 公共部门人力资源规划与预测

公共部门人力资源规划与预测有助于公共部门预见未来，减少未来的不确定性，以更好地帮助公共部门应对未来的各种变化，解决和处理复杂的问题。有效的人力资源规划通过对公共部门在不同时期内、不同内外环境下、不同的组织战略目标下人力资源供需的预测，能够对公共部门所需的第一资源——人力资源进行有效的开发与管理，保障公共部门战略目标的实现。现实的情况需要我们真正重视人力资源规划，合理设计并使之发挥作用，这就要求规划设计者在思想、信息运用、科学手段方法、措施等方面实现转变，对人力资源规划充分重视；建立完善的人力资源信息系统；运用科学有效的方法对人力资源需求供给做出预测；正确地对规划进行评估，及时反馈，及时修正规划，使得公共部门适应环境的变化，更富有效率和竞争力。

## 第一节　人力资源规划

所谓“规划”，就是指较全面或长远的计划。人力资源规划就是预测人才需求量和供给量并使供求相匹配的过程。

### 一、人力资源需求及其配置

组织应该根据自己的战略目标和任务来预测自己对将来人力资源的需求。一个组织对各种人力资源的需求受其生产、服务的需要及其投入与产出之间关系等因素的影响。通常状况下，如果组织扩大产出，增加产品和服务，需要的人员就会增加；反之，对人员的需求就会减少。然而，随着科学技术水平的进步，组织的人员数量需求将会减少，而人员的知识、技术与技能的要求将随之提高。

人力资源管理的目标是达到人力资源的供给与需求平衡，但是，人力资源供给与需求完全平衡的情况极为少见，甚至不可能，即使是供求总量上达到平衡，也会在层次上、结构上发生不平衡，因此，需要对人力资源进行重新配置，以解决供需不平衡的矛盾。

人力资源的需求包括总量需求和个量需求。所谓总量需求，是指一个国家在某一阶段或时限内对人力资源的需求总量，包括数量、质量和结构等方面。所谓个量需求，则是指某一组织在某一阶段或时限内对人力资源的需求量，同样包括数量、质量和结构等方面。

当人力出现供不应求或供大于求的情况时，就要根据具体情况选择不同的方案，以避免短缺或过剩现象的发生，这就是人力资源的配置。对于公共部门来说，一般通过三种途径实现人力资源配置：

第一，从外部招聘和录用。公共部门的招聘和录用，主要是指为了组织发展的需要，根据人力资源规划和工作分析的数量和质量要求，从组织外部吸收人力资源的过程，由招募、考试选拔、择优录用、试用等一系列活动构成。其中，最关键的是考试选拔和择优录用，简称考试录用，包括资格审查、笔试、面试、考核、体检等环节。由于就业形势日益严峻，而公共部门的工作相对稳定，收入也相对较高，政府部门和一些事业单位成为毕业生求职的首选，公务员考试出现逐年火爆的趋势。在我国公共部门中，政府行政机关招聘与录用公务员已逐步形成一整套严格的操作规范，具有典型的意义，对于其他公共部门人员的招聘录用，起到了示范的作用。

第二，对组织内部的人员进行培训与开发。培训与开发对个人和组织发展的重要性是不言而喻的。随着知识经济和信息社会的来临，人类社会知识更新的速度大大加快，人类传统的学习、工作方式已经逐步被方兴未艾的电脑操作和网络化所代替，劳动变得日益智能化。知识经济和信息社会使公共部门的工作日益专业化和技术化，使其所面临的环境快速变化，从而给人才资源提出了严峻的挑战。组织的人员通过接受培训和开发，不断更新自己的知识和技能，可以不断地适应社会发展的需要，满足公共部门对专业化、高技术人才的需求。

第三，制定解决人力资源过剩的措施。目前，解决人力资源过剩的措施一般有：（1）永久性地裁减或辞退职工；（2）关闭一些不盈利的分厂或车间，或临时性关闭；（3）进行提前退休；（4）重新培训，调往新的岗位，或适当储备一些人员；（5）减少工作时间，可以相应减少工资；（6）由两个或两个以上人员分担一个工作岗位，并相应地减少工资。

## 二、人力资源规划

### 1. 人力资源规划

人力资源规划，又称人力资源计划（human resource planning，HRP），即指组织为了实现战略目标而进行的人力资源计划管理方式，具体说就是将组织经营战略和目标转化为人力需求，从整体的、超前的和量化的角度分析和制定组织人力资源管理的一些具体目标。其任务是预测组织发展中人力资源的供给与需求状况，并采取相应措施，确保组织在需要的时间和需要的岗位获得所需的人选（包括数量、质量、人才结构），以实现组织人力资源的最佳配置，使组织与员工的需要得到满足。因此，可以说人力资源规划在整个人力资源管理活动中占有重要地位，是各项具体人力资源管理活动的起点和依据，直接影响企业整体人力资源管理的效率。

要进一步深入地理解这一概念应注意以下几点：

第一，一个组织所处的环境是动态变化的，环境变化带来组织战略目标的调整，进而导致组织对其拥有的人力资源的数量、质量和结构需求的动态变化。例如，当某企业为提高产品竞争力购入新的流水线时，原有员工的数量和技能已不再适应新生产方式的需要，硬件的改进相对容易，最难的是人力资源的配套。再如在全球化趋势日趋明显的今天，组织实施海外战略的首要问题就是人力资源问题，尤其是获得稳定的劳动力的问题。在组织人力资源需求不断变化的同时，组织内部人力资源的流动和外部人力供给的变化，导致了组织人力资源供给的动态性。因此，组织要保证对环境变化的灵活适应性，必须对其人力资源供求的动态变化进行科学的预测和分析，为满足组织在近期、中期和长期对人力资源的需求做好准备。这就是人力资源规划所要完成的首要任务。

第二，一个组织应在预测未来人力资源供求的基础上制定与战略合理衔接的人力资源政策和措施，以确保组织对人力资源需求的如期实现。这些政策涉及内部人员的流动补缺、晋升或降职、外部招聘和培训、奖惩及员工职业生涯规划等。

第三，组织的人力资源规划不仅应聚焦于战略目标，同时要关注员工个人的长期利益，使组织与员工共同发展。组织应切实关心每个员工在物质、精神和事业发展等多方面的需求，创造良好的条件，以充分发挥每个员工的主动性、积极性和创造性，帮助他们在实现组织目标的同时实现个人的目标。只有这样，组织才能吸引和招募到所需要的人才，也才能留住已有的人才。人力资源规划就是要在组织和员工的目标达到最大一致的情况下，使人力资源的供给和需求达到最佳的平衡。

从以上分析可见，环境的动态变化决定了人力资源规划是一个持续的过程。人力资源规划包括根据组织内外环境和组织发展战略的变化，预测组织未来的人力资源供求状况，制定行动计划以及控制和评估计划的执行情况。本章先对人力资源规划的基本概念作一简要介绍，然后按照人力资源规划的需求与配置、供给与平衡、人力资源规划及其基本原则、人力资源预测的内容与方法四个部分阐述人力资源规划的过程。

**2. 人力资源规划的种类及主要内容**

(1) 人力资源规划的种类。

目前许多西方国家的企业组织都把人力资源规划作为组织整体战略规划的一部分，或者单独地制定明确的人力资源规划以作为对组织整体战略规划的补充。单独的人力资源规划即类似于生产、市场、研究与发展等职能部门的职能性战略规划，它们都是对组织整体战略规划的补充和完善。无论采用哪种形式，人力资源规划都与组织整体战略规划的编制紧密相连。

从规划的时间跨度来分，人力资源规划分为长期规划、中期规划和短期规划。一般来说，一年内的规划为短期规划，这种规划要求明确，任务具体，措施落实；一至五年内的规划为中期规划，中期规划的总体要求明确，方针政策明确，但没有短期规划那样具体；五年以上的规划为长期规划，长期规划跨度长，对总的方向、总的原则和方针政策有概括的说明，是指导性的，远没有前两种规划具体，在实施过程中还会因环境的变化发生权变性的变动。长期规划指导中、短期规划的制定和实施，又依靠中、短期规划的实施才能得以实现。

从人力资源规划的性质看，可分为战略规划和策略规划两大类。一般而言，长期规划属于战略规划，短期规划和项目规划属于策略规划。如招聘、培训的项目规划均属策略规划，又称行动规划。

(2) 人力资源规划的主要内容。

人力资源规划与组织的整体规划紧密相连，并为整体规划目标的实现服务。总的说来，人力资源的战略规划即长期规划的主要内容包括如下几个方面：阐述在战略规划期内组织对各种人力资源的需求和各种人力资源配置的总的框架；阐明人力资源方面有关的重要方针、政策和原则，如涉及人才的招聘、晋升、降职、培训与发展、奖惩和工资福利等方面的重大方针和政策；确定人力资源投资预算。人力资源的战略规划或长期规划着重于人力资源方面总的、概括性的谋略和有关的重要的方针、政策和原则。

### 3. 人力资源规划的新趋势。

由于组织内外环境变化的加剧，近几年来西方国家组织的整体战略规划和策略规划正在发生着变化，西方国家组织的人力资源规划也随之发生着变化。关于这方面的变化及其变化趋势，美国著名的人力资源学家詹斯·沃克经过大量的调查以后指出，目前组织人力资源规划的变化有如下几种趋势：（1）组织正在使其人力资源规划更适合于组织灵活、简练而较短期的战略规划；（2）组织的人力资源规划更注意关键性的环节，以确保人力资源规划的实用性和相关性；（3）人力资源规划更注意特殊环节上的数据分析，更加明确地限定人力资源规划的范围；（4）组织更重视将长期的人力资源规划中的关键环节转化为一个个的行动规划，它包括年度策略规划，以便更有效地确定每个行动规划的责任和要求，并确定对其效果进行衡量的具体方法。从沃克的调查和论述中可以看到，西方国家各类组织的人力资源规划正在朝着短期、实用、灵活和更为追求效益的方向发展。

## 三、人力资源规划的编制程序

一个组织必须根据组织的整体发展战略目标和任务制定其本身的人力资源规划。一般来说，人力资源规划的编制要经过五个步骤：预测和规划本组织未来人力资源的供给状况；对人力资源的需求进行预测；进行人力资源供需方面的分析比较；制定有关人力资源供需方面的政策和措施；对人力资源规划的审核与评估等。

### 1. 预测和规划本组织未来人力资源的供给状况

在工作分析的基础上，通过对本组织内部现有各种人力资源的认真测算，并参考本组织某一定时期内人员流动的情况，就可以预测出本组织在未来某一时期里本身可能提供的各种人力资源状况，测算本组织内现在的各种人力资源。本组织内人力资源数据库或资料中可以查到组织内部各种人员的情况，诸如各种工作人员的年龄、性别、工作简历和受教育水平、技能等方面的资料，员工未来可能的培训计划以及现有职工可能会发生的工作中断等情况，依此就可以计算出本组织内现有的人员供给情况。一般来说，在西方国家组织的人力资源部或人事部的人力资源信息库中都含有这样几方面的信息资料：各种人员的数据；各个部门或各种人员的配备；每个员工的性别、年龄、工作经历、培训、教育与开发以及个人的发展计划；目前本组织内各个工作岗位所需要的知识和技能以及各个时期中的人员变动情况，等等。由于每个工作岗位上技术的变化带来对人员要求的变化，因此，人才信息库中还收集了有关员工的潜力、个人发展目标以及工作兴趣爱好等方面的情况。这些对测算未来需求人员的各种技能时都会有帮助。在人力资源信息库中，特别要注意收集有关职工的技能，包括其技术、知识、受教育水平、经验、发明、创造以及发表的学术论文或获专利等方面的信息资料。进行组织内人力资源的流动分析。组织人力资源的流动，是指企业内人员的升、降，工作岗位之间的人员更动、退休、工伤离职或病故以及人员流入流出本组织的情况等。一般地，一个组织内部较简单的工作岗位上的绝大多数员工都是从组织外面招进来的；而大部分管理人员和专业科技人员等，则可能是由培训本组织内较低的员工后而提升的，也可能是从外面招聘的即外部流入。因此，一个组织中现有职工的流动就可能有这样几种情况：滞留在原来的工作岗位上；平行岗位的流动，即平行性流动；在组织内提升或降职更动；辞职或被开除出本组织（流出）；退休、工伤或病故。

2. 预测组织的人力资源需求

经过前一步对本组织员工在未来某一时期人力资源供给方面的预测，接下来就可以根据组织的战略目标来预测本组织在未来某一时期对各种人力资源的需求。人力资源需求的预测和规划可以根据时间的跨度而相应地采用各种预测方法。

3. 进行人力资源供需方面的分析比较

人力资源规划编制的下一步工作，就是将本组织人力资源需求的预测数与在同期内组织本身仍可供给的人力资源数进行对比分析，从比较分析中则可测算出对各类人员的需求数。在进行对比分析时，不但可测算出某一时期内人员的短缺或过剩，还可以具体地了解到某一具体岗位上员工余缺的情况，从而可以测出需要具有哪一种知识、技术档次方面的人，这样就可有针对性地物色、招聘或培训，这就为组织制定有关人力资源相应的政策和措施提供了依据。制定有关人力资源供需方面的政策和措施在经过人力资源供给测算和需求预测比较的基础上，组织内部人力资源管理部门就应制定相应的政策和措施，并将有关政策和措施呈交最高管理层审批。这些政策和措施主要有：

（1）培训本组织内部的职工，对受过培训的员工根据情况择优提升补缺并相应提高其工资等待遇。

（2）进行平行性岗位调动，适当进行岗位培训。

（3）延长员工工作时间或增加工作负荷量，给予超时超工作负荷的奖励。

（4）重新设计工作以提高员工的工作效率。

（5）雇用全日制临时工或非全日制临时工。

（6）改进技术或进行超前生产。

(7) 制定招聘政策，向组织外进行招聘。

以上是目前普遍采用解决人力资源需求的做法。但是，解决人力资源短缺最有效、最及时的方法大概是采用正确的政策和措施调动现有员工的积极性，如通过物质和精神或者职业计划等方面的激励，让员工多参与决策，采取各种培训提高员工的技术和鼓励员工进行技术革新等。

**4. 解决人力资源过剩问题**

在我国，近几年随着经济改革的逐步深入，已经大量出现了企业组织人员的冗余现象，国内企业纷纷借鉴西方企业解决人力资源过剩的处理办法。问题是，在处理企业人力资源过剩的方法选择上，应该注意考虑被裁减者的生活状况以及其他社会保障问题，确保社会的稳定。企业在发展过程中应更多地注意增加人才的储备，合理制定企业长期的人力资源计划。

**5. 进行人力资源规划的审核与评估**

对一个组织人力资源规划的审核与评估，就是对该组织人力资源规划所涉及的方面及其所带来的效益进行综合的审查和评价，也是对人力资源规划所涉及的有关政策、措施以及招聘、培训发展和报酬福利等方面进行审核与控制。人力资源方面的成本是一个组织中成本最大的方面之一，管理者必须加以严格的审核和控制。人力资源管理人员可以通过审核和评估，调整有关人力资源方面的项目及其预算。通过审核，可以采用管理人员和员工对人力资源管理与开发工作的意见，动员广大管理人员和员工参与人力资源的管理，以利用调整人力资源规划和改进人力资源管理工作。人力资源规划审核和评估工作，应在明确审核必要性的基础上，制定相应的标准。同时在对人力资源规划进行审核与评估的过程中还要注意组织的保证和选用正确的方法。

## 第二节　公共部门人力资源规划

随着政府职能的转变，管理方式的更新，公共部门人力资源规划与预测的方式也由计划型转变为市场型。即在国家宏观调控下通过市场对人力资源进行总体规划和合理配置，以改变过去按计划调配造成的人力积压或人力短缺的矛盾。

所谓公共部门人力资源规划，是指公共组织为了实现其战略目标，运用科学方法与技术，对所属人力资源的供需进行预测、合理配置和计划，进而确保公共部门在人力资源的数量和结构上满足需求的过程。也就是说，人力资源规划是指进行人力资源供需预测，并使之平衡的过程。人力资源规划的目标，是从国家的政府组织、公共部门和公职人员整体出发，根据国家发展战略和确立的目标，以及国内外社会政治、经济环境的变化，预测未来的人力资源需求与供给趋势，使政府和公共组织在适当的时间和不同的岗位获得适当的人选，以求职位与人员的数量、质量、层次和结构相匹配，并在总量上达到基本的均衡。

## 一、公共部门人力资源规划的特点

公共领域的人力资源规划与私人领域中的企业相比，有着根本不同的特点：

首先，公共部门人力资源规划是与公共领域的政策目标、政府财政预算紧密联系在一起的。政府预算的准备或批准过程把人力资源管理纳入一个大的政治环境中。因为工资、福利通常占一个部门预算的70%，所以，最为重要的预算项目往往是与人事和人员雇用相联系的花费。人力资源规划是协调外部政治环境与诸如工作分析、工作分类和工作评估以及补偿等内部的公共人事管理核心活动的一部分。总之，人力资源规划就是要把部门管理者提出的“期望目标系列”与由财政约束、政治理念与政治目标所造成的政治现实之间协调起来。

其次，公共部门的人力资源规划不仅受到政府活动本身的约束，而且要受到社会各个治理主体的制约。其规划过程的主要参加者是各种治理组织（包括政府雇员）、公共机构主要行政领导，以及立法者及其所属的委员会。尽管每个参与者在博弈中会根据情况的变化而变化，但各方都将坚守自己的角色地位：利益集团通过向管理者和立法者施加压力，从而提出或拓展其所偏好的项目；部门管理者们运用这些压力和对该公共部门目标和能力的认识，来提出建议或形成达成这些目标所需的资源（金钱、时间和人力）；行政主管负责协调和平衡各部门间的需求。毕竟，资源是有限的，各部门的目标应当与公共领域的整体目标保持一致。行政主管把其行政辖区的所有部门的综合预算要求呈交给立法机关或议会。可以说，人力资源规划是一种公共官员以预算方式在竞争优先者和项目之间分配资源的方法。

在规划的控制途径上，公共部门的人力资源规划一般是通过不同类型的预算来实现的。这种控制既适用于金钱额，也适用于工作量。其中，传统类型的预算叫封顶预算（ceiling budget），这类预算案通过拨款机关来具体界定组织的支出类型，直接或间接地控制该公共部门。另外的预算方法还有分项预算（line-item budget），这是一种以支出的用途标准进行分类的预算，用于控制支出的类型和总额。目前，西方各国公共部门在提高行政效率的改革中推出了绩效预算（performance budget）和项目预算（program budget）。这两种预算的目的是用于指定资金支出的项目和活动，并且协助进行项目评估。依据不同管理功能（比如健康和公共安全），或支出的类型（如人员和设备），或收入的类型（例如财产税和使用者费），可以使管理者和立法者对于某机关的财务管理保持正确的记录，以维持效率和控制。

## 二、公共部门人力规划的原则

### 1. 系统分析原则

公共部门人力规划必须进行系统分析，找出各种因素之间的关系，权衡利弊，统筹安排，全面规划。公共部门的人力资源规划是根据公共组织战略目标制定的，它实际上是对公共组织战略目标在资源保障与配置人力资源供需（包括数量和质量）方面的分解，是为实现组织目标而制定的辅助性规划，它与组织的其他规划共同构成组织目标的支撑体系。因此，公共部门的人力资源规划意义重大，涉及的因素也很多，所以要系统分析，统筹安排，全面规划，以配合公共组织战略目标的实现。

### 2. 重点规划原则

公共部门人力规划应该抓主要矛盾，进行重点规划，在综合平衡、统筹兼顾的基础上重点规划、带动全局。政府采取的是一种垂直的、层级制的结构体系。在一个国家和地区中，政府的各个管理层级和部门都是体系中的一个链条。这种完整的、统一的组织构架，保证了政府统一的行政管理权的行使，所以，公共部门的人力资源规划要讲究宏观性和综合性。但是，政府部门这个统一的链条中，必然有些部门是关键环节，起着主导作用，因此，在统筹规划的同时，要讲究抓住主要矛盾，重点带动全局。

### 3. 动态调整原则

公共部门人力规划应有自我调整的能力，随形势的变化而调整，不断适应变化了的环境，更好地指导实践，完成规划的目的。组织内外环境的变化导致组织目标的调整，故人才资源需求也将随之变化，需求的变化导致人力资源供需之间的平衡，故人力资源规划要遵循动态调整的原则，平衡人力资源的供给与需求，确保组织目标的实现。

### 4. 实事求是原则

遵循事物发展的客观规律，依照人力、财力、物力等客观条件制定适宜的规划。从微观的层面上讲，一项人力资源规划应该建立在组织内部的实际情况之上，包括现有员工的一般情况、知识、经验、能力、潜力、兴趣、需求、绩效、培训情况、人力资源流动状况、人力资源结构，等等。从宏观的层面上讲，公共部门的人力资源规划要考虑社会整体的经济形势、人力资源政策等因素。所以，进行人力资源规划不是凭空臆断，而必须实事求是、客观地制定。

### 三、公共部门人力资源规划在人力资源管理的作用

公共部门人力规划对政府及第三部门履行公共事务管理职能具有重要意义，其作用主要体现在以下几个方面：

第一，有助于获取公共部门的第一资源——人才资源，以应对时代的挑战。公共部门能否有效履行公共事务管理职能，不但受其自身内部环境的影响，更受到外部环境的制约，其中主要有三个重要因素：一是知识经济社会；二是信息社会；三是经济全球化。这三个要素要求我国政府分别扮演知识政府、技术政府和规则政府的角色，而这三种新角色能否成功地扮演好关键取决于其人才资源的状况，取决于其人才资源规划是否科学合理。人才资源与公共部门所需要的其他资源不同，符合公共部门要求的人才资源，需要预先统筹安排，从长计议。公共部门只有在人才资源规划方面抓得实，搞得好，才能在国际环境中应对自如。

第二，有利于减少运行成本，提高工作效率。从效率角度来看，衡量工作效率高低的标准之一，就是公共部门投入与产出的比率，投入越少，产出越多，则表明效率高。公共部门在履行公共事务管理职能时，必然需要一定的人力资源，人力资源过少，满足不了履行职能的需要，人力资源过多，则造成人力、物力和财力上的浪费，同时为了保证人力资源正常的日常生活和工作的需要，政府必须支付一定的成本。因此，通过合理规划，在宏观上严格控制人力资源在录用与甄选、考核与奖惩、培训与教育、任免与升降、调配与交流、辞职与辞退、工资福利与社会保险、退休与退职等管理环节上的成本支出，努力探索减少投入和增加产出的途径，提高货币资本和人才资本的双向使用效率，进而提高工作效率。

第三，有助于适应人力资源的刚性特征。人力资源的供给与需求都存在着某种“刚性”，即人力资源的供给和需求趋势难以被影响和改变的特性。公共部门人力资源管理自然也存在这种“刚性”。人才的稀缺性是导致人力资源供应呈刚性的主要因素，虽然社会上存在着大量的失业人口，但人才资源仍会短缺，公共部门招募适合工作需要的人才绝非易事。另外，人力资源的某些自身特性，如年龄、性格、禀赋等无法改变的因素，也是造成人力资源供给呈刚性

的原因之一。公共部门产生人力资源需求刚性的特定因素是：其一，公共部门对人才市场变化的可接受性较低。其二，公共部门在技术和结构方面的低自由度，这意味着公共部门的技术构成和组织结构具有相对稳定性。所以，公共部门必须适应这种人力资源的刚性特点，而适应的最好办法之一就是做好人力资源规划工作。

第四，有利于人力资源的优化和配置，以及及时调整人力资源结构。公共部门通过对人力资源进行规划，明确了对不同种类、不同层次的人力模式和数量的需求，从而使培训和开发工作有了明确的目标。这样，不但可以优化公共部门的人力资源，而且可以使其得到合理配置。同时，公共部门现有的人力资源的结构可能存在不完善的地方，需要有计划地加以调整，需要在对人力资源现状进行盘点、分析之后，做出通盘的考虑和周密的调整规划。

## 第三节　公共部门人才预测的内容及基本方法

随着环境的动态变化，组织对人力资源的需求也发生着动态的变化。为了确保组织战略目标和任务的实现，一个组织必须重视对人力资源的预测。预测有长期、中期和短期预测之分。中、长期预测与公共部门整体计划期相对应，短期预测即预测一个组织在一年内对人力资源的供需状况。一般来说，进行短期预测比较容易，中期预测比较困难一些，而长期预测的难度最大。因为要预测时间跨度较大的未来，各种环境因素变化较大，不确定的因素较多。有些时候，企业中有可能会出现的一些空缺职位无法从组织内部挑选到合适的人来填补，这种情况怎么办呢？一种很大的可能是你根本不必事先做任何打算，而只是等到一旦这类职位空缺出现之后，采取办法尽力找人来填补它。事实上，大多数管理人员所采取的都是这种办法。而一般来说，这种办法对于较小的组织来说是有效的。但是对于大企业来说，采用这种方法却难以取得比较好的效果，做一些适当的人力资源预测和计划就显得十分必要。

### 一、公共部门人才预测及其内容

在公共部门的人力资源管理过程中，可以根据人力资源的现状，预测未来一定时期内的变化趋势，如人力资源需求量、人力资源的素质状况、人力资源的结构情况，等等。具体来说，公共部门的人才预测分为人才需求预测和人才供给预测：

**人才资源需求预测**　是以与人才资源需求有关的某些组织因素为基础，估计未来某个组织对人才资源的需求。在进行预测之前，先要了解：某一工作是否确实有必要，该工作的定员数量是否合理，现有工作人员是否具备完成该工作所要求的资格条件，未来的工作任务、生产能力是否发生变化等。在此基础上，再对人才资源做出预测。人才资源需求预测建立在收集大量信息的基础上，实质是一种信息分析方式。人才资源需求预测是整个人才资源预测的一个组成部分，具有三个方面的特点：一定的前瞻性；多学科的综合性；多因素的系统性。

**人才资源供给预测**　是指对未来一段时间内组织内部和组织外部的人才资源供给情况进行预测。在完成人才资源需求预测之后，接下来就要了解该部门是否能够得到足够的人员去满足这些需要。对任何一个组织而言，人才资源的总体供给预测，都是组织必备的信息。因为它反映社会中人力资源的结构，人才市场的流动状况以及组织所需人力资源的来源。通过供给预测，组织可以了解规划的合理程度，可以有效地配合各种资源，降低成本支出，提高资源的使用效率。相比较需求预测而言，人才资源供给预测的范围更加广泛，更富有前瞻性。它超越个人偏见和一个组织的界限，面对的是整个社会以及教育体系和劳动力市场，可以全方位获取信息。人力资源供给预测，包括人才资源内部供给预测和人力资源外部供给预测。

## 二、公共部门人才资源预测的基本方法

### （一）需求预测方法

#### 1. 德尔菲法

德尔菲法是归纳专家对组织发展的某一问题达成一致意见的程序化方法。最初是由兰德公司在20世纪40年代后期发展起来的，是收集专家们的信息的一种组织方法。研究小组对人才需求量预测的未来发展这一专题概括为若干个问答题，参与者以匿名的方式回答问题，每一个参与者都不知道其他参与者的姓名和答案。在下一轮征求意见时，每一个参与者得到上一轮各种答案的信息，包括最重要的建议及他自己的答案，此过程一直持续到各种答案趋于一致为止。首先设计问题，问题设计要明确。其次，将问题寄给选定的专家，请他们以书面形式予以回答。专家在背靠背的情况下回答，互不通气。再次，将意见收集加以归纳，并反馈给专家，请专家对归纳的结果重新考虑，如此反馈三四次后，专家意见将趋集中。最后，通过数字化处理，可得出结果。

使用德尔菲法可以避免专家们面对面集体讨论的缺点，因为在专家组的成员之间可能存在身份或地位的差别，较低层次的人容易受到较高层次专家的影

响而丧失自己独立的见解。用此法应注意：第一，提供的信息应充分且完备。第二，所提出的问题应是他们能够答复的。第三，尽可能简化，尤其不要问些没必要问的问题。第四，保证所有专家能从同一角度去理解问题及其定义。最后，应请有经验的管理人员和有关专家组成一个小组，对形成的预案予以评估。

**2. 工作负荷预测法**

工作负荷预测法是根据工作分析的结果算出劳动定额，再按未来的产品产量目标算出总工作量，然后折算出所需人数。劳动定额是产品生产过程中劳动消耗的一种数量标准，是指在一定的生产技术和劳动组织条件下，员工完成一定数量的工作所必需消耗的工时，或者在规定的时间内所必需生产的合格产品的数量。前者即为工时定额，后者即为产量定额。

**3. 经验判断法**

经验判断法是根据各类工作人员与其服务对象之间的比例来确定人力资源的数量。运用经验判断法对需求进行预测时，应注意的问题是：一是在合理确定人力资源与服务对象之间的比例时，一定要按组织类型来确定，因为不同类型的组织这一比例是不一样的，不能一刀切。同时，要尽可能地合理确定比例，这是对人才资源需求进行预测的前提，如果前提不准确，预测的结果一定会出现偏差。二是正确评价运用经验预测法得出的预测结果。虽然经验具有一定的现实性和合理性，但经验毕竟缺乏科学论证。因此，对于通过运用经验判断法预测出的人才资源需求的结果，最好是与其他方法得出的结论相互对照，以便进一步确定这一结果的科学性。

**4. 成本分析预测法**

成本分析预测法是从成本的角度进行人才资源需求预测。其公式如下：

$$NHR = TB/[(S + BN + W + O) \times (1 + a \times T)]$$

其中，NHR——未来一段时间内需要的人才资源；

TB——未来一段时间内人才资源预算总额；

S——目前每人的平均工资；

BN——目前每人的平均奖金；

W——目前每人的平均福利；

O——目前每人的平均其他支出；

a——组织计划每年人才资源成本增加的平均百分数；

T——未来一段时间的年限。

5. 回归分析方法

回归分析方法是根据数学中的回归分析原理对人才资源需求进行预测。最简单的回归分析是趋势分析，即只根据整个组织或组织中的各个部门员工数量的变动趋势来对未来的人才资源需求做出预测。这实际上只是以时间因素作为解释变量，比较简单，但是没有考虑其他重要因素的影响。比较复杂的回归分析法是计算模拟分析法，它的基本思想是确定与组织中劳动力的数量和构成关系最大的一种因素，一般为产量和服务的业务量。然后研究在过去组织中的员工随着这种因素变化而变化的规律，得到业务规模变化的趋势和劳动生产率变化的趋势，再根据这种趋势对未来的人才资源需求进行预测。最后，预测的需求数量减去供给的预测数量的差额就是组织对人才资源需求的预测量。如果这一差额是正值，就说明组织面临人力的短缺；如果这一差额是负值，就说明组织面临人才的过剩。

趋势分析法的公式如下：

$$NHR = a \times [1 + (b - c) \times T]$$

其中，NHR——未来一段时间内需要的人才资源；

a——目前已有的人才资源；

b——组织计划平均每年发展的百分比；

c——组织计划人才资源发展与组织发展的百分比差异，主要体现组织未来发展中提高人才资源效率的水平；

T——未来一段时间的年限。

6. 计算机模拟法

计算机模拟法是企业人才资源需求预测技术中最复杂同时也是最精确的一种方法，它能综合考虑各种因素对组织人员需求的影响。目前还没有通用的大众化的软件被广泛运用于人才资源需求预测。

科学预测人力资源需求，合理配置人力资源，是现代人力资源管理的根本要求。目前，我国公共部门人才需求预测还存在不少的误区，主要表现为：一是人力资源需求预测观念缺位。有的单位虽然提出人力资源短缺，却并不掌握人力资源短缺的数量、质量、时限以及依据等；在人事决策前，没有进行科学的需求预测。二是人力资源需求预测观念错位。有的单位认为，人力资源需求预测就是在人事决策之前简单粗略地估计一下，这是一种典型的人力资源需求预测的错位。三是预测方法相对落后。一些单位的预测既没有科学的理论指导，也没有合适可行的技术手段，基本上是“手工操作”。经常采用的预测方法就是“听听汇报”、“看看材料”，然后根据这些感性的、零散的信息进行人事决策。而实际上，人力资源需求预测是一个信息和数据收集、加工和分析的过程，其中工作量的测算是预测的重点和难点，它需要运用科学合理的方法和手段精心测算。四是预测结果使用不当。有的单位不按照需求预测结果正确拟制招人条件，一味要求增加更多更优的人才，违背了人力资源配置的“最适原则”。科学预测人力资源需求，合理使用预测结果，是人事管理走向科学化、制度化的过程，我们必须避免预测结果的不当使用。

因此，我国公共部门人才预测要逐步走上科学化、规范化、制度化的轨道，在实际工作中必须注意以下事项：一是人力资源需求预测不应简单地作为一个“要人、争人”的依据。要与人力资源内部供给预测有机结合起来，加强现有人力资源的开发培训，开发全体工作人员的资源。二是要建立人力资源需求预测的长效机制。要通过人力资源需求预测逐步形成人才进出预警、人才更新等机制，从制度上防止人才断层、人员超满问题。三是预测数据要有适当权数，使之具有一定的弹性。四是要实事求是地运用预测结果。

### （二）供给预测方法

人才资源的供给预测包括人才资源的内部供给预测和人才资源的外部供给预测。

#### 1. 人才资源的内部供给预测

根据公共组织内部人才资源信息预测可供给的人才资源，以满足未来一段时间内组织的人力资源需求，即为人才资源的内部供给预测。任何一个组织在发展的过程中，由于内部流动和人员流失而出现职位空缺是常有的事情，其中大部分空缺往往通过内部的人员轮换、转任、调配、晋升、竞争的方式加以填补。尤其是国家公务员职位和专业技术岗位，大多数情况下都由组织内部具有一定经验及相应资格的人员担任。所以，在进行人力资源内部供给预测的时候，应充分利用组织内的人力资源信息系统，认真分析组织现有人力资源的整体结构，全面地了解组织现有人员的个体情况，并由此预测现有人力资源可满足组织未来需求的程度。内部供给预测的方法，主要包括以下几种：

(1) 继任预测法。继任预测法又称人员接替法，是对现有人员的状况进行调查、评价后，列出未来可能的继任者。该法为国内外许多组织采用，而且被认为是一种把人力资源规划与组织战略目标有机结合起来的较为有效的方法。它同我国公共组织实施的后备干部选拔和培养计划有相似之处，该方法涉及的内容主要是对人员的总体评价，包括能力、绩效、潜力和发展计划，如现职和所有接替人员的现有能力、绩效、潜力，其他关键职位的现职人员的能力、绩效、潜力及上级对其的评定意见等。以下是管理人员接替计划的基本步骤：

第一，制定一份组织各层次部门管理人员职位的继任计划，这是继任预测法的前提和指导原则，任何违背计划的继任方式都不具备合法性。

第二，根据继任计划，拟定继任每一层级管理职位的候选人，每一管理职位确定1～3名候选人，继任候选人通常从下一级现职管理人员中物色。

第三，对现职管理人员和继任候选人的素质、技能和能力、绩效、晋升潜力进行年度考核，以评定现职管理人员的实际表现和作为继任候选人的晋升潜力，并由此排列出候选人的候选次序。

第四，一旦管理职位出现空缺时，由具备晋升条件的继任候选人替补。

（2）技能清单预测法。技能清单预测法是对每一个员工的技能、能力、潜力、资格、教育水平、智力和培训进行登记的一种方法。一般包括以下的内容：一是工作人员素质方面的内容，如受教育情况、所学课程、持有的证书、已经通过的考试等；二是工作人员技能和能力方面的内容，如主要工作职位、工作经历以及其他能证明技能和能力的证书；三是工作人员其他方面的内容，如工作人员的个人偏好、工作兴趣、个人潜力，等等。总之，这份清单可以充分反映工作人员的竞争力概况，对现有工作人员进行调换工作岗位、晋升新职位的可能性进行正确评估，从而预测其是否可以补充空缺职位，即成为未来人力资源的供给对象。

技能清单预测法的实施步骤，首先是收集工作人员素质、技能和能力以及其他相关资料，准确、全面的个人信息资料是技能清单预测法的基础。首先，资料的收集一般采用问卷法，以后每年进行一次全面的补充。其次，制定工作人员个人技能清单，也可以成为技能管理图。然后，根据个人技能清单，编制反映工作人员基本情况的报告。报告的内容应包括总的工作岗位空缺、新员工招聘、辞退、退休、晋升和工资情况以及管理人员的接续计划等。

（3）马尔可夫转移矩阵法。马尔可夫转移矩阵法最早在荷兰军队中使用，后来扩展运用于企业，它用定量的方法预测具有相等间隔的时点上的各类人员的人数，基本思想是找出过去人事变动的规律，以此来预测未来的人员情况。这是一种动态的预测技术，其前提条件是：假定各类人员都是严格的由低到高移动，不存在越级现象，而且转移率是一个固定的比例。这样，一旦各类人员的人数、转移率和补充人数给定，则未来的人力资源分布就可以得出。这种方法主要包括三个程序：

一是计算平均概率。以政府前几年的人员流动的统计数据为基础，分别计算出每一类人员流向另一类人员的平均概率。

二是制作人员变动矩阵表。表中每一因素表示从一个时期到另一个时期的人员变动的历史平均百分比。一般以5~10年为周期来预算年平均百分比，周期越长，根据过去人员的变动所推测的未来人员变动情况就越准确。

三是根据预测年份前一年各类人员数和前几年各类人员的流动概率，计算出预测年份各类人员的内部供给数。其方法是将观测年份每一种职位的现有人数与人员变动概率相乘，然后纵向相加，即得出组织内部未来的人力资源供给数。

**2. 人才资源的外部供给预测**

当组织内部供给不能满足人才资源的需求时，就必须到组织外部寻求可以供给的资源。外部供给预测是一种宏观的资源环境分析，一般通过三种途径：一是关注每年有关学校毕业生的人数以及专业方向。二是各地劳动力市场的情况以及公布的统计资料，主要是分析市场上职业流动的原因、流向、未来趋势，以及本组织在吸引人力资源方面具有的优势与劣势等。三是本组织外部形象塑造与所处的环境中可以直接利用的人员素质、数量。

影响组织外部人才资源供给的因素主要有：

(1) 人口政策以及人口现状。人口现状直接决定组织现有外部人力资源供给状况，其主要影响因素包括人口规模、人口年龄和素质结构，现有的劳动力参与率等。

(2) 劳动力市场发育程度。社会劳动力市场发育程度良好，将有利于劳动力自由进入市场，由市场工资率引导劳动力的合理流动；劳动力市场发育不健全，以及双轨制的就业政策，势必影响人力资源的优化配置，也给组织预测外部人员供给带来困难。

(3) 社会就业意识和择业心理偏好。公共部门的岗位由于具有相对稳定性，因此，会吸引大量的人员报考。

以上是公共部门人才资源需求与供给预测的基本方法，在确知了公共部门人才的供给与需求之后，将两者进行对比，决定预测期内某一时期公共部门对人才的净需求，即预测的需求值与供给值之差。在对人才供给和需求进行平衡时，不仅要确定公共部门整体的净需求，而且要确定每一岗位的净需求，这是因为在总需求与总供给平衡的情况下，某些岗位有可能短缺，而另一些岗位则有剩余。同时，在对供求进行平衡时，要将人员短缺岗位对人员技能的需求与人员剩余岗位的剩余人员所拥有的技能进行比较，以便于在进一步的人才资源规划中采取相应的政策和措施来解决人员剩余与短缺问题。如果两者的技能相似，就可以把剩余人员调整到人员短缺的岗位上去。

☞思考题：

1. 说明人力资源规划的种类及其内容。
2. 说明人力资源规划的编制程序。
3. 试述公共部门人力资源规划的特点。
4. 试述公共部门人力资源规划的基本原则。
5. 公共部门人力资源需求预测的基本方法有哪些？
6. 公共部门人力资源供给预测的基本方法有哪些？

☞案　例：

## 真正举世通用的战略规划

起初，上帝创造了天与地。当时，地是没有形体和空隙的，所以上帝创造了一个小型委员会。上帝谨慎地考量性别、种族与经济地位等因素，平衡委员会的成员，以便能够根据司法的指导方针，以自治的整体概念（holistic concept），发挥多元化的精神（pluralism）。就此一点，上帝本身也颇为自得，于是，第一天就此结束。

上帝说："让该委员会起草一个使命宣言吧。"听了这话，该委员会决定按优先顺序排列并制定战略。上帝称这一过程为授权（empowerment），并且上帝认为这听上去很合理。有早晨，有晚上，这是第二天。

上帝说："让这个委员会确定各目标项和目的，然后从事长期规划。"不幸的是，针对目标（goals）与目的（objectives）的这两个词的语义差异所引起的争论，几乎占据了整整第三天，尽管这个问题从未得到令人满意的解决，但上帝仍认为这一过程很有建设性，于是，有早晨有晚上，第三天就结束了。

上帝说："举行一个户外度假会议，让该委员会可以在其中，想象功能性的组织，并按目标而进行设计。"该委员会于是考虑优先顺序的调整，以及随后因应计划方向的备选方案。上帝看到这种情形，觉得不错，而且上帝更觉得这种情形比他所提供的咖啡与甜甜圈还要值得，于是第四天就这样结束了。

上帝说："让这个计划，能够依其长期规划和战略来执行。"该委员会便考量各项指导方针、联结关系（linkages）、结构敏感性、替代选择方案以及执行模式。上帝看到这种情形，觉得非常民主。除了人们对目标和目的之间的差异又进行了一次讨论外，第五天就这样结束了。

在第六天，该委员会开始争辩司法评价与评估的标准，这项举动不在上帝预设的议程范围内，但是他无法参加这个会议，因为他需要利用下午的时间去创造白昼、夜晚、天、地、海洋、植物、树木、群鸟、众鱼、万兽以及人类。

第七天，上帝休息了，而该委员会提出了它的各项建议，结果发现其建议的形式与上帝创造万物的形式非常相似，因此该委员会通过了一项决议案，称赞上帝根据指导方针完成了创造。然而，有少数几个意见静悄悄地提了出来，认为人类本应该按照该委员会的形象创立。

结果，上帝便让该委员会沉沉地睡了一觉……

☞**案例讨论：**

1. 请你概括这篇寓言的基本观点。
2. 从战略规划的角度阐释寓言给我们的启示。

# 第五章
# 公共部门人力资源的流动

所谓人力资源的流动，是指人力在国家、地区、部门、单位之间和单位内部的岗位之间的流动，包括人力工作空间和工作内容的变动。人力资源通过流动找到各自适合的岗位，同时使用人单位找到所需要的人才，以求最大限度地实现组织效益的最大化和人力资源价值的最大化，促进科技的进步和社会经济的协调发展。

所谓公共部门人力资源的流动，是指公共部门工作人员相对于其现任职位的位移，抑或是指行政职位充任人的变更。公共部门人力资源的流动机制是公共部门人力资源管理系统中由若干规则和环节构成的公共部门工作人员与行政职位之间相互作用、相互联系、双方互动的模式，是行政系统中相对于静态保证结构（职位分类及人员的分等划级）而言的系统功能的动态实现机制。

## 第一节　人力资源流动的客观必然性

公共部门人力资源合理有序流动是公共部门工作人员队伍实现新陈代谢，增强生机和活力的重要途径。我国公共部门人力资源流动机制是伴随着我国改革开放的推进，为克服传统干部人事制度的种种弊端，适应新时期我国社会经济发展以及政府管理现代化的需要而形成的。邓小平同志关于我国干部人事制度改革的思想，是国家公共部门人力资源流动机制建立的理论基础，是我国干部人事制度改革成果的反映，为建立公共部门人力资源流动机制的实践奠定了基础，国家公务员制度的建立则最终为公共部门人力资源流动机制提供了制度框架。

### 一、我国人力资源流动的历史与现状

中华人民共和国成立以来，我国的人才流动基本上是计划流动，实行的是

统一计划、培养、使用和管理人才的制度。为进行经济和文化建设，曾经多次大规模地向重点开发地区或重点建设部门调配了大批专业技术人才，统一分配了无数大学毕业生。后来又为充实农业、轻纺、能源、动力、科研等部门调整了大量的专业技术人才，为社会主义制度建立初期解决人才极度匮乏的问题起了重要作用。但是，随着社会主义现代化建设的不断推进，原来那种集中、统一的人才管理制度不再适应经济发展的需要，主要表现在：企、事业单位缺乏用人自主权，人才也缺乏应有的职业选择权；人才管理制度单一，用统一模式管理各类技术人才，方法过死；一律统包统分，形成人才的部门、单位所有，难进难出，难上难下，造成了人才积压、人才浪费、人才结构的严重不合理。市场经济的建立，改革开放的进行，不仅活跃了经济，发展了社会生产力，也加速了人才的流动。首先，重视教育、发展教育的风气为人才的培养和发展提供了先决条件。经济的大发展，使社会对人才的需求日益增加，面临激烈市场竞争的企业越来越清楚地意识到人才的重要性——市场竞争就是人才的竞争。谁拥有人才，谁就拥有市场。各企业纷纷采取各种措施吸引人才，形成人才竞争的局面。同时，随着企业人事制度改革的不断深化，人才自身的自由度不断加大：实行了企业全员劳动合同制；专业技术人才的调动政策也已放宽；大学毕业生由原来的“统一分配”改变为“双向选择”就业。总之，在尊重知识、尊重人才的风气下，人才的成长和流动正朝着更积极、更有利于促进生产力发展的方向进行。人才流动的根本目的，在于改变人才积压、浪费和分布、结构不合理的状况，使人尽其才，才尽其用，更好地为社会发展服务。这也是识别人才流动合理与否的主要标准。凡是符合这个目的的人才流动，就是正向的人才流动；凡是违背这个目的的人才流动，就是逆向的人才流动。对于正向的人才流动，要加以提倡和鼓励；对于逆向的人才流动，则应给予干预和限制。

改革开放以来，我国人才“单位所有”、“部门所有”的状况受到了冲击，人才流动开始起步，但这种流动主要是自发的。我国人才流动呈现出由西北到东南、内地到沿海以及国企到外企等不合理的状况。这种状况在本质上反映了我国人才分布及其结构的不合理性，反映了我国人才管理制度及方法上的不完善性。同时说明了一个重要问题，即我国人才管理体制必须彻底改革。我国目前已有越来越多的人才管理者及专门研究人员针对我国几十年来人才管理的弊端，积极进行研究和实践探索，并从理论到方法上都有了较大进展和突破。同时也应看到，一些地方和部门对人才流动问题仍然没有给予充分重视，对人才和知识不重视，致使其发展受到阻碍。

## 二、公共部门人力资源流动的前提

公共部门人力资源流动的前提是公共部门工作人员身份的非终身性，以及个人与行政职位之间联系的非固定化。如果一个人一进入行政系统便终身拥有其职位甚至可以世袭（存在铁饭碗），公务员流动便无从谈起；另一方面，公共部门人力资源流动实际上是公共部门人力资源在具有差异性的行政职位之间的位移，如果行政职位之间界限森严，公共部门工作人员被一次性地固定在某一职位上（存在铁交椅），事实上就不存在公务员的流动。例如，1968 年以前的英国文官系统结构，文官职位横向分为行政类和专业技术类，纵向分为上、中、下三个级别，各类各级之间等级森严，不可逾越，自成一种具有鲜明的官阶性和官僚性的封闭型体制，低级文官终身被禁锢在自己的等级之内不得晋升为高级文官。因此，从这个意义上讲，公共部门人力资源流动是行政职位与充任人的身份及新的人员的结合，即形成新的人事关系的过程。

合理的公务员流动有质和量的规定性。从量的合理性来看，因为公务员的流动是人与行政职位结构的重新配置过程，因此，空缺职位的多少决定着流动量的多少。行政职位空缺主要有两条途径：一是基于行政职能的扩张提供的新的职位；一是原有职位基于退休、晋升等出现的空缺，这两个方面共同构成公务员流动的数量界限，满足和不超过这些需要的流动就具有合理性。从质的合理性来讲，既然公务员的流动是人与行政职位的重新配置，是人与事的重新结合，因此，在何种情况下进行重新结合、和谁结合以及如何结合便决定着流动在质上是否合理。这种质的合理性的判断标准可以具体化为三个方面：一是必须基于人事关系失衡和冲突，即（事不得其人，人不适其事）。二是流动者必须具备职位对人的资格条件的要求（因事择人）。三是流动机会平等，即：一方面，空缺职位向所有符合条件的人开放，而不是只对某一部分人开放（普遍性原则）；另一方面，职位对人的选择只能是人的资格条件，而非其他社会背景，如家庭、出身、性别、宗教信仰等（自获性原则），反对公务员流动时人的社会先赋条件的优先权及一切形式的任人唯亲和因人设事。

## 三、人力资源流动的原因

人才具有社会性，人才流动也总是出现在一定的社会环境中，是特定的社会条件下政治、经济、文化等因素共同作用的必然结果。另外，人才流动也受人才自身发展、意志、利益等因素驱使。总的来看，人才流动的原因，可以从社会和个人两个角度来分析。

### （一）人才资源流动的社会因素

1. 政治因素。首先，国家政局的稳定。一个国家的政局不稳定，会引起人才流动量加大，人才易流向政局稳定的国家和地区。目前世界上的一些动荡地区的人才纷纷以政治避难等理由进入美国等发达国家，给接受国带来了巨大的财富。20世纪90年代伊始，前苏联的解体震动了世界，而更为惊人的是前苏联科技人才的外流。从1990年至1991年，前苏联外流的科技人才中，美国接受了8万人，以色列接受了3.1万人，德国接纳了6 000多人，法国接纳了1500多人，其中相当一部分人才是从事太空科技、核子、军备的专家，使接受国大大受益。

其次，战争。战争必然引起人才大量的流动。第二次世界大战期间，大量的德国物理学家逃往美国，成为后来美国航天科技的中坚力量。战争不仅消耗一个国家巨大的物质财富，削弱其经济实力，同时流失大量的人才，使其今后的发展受到更大的损失。

再次，种族歧视、民族矛盾的激化也会引起人才流动。新中国成立前，在我国的西藏、新疆等少数民族聚居区，汉族与当地民族的纷争较多，引起大量的汉族人才纷纷离开这些地区。人才的流走使这些地区的经济发展受到影响。

2. 经济因素。经济的发展，科技的进步，都影响人才流动。从几次产业结构大变革来看，人才流动首先由第一产业到第二产业，再由第二产业到第三产业，这是整个社会发展的大趋势，也是人才流动的大趋势。但在不同的国家中，受其特定的历史、政治、文化等因素制约，其在经济发展和生产力进步过程的不同阶段，人才流动也会呈现出不同的具体倾向。另外，一国的经济结构调整也会引起人才流动，如我国几个五年计划的重点大项目都引入了大量的人才；而改革开放以来，一些新兴的行业如金融、房地产、保险等行业又吸引了大批人才从其他行业流入。总之，随着社会的发展，科学技术的飞速进步，新兴的产业不断涌现，在吸引着人才不断地流入的同时，技术进步带来的知识更新也要求人才在流动中逐渐开阔眼界，增长知识，广泛交流。此外，一国的政策常常十分具体地影响着人才的流动，如近几年来我国大量引进外资的政策，使人才纷纷流向“三资”企业；乡镇企业的大发展，也吸引了一大批人才；而教育、科研领域的人才却因为经费不足、各方面待遇难以改善而纷纷流失。为扭转这一局面，国家不断采取各种措施，如进行教师住房分配制度改革，出台《教师法》等，努力使人才回流。在我国的经济体制由计划经济向市场经济转变的过程中，人才的配置也由计划分配为主向由市场配置为主转变，这首先要求人才能够合理流动，通过人才市场对人才的供需实现协调配合。

### （二）人才资源流动的个人因素

1. 物质因素。物质生活条件和工作环境与人才的自身利益密切相关。满足基本的生活需要是人才生存的基本条件，缺乏生活保障的人才谈不上进行创造性活动。工作环境的优劣，也是决定一个人能否发挥才干的重要条件之一。良好的工作环境和工作条件有利于人才取得成果，而丰厚的物质报酬和好的工作条件往往会吸引人才流入。在现代的人才争夺战中，很多国家都在这方面提供优厚的条件来吸引人才，可见物质因素是影响人才流动的重要因素。

2. 精神因素。物质因素固然重要，但并非所有的人才都追求物质上的利益。大多数人才真正追求的是成就感和自我价值的实现。历史上有很多身着破衣、身居陋室而专心致志于研究的人才，他们致力于创造性的工作，并以此为乐，以取得成就为幸福。如果人才在工作中感觉不到价值的体现和才能的发挥，就很难获得精神上的满足，自然会引起流动。现代企业在人才的竞争中，如果能在满足人才的各种需求方面下功夫，为人才提供足够的精神方面的条件，大大调动人才的创造性和积极性，才能吸引人才，使人才倾心为企业服务，增强企业的竞争实力。

3. 个人人际关系。一个人处于紧张的人际关系环境中，精神压力大，会压抑其创造力的发挥。心理的不平衡能直接影响人才的工作效率，使其产生移动的想法。所以，企业要想留住人才，除了为人才提供一个待遇优厚、富于创造性的工作外，还应当为他们创造一个宽松的人际关系环境，解除可能产生的精神压抑，使他们全心全意地投入到工作当中。这一方面要求管理者能够在日常管理中注意人际关系的协调，及时处理发生的或潜在的人际关系紧张因素；另一方面还要在建立企业文化、提高企业凝聚力方面下功夫，使人才都能以企业的利益为重，更多地从企业发展的角度做好各项工作，排除私念，用宽广的胸怀对待人际关系，减少摩擦的发生。此外，人才流动还会受到自然因素、思想文化因素等的影响。研究人才流动的原因，尤其是具体社会条件下的原因，有助于发现阻碍人才成长、发挥的因素，促进人才的才能发挥；同时可以控制人才的流向，为经济发展服务。



## 四、人力资源流动的必要性与重要性

### （一）人才资源流动的必要性

人才资源流动是指使人才流通起来。就是说人才的任用要随时按照人才、岗位的要求以及其他客观环境的变化而不断进行调整、优化。人才流动包括人才在本部门、本企业内的流动；人才在部门间、企业内甚至行业间的流动；人才外派学习，或技能知识引进，即所谓智力流动。人才资源管理实行人才的动态管理，才能使人才的培养、选拔和使用达到最有效的结果。

首先，人才流动是人才开发的重要途径。人才开发大致有三种方法：一是发现人才，引进人才。单位可以在内部发现人才，也可以由外部引进人才。西方国家每年从其他国家引进大量人才，不仅节省教育经费，而且人才的流入大大加速了国民经济的发展。美国是世界上诺贝尔奖获得者最多的国家，其114名得主中，引进的外籍人才有65名，占57%；在美国的631名科学院院士中，引进的有140名，占22%；在1990年以后被称为最杰出的360名科学家中，引进的有65名，占18%。可见引进人才是开发人才的重要途径之一。二是合理使用人才，使人尽其才。要想使人才的才干得以充分发挥，首先要正确识别人才，确定人才的能力和类别，才能给人才以相应的发挥才干的场所，才能称之为合理使用人才。我国在计划经济体制时期，人才的分配、使用也按计划来，很多优秀的人才因为专业不对口、岗位不合适而难以发挥专长。如果能识别、发现他们的特长，确定其能级，然后流动到适合他们的岗位上，就能使他们的才能充分发挥出来。三是重视教育，通过教育培养人才。从根本上说人才的成长离不开教育。我国目前人才的严重缺乏，是与长期的教育事业发展不足密切相关的。受过教育的人不一定成才，还要在实践中锻炼和塑造，培养自己的创造力，按自己的最佳方向去不断努力，才能最终成为人才；而缺乏足够的教育，则很难成为人才。以上三种人才开发的途径中有两条都涉及人才流动。将处于能力位置不相适应的人才调整过来，将流走的人才“请”回来，将需要再培养的人才流出去提高后再流回来，都是在开发人才。

其次，人才流动是人才成长和发展的要求。从人才个体上来看，其成长和发展总是由低到高地顺向上升，不会总是停留在一个水平上。要使人才最大限度地发挥作用，在他的能级已有提高时，就需要有相适应的新的岗位和工作条件，甚至到新的部门或新的行业中去。如果限制人才的流动，则会使人才成长受到制约，这既不利于人才成长，也不利于整个事业的前进。从人才群体的角度上看也一样，一个优化的人才群体也有可能随时间推移而产生变化。由于群体中每个人才的发展变化不同，故原有的优化状态被削弱和打破，需要进行调整和改组，需要在单位间、部门间以及地区间进行人才流动，以便重新建立优化的人才群体结构。不仅仅那些专业不对口、多余的人才需要流动，对那些工作能力强、才干超越原位置的人才也应允许和鼓励其流向更高、更能发挥其才能的岗位或部门去。美国人事管理专家麦克·劳克林在谈到人才的成功管理时说了三条：能把有才能的高级人才留下来；能吸引新的有才能的人；能创造人才流动的环境。可见，人才流动是人力资源管理的关键之一，也是贯穿整个人力资源管理过程的重要环节。

### （二）人才资源流动的重要性

1. 对个人来说，合理地流动可以发挥每个人的潜力和工作积极性。每个人都有自己的长处和短处，并不是所有的工作每个人都能做好，所以一个人只有在适当的工作岗位才能充分施展才华。人才资源流动就为个体提供了一条寻找适当工作岗位的途径。另外，当个人在众多的职位、部门和层次移动时，个人会因为组织提供了较多的发展机会而得到很大的职业成就感，从而激励他去努力工作。

2. 对于企业组织，人才资源的流动也是非常重要的。尤其是在现代社会中，劳动力中知识型的工人比重不断加大，技术和商业飞速发展，使得企业对于多面手的需求不断加大。迅速的变化可能导致劳动力的过剩，而飞速的增长有可能意味着工人不足。对企业来说，实行有效的人才资源流动管理非常重要。如果一个企业的人才资源流动管理做得不好，导致人才走空，那么企业非倒闭不可。同样，在竞争越来越激烈而人力资源流动成为不可逆转的趋势的社会条件下，企业如果没有足够的力量来吸引人才，将说明这个企业是一个素质较差的企业，人才资源流动将促使这些企业倒闭。相反，对于那些素质较高、人才资源流动管理做得好的企业来说，人才资源的流动将促进企业的蓬勃发展。

3. 对于整个社会来说，人才资源流动也具有重要的意义。现代经济增长理论表明，一定区域的经济发展一般要经过劳动密集型即劳动力和初级要素推动的发展阶段，向资本密集型即依靠大规模投资推动的发展阶段转变，从而最终向知识密集型即依靠人才和科技创新推动的发展阶段转化这样三个阶段。发达国家已经进入了第三个发展时期，也就是"以人才资本为依托的经济发展期"。而许多发展中国家也正朝着这一方向努力，知识经济将成为21世纪的主导。人才和科技进步将成为经济发展的决定因素，谁抢占了人才和科技的制高点，谁就能把握经济发展的主动权。面对激烈的挑战，面对知识经济的来临，如何吸引、培养和造就更多的符合未来发展所需要的人才成为当务之急。而人才资源流动为个人实现其自身价值，充分发挥其特长提供了条件，而企业也可以通过人才资源流动获得所需人才。这必然在宏观上推动经济的发展，与21世纪的发展趋势相符合。

人才资源流动对人才价值的实现和人才资源的合理配置起着十分重要的作用。美国学者库克在研究中发现，一般研究人员在从事一项研究时，创造力发挥最好的时间只有四年左右，其后逐渐下降。因此要使研究人员保持良好的工作状态，充分发挥创造力，就需要经常改变工作环境，也就是要求人才流动。对科学组织老化过程的研究也表明，科研人员相处的最佳时间为1.5～5年，这一时期集体研究的效果最佳。相处时间太长，会使彼此间信息交流水平降低，科研成果减少。故此，为了避免组织老化，就必须通过人才流动，促进彼此之间的信息交流，加强同外界的联系，增强组织的生机和活力。边际效益递减规律更为深刻地揭示了人才价值实现与人才流动之间的必然联系。任何投入都存在着边际效益递减问题，当投入达到一定量时，边际效益达到最大。之后，随着投入的增加，边际效益反而逐渐减少。人才配置数量也有一个适度的问题。无论起初人才的投入效益多大，都将在投入（即人才配置数量）达到一定值后逐步减少。用数学公式表示为：$d2y/d2x<0$，或 $dy/dx$ 是 $x$ 的减函数，式中 $x$ 为人才投入量，$y$ 为 $x$ 的产出值或效益。（1）当 $dy/dx>0$ 时，产出随投入的增加而增加；（2）当 $dy/dx=0$ 时，效益达到最大。（3）当 $dy/dx<0$ 时，随着投入增加，效益反而减少。因此，要充分发挥人才的作用，就必须保证人才投入不能减少已有的收益，即人才数量不能达到 $dy/dx<0$ 时的数量，否则，就应该实行人才流动，以改变人才投入的方式和结构。

## 第二节　公共部门人力资源流动基本类型与方式

由于几次全球产业的变革，以生产为基础的国际经济一体化增大了各种国际交往的普遍性。从整体上看，人力资源在国际、国内的流动，成为推动经济社会发展的重要动力。主要表现在以下几个方面：一是通过人力资源的输出和输入，平衡不同国域、地域的劳动力供求关系；二是通过人力资源的交流促进各方经济、贸易、科技、教育的协调与合作；三是通过人力资源的流动传播先进的文化和各种文明成果。

### 一、市场经济条件下公共部门人力资源流动的类型

邓小平同志指出："人才不流动，思想就会僵化。"公共部门人力流动的内在动因主要有两种：一是被动流动；二是主动流动。被动流动的关键是因事择人，主动流动的关键是由人选事。

公共部门人力资源因多种动因流动。在计划经济时期，公共部门人员流动的形式以被动流动为主，人才流动基本上是完全的计划流动，实行的是统一计划、培养、使用和管理人才的制度。即在为完成某项事业和工作任务而选择人

员的过程中，往往是领导认为某人能胜任某项工作，即采取录用、调配、安置、分配等手段进行配置。应该看到，在当时的历史条件下，为进行经济和文化建设，曾经多次大规模地向重点开发地区或重点建设部门调配了大批专业技术人才，统一分配了无数大学毕业生。后来又为充实农业、轻纺、能源、动力、科研等部门调整了大量专业技术人才，为社会主义制度建立初期解决人才极度匮乏的问题起了重要作用，取得了很大的成绩。这种被动流动的方式虽然在一定程度上实现了公共部门人员的价值，但在计划经济转变为市场经济过程中，就显现出其先天的不足。因此，邓小平同志指出："好多人才没有被发现，他们的工作条件太差，待遇太低，他们的作用不能充分发挥出来。"

公共部门人力资源主动流动是市场经济发展的产物。

在市场经济状态下，竞争是市场经济的本质属性。公共部门人员流动随竞争加剧而加快。市场经济是通过市场机制对国民经济各部门、各地区以及社会再生产各环节之间的经济关系进行调节的一种经济形式。市场经济的运行是通过具有内在联系的市场网络和市场商品价值来协调的。市场经济也称为商品经济。马克思认为"商品是天生的平等派"。

其次，市场经济实行等价交换原则，交换双方是自由的、平等的。反映到人事制度上就是各类人才有参加平等竞争的自由，不是一方强制另一方的行为，而是双向自由选择的行为，这便是人才主动流动的开始。

在市场经济条件下，人才必然成为商品，并具有一般商品的属性，能进人市场按照价值规律自由交换，同时，应看到人才作为商品的特殊性，务必做到所有权和使用权相对分离。组织只有在法定范围内的使用权（由双方以契约方式确认)。唯有确立人才商品观念，才能真正打破公务员地区所有制、部门所有制，实现公务员供求社会化、市场化。人才作为商品应该遵守市场经济商品运行规则，竞争也就成了必然。总之，公务员掌握了流动主动权后，就会向急需用公务员的地方流动，向着能施展才华的岗位流动，公务员有流动，部门也就有了选人的市场。公务员为消除不合理结构而流动，为适应市场经济发展而流动，为更加美好的生活而流动，为实现价值而流动。

这使公共部门人力资源的主动流动十分活跃。我们曾阻止过高层公务员的外流，我们也阻止过贫困地区公共部门人力资源的外流，但用市场经济的眼光看，这种阻止既不能充分发挥公共部门人力资源的个人的作用和显示他们的价值，又对发展产生不利影响。让公共部门人力资源流向适合本人特点的地方去，流向更有前景的地方去，于个人、于组织都有利。

人力资源流动的类型划分是由其不同的划分标准而决定的。划分标准不同，将产生不同的流动类型。一般来说，对人力资源流动的类型划分有以下几种标准：以流动形式为标准；以流动内容为标准；以流动空间为标准：

1. 以流动形式划分。就其外在形式而言，主要可划分为以下几种类型：一是异地流动。从地域上划分有跨国或跨地区间流动。二是异岗流动。从行业岗位和人力层面上划分：有跨行业或跨岗位间流动。三是异产业流动。从产业关系上划分：有跨产业或城乡劳动力相互转移这两种异位流动。四是人力资源含多种因素的综合性流动，这种流动，目前占有主流的位置。

2. 以流动内容划分。人力资源在流动内容上可划分为以下类型：一是专业群体流动。即人力资源由原来从事的专业转移到另一专业。例如，人力资源由管理学专业转为法学专业，或由物理学转为数学专业等。二是分层群体流动。即人力资源从一个社会分层转移到另一个社会分层，包括由较低的社会分层升迁到较高的社会分层以及由较高的社会分层降低到较低的社会分层等情况。例如，由技术员升迁到工程师，就属于前一种情况；而反之，由工程师降到助理工程师，就属于后者的情况。

3. 以流动空间划分。这是指人力资源从一个服务单位调转到另一服务单位，从一个城市迁移到另一个城市，以及在省际间、国家际间的空间转移。

具体可分为以下类型：一是单位内部流动，人力在所处的单位内部流动，可以在各个岗位、各个职位间流动，也可以在本单位的总、分部间流动；二是本地区内单位间的流动，人力在多个单位间流动，但这些单位是处于一个地区内的，它们可能是同一行业的单位，也可能是不同行业的单位；三是行业间流动，无论职业和地区，人力只要是从一个行业流向另外一个行业，就构成行业间流动；四是职业间流动，人员改变其职业，但所处的行业和地区不一定发生变化；五是地区间流动，人力由一个地区流向另外一个地区，不考虑职业或行业的变动，而纯粹是一种地理区域上的流动。人力可以是从一个国家的某一个地区流动到该国家的另一个地区，也可以是跨国流动，即人力资源的国际间流动。

## 二、人员流动的基本方式

随着我国社会主义市场经济的不断发展、体制改革的深化和现代交通通讯技术的不断进步，人们自主择业的意识增强，流动的硬约束软化，公共部门人才资源主动流动也出现了诸多新形式和新趋势。

### 1. 传统意义上的人力资源流动："刚性流动"

传统意义上的人力资源流动主要是通过聘用、招聘等方式进行的流动，一般都包括了工作地点的迁移和人事关系的转移，强调人到、户口到、关系到，在职人员都需要办理调动手续，从一个单位或部门调动到另一个单位或部门，与用人单位签订正式合同，这种流动可称为“刚性流动”，人才个体一般不可能同时在两处占据职位。刚性的人力资源流动可以分为职业间流动、产业间流动、地区间流动。根据服务对象是否改变，人力流动可以进一步划分为组织内流动和组织间流动。近年来，随着社会的进步和科技的发展，现代意义上的人力流动不仅仅是传统意义上的人力在不同地域、组织和各类职业中的刚性流动，而是增加了更多灵活的方式。

2. 人力资源的“信息化流动”

以往人们多认为，只有人才本身流动了才是人力资源的流动。而现在，随着科技的迅猛发展，利用现代通讯、网络手段，人才个体身处原地就可将其智力、知识等资源通过转化为信息形式传递到另一个地方，从而实现“才”与“人”相对分离的流动。如：一项智力咨询服务，可亲临现场，也可通过通讯或网络，还可通过文字咨询报告传递等来实现；一个科技工作者，身在原处就可为外地、外单位搞研究开发，通过转化为符号形式的信息，实现智力资源及其作用和成果的流动；一个地区、单位可通过向全国乃至全世界发布招标科研项目或课题，进行委托研究、合作研究等，实现人才资源的“流动”、整合和有效利用，从而突破自身资源的有限性，扩大资源利用范围，使别处之才为己所用。这也就是说，“才力”、智力资源及其作用，完全可以通过符号化、信号化、数字化实现间接流动，尤其是作为智力资源的直接派生或衍生资源，如技术、科研成果、新知识等，更是可以离开人体而独立流动的。这种流动可称之为人才资源的“信息化流动”。现代科技、信息化和知识经济的不断发展，越来越为这种崭新的人力资源流动方式创造出物质技术条件，从而使通过这种方式实现的知识、智力资源的流动频率越来越高，速度越来越快，数量越来越多，规模越来越大。

3. 人力资源的“弹性流动”

以往人们认为，只有变更工作单位并变更隶属关系的流动，才是人力资源的流动。而现在，随着体制改革深化、经济进一步转型和科技不断发展，刚性约束逐步软化，现实中人力资源的流动类型已经多样化，并呈现出越来越灵活多样的趋势。目前，其类型既有变更又有不变更隶属关系的流动；既有变更又有不变更岗位、专业、工作类别的流动；既有本地域内流动，又有异地流动；既有工作时期较长的长期性流动，又有短期、临时性流动；既有一定时期内工作不间断的连续性流动，又有间歇性流动；既有合同契约式流动，又有非契约式流动等；既有单一型流动，又有复合型、结合型流动（如人才资源同技术、项目一体流动）等。而临时性流动、间歇性流动、非契约式流动都属弹性流动方式。

**4. 人力资源的“柔性流动”**

人力资源的柔性流动，是指打破国籍、地域、户籍、身份、档案、人事关系等人才流动中的刚性制约，形成与人力资源开发配置市场化、社会化、全球化趋势相适应的，政府引导、市场调节、智力流动、来去自由的人才流动方式。只要是以停薪留职、只保留档案或身份的形式而实现的流动，均属于柔性流动。事实上，无论变更不变更隶属关系，都存在一定意义上的柔性流动情况。一个人才不变更单位、居住地，不迁移户口，以兼职等形式到别的单位、地方工作，已不鲜见。这其中包括从事技术、信息、咨询等智力服务，开展技术性或技能性工作，进行讲学和学术交流，搞科研、技术开发，开展技术合作与交流等。柔性流动、弹性流动是突破传统体制下单一化的刚性流动模式而不断发展起来的新的流动方式。

如果说智力的信息化流动方式是由科技进步引起的对传统流动方式的“技术性”变革，那么，柔性和弹性流动方式，则是由体制改革和经济转型引起的对传统流动方式的“制度性”变革。目前，这两种流动方式的发展，以及流动类型的多样化趋势，尽管在一定程度上还存在不规范、无序化等问题，但从总体上说，它对于解放人才生产力、为人力资源作用的充分发挥和价值的充分实现提供了更大的空间，打破了人力资源的地区、部门、单位所有格局，突破了人力资源流动的体制性障碍和种种藩篱，跳出了隶属关系对人力资源流动的限制和局限，实现跨地区、跨部门、跨单位、跨所有制的优化配置。事实上，人力资源的流动方式只是手段，而不是目的，方式的选择要服从于目的。真正重要的不在于流动方式本身，而在于流动的实效，在于人力资源功能作用的发挥及其成果、实际价值怎样。从这个意义上说，人力资源的流动，最重要的是“才”的流动，而不是“人”的流动。

## 三、人才资源市场

由于公共部门的工作人员一般均属于人力资源中的“人才”范畴，故而我们集中讨论人才资源市场。人才资源市场是整个人力资源市场体系的有机组成部分，是重要的生产要素市场。人才市场本质上应当是一种机制，人才市场机制是人才资源市场化配置的方式，它包括人才供求的市场化关系，市场信息、市场价格、人才中介机构等。只有建立和完善人才市场体系，才能使人才资源得到合理的配置。

### （一）人才资源市场与人力资源流动的关系

#### 1. 人员流动推动人才市场的发展

人才流动是为了满足商品生产社会化的需要。生产的社会化程度越高，追求利益最大化的竞争越激烈，人才流动的频率也就越大，因为个人经济收益最大化仍然是人才流动的根本原因，所以人才流动是开发人才资源、实现人才价值、适应经济发展需要和满足个人利益要求的必然结果。既然人才资源的流动不可避免，那么，实现人才流动的平台——人力资源市场的建立和发展也就成为必然。人才是知识的创造者和载体，人才流动实际上就是知识经验和信息的流动。由于不同地区、部门和单位对各类知识、经验和信息的需要是不同的，即使在相同的部门、单位中，对各类人才的需要情况也是不同的。只有建立了人才资源市场，才能满足市场经济下单位需求人才、人才需要流动的要求，从而做到人尽其才，才尽其用。

#### 2. 人才资源市场的建立和发展促进人员流动

从本质上说，人才流动是人才资源配置市场化的表现形式和结果。人才资源配置市场化是我国人事体制改革及建立现代人力资源管理体制的关键环节和核心内容。人才资源配置市场化就是主要依靠市场机制来配置人才资源。在人才市场中，作为人力资源所有者的人才和作为人才使用者的组织成为独立平等的主体。一方面，双方各自拥有自主的选择权，即通常所说的组织的自主用人权和人才的自主择业权；另一方面，双方必须按照同一的市场规则进行平等交易，即组织通过支付给与人才价值等价的报酬以取得人才资源的使用权，实现组织目标，满足组织需要；人才则通过暂时让渡自身人力资源的使用权而取得相应的回报，实现自身价值，满足自身需要。通过这种自主平等的双向选择和交易过程，双方达成平衡，并建立契约。但平衡是建立在一定条件下的，即双方的选择基于各自的需要，和双方对付出的价值和得到的回报等价的评价，当条件改变时，平衡被打破，就要重新选择和交易。人才市场的供求规律和竞争机制是形成和打破市场交易双方之间平衡的重要因素。因此，人才市场的双向选择和等价交易机制、供求规律和竞争机制直接决定和调节人才资源的配置和流动。我国人才资源市场化改革进程的不断深化使人力资源市场在人才资源的配置上发挥着越来越大的作用，促进了人才流动的全面强化。

### （二）我国人才市场的现状分析

我国劳动力市场具有二元化结构，一方面，我国劳动力市场的较低层次，即普通劳动力市场，供给大大超过需求，就业的压力非常大，维持充分就业是首要的任务，这不仅关系经济增长，而且涉及社会稳定；另一方面，劳动力市场的较高层次，即人才市场，情况恰恰相反，总体上是需求大大超过供给，首要的任务就是增加人才产出，优化人才配置，提高人才效率。我国人才市场是劳动力市场中率先发展并起引导作用的部分。首先，人才市场的开始与发展程度较高，这不仅由人才本身的特点所致，也由于敞开人才市场不会引发大规模的失业或下岗问题从而影响经济与社会的稳定。其次，人才市场的率先发展会带动普通劳动力市场的发展，因为人才流会带动商品流与资金流，人才流会开拓新的技术、新的管理制度与方式，继而开拓新的就业领域。近年来我国的人才市场发展较快，但也存在不少问题，主要有以下几点：

1. 无论是作为人才市场的需求主体还是作为人才市场的供给主体，非国有经济已经基本进入市场并受市场规律支配；而国有企事业单位的市场主体地位仍不确立，单位与人才之间的关系受市场机制影响较弱，对人才流动的约束较多。受政治、教育、卫生体制的影响，我国绝大多数高层次管理和科技人才还没有进入市场，其原因包括观念问题、社会保障制度、干部管理的制度等在内的外在环境因素的限制。1998 年由国家经贸委等机构主持的一项关于我国企业家成长与发展的专题调查结果显示，企业家由主管部门任命者占 75%，由董事会任命者占 17%，由职代会选举者占 0.3%，由企业内部招标竞争者占 1.3%，由社会人才市场配置者占 0.3%。这些数据说明，我国人才市场上供需双方的主体地位尚未真正确立，不少用人单位的人事调配仍在很大程度上受制于行政手段。

2. 人才市场价格机制不健全。在市场发育比较充分和市场调节信号比较灵敏的条件下，工资即人才的市场价格是引导人才流动的重要信号。当某一行业和单位缺乏某种专业人才，而这种专业人才的供给也相对不足时，这种专业人才的报酬水平就会上升，从而引导其他行业和单位的同种专业人才流向这一行业和单位，这是人才追求效用最大化的结果。人才的流动意愿出于以下两种考虑：一是与人力资本投资水平相比较，看就业于某一行业和单位能否更快地收回投资并获得更多利益；二是比较不同行业和单位相同知识层次人力的收益水平。改革开放后，人才流失问题一直为国人所关注。国外或在华外资企业之所以能够吸引众多优秀人才，就是因为他们对不同知识层次的人力资源区别对待，为高层次人才提供了优厚的物质待遇和良好的工作环境，这是目前我国人才市场无法超越的。

3. 不同性质的人才中介服务机构职能定位不清。国外人才中介服务机构分为三个层次：一是市场化的人才中介服务机构，属于中介、顾问性质，靠市场机制求发展，服务对象是以脑力劳动为主的知识分子，寻求更高层次的发展，解决人力资源更好配置的问题；二是政府就业帮助体系，通常由政府与社会团体合办，负责培训、安置人才；三是社会保障体系，解决失业救济问题。其实，后面两个层次是解决就业与再就业问题，提供社会公益服务，保障社会安定，需要政府投入。在我国，这三个层次的界限不清。

4. 我国人才市场的发展尚处于初级阶段。许多与人才供求密切相关的配套制度，由于改革力度不大，束缚着人才的自由流动，其中，户籍管理制度是阻碍人才正常流动的主要障碍，而改革不到位的住房商品化制度、社会保障制度、医疗保险制度，以及干部管理体制等都在助长人才对国有企事业单位的依附心理，在很大程度上妨碍了人才的流动。

5. 人才市场的法制建设政策多，法规少，执法难。有关人才流动的争议解决与仲裁、知识产权保护、违法违规的监督检查等法规条例还很不完备；住房、人事档案、社会保障等方面还缺乏相应的法规。近年来，虽然政府陆续出台了不少政策以促进人才市场建设，但在实际监管政策的过程中，政府的重点往往是那些合法经营、执业规范的人才中介机构；相反地，一些没有许可证的中介机构尽管采取了多种不正当竞争手段，甚至违背职业道德，损害了有关当事人的利益，却能躲过政府的监管，仍在从事“地下”中介服务，严重扰乱了市场的正常秩序。

## 第三节　公共部门人力资源流动的障碍与对策

### 一、影响人力资源流动的因素

1. 经济发展状况。经济发展水平的高低对人才资源的流动具有影响。经济发展水平较高的国家或地区具备较大规模和发展水平较高的生产力，而较高的经济发展水平也能为容纳较大规模和水平较高的生产力提供雄厚的物质基础；而经济发展水平较低的国家或地区则正好相反。一般来说，人才总是从生产力水平较低的从而也是经济发展水平较低的国家或地区流向生产力水平较高从而也是经济发展水平较高的国家或地区，这一方面是因为经济发展水平较高的国家或地区具有容纳较多数量人才的优势，这些国家或地区对于人才的需求往往得不到满足；另一方面还与经济水平发展较高的国家能够为人才提供较为优越的物质条件和良好的工作条件有关。

2. 政治状况。这里所说的政治状况包括人事管理制度。不同的政治状况对人才资源的流动会产生不同的影响。一般政治稳定或开明的国家或地区既能够稳住本地区的人才，又能够吸引外地区的人才，这是因为在这些地区，一般都具有合理的人事制度和较高的人事管理水平，能够制定正确的方针、政策、法令，可以在物质生活待遇、工作条件、社会地位等物质方面和思想情绪方面创造良好的综合环境，同时又能够采取切合实际的措施来及时地发现人才、科学管理和合理地使用人才，使人才发挥最大限度的作用。而在政治动荡、落后、专制的国家或地区，情况则正好相反。

3. 外部市场因素。这是指由于产业结构变化等方面的原因而出现的新的工作机会以及不同工作的比较，这也会对人才资源的流动产生影响。例如，如果某产业内新工作因某些环境因素的变化而剧增时，那么产业内的工人将会知道有更多的工作可供选择，同时他们会将现有工作与产业内的新工作进行比较，这便可能导致离职，产生人才资源的流动。以生产技术方面的因素为例说明，生产技术方面的因素会对人力资源流动产生影响，例如生产自动化。自动化在提高职工生活质量，发挥员工潜力方面起着一定作用，但也可能使工作变得单调乏味，缺乏挑战性，这会直接影响员工的满足感。据研究表明，低度自动化的企业员工比高度自动化的企业员工具有更高程度的满足感。这就必然会对人才资源流动产生影响。

4. 科学文化水平。科学文化水平对于人力资源流动也有影响，科学文化水平越高的国家或地区越容易吸引人才；科学文化水平落后的地区则相反。这主要是因为人才要使自己的知识技能发挥作用，必须通过一定的信息、物质手段，而科学文化水平较高的国家或地区能够提供及时、正确、灵活的信息和信息交换条件以及较高水平的实验条件和合适的工作环境。科学文化水平较低的国家或地区则相反。

5. 报酬、福利。报酬包括工资、奖金等金钱收入。福利则包括休假、医疗保险、退休金、娱乐设施等。一个企业为员工提供的报酬越高，福利条件越好，就越具有吸引力，从而使人力资源向本企业流入；相反，若一个企业为员工提供的报酬低，福利条件差，则很难具有吸引力，不但吸引不到新的人才，就是本企业的人才也要外流。尤其在我国目前人才的生活条件总体来说不是很好的条件下，情况更是如此。

6. 晋升。如果一个企业能够对人才尽快提拔，给予人才很多的晋升机会，那么就会对人才产生吸引力，使得人力资源向本企业流动。

7. 企业影响与威望。一个企业的形象越好，在人们心目中的威望越大，就越容易使人力资源向本企业流入。这一点可以从国内外的一些著名企业像通用、摩托罗拉等中得到证明。

8. 个人兴趣。有些人对于工作是否符合自己的兴趣十分看重，那些符合他们兴趣的工作对他们具有很大的吸引力，而对那些他们不感兴趣的工作则是尽力避免。这也会影响人力资源的流动。

9. 个人生活方式及社会心理。如有人喜欢到僻静的小城镇去工作，而有的人喜欢到繁华的大城市去工作；有些人愿意在高原工作，而有的人喜欢在海滨工作。这些与个人的性格及生理条件有关。另外，有的地区、民族的人力资源善于流动，而有些地区、民族的人力资源不善于流动，这与地区的社会、民族心理有关。例如，美国是世界上人力资源流动最频繁的国家之一。另外，还有许多的因素也会对人力资源的流动产生影响，如培训机会、有效沟通、工作的稳定性这些情况的好坏也会对企业是否能吸引员工产生重要影响。

## 二、我国人力资源流动障碍分析

人才不足是制约我国实现可持续发展的主要障碍之一。在有限的人才资源中闲置和浪费的问题非常严重。广东省一项调查表明，广东全省有31.6%的科技人员没有充分发挥作用。云南省的调查问卷也显示：科技专门人才作用充分发挥的仅占26.16%。

人才短缺与浪费并存是我国人才资源配置中存在的主要问题。一些单位人才过剩，而一些急需人才的乡镇企业、中小企业、边远贫困地区却因人才奇缺陷入困境。可以说我国最缺乏的是人才，浪费最严重的也是人才。解决这一问题的根本方法是让人才流动起来。

人才流动还是经济社会发展的必然要求。现代社会，经济发展与人才流动之间的互动关系表现得越来越明显。经济越发展，社会越进步，人才流动率就越高；人才流动规模越大，频率越高，社会就越充满生机和活力，经济增长的速度也就越快。

改革开放后，我国人才资源流动状况同旧体制下统包统配的僵化、静止模式相比，发生了根本性变化，尤其是市场经济发育较为充分的沿海地区，凭借其新型的用人机制和分配机制，成为人才流动的最大受益者，为经济腾飞奠定了坚实的基础。但整体上看，我国人才流动状况还存在相当多问题：一是流动规模小，流动的只是一小部分；二是人才流失严重，相当多的优秀人才流向海外或在华的外资企业。造成这种状况的主要原因在于人才自由流动的市场机制不健全。

第一，人才市场上供需双方的主体地位尚未真正确立。

长期以来，我国人力资本投资的绝大部分直接成本是由政府支付的。除了使国家财力不堪重负外，还强化了人才国家所有、部门单位所有的观念。即使在大力发展市场经济的今天，人才在很大程度上仍保留着国家所有、部门单位所有的痕迹，人才流动仍或多或少地受到所在单位非理性规范的约束与非议。从人才需求方看，当下不少用人单位的人事调配仍在很大程度上受制于行政手段，表现在：不少国有企业的厂长经理、事业单位与政府机构的主要领导基本上还是由上级主管部门任命；企业仍被迫接受一定比例的统包统配人员；富余人员还不能完全推向社会；干部聘任制有名无实，等等。

第二，人才市场价格机制不健全。

改革开放后，人才流失问题一直为国人所关注。国外或在华外资企业之所以能够吸引众多优秀人才，就是因为他们对不同知识层次的人力资本区别对待，为高层次人才提供了优厚的物质待遇和良好的工作环境。反观国内劳动力市场，情况则截然相反，不仅不同知识层次人力的收入水平没有明显差别，而且行业、职位成为决定收入、福利的主要因素。清华大学一项研究成果显示，1936 年、1956 年和 1993 年我国大学教授的起点工资分别是技工起点工资的 28.6、6.8 和 2.7 倍，最高工资之比分别是 47.6、9.7 和 4.7 倍。另一项调查显示，博士后出站如果留校做研究工作，即使马上评为副教授，每月工资也不过2 000多元，而到外企，每月收入达8 000 ~ 10 000元或以上。这么大的差别，再加上目前住房、福利制度的改革，使留在大学和科研单位从事研究工作的机会成本大大提高。在这种情况下，科研人员流向更能承认他们知识和能力的海外或外企，就成为必然。当这种流动形成一定规模并持续下去，它对我国整体科研能力和经济发展后劲的影响是难以估量的。

第三，现行的社会保障制度也在相当程度上影响着人才流动。

大部分集体企业、乡镇企业、私营企业、个体经营者、外商投资企业中的中方职工及广大农村，人才自由流动和自主择业的社会保障制度还有待建立和完善；机关、企事业单位则包揽了职工的生老病死，由于各单位效益存在着差别，因而职工的保障和福利水平也因单位而异，客观上使人才对单位保持着较强的依附关系，不能真正支配自己的劳动力。此外，传统的户籍管理制度和住房分配制度也成为限制人才流动、束缚人才发展的一个重要障碍。

## 三、完善人力资源流动的对策

要实现各类人才的合理流动，必须打破以计划指令为特征的人事管理体制，建立人才流动机制及与此相配套的各项机制，为人才的合理流动创造一个良好的制度环境。

**1. 确立人才市场双向选择机制**

一方面，要转变观念实现人力资本产权个人所有制。只有承认人力资本归个人所有，人才才有权根据人才市场供求状况和人才价格的变动以及个人兴趣，理智地选择工作单位，才能打破人才国家所有、单位所有的局面，使人才在全国范围内自由流动。另一方面，要逐步弱化直至完全取消上级主管部门对用人单位用人自主权的干预，使用人单位能够按照利润最大化原则，不受任何行政力量的干扰，自由地行使聘用、辞退和合理配置本单位人力资源的权利，成为真正的用人主体。

**2. 建立市场化工资分配机制**

工资是引导人才流动、改善人才配置状况的重要杠杆。迄今为止，我国工资总体上还不能反映人才的知识水平和能力，不是市场化工资而是福利化工资。建立市场化工资机制，就是让工资反映人才价值和人才的供求状况。实行工资市场化，是对人才价值的肯定。人才以市场工资为主要参照尺度，寻求与自身价值相符合的职位。用人单位也以市场工资为尺度，为所用人才提供平等的报酬水平。这样，有利于用人单位在平等条件下吸引更多的优秀人才，也有利于人才队伍的稳定。

**3. 健全社会保障机制**

社会保障制度既是维护社会公平和经济稳定运行的安全阀，也是促进人才流动的重要条件。必须加快社会保障制度的改革，尽快建立起覆盖全社会的多层次的社会保障体系。

**4. 改革户籍管理制度**

逐步实行个人身份证制度，使人才能把自己的劳动力让渡给任何一个需要人才的用人单位，实现人才资源的社会化配置。

**5. 加快与以上制度相配套的住房制度改革，取消福利分房，实现住房商品化**

## 四、人才资源市场的发展与完善

在我国，每年春夏之交，大中专院校的毕业生就业指导中心就成了校园内最忙碌的地方。学生和招聘单位的人在这里进进出出，到处可见招聘的宣传海报、招聘会广告、公司和企业的宣传介绍材料，各种相关会议在召开，各种会见面谈被安排。校园也就成了人力资源的主要交易市场，交换在购买者（雇主）和销售者（学生）之间进行。这可以说是一种自发形成的市场。目前，在我国各省（包括直辖市、自治区）及所辖的市（区）、县均设有不同级别范围的人才和劳务市场，这些市场自发地调剂着人才资源的供给与需求。

**（一）人才资源市场的特点**

1. 人才资源交流市场长年开放，有固定的办公地点和专职接待人员，为人才供求提供良好的洽谈场所。主办者多为行政机构、劳动部门、人事部门，但也有一些由私人开设的劳动力介绍所，专门承担某些具体的联系中介工作。

2. 有一套以法规为基础的人才服务管理办法。政府人事部门对进入市场的流动人员的辞职、辞退、仲裁、代上保险、合同聘用、兼职等方面制定了一系列政策，并根据国家政策与本地区情况，制定了一些规范人才市场的职责范围、职务对象、功能作用、收费标准、办事程序等具体细则，以保证人才交流市场的规范化、合法化。

3. 人才市场具有一定的行政职能，如仲裁人才供需双方争议、管理人才档案及对人才出国进行政审等。

4. 人才市场兼有技术、智力交流职能。可办理不动编的智力流动，即所谓“借脑袋”等人才匹配调剂工作。

人才资源市场实行公开、平等的竞争原则。“公开平等”，一般指招聘启事公开、招聘简章公开、招聘考试公开；同时坚持廉洁、高效、求实、服务的办场原则。

**（二）人才资源市场的功能**

人才资源市场是劳动力流动、交换的场所，在这里供求关系得以实现，在这里劳动力找到了实现的场所，在这里企业找到了所需的劳动力。具体而言，人才资源市场的功能有：

1. 调适功能。我国社会主义市场经济的发育、发展，要求作为生产要素的劳动力，尤其是高层次人才，在行业、部门、地区和不同所有制之间，能够自觉地进行调整，使人才的分布与我国的经济发展战略要求相适应，人才市场的建立便为这种调整提供了方便条件，各地人才通过招聘、解聘、兼职、承包、对口支援、技术协作等多种形式与计划调节形式相互补充，无论是对沿海地区、经济开发区、内陆边远地区，还是对国有企业、集体企业、“三资”企业都发挥了很好的作用，人才调节使各种有用人才能有效地发挥所长，各得其所。

2. 中介功能。建立合理的竞争机制和流动机制，有利于促进人才竞争及建立合理的劳动力流动机制。1986 年，我国在许多城市实行“面向社会、公开招收、全面考核、择优录用”的招工办法取代了过去初高中毕业生由国家统一安排工作的旧制度，废除了“子女顶替制”，这有利于人才竞争，推动人才流动。随后，在大学毕业生中开始了人才招标、市场谈判的招聘分配方法，在这个过程中，劳动力市场起到了人才中介的功能。

3. 传递功能，传递功能打开了城乡劳动力流通渠道。人才总是往创业最兴盛的地方去，哪里市场崛起，哪里就人才攒动。乡镇企业和第三产业的发展，东南部大开放、大开发，沿海、沿江、沿边城市的繁荣，开发区、保税区、工业园区的兴起与发展，以及随之而来的西部大开发等，使“孔雀东南飞”变成“候鸟随气候而迁徙”，哪里市场活跃，他们就投向哪里，人才资源市场起到了这种联系与传递的功能。

4. 社会匹配功能。社会匹配功能推动了就业服务体系的完善和劳动力的社会化管理。围绕着人才、劳动力的合理流动、利用，职业介绍所、就业训练、待业保险和劳动就业等相应体系的健全和发展，使人才体制、调节机能逐步完善，使人才竞争机制、预备机制逐步完善起来。劳动力市场恰好实现着这种人才的社会匹配功能。

5. 反馈功能。人才资源市场起着对高校的反馈功能，人才市场是劳动力的高智能市场，人才市场的搞活，可促进高校建设，通过建立新的专业，增设新的课程，制定新的人才培养规格和培养方案，使高校更好地为适应市场经济的需求，为经济建设服务。

**（三）人才资源市场的发展与完善**

1983 年，第一家人才市场在沈阳建立以来，我国人才市场发展十分迅速，各类人才交流机构纷纷建立，各种招聘活动此起彼伏。另外，人才市场的服务领域不断拓宽，竞争激烈，产业化趋势日见明显。大中专毕业生，进入了市场进行双向选择。人才市场的迅速发展，改善了我国人才资源的配置和使用状况，减少了人才积压与浪费，优化了人才结构，调整了人才布局，已逐步在人才资源配置方面发挥主导作用。特别是进入 21 世纪以来，在我国人才资源市场上普遍出现了一些新的动向。这主要表现在以下几个方面：

一是都市降低了“门槛”。2000 年上海为建“人才高地”，一口气出台了《上海市吸引国内优秀人才来沪工作实施办法》等 7 个文件，不仅对应届大学毕业生放宽了户口限制（本科生只要找到单位就可落户），还为在职人员和留学生出台了许多优惠政策。有调查显示，上海成为留学生回国创业的首选之地。2000 年北京宣布 64 家民营高新技术企业今后接收非北京生源的应届大学本科毕业生、研究生不受指标限制。继而，又开启“绿色通道”，颁布《北京市鼓励留学人员来京工作的若干规定》，首都终于对人才降低了“门槛”。广州提出引进人才的基本思路是坚持“四化”（即“吸引人才市场化、开发人才产业化、尊重人才市场化、服务人才个性化”）和“两变”（即“把全国乃至全世界的人才优势变为广州的人才优势，把广州的人才数量优势变为素质优势”）。与以上三大国际都市相比，一些省会城市虽然还不具备如此大的魅力，但也迈出了可喜的一大步。南京、杭州、济南等城市先后对人才敞开了大门。随着国家发展西部战略的实施，西部城市也闻风而动，纷纷出台吸引和留住人才的政策，西安放宽部分人员落户政策并简化办理手续；贵州为人才提供住房和科研启动经费；成都则设立了科技杰出贡献奖，奖金高达40万元。可以说目前我国在各个人才资源市场争夺人才的大战正在全国范围内如火如荼地展开。

二是人才柔性流动。全国各城市在引进人才的过程中政策更加灵活。上海提出人才可以柔性流动，并专门出台了一个关于专业技术人才兼职的文件。上海到北京招聘人才时，许多上海企业公开表示：只要为我所用，人才即使不放弃自己的工作单位，也能在我这里享受到与正式员工同样的优厚待遇。2005年，辽宁省本溪市则推出了双职双薪高级人才共享制度，规定：对副高以上职称和具有硕士研究生以上学历的人才，可以在全市范围内实行共享。凡有兼职能力和时间，在完成本职工作并不侵犯本单位知识产权、经济利益的前提下，都可以在企事业单位之间兼职。

三是考研培训升温。随着各大公司招聘人才的标准，动不动就是硕士生、博士生的高学历要求，人才高消费时代的提早到来，考研市场由此人气急升，无论是在职人员，还是在校学生，纷纷“考研”，意欲在人才高消费的时代求得更理想的发展之路。知识经济时代，人才成为单位最宝贵的财富，如何吸引人才，留住人才，让人才发挥出最大作用是摆在人才资源管理者面前的一个新课题。于是培训市场空前火爆，各种人才资源管理研究会一个接着一个成立，为企业作组织诊断、出谋划策，使得各类企业管理咨询公司的生意也红火起来。

四是人才网站突起。互联网具有开放、互动和迅捷的特点，目前人力资源市场得益于网络带来的巨大变化。目前网上求职成了求职者的首选工具，各招聘单位也开始热衷于在网上寻聘人才。借势而起的人才网站自然是乐此不疲。从目前看，虽然网上招聘的毛病不少，但毕竟丰富了传统的招聘中介形式。

要进一步完善人才资源市场，首先，我们在完成区域性人才市场布局的基础上，应加大专业化人才市场建设的力度，要促进更多农村人才市场、专业技术人才市场等的建立。还要积极推动市一级的人才市场发展，最终形成以各级政府人事部门建立的人才市场为主体，区域性市场为辐射，其他部门、行业及民办人才市场为补充的市场网络体系。其次，还要加强人才市场的法规建设，推动人才市场向标准化、规范化方向发展，为与国际市场接轨创造条件。完善的人才市场体系的建立，还应当伴随着市场管理行为的规范化和法制化。再次，随着经济全球化趋势的日益加强和信息技术的飞速发展，我们应加强人才市场信息化方面建设，以实现更大范围内的人才信息交流。

## ☞思考题：

1. 人力资源流动的前提条件是什么？
2. 试分析人才流动的原因。
3. 为什么说人才流动是必要的？
4. 试述市场条件下公共部门人才流动的特点。
5. 试述人力资源流动的基本方式。
6. 我国当前的人才市场面临哪些问题？
7. 如何进一步完善人才市场？

## ☞案　例：

### 人才流失之痛

当今中国，最抢手的是人才，最抢眼的是人才市场，最热门的话题是人才大战。逐鹿中原，有胜即有败，人才有留也有失。中国加入 WTO 之后，人才流失进一步加剧正越来越成为国家、企业和个人都备感关注的话题，而如何留住人才也成为大家关注的一个焦点。

### 全球人才大战日益激烈

知识经济的依托是人才，经济全球化带来了人才竞争的全球化。“未来的竞争将是人才的竞争”，一场激烈的人才“世界大战”正在全球展开。不能吸引和留住人才的组织将是 21 世纪的失败者。

2001 年，我国正式成为世界贸易组织的成员国，全面投身于国际竞争。全球化的人才竞争当然也会蔓延至我国。在知识经济浪潮的冲击下，世界各国对各类人才的需求越来越大，全球范围内的人才争夺已呈白热化态势。我们只能主动参与其中，否则就会被动挨打。

知识经济的迅猛发展使人才空前短缺。如何培养和留住人才已经成为世界各国面临的一个巨大挑战。

美国硅谷，是信息经济和知识经济的发源地，是全球高新技术人才最为密集的地区，但仍然存在人才短缺，职位空缺高达34.6万个，占总职位的10%！日本也存在各类人才短缺的现象。据日本推算，今后10年科技人才缺口大约有160万~445万人。在欧洲，到2002年，仅网络人才就急缺60万人。美国前总统克林顿曾向国会提出了一项人才引进计划，计划从2001年至2003年，引进高科技人才由目前的每年11.5万人增加到20万人。

在集中了美国90%半导体产业的硅谷流传着这样一个笑话——

问：什么使硅谷得以运作？

答：IC。

这个IC并非集成电路（integrated circuit）的常用缩写，而是指印度人和中国人（Indian and Chinese）。

印度已经成为美国海外人才的最大“仓库”，据统计，75%的印度软件专家实际上是在替美国工作。中国的IT人才其实也“人”美价廉，在硅谷的20万工程技术人员中有6万名是中国人。另一份调查显示，清华大学和北京大学涉及高科技专业每年的毕业生70%以上去了美国。微软、IBM等甚至直接在中国设立研究院，吸引人才。其实，早在20世纪90年代初期，发展中国家的高级人才就已经成为一些发达国家的首选目标。

德国前总理施罗德也宣布了将向从非欧盟国家引进的信息技术人才发放“绿卡”的规定，以便尽快“网罗”两万名外国信息技术人才。作为德国在全球范围内招揽IT人才计划“绿卡工程”的一部分，德国很快就开始了在中国“挖”IT人才的计划，专门设立了“北京中德在线”，为希望到德国工作的中国IT人才提供服务。

在全球性的人才争夺战中，西方发达国家特别是一些经济实力雄厚的经济大国凭借其资金和科研环境优势强扯“招贤旗”，已是尽占先机，而多数发展中国家却应对乏术，人才流失更加雪上加霜。

改革开放以来，我国出国留学人员累计达40多万人，除去仍在境外高校、科研单位学习的10万人外，学成归国的仅为33%。一些人不愿在国内工作，原因也不完全是收入问题；很多人觉得国内各方面管得太多、太死，限制太厉害。为了留住人才，为了把国外留学人员招回来，国家除了通过各种方式使他们增加收入以外，还应致力于改善工作环境。

## 外企频送秋波

北京著名高科技园区中关村发布的一项调查显示，中关村著名IT公司的优秀人才几乎都被“挖”遍，园区内20%左右的主动辞职者已流向了外企，该调查指出“入世”已引起园区内人才流动的又一轮强烈震荡。一家著名IT企业称，该公司从技术人才到管理人才，甚至人力资源部经理都收到了外企的“挖”人电话。某网络集成公司的人力资源经理说：“我们公司的技术人员，有的刚干一年半，就有外企委托猎头公司找上门来。”

尽管我国加入WTO时，注意了对金融市场的保护，允许金融行业有5年的缓冲期，但一些大型跨国银行从现在开始就对所需的人才进行“挖掘”，向有关人才打电话、写邀请函，询问有没有到本银行工作的意向，进行战略人才储备，以便开始筹备工作，为5年后的进入做好准备。

1998年，美国通用汽车公司中国培训计划部就投入人才培训费9亿美元，并且计划在北京大学、清华大学、上海复旦大学、上海交通大学4所名牌高校中继续挖掘尖子毕业生送到美国培训，因为他们认为只有高额的资金投入，才会换来精良的管理和技术人才。

微软公司在争夺人才方面也是不遗余力。其挖人的首要目标就是多媒体领域世界级的科学家——华人张亚勤。张亚勤11岁考入中国科技大学少年班，1986年就读于美国乔治·华盛顿大学，1989年获得电子工程博士学位。他是数字影像、多媒体通信、因特网等领域的世界级专家，曾担任被《财富》杂志评为美国四大杰出研究中心之一的美国桑纳福多媒体实验室主任。1998年，张亚勤回到中国，担任微软中国研究院首席科学家，一年多里他率领的多媒体小组在全球最优秀的学术刊物上发表论文80多篇，申请了40项美国专利。1999年1月，美国电子工程师学会授予张亚勤1998年度惟一的“杰出青年电子工程师奖”，他成为获得该奖项的第一位中国人，美国总统克林顿为此专门给张亚勤发来了贺信。

2000年7月，继李开复之后，张亚勤成为微软中国研究院第二任院长，他的目标是把研究院建设成计算机领域世界一流、亚洲最高水准的研究性机构，能够吸引世界各地的科学家到微软中国研究院工作。

中国人事科学院人事与人才科学研究所有关专家忧心忡忡地说，今后一段时间里，可能会出现中国人才大量涌入跨国公司的现象，中外人才大战更加白热化。

最近，上海一家光学仪器公司的总经理诉说了自己的担忧：不久前公司主要的科技骨干均收到了猎头公司的电话，称某国外专门生产交通摄像系统的公司愿出高出目前一倍的年薪请他们过去。这些国外巨头实力强大，猎头公司又无孔不入，已经多次在各种场合与本公司的人才进行沟通，致使不少科技人才流失。

我国著名门户网站网易曾经辉煌一时，并成功在美国纳斯达克上市。但是好景不长，随着网络经济“冬天”的来临，不久就被纳斯达克摘牌，据报道，在这次摘牌之后，网易流失了相当一批人才。

近期一项调查表明，在北京6所著名大学里，1982～1991年间毕业的教师，流失率高达53.3%，其中1989年毕业的教师，流失率高达75%。在人才流失中，以35岁以下的初中级职称者居多，超过60%。在去向上，党政机关占1.4%；科研单位占7%；国有企业和公司占9%；民办科技公司占12%；出国者最多，占到67%。

毫无疑问，随着中国加入WTO，市场进一步开放，人才观念进一步转变，未来一段时间内将会掀起一轮新的“跳槽热”，人才流失率将会攀上新的高峰。

——摘自《留住人才》，中国时代经济出版社2002年版，略有删改。

## ☞案例讨论：

1. 试分析人才向海外、外企流失的原因。
2. 针对人才竞争的“世界大战”，我们对人才流动应采取什么策略？

# 第六章

# 公共部门工作分析与职位分类

## 第一节 公共部门工作分析概述

工作分析，又称职务分析，是为一系列组织和管理职能提供信息基础的一个常规性工具，是组织中一项重要的基础性管理工作。可以认为，工作分析是人力资源管理乃至整个组织管理的基础。

### 一、工作分析的概念

#### 1. 工作分析的专业术语

开展工作分析活动，首先应掌握工作分析的相关专业术语。

工作要素指一项工作中不能再继续分解的最小动作。如开动机器、加工零件、取出工具等都属于工作要素。

任务指为达到某一特定目的所进行的一项活动，可以由一个至多个工作要素组成。如打印一封文件、编制一个计算机程序等。

职责指由员工所担负的一项或多项任务。如人力资源部人员的职责之一是“员工工资满意度调查”，这一职责可分解为下列任务：设计调查问卷，把调查问卷发给调查对象；将结果表格化并加以解释；把调查结果发给调查对象。在工作分析的范畴内，“职责”并不是指工作的责任感。

职位指在一定时期内，组织要求员工个体完成的一项或多项职责。如市场部经理、软件开发工程师。在一个组织中，每个职位对应于一个员工，即有多少职位就有多少员工。工作（或职务）是由一组主要职责相似的职位所组成，如工商局局长、行政执法人员。一项工作可只涉及一个职位，如市场部经理等都是一项工作；一项工作也可涉及多个职位，如多个行政执法人员共同完成某一项执法工作。

职业是由在不同时间、不同组织中从事相似活动的一系列工作的总称。如会计、工程师、教师、采购员等就是不同的职业。工作和职业的区别主要在于其范围不同。工作的范围比较窄，是在组织内部的；而职业则是跨组织的。

工作族是由两个或两个以上的工作所组成。这些工作或者要求工作者具有相似的特点；或者包括多个平行的任务。如销售和生产工作分别是两个工作族。

职业生涯指一个人在其工作生活中所经历的一系列职位、工作或职业。

图 6-1 描述了职业篮球运动员的工作、职责、任务、工作族以及职业生涯等，从中有助于更好地理解工作分析活动中所使用到的专业术语。

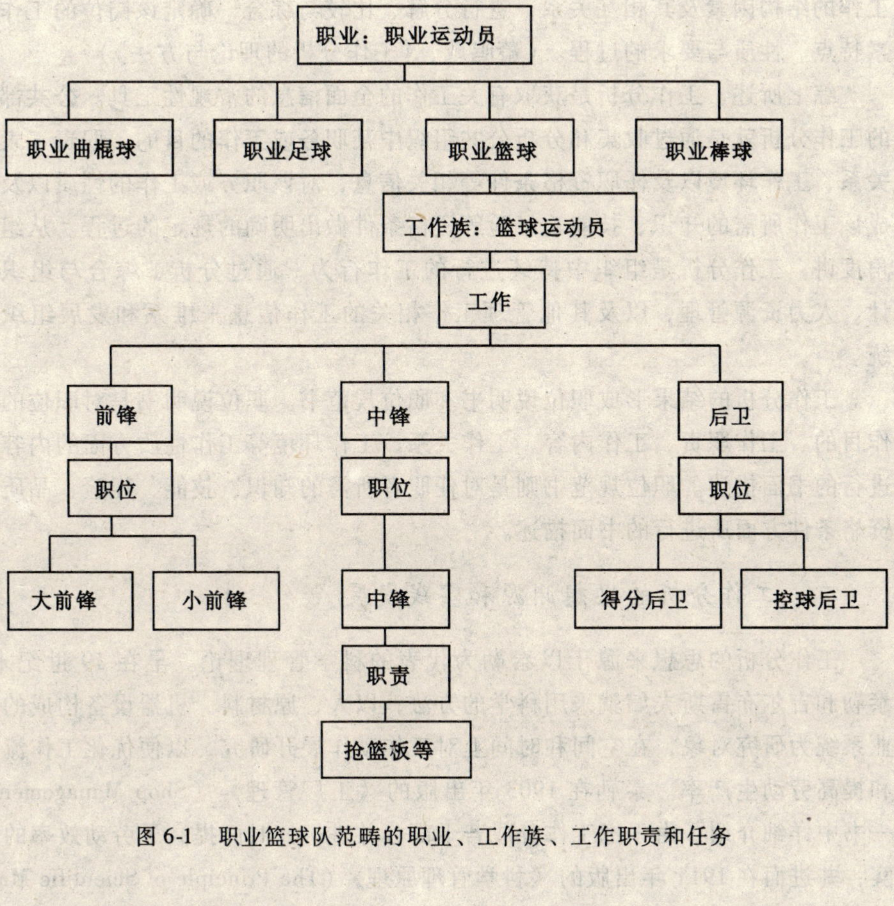


图 6-1　职业篮球队范畴的职业、工作族、工作职责和任务

#### 2. 公共部门工作分析含义

随着工作分析实践的发展，近一个世纪内国内外学者对工作分析给出了许

多种定义①：

（1）从广义上说，工作分析是针对某种目的，通过某种手段来收集和分析与工作相关的各种信息的过程。（Tiffin & McCormick，1965）

（2）工作分析是组织的一项管理活动，它旨在通过收集、分析、综合整理有关工作方面的信息，为组织计划、组织设计、人力资源管理和其他管理职能提供基础性服务。（Ghorpade & Atchison，1980）

（3）工作分析就是与此相关的一道程序，通过这一程序，我们可以确定某一工作的任务和性质是什么，以及哪些类型的人（从技能和经验的角度）适合被雇佣来从事这一工作。（Gary Dessler，1996）

（4）所谓工作分析，即分析者采用科学的手段与技术，对每个同类岗位工作的结构因素及其相互关系，进行分解、比较与综合，确定该岗位的工作要素特点、性质与要求的过程。（萧鸣政，《工作分析的理论与方法》）

综上所述，工作分析是获取有关工作的全面信息的常规性工具。公共部门的工作分析就是通过收集和分析公共组织中某职务或工作的目的、职责、隶属关系、工作环境以及任职资格条件等相关信息，对该职务或工作的性质以及完成该工作所需的知识、技能、经验等资格条件做出明确的规定的过程。从组织角度讲，工作分析是组织中持续进行的工作行为，通过分析、综合与组织设计、人力资源管理，以及其他管理工作相关的工作信息来维系和发展组织系统。

工作分析的结果形成职位说明书和职位规范书。职位说明书是对职位的工作目的、工作职责、工作内容、工作关系、工作环境等工作性质方面的内容所进行的书面描述。职位规范书则是对任职者所需的知识、技能、经验、品质等资格条件方面所进行的书面描述。

## 二、工作分析的思想渊源和实践发展

工作分析的思想来源于以泰勒为代表的科学管理理论。早在19世纪末，泰勒和吉尔布雷斯夫妇就采用科学的方法，以人、原材料、机器设备构成的作业系统为研究对象，在空间和时间上对工作动作展开研究，以便优化工作流程和提高劳动生产率。泰勒在1903年出版的《工厂管理》（Shop Management）一书中详细介绍了由于把工作分成若干部分并进行计时而提高了劳动效率的事实，并进而在1911年出版的《科学管理原理》（The Principle of Scientific Man-

① 付亚和主编：《工作分析》，复旦大学出版社2004年版，第5~6页。

agement）中提出了工作分析的概念。他认为，要对组织进行科学管理，就必须对组织中的每一份工作进行研究，“通过用科学方法对工作进行分析，对工人进行选择、训练、安排、调动和提升，保证每个人能充分发挥其能力”。科学管理理论提出之后，工作分析作为一种基础的管理工具在企业界得到广泛应用。1920 年，美国人事管理协会规定，工作分析应作为“提取工作要素和人员任职条件情报”的方式之一。1930 年，美国采用工作分析的工商企业所占的比例已达 39%，1940 年这一比例高达 75%。工作分析的信息被广泛应用于工商企业的人员录用、薪资管理、培训开发、工作指导和绩效考核等方面。①

工作分析思想在企业界的成功推广对政府管理也产生了深刻的影响。美国政府开始逐步运用工作分析工具来提升文官管理的科学化和规范化水平，其中，1919 年开始的国会薪资等级划分中，联合委员会的公职人员薪资等级划分项目就充分运用了工作分析方法。从 1853 年到 1923 年，按美国联邦法律规定，政府公职人员的工资划分为四个等级，但是工资的高低与工作任务本身相互独立，没有任何相关性。换言之，工资的多少与工作的复杂程度、职责的大小等缺乏必然联系，只要政府的工资支出总量不变，则政府中各级主管人员就可以随便调整职员的工资。工资待遇上的不公平引发了公职人员的极大不满。1919 年，内政改革委员会敦促政府应建立以工作任务为基础的划分各级职员的工资体系，并派其委员巴鲁斯参加了国会的公职人员薪资等级划分项目。巴鲁斯对104 000名政府公职人员进行了问卷调查，收集到有关政府职位任务的大量事实材料，以此为基础，进行职位分类和等级划分。巴鲁斯得出的分析结果作为国会的立法依据，于 1923 年通过了《工薪等级法案》，并批准该法案在华盛顿特区试行，由此促进了工作分析的发展。1934 年 2 月，罗斯福总统授权美国国家就业局设立一个专门委员会以研究当时严重的失业问题。心理学家宾汉借此契机，将当时的社会科学研究会、国家研究会等组织统一合并改组为国家就业局职位研究委员会。1936 年，该委员会通过系统的工作分析收集了大量的职业样本资料，以工人的知识、技能等基本要求为标准划分各项职位的等级，完成了著名的《职业大辞典》的编辑，不仅受到各国的普遍好评，而且为第二次世界大战中美国的征兵工作提供了极大方便。1937 年 7 月，该组织正式成为国家就业局下属的职位分析调查司，其后开展的工作不仅培养了大量的工作分析、人事管理专业的人才，而且进一步促进了工作分析在政府部门的应用和发展。

---

① 付亚和主编：《工作分析》，复旦大学出版社 2004 年版，第 18 页。

二战以后，工作分析的理论和方法日趋成熟完善，工作分析作为人力资源管理基础的地位逐步确立。到20世纪70年代，工作分析已被西方发达国家视为人力资源管理现代化的标志之一，并被认为是人力资源管理最基本的职能。①

## 三、公共部门工作分析的作用

作为一种常规性工具，工作分析在人力资源管理和整个组织管理系统中发挥基础性作用。工作分析为人力资源规划、人员招募与录用、员工培训与开发、绩效考核、薪酬管理、职业安全及工作设计等管理活动提供必要的信息支持，成为人力资源管理各项活动顺利开展的基石，被认为是重要的基础性工作。见图6-2。

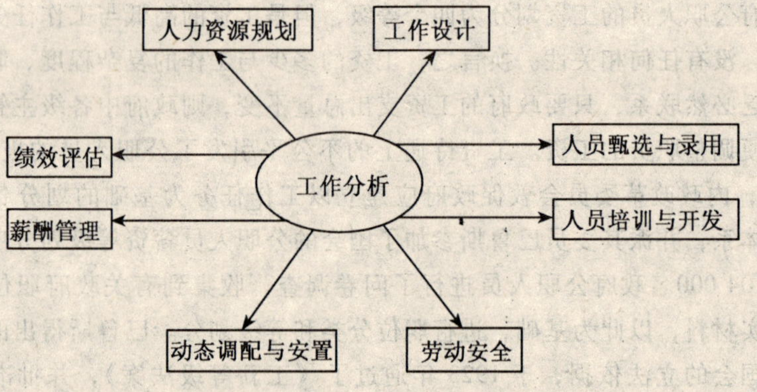


图6-2　工作分析的地位与作用

### 1. 工作分析是公共部门人力资源规划的基础

公共部门人力资源规划的目的就是通过分析公共部门在动态环境中人员需求与供给的变化情况，采用必要的政策与手段确保组织在合适的时间、合适的岗位上获取合适数量的员工。因而，制定人力资源规划首先需要掌握职位的工作性质及其对知识、技能等工作条件要求的信息，这样才能确保组织的人员供给和人员储备能够合理地满足组织战略发展的需要。工作分析则明确规定了工作的目的、职责和任务，界定了符合岗位要求的任职资格条件，从而使人力资源规划建立在可靠的工作和人员条件信息基础上，能及时反映内外环境变化，

① 付亚和主编：《工作分析》，复旦大学出版社2004年版，第23页。

确保了人力资源规划的科学性和前瞻性。

**2. 工作分析为公共部门人员甄选与录用提供了客观标准**

人员甄选与录用的过程是为组织选择符合组织发展和工作要求的高素质人员的过程。如果仅根据管理者的主观判断人员是否符合工作要求，势必会影响到甄选与录用工作的科学性和公平性，因此，选拔合适的从业人员必须具有客观的标准和依据。而工作分析对从事具体岗位的从业人员的知识、技能、态度、行为、价值观、品质等方面做出了明确的规定，有助于制定符合岗位要求的人员录用标准，有利于组织客观、公正地衡量和评价求职人员，从而使人员甄选和录用工作科学化、正规化，避免了经验主义，减少录用中的盲目性。

**3. 工作分析对公共部门的员工培训与开发工作具有重要的指导意义**

开展员工培训与开发主要基于两个前提：一是员工目前的知识、技能或能力无法满足现有岗位要求，与既定的工作资格要求存在一定的差距，这时就有可能需要通过培训来提升其绩效水平；二是现有员工的知识、技能等素质条件无法满足组织战略发展对人才素质结构的要求，也需要借助于培训和开发手段来实现人才储备。工作分析信息全面反映了组织内各层次具体岗位对从业人员在知识、技能、经验、态度、行为等方面的工作要求，通过将这些信息与现有岗位人员的素质进行比较，就能够帮助判断从业人员是否符合工作要求，员工目前的综合能力与工作要求之间的差距，并进一步根据工作岗位的性质将培训人员分类，并采取科学的培训方法来确保良好的培训效果，从而不仅为组织的培训和开发工作指明了明确的方向，而且还保证了员工培训效益和效果，因此，工作分析对于员工培训和开发工作具有重要的指导意义。

**4. 工作分析为公共部门的绩效评价提供客观依据**

员工个人绩效是实现整个组织绩效的基础，从事某项具体工作的员工的绩效水平会影响到部门绩效，进而影响到组织整体目标的实现。尽管具体岗位上从业人员的绩效水平可能高低不一，但绩效评估的内容和标准必须客观、科学并可准确衡量，否则绩效评估工作就会流于形式，产生不公平的现象。工作分析信息提供了一项工作的目的、职责、任务等具体内容，根据这些具体内容，我们就能制定出符合组织要求的绩效评估内容和具体的绩效标准，进而根据这些标准对员工工作的有效性进行客观评价和考核。

**5. 工作分析有助于薪酬制度设计的科学性**

从业人员因其付出劳动而获取的薪酬不是组织随意制定的，而是根据其从事的岗位的工作性质、工作复杂程度、技能难易程度、职责轻重、劳动条件等因素而确定的。一般而言，工作复杂程度越高，该项工作所需的知识、技能或能力就更多，工作在组织中的相对价值就越大，工作职责越重要，该工作在组织中也更具价值。而工作分析过程正是通过全面收集有关工作性质、工作内容、技能难易程度等方面的信息，并进一步对这些信息进行评估，从而科学地确定各项工作对于组织目标实现的重要程度，明确岗位间的相对价值。因此，工作分析的结果为组织薪酬制度的设计提供了明确的依据，确保了员工付出的劳动以及薪酬水平之间的动态平衡，保证了薪酬体系设计的内部公平。

**6. 工作分析有利于公共部门员工的动态调配与安置**

人力资源的动态调配和安置是保证组织中人力资源效益最大化的重要步骤。一旦组织将员工与工作的关系固态化，那么就有可能出现其才能大于岗位要求或者其才能低于岗位要求的情形，这样，员工或者会因无法实现个人价值而流失，或者因不能胜任工作而使组织的竞争力下降，进而使组织因此遭受损失。而工作分析信息对组织内各层次工作的内容、职责及其对知识、技能、个性特点等要求做了明确规定，能够从组织和员工个人角度判断员工的个人素质与其所从事的工作是否匹配，就可以为员工提供更多工作选择机会，提高工人对工作的适应性，真正实现人尽其才，才尽其用。

**7. 工作分析有助于劳动安全**

工作分析为组织提供各类工作的劳动环境、职业危险等信息。通过工作分析，可全面了解不同工作的危险程度以及对工作环境的要求，从而采取劳动安全保护措施来保障员工的职业安全。此外，一旦在工作中发生事故，工作分析的信息也能够作为危机处理的原始档案分析，有效的应对和处理工作中的紧急危险，使之迅速转移到正规的工作流程上来。

**8. 工作分析有助于公共部门的工作设计**

工作设计是对组织内的工作内容、工作职责、工作关系等有关方面进行的设计，以提高工作绩效和实现组织目标。工作分析则通过科学的手段和方法来收集和分析工作目的、内容和职责等方面的信息，以及时、动态反映内外部环境变化对组织结构的要求，促使各类工作在组织内的合理配置，进而推动各类生产要素在组织内配置和使用的科学化、合理化，提高组织整体的绩效水平。

## 第二节　公共部门工作分析的程序与方法

### 一、工作分析的程序

工作分析是对组织内工作系统展开全面分析的一项基础性工作，涉及多种信息收集手段和方法的运用，技术性较强，因而，工作分析在实施过程中必须严格遵循科学、规范的步骤，避免因程序偏差而使整个资料收集和分析出现错误，进而影响后续人力资源管理活动的顺利进行。一般来讲，工作分析应遵循以下六个程序：

**1. 合理确定工作分析信息的目的**

由于工作分析所获得的信息的目的直接决定了需要搜集何种类型的信息，以及使用何种技术来搜集这些信息，因此，工作分析过程首先就需要明确工作分析所获取的信息将用于何种目的，以避免资料搜集过程中把时间浪费在一些无关目标的信息的收集，或者采用了不当的资料搜集方法而延误了工作分析的进度。

**2. 科学确定工作分析的执行者**

工作分析的技术性较强，涉及面较广，其分析结果还需要得到组织各方面的认可，因此，工作分析执行者不仅应具有较强的工作分析技能，而且在组织内部还应具有广泛的代表性。通常，工作分析人员由工作分析专家、人力资源部门人员、管理层、员工等几方面人员组成，其中，工作分析专家既可以从外部聘请，也可是组织人力资源部富有经验的管理人员。

**3. 选择有代表性的工作进行分析**

组织中工作很多，同时，相类似的工作也有很多，如果对每一项工作都进行工作分析，时间和精力都很难保证。在这种情况下，选择具有代表性的工作进行分析显然十分必要。在此基础上，再对类似工作进行类推。

**4. 搜集工作分析信息**

工作分析信息的搜集是整个工作分析过程最关键的环节。通常，可首先直接利用那些易得到的与工作有关的背景信息，如组织结构图、工作流程图等。组织结构图显示了当前工作在整个组织中所处的地位，以及与组织中其他工作间的工作关系；规定了每一职位的名称，并且用相互联结的直线明确表明了工作间的汇报关系和信息沟通情况。而工作流程图则通过整个工作流程提供了与工作相关的更为详细的信息。其次就需要采用多种工作分析技术和方法来搜集工作分析信息，包括工作目的、工作职责、工作内容、工作条件、行为要求以及工作对人员自身条件的要求等方面的信息。具体的工作分析技术将在下面部分加以详细介绍。

**5. 让工作相关者审查和认可所搜集到的信息**

通常，所搜集到的工作分析信息未必能全面、准确地反映工作性质和功能，这时，就有必要让直接从事这些工作的员工和主管人员对这些信息进行审查，以尽可能避免工作分析信息出现遗漏、错误等偏差，确保其正确性和完整性。同时，这项审查步骤也为与被分析工作相关的工作人员提供了核实和修改工作分析信息的机会，从而有助于赢得工作相关者对所搜集到的资料的认可。

**6. 编写工作说明书和工作规范书**

通过资料整理和分析，就可编写工作说明书和工作规范书。它们是工作分析成果的直接体现。工作说明书是关于工作性质、工作内容、工作职责、工作环境等工作特性方面信息的书面描述；工作规范书则全面反映了对任职者个人特点、知识、技能、经验等方面的要求。有时，工作说明书和工作规范书分成两份文件写，有时也可合并在一份工作说明书中。

## 二、工作分析的方法

搜集信息资料的方法有很多，如访谈法、问卷法、直接观察法、工作实践法和工作日志法等。但正如前所述，工作分析的目的不同，搜集信息的内容和方法也不相同，因而，为了保证工作分析目标的实现，需要在工作分析过程中科学地选择工作分析方法。

**1. 访谈法**

访谈法是被广泛使用的一种资料搜集的方法。访谈者通过与工作承担者面对面的交流来收集有关工作目的、工作内容、工作职责、工作环境、任职条件等方面的信息。通常，访谈法有三种形式：个人访谈、群体访谈和主管人员访谈。群体访谈通常用于大量员工从事相同或相近工作的情况，而且直接主管应在场。

访谈的内容相当广泛，包括：

（1）工作目标。组织为什么设立该工作，根据什么确定对此工作的报酬；

（2）工作内容。工作承担者在组织中发挥多大的作用，其行动对组织产生的后果有多大；

（3）工作的性质与范围。这是面谈的核心。主要了解该工作在组织中的关系、其上下属职能关系、所需的一般技术知识、管理知识、人际关系知识、需要解决问题的性质以及自主权；

（4）所负责任。涉及组织、战略政策、控制、执行等方面。

访谈法的优点在于能相对迅速地获取信息，而且能够获取其他方法不可能了解到的工作情况和行为；特别适用于对文字理解有困难的任职者。访谈法的缺点表现在：工作分析人员的个人观点可能影响工作分析结果的正确判断；而任职者则可能出于自身利益的考虑，有意无意地夸大自身工作的重要性从而导致信息失真，因此，访谈法不能单独使用，只适合与其他方法结合使用。

2. 问卷法

问卷法是指通过让员工填写问卷来收集其工作中所包括的工作任务及职责的一种收集资料的方法。它通过员工对各种工作行为、工作特征出现的频数、重要性、难易程度及与整个工作的关系等特点进行回答，根据其回答结果进行描述和分级，进而对结果进行整理和分析，获得有关工作特性或任职者特点方面的信息。

根据问卷的结构化程度，问卷可被设计为结构化问卷和非结构化问卷。在结构极其完备的问卷中，罗列了上百种备选的特定任务或工作，任职者只需从既定答案中进行选择即可；而非结构式问卷问题的设计则是开放式的，只简单要求任职者自己提供答案。在实际操作中，问卷通常是介于这两种情况之间，既有结构性较强的封闭式问题，又有开放式问题。在此介绍几种国外典型的问卷法：

（1）管理职位描述问卷

管理职位描述问卷（management position description questionnaire，MPDQ）是一种以工作为中心的工作分析方法，是对管理工作进行定量化测试的方法，适用于不同组织内管理层次以上职位的分析。

MPDQ 通过一种结构固定的问卷表对管理者所承担的各项管理职务的工作内容、工作职责、工作要求、所受限制以及其他工作特点进行分析，共涵盖 197 个问题，可被划分为 13 类工作要素：1）产品、市场及财务规划；2）组织机构与人事关系的协调；3）组织内部事务管理；4）产品与服务；5）公共关系与顾客关系；6）高级咨询；7）工作主动性；8）审批财务事项；9）人员配备；10）监督管理；11）工作复杂性与压力；12）财务决策权；13）海外员工人事管理责任。

（2）职位分析问卷

职位分析问卷（position analysis questionnaire，PAQ）是常用的一种以人为中心的工作分析方法，是一种结构严密的、定量化的工作分析问卷。问卷代表了能够从各种不同工作中概括出来的工作行为、工作条件及工作环境，共涵盖了 194 个工作项目，其中包括 187 个工作元素和 7 个与薪酬有关的问题，共分为 6 个类别：

1）信息投入。员工从何处获取完成工作的信息，共有 35 个工作要素。

2）思考过程。员工在工作中如何推理、决策、规划以及如何处理信息，共有 14 个工作要素。

3）工作产出。员工完成工作需要哪些体能活动以及所需使用的工具与仪器设备，共有49个工作要素。

4）人际关系。员工在工作中需要与其他人之间发生的关系，共有36个工作要素。

5）工作环境。工作中所处的物理环境与社会环境，共有19个工作要素。

6）其他特征。与工作相关的其他活动、条件或特征，共有41个工作要素。

进行工作分析时，对于每个工作要素，工作分析者都要用6个标准之一进行衡量，即使用程度、对工作的重要程度、工作所需的时间、发生的概率、适用性和其他。用这6个方面的工作要素和6个度量标准就可决定一个职位在沟通、决策、社会责任、熟练工作的绩效、体能活动及相关条件这5个方面的性质，进而根据这些性质对每项工作分配一个量化的分数。利用职务分析问卷的信息就可进行工作之间的评估与比较，并划分工作族，依此可进一步科学确定每一种工作的薪资等级。PAQ法无需修改就可用于不同组织、不同的工作，使得各组织间的工作分析比较更加容易，也使得组织的工作分析更加准确与合理。

（3）体能分析问卷

体能分析问卷（physical abilities analysis questionnaire，PAAQ）是一种对工作所需特定的能力要求——体能要求的分析问卷，常用于分析以体力为主的工作。它将完成工作任务所需要的体能分成9种，即运动力量、躯体力量、静态力量、爆发力量、伸展灵活性、运动灵活性、躯体协调性、躯体平衡性、耐力。然后运用定量测度的方法，将每种能力从最强到最弱分为7级，用“极度具备、明显具备、具备、略微具备、不具备、明显不具备、不具备”的标尺度量。

总的来讲，问卷调查法的最大优点在于收集信息速度快、用时少、调查面广，能在较短时间内同时向众多任职者收集工作分析信息；此外，问卷法所得的结果能够量化，可用于多种用途的分析。其不足之处主要表现在：一是设计问卷工作技术要求高，费时费力；二是由于个人认知能力的差异，不同任职者对问卷中同一问题的理解不一致，进而导致收集到的信息失真，影响调查结果的准确性。因而，问卷法一般不单独使用，常与其他方法结合使用效果更佳。

### 3. 直接观察法

直接观察法是指在工作现场，充分运用感觉器官或其他工具观察任职者的工作过程、工作行为、工作内容、工作环境等，并用文字或图表形式记录下来以收集任职者工作信息的一种资料收集方法。这种方法对主要由身体活动构成的工作进行工作分析时特别有效。但当工作中包含了许多难以测量的脑力劳动时（如教师、法官的工作），观察法就不可能很准确。此外，对于一些只是偶然发生，但是却非常重要的工作活动（如紧急医疗事故、抢险等），观察法可能也会失效。直接观察法通常和访谈法相结合使用。在实际运用中，直接观察法必须贯彻以下操作原则：

（1）观察的工作相对稳定，即在工作周期内，工作内容、工作程序以及任职人员条件不会发生明显变化的情况下；

（2）适用于大量标准化的、周期短的以体力活动为主的工作，不适用于以智力活动为主的工作；

（3）尽可能在自然状态下进行观察，不要干扰被观察者的工作；

（4）观察前应拟定观察提纲和行为标准。

### 4. 工作实践法

工作实践法，也称参与法，指通过亲身参与到工作中，深入细致地了解并搜集工作目的、工作任务、工作职责等工作信息的一种工作分析方法。工作分析者直接体验工作的特点使得工作实践法能够获得真实的信息，从而能弥补直接观察法的不足，但同时也限制了其应用范围。对于许多高度专业化的工作，或需要经过大量培训才能胜任的工作，工作分析者就很难在短时间内掌握完成该项工作的知识和技能，工作实践法也就难于实施。因此，工作实践法只适用于一些所需知识和技能相对简单的工作，或者适用于在短期内就可掌握工作方法的工作，而不适用于需进行大量训练或具危险性的工作的分析。

### 5. 工作日志法

工作日志法就是要求从事工作的员工每天以日志的形式记录下所进行的工作活动，即将自己所从事的每一项活动按照时间顺序记录下来。它可以为工作分析者提供一个非常完整的工作图景，如果同时辅助以面谈，工作信息搜集方法的效果会更好。但同时，工作日志的信息整理量大，归纳工作烦琐；此外，员工有可能具有夸大自己工作重要性的倾向，从而会有意无意地夸大某些活动，同时对某些活动低调处理。然而，详细的、按时间顺序记录的日志会减少这种对工作信息的准确性产生的负面影响。

### 6. 功能性工作分析法

功能性工作分析法（functional job analysis，FJA）指以人、物、信息之间相互关系为基础，对该工作的功能特点进行分析来获取工作资料的一种定量分析方法。它不仅仅是依据人、物、信息三个方面来对工作进行分类，同时还考虑以下四个因素：在执行工作时需要得到多大程度的指导；执行工作时需要运用的推理和判断能力应达到什么程度；完成工作所要求的数学能力有多高；执行工作时所要求的口头及语言表达能力如何。此外，功能性工作分析法还确定工作的绩效标准以及工作对任职者的培训要求。因此，运用功能性工作分析法对工作进行分析，使你可以回答下面的问题："为了完成这项任务并达到新的绩效标准，需要对员工进行何种培训?"

此外，美国公务员委员会为了制定一套能够对不同的工作进行比较和分类的标准化程序而专门设计了一种工作分析技术。在这种工作分析技术中，所有的信息都被编排在一张"工作分析记录单"中，包括工作标识、工作简述以及由专家根据重要性顺序罗列出工作中所包含的各项任务。工作分析人员根据7项要素对每项任务进行分析，即：知识要求、技术要求、能力要求、工作中所包含的身体活动、工作的特定环境条件、典型工作事件、对员工兴趣的要求等。在完成这张工作分析记录单的过程中，工作分析人员既可以通过他们自己对工作的了解来搜集工作信息，也可以通过访谈法、观察法、工作日志法或问卷法来搜集信息。因此，美国公务员委员会工作分析程序提供了一种对不同工作进行比较、对比以及分类的标准方法。

在工作分析中，上述工作分析方法应根据工作分析目的的不同具体加以运用，在实际操作中往往将多种工作分析方法结合使用效果更佳。

## 三、公共部门工作说明书和工作规范书

工作分析形成的最终结果是工作说明书和工作规范书，它们是工作分析成果的直接体现。

公共部门工作说明书是有关工作目的、工作内容、工作职责、工作条件等工作特性方面的书面描述；公共部门工作规范书则是以工作说明书的内容为依据，全面规定了任职者为了圆满完成工作所应具备的知识、技能、经验及心理素质等资格条件。工作规范书可以是附在工作说明书上的一个部分，也可是单独的一个文件。

### （一）公共部门工作说明书和工作规范书的内容

公共部门工作说明书的编写并没有一个统一的模式，但大多数的工作说明书都包括以下几项内容：

1. 工作标识：工作标识部分通常包括的信息有工作名称、工作代码、所属部门、直接主管的工作名称、工作的工资等级和工资范围、编写人、编写日

期和审批人。

2. 工作目的：这部分主要描述该工作的总体性质，要求运用简短而精确的陈述说明该工作在组织中的主要功能或主要活动。忌笼统描述，如“执行需要完成的其他任务”，以避免成为逃避责任的托辞。

3. 工作职责：这部分通常以分条记载的形式详细罗列出工作职责和工作任务。每一种工作的主要职责都应当列举出来，并用一到两句话分别对每一项任务加以描述。

4. 工作权限：这部分界定工作承担者的权限范围，包括决策权限、对其他人实施监督的权限以及经费预算的权限等。

5. 绩效标准：有些工作说明书中还包括一部分有关工作绩效标准的内容，这部分内容主要说明员工在完成每一项任务时所应达到的标准。

6. 工作环境：这部分列明执行工作任务时的一般工作条件，包括使用工具、办公设备和机器设备、温度、噪音水平、危害条件等。

工作规范书则是以工作说明书为依据，主要回答这样一个问题：“要圆满完成这项工作，任职者必须具备什么样的个人特点和经验？”因此，工作规范书就是对有关工作人员任职资格要求的说明文件，是完成工作所必须的最低要求，具体包括以下内容：

1. 生理要求：这部分包含年龄、性别、健康状况、外貌等信息。

2. 知识和技能要求：这部分包括受教育程度、工作经验、专业背景、培训情况、各种特殊才能的要求等。

3. 心理要求：这部分主要包括观察能力、记忆能力、理解能力、解决问题能力、性格、气质、兴趣、合作性等方面的要求。

### （二）公共部门工作说明书的编写准则

在编写工作说明书的过程中，必须遵循以下准则：

1. 清楚。工作描述应清楚地说明该工作的具体情况，包括工作范围、工作职责和工作流程，不能与其他的工作混淆不清。

2. 准确。工作描述应当全面、真实地反映工作的实际状况，使任职者完全根据工作说明书就能够准确地把握工作的基本要求。

3. 专门化。编写工作说明书要选用专门化的词汇来表示工作种类、复杂程度、技能要求程度、任职者对工作所负责任大小等信息。对工作目的和工作职责的陈述多运用表示动作的词汇，如分析、搜集、召集、计划、引导、维持、监督等。

## 第三节 公共部门工作评估的方法

与工作分析密切相关的另一项重要工作是工作评价。公共部门工作评价是通过评价组织中工作的相对价值，确定工作的等级。工作评价研究的是工作与工作之间的价值差异，是对工作和组织重要性或价值的判断，以此为组织内部工资制度设计提供客观依据。工作分析与工作评价既相互联系，又有所区别。工作分析是展开工作评价的前提和基础，而工作评价则可被看做是工作分析活动的进一步延伸。

公共部门工作评价能够有助于确认组织工作分类和工作结构是否合理，从而在工作间建立有序的联系，但更重要的是，通过工作评价，能够在组织内部建立一个工作价值等级制度，根据工作的价值等级，可进一步构建科学、公平的工资支付结构。因此，工作评价的突出作用在于能保证薪酬的内部公平性。

工作评价的基本方法包括排序法、分类法、因素比较法和点数法。其中，排序法和分类法属于非量化的评估方法，而因素比较法和点数法属于根据工作要素进行定量化比较的评价方法，下面将逐一加以介绍其运用。

### 一、排序法

排序法（ranking method）是将组织内的工作按其相对价值或对组织的重要性程度从高到低进行排列，并据此确定各项工作的薪酬水平等级。其中，工作的价值评估主要由富有经验的评估人员依据主观判断作出，一般考虑的因素主要包括工作职责轻重、工作复杂程度、工作的层次或范围、技能水平和工作条件等工作要素。排序法是一种相对简单的传统的工作评价方法。

排序法的基本程序是：首先，确定标杆职位；其次，从对组织而言，根据若干工作要素考察每一职位与某个标杆职位相比的重要性程度，并依次进行排列，最后形成从高到低的重要性序列；在此基础上，将这些工作划分成等级归入不同的工资等级内。

排序法的优点在于操作简单、速度快、花费少，缺点在于其评估结果主要依赖于评估人员的主观判断能力，因此只适合于规模较小的组织。

### 二、分类法

分类法（classification method）是对排序法的改良，是将工作按照工作性质、工作内容、工作职责和技能要求等划分为不同类别，然后将每一类别的工作依据其相对价值从高到低进行等级排列，综合权衡后确定各级的薪酬比率。

分类法的基本程序是：首先，将总体工作按照工作性质、工作内容、工作职责、知识和技能要求等方面的不同要求进行工作分类，如我国公务员职位类别划分为综合管理类、行政执法类和专业技术类；其次，根据组织规模、工作复杂程度等因素确定每一大类的等级数量，组织规模越大，工作复杂度越高，等级数量就越多；再次，确定评价工作重要性程度的工作因素，如工作复杂度、职责大小、技能要求等，在此基础上，形成不同类别、不同等级岗位之间的相对价值关系，进而确定各类各级工作的薪酬比率。

分类法比排序法略微复杂，但在大型组织中使用要更准确、更客观。其弊端在于需要对不同的工作类别和等级进行比较，难免具有一定的主观性。

### 三、因素比较法

因素比较法（factor comparison method）是在排序法基础上改良而成的一种量化的工作评价方法。与排序法类似，因素比较法中同样要确定工作的评价要素和标杆工作，运用这些评价要素对标杆工作进行评价，形成标杆工作分级表，其他工作与标杆工作进行比较确定其在组织中的相对位置，最后将评价结果数量化，可得每一工作的总分或薪酬水平。

因素比较法的具体操作步骤是：

1. 选择评价因素。选择存在于所有工作中、能够测评所有工作价值的因素，如智力要求、体力要求、技能要求、工作责任和工作条件等五种。

2. 选择标杆工作。标杆工作通常具有以下特征：第一，在组织所有工作中具有代表性，并能代表不同的等级；第二，为所有员工所熟知；第三，具有完整的工作分析资料；第四，普遍存在于很多组织中，工作内容相对稳定。标杆工作一般以 15 ~20 项工作为宜。

3. 按不同工作评价因素对标杆工作进行比较，并作出等级排列。如表 6-1 所示的简单案例①，运用技能、工作条件和职责等三个评价因素对五项标杆工作进行排列，其中，技能的最高分为 20 分，工作条件的最高分为 20 分，职责的最高分为 60 分，总分值为 100 分。

4. 确定标杆工作的薪资率，将其按比重分配给各项工作评价因素，从而

---

① 本例根据［美］罗纳德·克林格勒、约翰·纳尔班迪《公共部门人力资源管理：系统与战略》（中国人民大学出版社 2001 年版，第 160 页）的示例改编而成。

确定各项工作评价因素的薪资额。如表6-2所示：

表6-1　　按付酬因素排列的标杆职位表

| 职　位 | 技能 | 工作条件 | 职责 | 总计 |
|---|---|---|---|---|
| 市　长 | 20 | 0 | 60 | 80 |
| 公安局长 | 20 | 0 | 45 | 65 |
| 刑警副队长 | 20 | 10 | 30 | 60 |
| 警　官 | 14 | 20 | 15 | 49 |
| 警　员 | 7 | 20 | 0 | 27 |

表6-2　　各付酬因素的薪资分配表

| 职　位 | 薪金（元月） | 技能 | 工作条件 | 职责 |
|---|---|---|---|---|
| 市　长 | 6000 | 1500 | 0 | 4500 |
| 公安局长 | 4875 | 1500 | 0 | 3375 |
| 刑警副队长 | 4500 | 1500 | 750 | 2250 |
| 警　官 | 3675 | 1050 | 1500 | 1125 |
| 警　员 | 2025 | 525 | 1500 | 0 |

5. 将其他工作与标杆工作进行比较，按不同的评价因素分别赋值。

6. 将同一工作在不同评价因素上的分值相加，得出该工作整体的工资总额。

因素比较法是一种比较准确的量化评价方法，在评估过程中经由评价因素能够直接获得各项工作的工资结构，具有相当高的可靠性。但其不足之处在于程序较复杂，而且评价因素的选择以及评价因素对工作的相对价值比例的确定都依靠评估人员的经验判断，具有一定的主观性。

### 四、点数法

点数法（point method），也称评分法、计分法，它以确定所有工作共同的评价因素为前提，然后测量每项评价因素对工作的相对价值，并赋以一定的分值，将各项工作中每项评价因素的分值相加，得出每一工作的总分数。点数法是目前组织中应用相当广泛的一种量化的工作评价方法。

点数法的具体操作程序是：

1. 选择并确定工作评价因素

通常选择的评价因素主要包括工作复杂程度、工作职责、工作层次和范围、技能要求和工作条件等。评价因素的选择因组织不同、工作类型不同而有所区别。此外，在实际操作中，有必要对评价因素作出明确的界定，以避免不同因素间的内容重复。

2. 确定评价因素对所评价工作的重要性，并据此赋予相应的权重

不同的评价因素对同一工作的重要性是不同的，如对某办公室主任而言，人际交往能力是最重要的，则其权重可能高达50%，而生理条件可能认为对工作而言不太重要，则其权重可能低于20%。此外，相同的评价因素对不同的工作其重要性也有差别，如智力要求对管理层岗位和体力要求较多的操作性岗位而言其重要性就相差悬殊。因此，应根据工作性质、工作内容等工作特性科学确定评价因素的权重。如表6-3所示，“工作技能”因素对某项工作最重要，就可赋予其相应的权重40%。

表6-3　　**总分值为1000分，按等比算术级数计算的等级分值表**

| 因　素 | 权重(100%) | 1级 | 2级 | 3级 | 4级 | 5级 |
|---|---|---|---|---|---|---|
| 技　能 | 40 | 80 | 160 | 240 | 320 | 400 |
| 工作责任 | 30 | 60 | 120 | 180 | 240 | 300 |
| 工作条件 | 10 | 20 | 40 | 60 | 80 | 100 |
| 生理条件 | 20 | 40 | 80 | 120 | 160 | 200 |

3. 确定和界定评价因素等级

将每一评价因素划分等级，因素等级代表了与某一特定因素相关的不同层次的数量，等级数量的多少取决于工作的具体要求。此外，评价要素等级界限要清楚划一。对评价要素的界定越清楚、具体，分级偏差越少，评价就越准确。

4. 确定每个等级的分值

首先，确定工作评价采用的总分值，一般在500~1000分比较好，以便于反映工作间的恰当差别。其次，根据每一因素的权重换算得到每一因素的分值。如图所示，假定总分值是1000分，“工作技能”因素所占权重为40%，

则该因素的最高分为 400 分。再次，根据每一因素的分值计算该因素各个等级的分值。等级分值既可按算术级数，也可按几何级数或其他规则来测定。图按等比算术级数评定各因素的等级分值。

5. 编写工作评价手册

工作评价手册主要包括对评价因素、评价因素等级、评价过程等的详细说明。

6. 实施评价

按照工作评价手册的要求对每项工作进行评价，得出每项工作中各项因素的分值，然后将分值相加就得到每项工作的总分值。按照分值大小从高到低排列，就形成一个职位等级结构。

评分法的优点在于运用定量方法确定各项评价因素对每一工作的权重并划分等级，因此，评价结果更加客观。但是，其缺点在于操作过程复杂、成本高。

## 第四节　公共部门人员分类管理

对公共部门的工作人员进行分类管理是各个国家的通例，现代公共部门人力资源管理与开发工作尤其要以人员分类为基础。公共部门的人员分类是指将公共部门中的工作人员或职位按工作性质、责任轻重、资历条件及工作环境等因素分门别类，设定等级，为人力资源管理与开发的其他环节提供相应的管理依据。目前，世界上有两种比较典型的分类制度：一是以工作人员官阶为中心的品位分类；二是以职位为中心的职位分类。

### 一、品位分类管理

“品”指官阶，“品位”指按官位高低、职务大小而排列的等级。品位分类是以国家公共部门工作人员的职务或等级高低为依据的人员分类管理制度。

品位分类在我国已有悠久的历史。自魏晋以来，官阶就称品，朝廷官吏分为“九品十八级”，以后各代逐步完善，品级也逐步增多，且品级同俸禄挂钩。但是，在封建社会，品位主要是特权和身份的标志，同现代意义的品位分类有着根本上的区别。随着文官制度在西方的建立和发展，品位分类从封建社会的注重特权和身份到注重任职资历条件，到现代的工作内容和资历并重，逐步达到完善。英国是现代品位分类最典型的国家，其他实行品位分类的国家还有法国、意大利等国。

### （一）品位分类的特征

1. 品位分类是以“人”为中心的分类体系。

品位分类的对象是人以及人格化的职务等级以及人所具有的其他资格条件。具体而言，在人员运用方面过分重视人员的学历、资历、经验和能力，个体的背景条件在职位录用和升迁中起着至关重要的作用。任职年限、德才表现等通用资格条件是晋升的主要依据，可见，品位分类是人在事先。

2. 分类和分等相互交织进行。

品位分类通常采用先纵后横的实施方法，也就是先确定等级，然后再分类别。

3. 强调工作人员的综合管理能力。

品位分类注重“通才”，不注重工作人员所具备的某一方面的特殊知识和技能。人员的调动、交流、晋升受所学专业及以往工作性质的限制较少。

4. 官位和职位可以分离。

在品位分类中，官位是任职者的固有身份，可以随人走。薪酬取决于官位而不取决于所从事的工作。

5. 品位分类在等级观念比较深厚的国家较为盛行。

### （二）品位分类管理的评价

从品位分类管理的历史来看，品位分类管理的优点主要体现在：

1. 人员分类线条粗犷，方法简单易行，结构富于弹性。

2. 公务人员的流动范围广，工作适应性强。

3. 注重综合管理能力，有利于“通才”的培养，也便于人员培训。

4. 官位和职位相对分离，使工作人员不致因职位调动而引起地位、待遇变化，有利于工作人员队伍的稳定。

5. 注重学历背景，有利于吸收高学历的优秀人才。

品位分类管理在实践中也表现出一些缺点：

1. 人在事先，即以人为中心，易出现因人设岗和机构臃肿的现象。

2. 分类不以专业知识为依据，不具系统性和规范性，不利于严格的科学管理。

3. 限制了学历低、能力强人才的发展。

4. 强调年资，加剧了工作人员的保守性，并易形成官本位倾向。

5. 以官位定薪酬，导致同工不同酬，不利于对人员的激励。

## 二、职位分类管理

职位分类是按工作性质首先将组织中的所有职位划分为若干职门、职组、职系，然后按工作繁简程度、工作难易程度、责任轻重、所需资格条件，将相同性质的职位再分为若干职级，并对每一职位的名称、职责等项内容加以详细规定和说明，以此作为人事管理的依据的人员分类制度。职位分类最早产生于19世纪的美国，后被许多西方发达国家所效仿，被认为是现代公共部门人力资源管理比较理想的分类制度。

### （一）职位分类的相关概念

1. 职系。指工作性质相同的所有职位，一般来讲，属于同一专业领域内的职业就是一个职系，如土木工程系、电力工程系、机械工程系等。

2. 职组。工作性质相近的职系汇集构成职组，如工程种类就由土木工程、电力工程、机械工程等构成。

3. 职门。工作性质相近的职组的汇集构成职门，如可将所有的职位分为行政与专业技术两大类，即职门，专业技术类就由工程、医务、研究、教育等各职组构成。

4. 职级。指同一职系内工作的繁简、责任轻重、资格条件等相近的所有职位。同一职系内的每一个职位都可以归入相应的职级，如某办公室有两个秘书，一个是行政秘书，一个是外事秘书，他们的职责、资格条件相等，故属于同一职级。

5. 职等。指不同职系中工作性质不同，但按工作繁简、工作难易程度、权责大小和资格条件等依高低顺序排列出来的档次。如美国三级护士和一级内科医生都属于第五职等，尽管这两个职位的工作性质不同，职级不同，但由于他们同属一个职等，在行政和人事方面的待遇应受到相同的对待。

### （二）职位分类的特点

1. 职位分类是以“事”为中心的分类体系。与品位分类的分类标准不同，职位分类以事为标准，事在人先，以事择人，首先重视职位的工作性质、权责大小、工作繁简及难易程度，其次是任职者所具备的资格条件。

2. 具有一套严格的分类程序。从工作分析入手，详细调查每一职位，以了解其工作性质、工作任务、权力和责任等；在此基础上对职位分类、分级和分等；然后，制定出各种相关的规范性文件，将职位分类的结果以法规的形式制度化，作为实际人事工作的依据。

3. 分类方式先横后纵。即先进行横向的职系、职组、职门的区分，然后再根据工作的难易程度、繁简程度和权责大小划分纵向的职级和职等。

4. 注重人员的专业素质。职位分类注重“专才”，人员的任职调动、交流和晋升，一般在同一职系至多在同一职组范围内进行。

5. 官等和职位合一。职位分类中，官位与职位的变化相一致，严格实行以职位定薪酬的规则，同工同酬，官等与薪酬均取决于新职位的工作性质。

6. 实行严格的功绩制。功绩制是人员升迁和薪酬增加的惟一标准。

7. 职位分类一般比较适合民主观念浓厚的国家。

**（三）职位分类的意义**

1. 职位分类有助于公共部门人力资源管理的科学化。

人力资源管理的目的在于谋求人与事的科学结合，实现事得其人，人尽其才，以提高工作效率。职位分类是以工作分析为基础，通过职位调查来掌握和了解职位的工作性质、工作内容以及权责范围，从而为实现人与事的科学结合奠定基础。同时，职位分类为各类工作人员的录用、考试、考核、升降、奖惩、培训、调动及薪酬支付等人事管理活动提供客观依据。可以说，职位分类是人力资源管理走向科学化的关键和基础工作。

2. 职位分类有利于实现对公共部门工作人员的有效管理。

首先，通过对职位的横向分类，所有职位被划分为一系列职系，这样，便于根据不同职业特点进行分类管理，建立各具特色的管理制度。

其次，通过纵向分类，所有职位又被划分了职级和职等。这样，在同一职系内，就可以根据工作目标对不同职级上的工作人员进行分级管理，对同职级的工作人员实行统一管理。此外，还可以通过职等来确定不同职系的各种职位间的量的对比关系，从而可以避免薪酬待遇上的不公平对待。职位分类是实现对工作人员有效管理的保障。

3. 职位分类为实现公共部门人力资源管理活动的简化和公平创造了有利条件。

通过职位分类，理顺了职位关系，统一了职位名称，对同级同类的工作人员进行统一管理，从而简化了人力资源管理业务，提高了行政效率。同时，职位分类中制定的职位规范使人力资源工作有法可依、有章可循，这样，就可以避免工作中的主观随意及其所带来的人事纠纷。可见，职位分类为实现人力资源业务的简化、公平、准确创造了条件。

**（四）职位分类的程序**

职位分类的程序一般有四个步骤：

1. 职位调查，即工作分析，这是实施职位分类的第一步。

2. 职系区分。在职位调查的基础上，依据工作性质的不同，将各种职位划分归并为若干类别，即职系。在职系的基础上再形成职组和职门。这一步骤是职位的横向划分。

3. 职位评价。也称职位品评，是对各职系的职位进行纵向的职级、职等的认定。对同一职系内相同职级的职位实行统一管理，发放统一的薪酬。对同一职等的所有职位，无论其居于何职系何职级，其薪酬待遇均相同。

4. 制定职级规范。即对划分归级后的每一职级或职位作标准化或定量化说明的书面文件，以此作为人员录用、监督、考核的依据。

### （五）职位分类管理的评价

职位分类具有以下优点：

1. 分类系统、规范，为各项人力资源管理活动提供了客观依据。

2. 注重人员的专业能力，有利于贯彻专业化原则，促进工作效率的提高，并有利于人力资源的培训和开发。

3. 因岗择人，有利于合理定编定员，完善机构建设。

4. 等级与职位的权责和报酬相统一，促进了同工同酬和能上能下，打破了官本位。

职位分类的缺点主要表现在：

1. 分类过程复杂，成本高，操作繁杂，难以推行。

2. 程序过于规范和过于强调量化，导致整个分类体系缺乏弹性，缺少应有的灵活性，不利于人员的优化配置。

3. 官等和薪酬随工作职位的变动而变动，不利于对人员的激励。

4. 专业化精神限制了人员在不同性质职位间的流动，不利于通才的培养。

## 三、公共部门人员分类制度的发展趋势

1. 品位分类和职位分类呈现融合和互补趋势。

随着专业化分工的不断发展，许多专业性、技术性工作进入公共部门，品位分类那种注重通才的粗犷型分类方法已经不适应现代社会的需求。因此，原来实行品位分类的国家纷纷吸收职位分类的先进方法，使分类管理更加系统化、规范化。如典型的品位分类国家英国，就在20世纪70年代对原来的公务员分类制度进行了部分改革。其基本做法就是引入职位分类的方法，以职务为基础，对公务员的类别等级作了重新划分，共划分为10个职门，26个职组，84个职系。日本也在20世纪50年代对原来的品位分类制度进行了一些改革，

实行了介于职位分类和品位分类之间的名义上的职位分类，即“工资分类”①。

与此同时，为了促进组织内人员的流动和便于培养综合性的管理人才，美国等实行职位分类制度的国家也开始改革和完善分类管理制度，其中一个重要的方法就是引进品位分类管理。如美国将一般职务类（GS）中的GS15至GS18职等改为品位分类，取消了职等，只设工资级别，实行级随人走，以便于高层官员的职位流动。同时，允许公务人员跨职系流动，竞争上岗②。

2. 人员分类管理制度呈逐步简化趋势。

职位分类体系过于复杂，影响了人力资源管理与开发的效率，因此，实行职位分类的国家越来越致力于简化职位分类。如加拿大的公务系统原有72个职组，102个分组，每个职组都有一套分类标准和工资标准，操作起来很繁琐，无法适应当今社会发展的需要。因此，加拿大政府本着通用、简化的原则对职位分类制度进行了改革，废除了原有的72套分类标准，代之以一种能够适应所有公共部门工作特征的评价体系，使人员分类更加简便，具有灵活性③。

## 四、我国公共部门人员分类制度

### （一）我国公共部门人员分类概述

新中国成立以来一直到20世纪80年代之前，我国人力资源管理体制是与计划经济相适应的集中统一的管理体制，相应地人员分类制度也呈现出集中统一的特色，党政不分、政企不分、政事不分。无论是党政机关，还是企事业单位和群众组织，其工作人员一律统称为“干部”。人员的等级划分主要依据职务级别、资历深浅、学历高低和工资多寡，实际上是一种特殊的“品位分类”，这种分类管理制度所导致的直接结果是官本位与效率低下。事实上，这种缺乏严格职位分类的传统人事管理制度是与当时我国实行计划经济体制相适应的。

随着改革开放和市场经济的发展，原来那种笼统的分类制度已经不能适应公共部门现代化管理的需要。我国于1993年8月颁布了《国家公务员暂行条

① 赵曼主编：《公共部门人力资源管理》，清华大学出版社2005年版，第41页。

② 赵曼主编：《公共部门人力资源管理》，清华大学出版社2005年版，第41页。

③ 孙柏英、祁光华主编：《公共部门人力资源管理》，中国人民大学出版社1999年版，第179页。

例》，明确规定国家行政机关实行职位分类制度。在确定职能、机构、编制的基础上，进行职位设置、制定职位说明书、确定职位职责和任职资格条件，作为国家公务员的录用、考核、培训、晋升等的依据。国家人事部于1994年制定了《国家公务员职位分类工作实施办法》。2005年4月我国又颁布了《国家公务员法》，进一步明确规定国家实行公务员职位分类制度，以改革和完善现有的“对人不对事”分类体系。在政府机关实行职位分类后，我国党务机关也参照政府公务员的分类办法实行了职位分类。检察机关、审判机关、公安系统也实施了具有各自特色的职位分类方案。至此，原来的国家干部被分成：

1. 行政机关工作人员；
2. 党务机关工作人员；
3. 国家权力机关工作人员；
4. 国家审判机关工作人员；
5. 国家检察机关工作人员；
6. 企业单位管理人员；
7. 人民团体工作人员；
8. 事业单位工作人员。

此外，我国还进一步完善专业技术职称系列，使人员分类制度更加全面。

**（二）我国公务员职位分类制度的内容**

我国公务员职位类别按照公务员职位的性质、特点和管理需要，划分为综合管理类、专业技术类和行政执法类等类别。

我国公务员的职务分为两大类，即领导职务和非领导职务。各行政机关中具有组织、管理、决策、指挥职能的职务为领导职务。领导职务又可分为两类：一类是各级政府的领导职务；另一类是各级政府机关各部门的领导职务。非领导职务包括办事员、科员、副主任科员、主任科员、助理调研员、调研员、助理巡视员和巡视员。

我国公务员等级依据其所担任职位的工作性质、权责大小、德才表现和工作资历等因素共划分为15级，分别与12个职务等次相对应。职务等次越高，对应的级别就越少，职务越低，对应的级别就越多。职务与级别的对应关系如下：①

国务院总理：1级；

① 《国家公务员暂行条例》，中华人民共和国国务院第125号令，1993年10月1日开始实施。

国务院副总理、国务委员：2～3级；

部级正职、省级正职：3～4级；

部级副职、省级副职：4～5级；

司级正职、厅级正职、巡视员：5～7级；

司级副职、厅级副职、助理巡视员：6～8级；

处级正职、县级正职、调研员：7～10级；

处级副职、县级副职、助理调研员：8～11级；

科级正职、乡级正职、主任科员：9～12级；

科级副职、乡级副职、副主任科员：9～13级；

科员：9～14级；

办事员：10～15级。

**（三）我国公务员职位分类制度评价**

2005年4月颁布的《国家公务员法》在吸收《国家公务员暂行条例》颁布以来职位分类实施经验的基础上，对公务员职位分类做出了更为具体的规定，进一步完善了我国现行的公务员职位分类制度，其优点表现在：

1. 兼具品位分类和职位分类之长。

2. 根据职位的工作性质、特点划分公务员职位类别，实现分类管理，有助于提高公务员的管理水平。

3. 强调专业技术和能力，体现专业化分工原则，便于合理而高效地利用人才。

4. 设立专业技术类和行政执法类公务员职位，使工资福利与职位的工作性质、任务、责任和工作强度相挂钩，具有较强的激励功能。

然而，其仍然具有一定的局限性：

1. 分类比较简单，欠缺一定的科学性和规范性。

2. 分类范围狭窄，仅限于公务员，不能应用于其他系统。

3. 缺乏具体的工作分析、职位评价和工作说明书等实质性内容。

**☞思考题：**

1. 试以实例说明工作分析。

2. 说明工作分析的作用。

3. 试述工作分析的程序。

4. 简述工作分析的基本方法。

5. 试述工作说明书的内容及编写准则。

6. 说明工作分析的评估方法。

7. 试比较品位分类与职位分类制度的特点。

8. 试析中国公务员职位分类的特点。

☞案　例：

### 谁最有资格成为少数族裔招聘主管

最近，你被任命为州警察局人事主管。该组织拥有大约10 000名警察，以及200名文职雇员。其首要职责是，通过执行交通法规以及向驾驶员提供帮助，切实提高高速公路的运行安全。

最近几年来，州警察组织就一直处于越来越激烈的公众批评之中。其中最主要的抱怨是，警察部门把太多的精力用于开交通罚单；更为恰当的做法应该是把关注的焦点集中于组织犯罪及毒品交易等活动上。此外，许多社区活动家相信，州警察局在招聘雇员及执行交通法规等方面均存在歧视黑人和西班牙后裔的现象。

年轻警员之间士气相当低落，他们认为自己是社会冲突的牺牲者。那些刚接受完三个月培训课程的新成员在第一年的离职率就达到了25%。在离开警察系统的理由中，最常提及的是工作环境，缺乏直接提升的机会，以及人们感觉到职务升迁是基于“关系（你认识谁），而不是基于能力（你知道什么，你能够做些什么）”。

大多数观察者把州警察局看作一个高度政治化的组织，因为它的高层行政职位是由州长任命的。一些观察人士认为，基于以上原因，高层管理者缺乏执法或管理经验，由此削弱了组织的士气及效能。

作为州警察局人事主管，你的任务是挑选一名助手，以负责该机构的少数族裔职员招聘项目的发展、运作与评估。外部的咨询公司已经挑选出了三位被认为最具资格的候选人，他们都是看到该职位面向全国的招聘广告后应征而来的。你及你的同事已经对这三名候选人进行了面试。现在需要你从中选出最符合该职位要求的人选。

——摘自［美］罗纳德·克林格勒、约翰·纳尔班迪所著《公共部门人力资源管理：系统与战略》第4章，中国人民大学出版社2002年版，略有修改。

☞**案例讨论：**

1. 请你为该职位撰写一份简短的职位说明书。
2. 对该职位而言，哪些职责最重要？
3. 成功的申请人需要什么样的知识、技术、能力以履行其工作职能？

# 第七章

# 公共部门人力资源招募与选录

## 第一节　公共部门人力资源招募与选录概述

在工作分析和职位分类的基础上，公共部门人力资源管理活动将围绕人力资源的获取、配置和使用、培训和开发、绩效考核以及薪酬管理等环节逐一有序地开展，以最大化提升人力资源效益，充分发挥人力资源对于组织竞争优势形成和增强所具有的战略价值功能。其中，公共部门人力资源的获取是系统性人力资源管理活动的基础性环节，是促进人力资源形成并增值的前提。

### 一、公共部门人力资源获取的含义

所谓公共部门人力资源获取，是指以科学的测评手段和方法为工具，通过招募、甄选、录用和评估等程序，从组织内外获取合适的人员填补职位空缺，实现组织目标的过程。对公共部门而言，人力资源获取实际上是用来解决“如何搜寻合适数量和质量的人员来满足组织人员需求”的问题。解决这一问题，不仅需要依赖于技术性较强的人才测评手段和方法，而且还必须按照严密的组织流程有序开展招募、甄选、录用和评估等活动，才能确保人力资源录用的质量。

公共部门人力资源招募指吸引组织内外求职者信息的一系列活动，包括制定招募计划、确定招募途径、发布招募信息、收集求职者信息等。公共部门人力资源甄选指以工作说明书为依据，从人与事两方面出发，以评估求职者能力与岗位匹配度为目的，寻求符合某职位需求的合适的求职者的一系列活动，包括资格审查与初选、笔试、面试、心理测试等活动。甄选环节的技术性最强，对甄选人员的素质要求很高，是保证录用人员质量的关键环节。公共部门人力资源录用指对甄选合格的求职者做出聘用决策的过程，包括公开录用结果、岗前培训和试用、正式录用等。公共部门人力资源获取的评估则是在录用环节结束之后，由人力资源部门进行的对录用人员质量和整体人力资源获取活动的效益进行评估的活动，以便为新一轮的人力资源获取活动提供有益的借鉴。

公共部门人力资源招募与选录体系的核心内容是国家公务员的招募与选录。2005 年 4 月颁布的《中华人民共和国公务员法》（以下简称《公务员法》）进一步明确规定，我国公务员招募与录用工作应根据不同职位和职务的性质采取多样化的获取方式。担任主任科员以下及其他相当职务层次的非领导职务公务员的招募与录用，应采取社会公开招考和平等竞争的方式获取高素质的任职人选。除了传统的推荐、选拔、调配等方式，机关内设机构厅局级正职以下领导职务的选录还可在本机关或者本系统内以竞争上岗的方式，产生任职人选。厅局级正职以下领导职务或者副调研员以上及其他相当职务层次的非领导职务的选录还可以通过社会公开选拔的方式进行，从而确认了以“公开选拔、竞争上岗”作为公务员选拔和录用方式的法律地位。对机关系统内专业性较强的职位和辅助性职位则引入市场竞争机制，运用市场化的人员获取模式，即实行聘任制。以法律形式确认公务员甄选和录用的新模式无疑是对我国传统的委任制和选任制等公务员甄选和录用制度的进一步改革和完善。

## 二、公共部门人力资源获取的意义

公共部门的运作有别于市场化运作的企业，它往往以公共权力为基础，具有明显的强制性，依法管理社会公共事务。在实际运作过程中，作为权力的实际掌控者，作为社会各项政策的制定者和执行者，作为公共服务的提供者，公职人员行为的影响面广，社会关注效应大，一旦出现工作失误或其他违法乱纪的事件，将会造成极其恶劣的影响。而选人是“选、用、育”等人力资源管理流程的第一步，是人力资源形成的基础，是关键的入口管理。从这个意义上讲，公共部门的公共属性决定了由招募、甄选、录用和评估环节所构成的人力资源获取工作在整个人力资源管理活动中的特殊地位和重要意义，具体表现在以下四个方面：

1. 人力资源获取工作的质量直接影响组织人才输入和引进的质量，进而影响到组织目标的实现。

人力资源管理系统通常由“进、用、出”三个相互作用、紧密联系的环节衔接构成，人力资源获取工作就位于人力资源管理系统的输入环节和进口环节，因此，人力资源获取工作的质量对组织人才输入和引进的质量有着直接的影响。而随着我国融入全球经济一体化的程度不断加深，经济和市场的全球化迫切要求公共部门能够按照统一的模式进行管理，处于转型期的我国公共部门势必将面临更为严峻的挑战，人才全球化竞争的态势也更加激励。对于公共部门而言，牢固树立“人力资源是第一资源”的思想，科学开展人力资源获取活动，确保人力资源获取的质量对于实现公共部门的战略目标无疑具有十分重要的意义。

2. 人力资源获取工作有助于塑造和推广组织形象。

人力资源获取的过程是组织内的招募者和外部的求职者通过一系列活动相互接触、相互了解的过程，在这个双向沟通的过程中，组织招募与选录工作中的每个具体环节，如空缺职位的说明、书面材料的制作与发放、面试过程、招聘流程和结果的透明性和公开度等可能作为求职者评价组织形象的重要依据。此外，组织还采用形式多样的招聘方式如电视、报纸、广播和网络等开展人力资源获取活动，也在一定程度上宣传和推广了组织形象。因此，人力资源获取工作不仅可以获得合适的人才，而且有助于塑造和推广组织形象。

3. 人力资源获取工作的有效性影响组织人员的流动率。

公共部门不仅要会引进合适的人员，更要能够留住他们。新录用人员在短期内的流动率通常是判断组织人力资源获取工作有效性的一个客观的度量指标。那些能够发挥自己的专长，并认可组织文化的员工能够产生较高的组织认同感和工作满足感，在短期内离开组织的可能性就很小，这种情况就说明组织甄选工作的质量高，人力资源获取工作的有效性高，否则，则相反。

4. 人力资源获取工作的质量影响到人事管理费用。

人力资源获取活动涉及招募、甄选、录用和评估等一系列过程，需要耗费大量的人、财、物资源。高质量的开展这些活动不仅使招募和录用工作更加经济和有效，而且，由于录用人员质量高，能够快速适应工作，也能为组织降低相关的培训和开发的支出。



## 第二节　公共部门人力资源招募与选录的原则

为了保证公共部门人力资源招募和录用工作的质量，在招募与选录过程中，必须遵循以下原则：

### 一、能岗匹配原则

能岗匹配原则是任何组织进行人力资源招募与选录过程中必须遵循的黄金法则。能岗匹配原则包括两个方面的含义：一方面，某个人的能力完全胜任该岗位的要求；另一方面，岗位所要求的能力这个人能完全达到。就人而言，人的能力有大有小，人的专长也有不同。就岗位而言，同一工作类别不同工作层次的岗位对人的能力的结构和大小有不同要求，如统计局局长和一般的统计员；而不同工作类别相同层次的岗位对能力也有不同要求，如会计和秘书，因此，能岗匹配原则指人的能力与岗位所要求的能力完全匹配。二者的对应使人的能力发挥得最好，岗位的工作任务也完成得最好。在实际运作中，能岗不匹配具体表现为两种情况：当能级大于岗位的要求时，优质人才无法在岗位上充分施展才华，人才留不住，人员流动快，这种情况对组织相当不利；当能级小于岗位的要求时，组织运作效率下降，尤其是当其处于领导岗位时，不仅自身难以胜任领导工作，自信心受挫，而且还会影响整个公共部门的竞争力，导致人心涣散，这种情况对个人和组织都会产生严重的负面影响。因而，最优的不一定是最匹配的，最匹配的才是最优选择。

### 二、因事择人原则

因事择人原则要求以公共部门的战略规划和人力资源规划为依据，根据职位的空缺状况和工作说明书进行招募、甄选和录用工作。只有以岗位为出发点，按照岗位的实际需要来选拔人才，才能很好地实现人的能力和岗位需求之间的良好匹配，从而避免多招人或招错人的情况出现，真正达到“事得其人，人适其事”，使人与事科学结合起来。否则，势必会给公共部门带来机构臃肿、人浮于事、效率低下的负面影响，并不利于良好的组织文化的形成。

### 三、德才兼备原则

公共部门的运作以公共权力为基础，提供公共产品和公共服务，并以公共利益的增长为其终极目标。可见，公职人员的履行职能的行为具有明显的强制性，影响面广，波及效应大，因此，相对私营部门人才录用的标准，对公职人员的素质要求应更加全面。

德才兼备原则就是要求全面考察公共部门求职者的政治素质、个人品德、知识素质、能力素质等各方面，以确保符合“德才兼备”的标准。公职人员的“德”决定了其才能的发挥方向和目的，解决了为谁服务的问题；公职人员的“才”是德的基础，使德具有现实意义，得到具体体现，其核心是能力的问题。对公共部门而言，如果只看求职者的“才”而忽略其“德”，其履行公共职能的方向就会发生偏离，既损害社会公共利益，同时又破坏公共部门的社会形象，造成极其恶劣的社会影响；如果只看“德”而不看其“才”，则会降低公共部门公共职能履行的质量和组织的运作效率，尤其是当其处于领导岗位时，甚至可能因工作失误而给国家和社会公共利益带来难以弥补的损失。因此，选拔和录用公职人员必须坚持贯彻德才兼备的原则，反对任何将两者相割裂的错误倾向。

## 四、公平竞争原则

公平指性别、身份、地位和标准的相等、平均或一致，公平竞争原则要求公共部门人力资源招募与选录工作的程序、规则、测评手段和方法对所有的求职者应一视同仁，运用同一的客观尺度去衡量所有的求职者，不能人为地在性别、民族、身份等方面设置各种不平等的限制。在实际运作中，公平竞争原则重在强调应运用科学、客观的测评手段和方法，通过竞争的方式来测评和选拔人才。单纯依靠领导者的主观判断来选拔人才往往带有较大的片面性，因此，必须以设计规范的选拔程序、科学的测评手段和方法对待所有的求职者，根据测评结果来录用合适的人员，才能营造一个公平竞争的环境，这不仅有利于人才的脱颖而出，而且还有助于培育积极向上的组织文化。

## 五、信息公开原则

信息公开原则要求在招募和录用公职人员的过程中，所有与招募、甄选、录用活动相关的信息都应向全部的求职者公布和公开，这是确保公职人员选拔程序公平和结果公平的前提和基础，有助于营造一个公平竞争的人才选拔环境。公共部门要遵循信息公开原则，必须做到：首先，必须确保公共部门的所有空缺职位向社会公开，使得所有符合条件的求职者都有权利通过合法途径谋求空缺职位。其次，必须确保招考政策公开、招考程序公开和结果公开。通常，这些应公开的具体信息包括招考政策、招考时间、地点、科目、资格审查条件、招考单位和部门、空缺职位名称和数量、空缺职位的工作性质和职责范围、考试结果、面试结果以及最终的录用决定等。再次，必须确保复核和申诉程序的公开。求职者拥有复核和申诉的权利，可以对程序公正性和录用决定产生疑问，借助合法途径要求对过程进行复核和依法裁决。

## 六、合法原则

在人力资源获取活动中，一切与国家的法律法规和政策相抵触的行为都是无效的，都必定要受到法律的制裁。合法原则要求公共部门的招募与选录工作必须规范遵守国家的法律法规，如《公务员法》和《中华人民共和国劳动法》等。

## 第三节　公共部门人力资源招募与选录的程序

整个公共部门人力资源招募与选录工作，具体由招募、甄选、录用和评估等四个流程构成，它们紧密衔接、环环相扣，共同构成一个复杂、全面而连续的系统化人力资源获取过程。如图 7-1 所示：

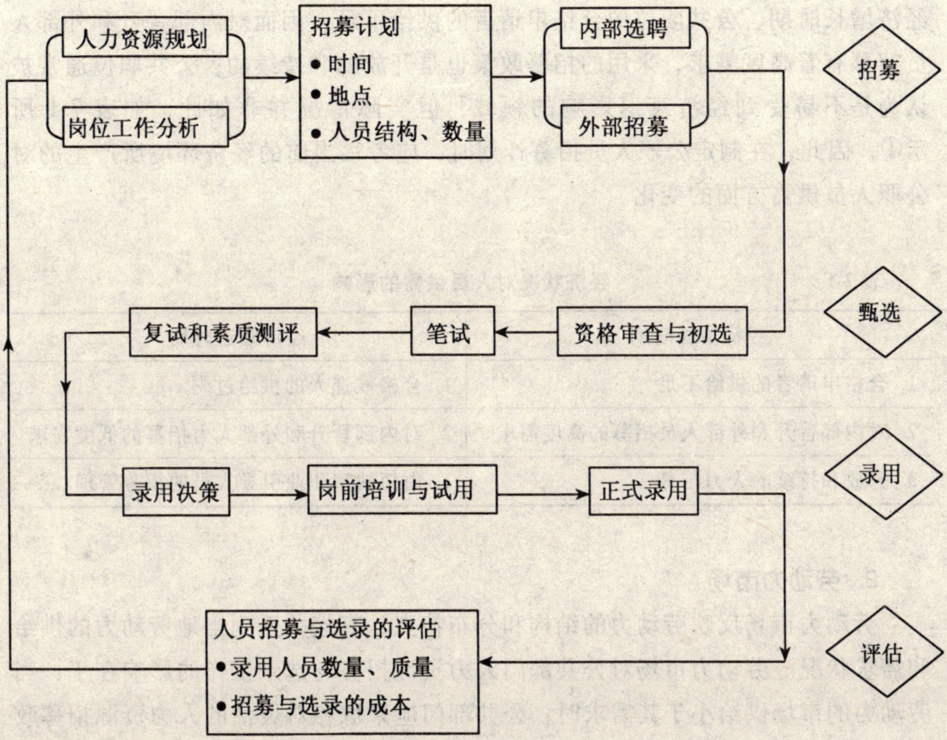


图 7-1　公共部门人力资源招募与选录的程序

### 一、制定招募计划

招募计划是人力资源管理部门根据用人部门反映的职位空缺情况，以工作说明书和规范书为依据，制定并经上级主管部门审批的一系列用以满足岗位需求的工作安排。

制定科学的招募计划必须以下列工作为基础。

### （一）外部环境分析

作为社会系统中的一个组成部分，公共部门中的公职人员的需求和供给状况不可避免地受到其赖以存在的外部环境的影响和制约，如劳动力市场的供需状况、经济环境、法律环境和区域环境等。

#### 1. 经济环境

一国的经济状况影响着公共部门公职人员的需求和供给。以美国为例，在经济增长时期，公共职位的合格申请者的供给不足，因而对内部晋升和外部人员招募有着高度需求，采用的招募政策也是开放的和持续的；公共职位通常被认为是不易受到经济衰退影响的领域，但实际情况并非如此，如表 7-1 所示①，因此，在制定公职人员招募计划时，应考察当前的经济环境所产生的对公职人员供需方面的变化。

表 7-1　　经济状况对人员供需的影响

| 经济增长时期 | 经济衰退时期 |
|---|---|
| 1. 合格申请者的供给不足 | 1. 合格候选人的供给过剩 |
| 2. 对内部晋升和外部人员招募的高度需求 | 2. 对内部晋升和外部人力招募的低度需求 |
| 3. 开放和持续的人力招募 | 3. 由短缺型职业引导人员的招募管理 |

#### 2. 劳动力市场

劳动力市场反映劳动力的结构和分布特点，直接关系到当地劳动力的供给和需求状况。劳动力市场对公共部门人力资源招募与选录工作的影响在于：当劳动力的市场供给小于其需求时，公共部门应采取相对灵活的人力资源招募政策，将内部招募与外部招募的方式有机结合起来，并采取多种多样的灵活的方式，如招聘非全日制员工、业务外包等，实现员工补充，保证组织目标的达成；当劳动力市场供给大于其需求时，公共部门应制定严格的招募计划来确保按时高质量的满足岗位需求。

#### 3. 国家法律法规和政策环境

对于公共部门人力资源招募和选录工作而言，一国的法律环境主要指相关

① 罗纳德·克林格勒、约翰·纳尔班迪：《公共部门人力资源管理：系统与战略》（第 4 版），中国人民大学出版社 2001 年版，第 272～273 页。

的劳动就业法规、社会保障法以及国家的就业政策等内容。与就业工作相关的法律法规是公共部门制定招募计划的重要依据，同时，也约束和制约着其招募和选录行为。在我国，1994年通过的《劳动法》是指导组织开展招聘活动的重要的法律依据，其立法精神就是保障公民的公平就业以及员工的工作生活质量。已于2005年4月27日通过的《公务员法》已经开始实施，它对公共部门人力资源的录用工作作了更为明确的规定，直接指导并制约着公共部门的人力资源招募和选录工作。但相对就业法律体系较为健全的美国而言，我国的劳动立法工作刚刚起步，许多需要细化的法律法规正在逐一健全和完善。

此外，区域环境也是制定公共部门人力资源招募计划的重要因素。我国地域辽阔，不同地区的经济发展水平不平衡，因而在人力资源的供给上也存在巨大差异。经济发达地区，如东南沿海地区，人力资源相当丰富，供给充足；而在经济欠发达地区如中西部地区，人力资源常常供给不足。因而，招募计划的制定必须综合考虑职位所针对的对象范围和招募区域人员的供给情况。

### （二）内部环境分析

公共部门人力资源招募与选录工作只有在内部环境分析的基础上，才能确定公共职位空缺的数量、结构、任职资格条件、具体的招募途径以及甄选方法等。内部环境分析是制定招募计划过程中一项十分重要的基础性工作，主要内容包括人力资源规划和工作分析。

#### 1. 人力资源规划

公共部门人力资源规划是制定人力资源招募计划的前提和依据，人力资源规划通过科学的人力资源需求预测和供给预测来识别组织内职位的空缺情况，并从各种实现员工补充方法的有效性和经济性等角度来选择满足组织人力资源需求的解决方法或途径。当组织内出现职位空缺时，组织必须首先从组织发展的角度考察该项职位空缺是短期的还是长期的，然后进一步决定如何来满足该项职位的需求。通常，如果该职位是短期性空缺，组织可以通过加班、招聘非全日制工作人员或兼职人员，甚至是业务外包和租用的方式来满足这种短期性或临时性职位空缺的需求。如果该职位是长期性空缺，组织则首先可运用工作重新设计来解决，在其不能有效地满足职位需求时，组织就有必要根据用人单位或部门提出的职位空缺情况制定人力资源招募计划，进一步决定从内部还是外部进行招募。

#### 2. 工作分析

工作分析是全面获取组织内工作流程、工作构成、工作关系、工作活动等工作资料的过程，它对于科学制定人力资源招募计划具有重要作用。一方面，通过工作分析，可以了解和获取空缺职位的工作性质、组织地位、工作目的、工作职责、工作环境等工作特性方面的信息，从而有助于科学评价人员定额，最终科学决定招聘数量；另一方面，工作分析为每个职位确立一个最低的资格条件。根据工作分析形成的工作规范书，可以明确满足该空缺职位需求的求职者的任职资格条件。知识、专业技能、工作经验、个性特点等任职资格条件构成了人员招募和录用的基本标准，并据此进一步设计具体的甄选方法。

### （三）招募计划的内容

招募计划是把对职位空缺的陈述变成一系列目标，并把这些目标和相关的求职者的数量和结构具体化。通常，人力资源招募计划主要包括以下内容：

1. 招募和选录人员的数量和结构。具体包括招募和录用人员的数量、专业结构、部门结构、年龄结构等。通常，招募的人员数量往往要多于实际录用的人员数量。

2. 人员录用的标准。具体标准包括学历、专业技能、工作经验、个性品质、年龄等。人员录用的标准既不宜高也不宜低，应以岗位的实际需要为出发点。

3. 招募和选录的对象、范围和地点。不同职位所面向的目标群体有很大差异，其层次、人力市场上的供求关系等也不同，因此，有必要根据不同职位的特点选择合适的对象、范围和地点。

4. 针对不同职位的甄选程序与方法。不同职位对求职者的素质和能力等有不同的要求，而不同的素质和能力也要求有不同的测评方式，以提高甄选过程的可靠性和有效性。

5. 招募与选录工作的经费预算。具体包括工资支出、广告费、差旅费、电话费、通信费等。

## 二、确定人员招募与选录的策略

人员招募与选录的策略是招募计划的具体体现，是为实现招募计划而采取的具体手段，主要包括招募人员的选择、招募对象、范围和地点的选择、招募时间的选择、招募渠道的选择等。

### 1. 招募人员的选择

人力资源招募和选录过程涉及面试、心理测评、无领导小组讨论和评价中心等各种测评技术的综合应用，因此，招募人员的个人品性以及对各种甄选和测评技术的掌握和应用能力直接关系到选录人才的质量。选择合适的招募人员对提升人力资源活动的效益就显得十分重要。通常，招募和选录工作的主要承担者是组织的人力资源管理部门的专业人员，但用人单位的上层领导在征召管理人员和专业技术人员时应当充当主要角色。

2. 招募对象、范围和地点的选择

选择在哪个地方进行招聘，通常要考虑空缺职位的特点、潜在求职者寻找工作的行为、用人单位的位置以及劳动力市场状况等因素。组织通常根据不同的职位要求和求职者可能的供给状况和范围来选择相应的招聘地点。通常，公务员职位倾向于在全国范围内进行招考；专业技术职位通常在跨地区的人才市场上进行招募；操作人员和办事员往往在组织所在的劳动力市场上进行招募。

3. 招募时间的选择

有效的招募策略不仅要明确招募地点和方法，还应确定合理的招募时间。招募时间一般要比有关职位空缺可能出现的时间早，实际提早多长时间视具体情况而定。

4. 招募渠道的选择

招募求职者的渠道主要包括组织内部来源和组织外部招募。组织内部来源又有三种渠道可选择：内部提升、职位轮换和公开招募；组织外部招募的来源则具有多种形式，包括校园招募、广告招募、职业介绍机构、自荐、熟人推荐和计算机网络招募等。在实际操作中采用哪一种途径或方式招募人员，应根据空缺职位的性质和组织内外人力资源供求的不同情况而定。

## 三、发布人员招募与选录信息

在制定了详细的招募计划和招募与选录策略之后，招募人员就需要设计招募信息并选择合适的信息发布渠道。公共部门人力资源招募信息应明确空缺职位的工作性质、职位所要求的个人品质、知识水平、专业技能、工作经验等，并鼓励和吸引符合要求的求职者主动申请到组织中来。招募信息的发布渠道既包括广告、电台、电视、网络等外部新闻媒体，也包括组织内部工作布告、小册子等由组织提供的其他含有招募内容的材料。

一般来讲，公共部门在发布人员甄选与录用信息时应遵循下列原则：

1. 面广原则

面广原则是公共部门人力资源招募与选录公开原则在信息发布环节的具体体现。公共职位的人员需求具有公众属性，公共部门关于公共职位的招募信息应当通过广泛的形式向全社会告知，信息发布的面要尽可能广泛。这样，接受到招募信息的人越多，求职的人就会越多，那么选拔到合适人选的概率就越大。实际运作中，为了贯彻面广原则，发布公务员招考公告通常选择知名度高、读者面广以及权威性高、严肃性强的新闻媒体发布。通常，中央机关面向全国招考公务员的，则在全国性新闻媒体如《人民日报》等发布招考公告。此外，随着互联网技术在我国的广泛普及，许多公共部门也都纷纷设立网站，招考公告也开始通过政府网站向社会发布，尽可能拓宽信息发布的面。

**2. 及时原则**

在条件许可的情况下，公共部门人员招募与选录信息应尽量早地向社会发布，这不仅有利于潜在的求职者为职位申请进行必要的准备，而且还有利于使更多潜在的符合职位需求的人选获知信息，以增加求职者人数。

**3. 地域原则**

不同省市、不同地区的公共部门根据空缺职位的性质和人力资源市场的供需状况发布招募信息。公共部门人员招募与选录信息通常是面向某特定的区域。

## 四、人员招募与选录流程

**1. 收集报名登记表进行资格审查**

该过程主要是根据空缺岗位的各项标准来迅速排除不合组织要求的求职者，初步识别和筛选出一定数量的合格的求职者。对公务员而言，其资格审查是以核查报名申请材料和有关证件是否符合有关规定的报考条件的一种审查。审查内容主要包括以下几个方面：

（1）对报考职位的审查。主要审查报考者报考的职位的类别、本人所具备的资格条件是否符合其拟报职位的要求。

（2）对证件的审查。主要是对报考者所持证件的审查，重点审查户口簿登记的情况如居住地，出生年月，以及有关证件如学生证、工作证等；对于有学历、学位要求的，相应地审查报考者的学历证明、学位证明等。

（3）报考者体格外貌的审查。一般来讲，对报考国家公务员的，在体格外貌方面并无特殊要求，但也应当查看报考者有无明显的生理缺陷。如果报考职位对体格外貌有特殊要求的，按照要求进行审查，确认是否符合要求。

（4）审查报考者的照片。主要是为了防止替考等违反考试纪律现象的发生。

（5）根据招考公告规定的要求需要审查的其他事项。

**2. 笔试**

所谓笔试，是指通过书面答题的形式对求职者知识水平进行测试的一种方式，普遍应用于各类组织对求职者的甄选过程中。国家行政机关招考公务员的主要方式就是笔试，笔试分为公共科目和专业科目两种。公共科目由国务院人事部门统一确定；专业科目由国务院人事部门和省级政府人事部门按照管理权限分别确定或批准。公共科目包括马克思主义哲学基本原理、建设有中国特色社会主义理论、社会主义市场经济、法律、行政管理、公文写作与处理（含写作基础知识）等学科的基础知识和行政职业能力测试。

**3. 面试和素质测评**

所谓面试，是指通过面对面交谈的形式对求职者素质进行测试的一种方式。面试实质上是一个双向选择的过程。面试主要测评求职者是否具备适应职位要求的基本素质和实际工作能力，包括与拟任职位有关的知识、经验、能力、性格和价值观等基本情况。面试必须贯彻公开、平等、竞争、择优原则。面试内容分为若干测评要素，主要包括综合分析能力、言语表达能力、应变能力、计划组织协调能力、人际交往的意识与技巧、自我情绪控制、求职动机与拟任职位的匹配性、举止仪态和专业能力。面试测评要素由录用主管机关确定，确定面试测评要素的基本原则是：根据拟任职位的工作性质、职责任务、难易程度、责任大小对人员的要求，确定要素项目；选择面试测评要素，应当适应和发挥面试功能。面试测评方法由录用主管机关规定，主要采用结构化面谈和情境模拟相结合的方法。

**4. 对笔试、面试合格者进行报考资格审查、体检和全面考察**

就公务员录用而言，招录机关应当按照规定的程序和标准，从符合考试成绩要求的报考者中确定考察人选，并对其进行报考资格复审和进一步的考察。考察主要是了解、考核考察人选的政治思想、道德品质、业务能力、工作实绩以及是否存在依法回避等情况，考察应当主要通过考察人选原单位的组织进行。对考察人选进行体检。

**5. 提出拟录用人员名单并进行公示**

在笔试、面试、考察和体检结束以后，招录机关根据考试成绩、考察情况和体检结果，按照事前制定的录用计划，提出拟录用人员的名单，予以公示。

公示就是指招录机关将拟录用人员的名单，通过一定的形式进行公开并接受监督的方式。公示的程序主要有发布公示公告，受理群众意见或者举报，调查核实群众意见或者反映的问题。公示的内容一般包括拟录用人员的姓名、性别、出生年月、籍贯、学历学位、政治面貌、拟录用人员的拟任职位等情况。

公示期满后，没有群众提出意见或者反映情况，或者提出的意见不成立以及反映的情况不属实的，中央一级招录机关进行招录的，应当将拟录用人员名单报中央公务员主管部门备案，然后与拟录用人员办理手续。地方各级招录机关进行招录的，应当将拟录用人员名单报省级或者设区的市级公务员主管部门审批，审批后与拟录用人员办理手续。

## 五、人员招募与选录评估

公共部门人员招募与选录过程的进一步完善和优化离不开对招募与选录的评估，人员招募与选录的评估主要包括数量评估、质量评估和成本评估。

### 1. 招募与选录数量评估

录用人员评估是根据甄选与录用计划对录用人员的数量进行评价的过程。具体的衡量指标计算公式如下：

（1）录用比

公式为：录用比＝录用人员/应聘人数×100%

录用比值越小，相对来说，意味着录用者的素质就可能越高；反之，录用者的素质则可能越低。

（2）招聘完成比

公式为：招聘完成比＝录用人数/计划招聘人数×100%

一般来讲，招聘完成比等于或大于100%，则说明在数量上全面或超额完成了招聘计划。

（3）应聘比

公式为：应聘比＝应聘人数/计划招聘人数×100%

通常，应聘比越大，说明在规定时期内，应聘人数越多，发布招聘信息的效果越好，同时说明录用人员的素质较高。

实际操作中，组织往往采用“招募与选录金字塔”的方式来帮助他们确定录用一定数量的人员至少需要吸引多少应聘者，以保证录用者的素质能够符合组织的要求。图7-2描述了某组织中某部门人员招募与选录过程中的“招募金字塔”，其数量评估比例主要是根据历史经验得到，该图说明录用50名新员工至少要有1200名应聘者。①

### 2. 质量评估

录用人员的质量是衡量人员招募与选录工作的重要指标，是根据招募与录用计划对录用人员的质量进行评价的过程。通常可用以下指标来反映录用人员的质量：

---

① 加里·德斯勒：《人力资源管理》（第6版），中国人民大学出版社1999年版，第125页。

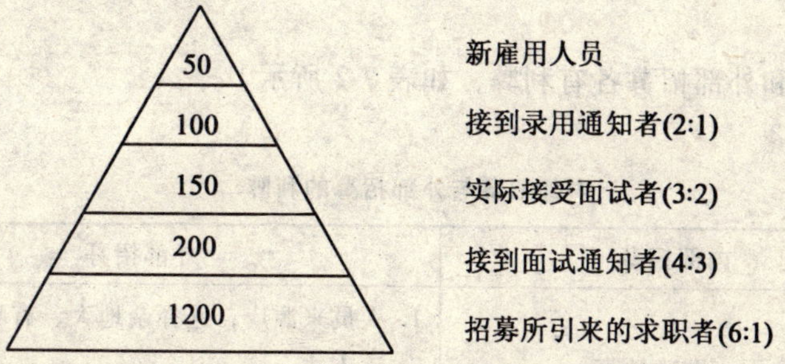


图 7-2　招募与选录金字塔

录用人员的学历可用来反映录用人员的知识水平，即对相关知识的掌握程度。录用人员从事某项工作的时间长度用来反映录用人员的工作经验，从事某岗位的时间越长，说明其相关的工作经验越丰富。录用人员所担任的职位可用来反映录用人员的重要程度，职位越高，说明其重要程度也越高。

**3. 成本评估**

招聘成本评估是指对人员招聘与选录中的费用进行调查、核实，并对照预算进行评价的过程。单位招聘成本是评价招聘效率的一个重要指标。如果成本低，录用人员的人数多，就意味着招聘效率高。

单位招聘成本 = 总经费 ÷ 录用人数

招聘预算是指对招聘的经费使用情况进行度量、审计、计算、记录等，用以确保招聘预算的落实。通过核算可以了解招聘中经费的具体使用情况，是否符合预算要求以及产生差异的环节或原因。

招聘预算是全年人力资源开发与管理的总预算中的一部分，具体地说，它在人力资源规划确定之后加以确定，是招聘决策中的重要组成部分。招聘预算主要包括：招聘广告预算、招聘测试预算、体格检查预算以及其他预算，其中招聘广告预算占据相当大的比例。

## 第四节　公共部门人力资源招募与选录的渠道和方法

### 一、公共部门人员招募与选录的渠道

公共组织可以从多种渠道获取符合要求的人力资源。通常，招聘渠道可分为两类：内部招募、外部招募。内部招募方法包括布告法、推荐法和档案法；

外部招募则包括应聘者自荐、员工推荐、广告招聘、猎头公司、就业机构和校园招聘等。

内部招募和外部招募各有利弊，如表 7-2 所示①。

表 7-2　　内部招募与外部招募的利弊

| | 内部招募 | 外部招募 |
|---|---|---|
| 优点 | 1. 了解全面，准确性高；<br>2. 可鼓舞士气，激励员工进取；<br>3. 应聘者可更快适应工作；<br>4. 使组织培训投资得到回报；<br>5. 选择费用低。 | 1. 人员来源广，选择余地大，有利于招到一流人才；<br>2. 当内部出现多人竞争而难以做出决策时，外部招募可在一定程度上平息或缓和内部竞争者之间的矛盾；<br>3. 新员工能带来新思想、新方法；<br>4. 人才现成，节省培训投资。 |
| 缺点 | 1. 来源局限于组织内部，水平有限；<br>2. 容易造成“近亲繁殖”；<br>3. 可能会因操作不公或员工心理原因造成内部矛盾。 | 1. 不了解组织情况，进入角色慢；<br>2. 对应聘者了解少，可能招错人；<br>3. 内部员工得不到机会，积极性可能受到影响。 |

## 二、内部招募的来源与方法

### （一）内部招募的来源

内部招募的人员来源包括公开招募、工作轮换、工作调换和内部晋升等渠道。

#### 1. 公开招募

在本部门或本单位范围内，面向组织内部的全体人员进行公开招募。发布招募广告，展示现有职位空缺的信息和要求。凡认为自己合适的人员（只要是本部门或本单位内的人员）都可以报名。这种方法提供了组织内部公平竞争的机会，有利于调动全体员工的积极性，使每个人都有机会参与竞争，从而

① 张德主编:《人力资源开发与管理》（第 2 版），清华大学出版社 2001 年版，第 109 页。

找到合适的人选。内部公开招募应真正落实公平、公开、公正的原则。

2. 工作轮换

指从内部的其他部门选择适当的人员安排到需要的岗位上，它多用于对一般员工的培养上，它既可以让有潜力的员工在各方面积累经验，为晋升做好准备，也可以减少员工因长期从事某项工作而带来的枯燥、无聊。

3. 工作调换

工作调换也称“平调”，指职位级别不发生变化，只是工作岗位发生变化，它是公共组织从内部获得人员的一种渠道。工作调换为员工提供从事组织内多种相关工作的机会，为员工今后的职业生涯发展或进一步提升做好准备。它一般用于中层管理人员的招募，且在时间上往往是较长的，甚至是永久的。

4. 内部晋升

指从公共部门内部选拔符合条件的人员，将其从一个低级岗位提升到高级岗位。一般而言，内部提升是有计划的，在提升之前会对候选人进行甄选评价，最后由上级主管部门确定提升与否。这种方法的优点是：能够为组织内部的人员提供职业发展机会，使员工感到在组织中是有发展机会的，个人职业生涯发展是有前途的，这对于鼓舞士气、稳定员工队伍是非常有利的；同时，被提升的人员对组织较为了解，他们对新的工作环境很快适应，有利于组织建立稳定的、核心的人员队伍；此外，这也是一种省时、省力、省费用的方法。但由于人员选择范围小，可能选不到最优秀的人员，且易造成自我封闭，使组织缺少活力。因此，当组织的关键职位和高级职位出现空缺时，往往采用内外同时招募的方式。

### （二）内部招募的方法

1. 档案法

现代组织人力资源部门大多有员工档案和人力资源信息系统，从中可以了解到员工在教育、培训、经历、技能、绩效等方面的信息，帮助寻找合适的人员补充空缺的职位。因此，档案法对员工晋升、培训、发展等方面发挥着重要作用。但档案法只限于员工的客观或实际信息，如员工所在职位、教育程度、技能、教育培训经历、绩效等信息，而对主观的信息如人际技能、判断能力、正直、诚实等难以确认，而对很多工作而言，这些能力是非常重要的。此外，由于档案法对员工而言透明度小，影响力小，员工参与少，因此，该法常常与其他方法结合使用，相互补充。

2. 布告法

布告法是内部招募中最常见的方法。它是在确定了空缺职位的性质、职责及其所要求的任职资格条件等情况后，将这些信息以布告的形式，公布在组织中的墙报、布告栏、内部报刊、广播台、计算机内部网、电子信箱等内部媒介上，尽可能使全体员工都能获得信息，其优点是能快速地让组织内的员工都获得岗位空缺的相关信息，鼓励有才能、有志气的员工毛遂自荐，使他们能够脱颖而出。

3. 推荐法

推荐法可用于内部招聘，也可用于外部招聘。它是由本组织员工根据组织的需要推荐其熟悉的合适人员，供用人部门和人力资源部门进行选择和考核。由于推荐人对用人部门与被推荐者均比较了解，组织也比较容易了解被推荐者，因而这种方法较为有效，成功的概率也较大。

## 三、外部招募的来源与方法

1. 校园招募

校园招募是公共部门短期内招聘到大批受过一定训练的、素质较好的员工而普遍采用的一种方法。公共部门人力资源招募对象中有两类人员：一类是经验型；另一类是潜力型，应届毕业生属于后者。有的组织通过与学校开展科研合作等横向联合活动，资助优秀学生，借此吸引学生毕业后到该组织工作；有的组织提供大学生实习机会，以期日后确定长久的雇用关系，同时又可达到试用观察的目的。最常用的招募方法是一年一度举行的人才交流会，或通过毕业生就业管理部门直接找毕业生面谈，或在院校布告栏张贴职位空缺信息等。

校园招募的优点在于组织能够找到相当数量的具有较高素质的合格申请者，其弊端表现在：毕业生缺乏实际工作经历，对工作和职位的期望值高，录用后易产生较高的流失率，士气也比较低。

2. 广告招募

广告招募是外部招募常用的方法。它通过新闻媒介向社会传播招募信息，其特点是信息传播范围广，速度快，应聘人员数量大，层次丰富、组织的选择余地大。广告应力求吸引大量的候选人，并做到内容准确、详细、聘用条件清楚。好的招募广告通过对组织的介绍，还能起到扩大组织影响的作用，让更多人了解组织，起到一举两得的作用。

在借助广告来进行招募时，必须处理好两个问题：（1）选用何种媒体；（2）如何构思广告。通常，运用广告媒体来公布职位空缺的信息形式多样，包括报纸、杂志、广播电视、网络等。公共组织所要招募的职位类型决定了何种媒体是最好的选择。当招募对象是操作人员、办公室文员和低层次的管理人员时，地方报纸往往是最好的媒介；当招募专业技术人员时，专业期刊因面向特定的职业群体，在不考虑时间和区域因素的前提下是很好的选择。广告媒体的选择和形式的不同对招聘效果的影响也不同，各有利弊，要根据成本限制和实际需要做出慎重选择。此外，招募广告本身的设计也非常重要，首先，广告必须包括必要的招募信息，如组织的基本情况；政府劳动部门的审批情况；招募的职位、数量和资格条件；薪资待遇；报名的时间、地点及所需资料；其他有关注意事项等。其次，广告设计还应能引起求职者的注意，激发对工作的兴趣，引起求职者申请工作的愿望，并鼓励求职者采取行动。

**3. 就业中介机构**

就业中介机构负责提供供求双方的信息，牵线搭桥，安排见面，并收取一定费用。随着我国市场经济体制的建立和完善，人才流动日益普遍，各种就业中介结构应运而生，包括劳务市场、人才交流中心或人才市场、职业介绍所、人才咨询公司等。根据职业中介机构的性质和服务业务的不同，可大致分为三类：公共就业服务机构、私营就业服务机构和猎头公司。

在我国，公共就业服务机构在人员招募中发挥主体作用，包括人才交流中心、职业介绍所、劳动力就业中心等，能够为各类组织提供较为全面的人力资源代理服务。其优点在于招聘时间较短，应聘者众多，很难形成裙带关系；相应的缺点表现在：需要一定的费用，对求职者的情况不够了解，求职者的素质较低。相对而言，私营就业服务机构能够提供更广泛类型的工作资源，除了操作工人和办公室工作之外，也提供技术和低层次管理人员的工作。一般而言，其代理服务费用较高，而且受契约的约束。随着市场经济体制的完善，私营就业中介机构将在我国发挥越来越大的作用。

猎头公司（Hunter Head）是私营就业中介机构的一种具体形式，是近年来为适应组织对高层次人才的需求与高级人才的求职需求而发展起来的。猎头公司往往对组织及其人力资源需求有较详细的了解，对求职者的信息掌握也较为全面，在供需匹配上较为慎重，因而其成功率比较高。同时，收费也非常高。按国际惯例，如为客户物色到一名高级人才，可获得其年薪的 1/3 作为佣金，物色中级人才的佣金是 3 个月的月薪。

**4. 熟人推荐**

当组织出现职位空缺时，由相关人员进行引荐候选人的一种有效方法。与内部招募的推荐法相似，这种推荐法的优点是由于是相关人员推荐，可节省不少招募时间和费用；一旦聘用，离职率较低。其主要缺点是容易形成非正式群体；选用人员的面较窄；易造成用人唯亲的现象。因此，应坚持经甄选测试合格后方可录用的选择，制定严格的规章制度，避免管理上的负面影响。

5. 互联网招募

互联网招募是一种新型的网上职业中介机构，主要是借助于计算机技术和网络技术在求职者和组织之间建立了一种方便沟通的桥梁，促进求职者和职位空缺之间的匹配更加迅速和便捷。据不完全统计，目前，全国正式注册的招聘网站已经超过500家，互联网招聘已显示其巨大威力，对传统人力资源获取途径和方法正在产生越来越大的冲击。大多数公司都已体会到网上招聘的效率。一些专业的人才网站还能提供优质的服务，求职者只需将其职位要求输入电脑，就能很快得到所要求的人才信息。一些招聘网站还提供人才测评、专业测试等在线招聘管理服务。互联网招聘网站以其信息量大、信息更新和传播快、版面无限、成本较低、注重交流和不受时空限制等优势为用人单位和应聘者个人架设起了一个“虚拟”的人力资源市场平台。然而，目前我国互联网招聘中存在一些不足之处，如信息可信度不高、保密性不好、信息更新缓慢、网站相互复制、双方缺乏感性认识等。

## ☞思考题：

1. 何谓人力资源获取？其意义何在？
2. 何谓人力资源的招募与选录？其基本原则有哪些？
3. 运用一个实例，按招募与选录程序设计一份招募计划书。
4. 试述人力资源招募评估的基本要素。
5. 试述在组织内部进行人员招募与选录的方法。
6. 试述在组织外部进行人员招募与选录的方法。



## ☞案　例：

### 马副主任为什么不能适应新的领导岗位？

C中学的马校长虽然年仅36岁，但已有数年的校长工作经历，而且他善于审时度势，经常能不失时机地提出一些改革的思路和措施，学校的质量与声誉也年年攀升，上下左右均对马校长称赞有加。不久，县政府换届，马校长被提升为县教育局局长。小马初任局长时，觉得心里没底，工作也就比较谨慎。但不久，马局长就基本适应了局领导的角色。他大力推广在C中学取得的教改经验，使全县的教育改革颇有声色，也受到了县领导的赞扬和肯定。于是，小马被作为年轻化、专业化的典型上报到市里，成了市里挂号的后备干部。数年后，市政府换届，小马被提升为市教委副主任，主管全市的中学教育。由于有了县教育局局长的工作经历，这次小马上任后不再觉得心里没底，而是信心十足，决心在最短的时间内做出非凡的工作成绩，以报效组织和群众的信任。然而未过多久，马副主任的领导才能便受到了挑战：他的全市中学教改思路在市教委主任会议上未获通过；他推出的一些具体教改措施受到了来自基层的直接或间接的抵制；他亲自抓的几个教改试点中学的教育质量未获改善，有的甚至出现滑坡……对此，群众议论纷纷。有的说，小马官当大了，离基层远了，主观主义抬头了，领导工作还有不碰壁的？有的说，小马这些年太顺了，这一顺就使他骄傲起来了，人一骄傲还有不栽跟斗的？也有的说，小马当了大官，生活舒适了，进取精神便自然衰退了，都不想上进了，工作还能出成绩么？还有的说，小马这些年提升得太快，有道是“高处不胜寒”，小马这回工作遭到挫折，背后的原因复杂着呢……

☞**案例分析：**

**运用“彼得原理”，分析为什么马副主任在新的领导岗位上会遭遇“滑铁卢”？**

上个世纪中期，美国学者劳伦斯·彼得在对组织中人员晋升的相关现象研究后，创立了著名的“彼得原理”，也被称为“向上爬”原理。彼得原理的具体内容是：“在一个等级制度中，每个员工趋向于上升到他所不能胜任的位置。”彼得认为，每一个员工由于在原有职位上工作成绩表现好（胜任），就将被提升到更高一级职位；其后，如果继续胜任则将进一步被提升，直至他所不能胜任的职位。彼得由此导出的推论是：“每一个职位最终都将被一个不胜任工作的员工所占据。层级组织的工作任务多半是由尚未达到不胜任阶层的员工完成的。”概括地说，每一个员工都将上升到他所不能胜任的职位上去，每一个职务都将会由不胜任的员工来担任。

怎样才能有效地防止组织任用工作中“彼得现象”的产生呢？彼得原理陷阱可以说主要是由组织中的不恰当的人员的晋升机制所产生的，要想有效地预防彼得原理陷阱，就必须改善组织的人员晋升机制，而这主要需要通过以下五种途径：

1. 建立双重职业途径

对于组织的行政人员和专业技术人员，可以按照所属的岗位性质的不同，而建立相应的相互独立的行政岗位和技术岗位的职务晋升机制，行政人员使用行政人员的晋升路线，专业技术人员使用专业技术人员的晋升路线，且相应的技术职务岗位对应相应的行政职务岗位，享有相应的薪酬和福利。但是，行政职务岗位不能与相应的技术职务岗位互换，实行双轨制。这样，既可以满足对业绩突出人员的精神激励的要求，让不同类型的员工各得其所，又能够提高组织的管理水平和科研实力。

2. 加强对各类工作岗位的研究

建立相互独立的行政和技术职务岗位晋升机制只能够防止行政人员和技术人员由于错位晋升而陷入彼得原理陷阱。要防止同类岗位内部出现彼得原理陷阱，还必须对不同级别的各个岗位进行工作岗位研究，明确各个岗位所必须的责任，细化各个岗位对具体的诸如管理能力、业务水平、学历等不同能力的要求，并按不同能力所占的权重予以排队。简而言之，就是“按岗设人”。

岗位研究体系建立以后，在人员晋升时，就可以参照晋升者的实际情况与所晋升的岗位所需要的标准来予以取舍，符合条件的上，不符合的就下，或者是原地待命。通过这一方式，基本上能够保证各级管理和技术岗位的人员都基本符合本岗位的要求，从而有效避免彼得原理陷阱。

3. 进行科学的晋升前考核

要进一步拓宽考核范围，丰富考核手段，切实改进考核方法。第一，考核的标准更需要重视潜力而不仅仅是绩效。应当以能否胜任未来的岗位为标准，而非仅仅在现在岗位上是否出色。第二，考核要经常地进行，不符合标准的就要适当调整，要在组织中真正形成能上能下的良性机制。一个不胜任部长的人，也许是一个很好的委员，只有通过这种机制才能找到每个人的最佳位置。第三，为了慎重地考察一个人能否胜任更高的职位，最好采用临时性和非正式性“提拔”的方法来观察他的能力和表现，以尽量避免降职所带来的负面影响，如设立助理的职位，在委员会或项目小组这类组织中赋予更大的职责，特殊情况下先让他担任代理职位等。

4. 加强晋升前管理培训

现代社会，技术、管理发展日新月异，新的技术、管理知识每天都在不断出现，即使昨天你是个合格的技术人员、合格的管理者，如果不加强学习的话，今天你就有可能落伍，因此，作为一个合格的管理者、技术人员来说，就必须不断地学习，吸取新的知识。作为一个企业来说，不断地引导企业各层各类人员加强学习，通过企业内训、外训、专家讲座以及岗位交流等方式，建立一整套的岗位培训机制，来充实各类人员的岗位知识，使他们能够跟上时代发展的步伐，真正做到与时俱进，以期能够胜任自己的本职工作，有效避免彼得原理陷阱。

**5. 改变员工的升级心态**

组织也可以尝试改变员工的“晋升梯级心态”。这种心态，是指组织在薪酬及权力上过分看重不同职级员工的差别，因而造成了员工之间剧烈的竞争，由此产生不少的办公室政治，导致员工只重视职位而忽略自己的工作角色。当员工终日想着职位身份，不思考自己在组织应担当的角色时，他们便只会追求不断向上爬升，甚至不择手段地争取更高的权位，直至被安放到一个不适合的岗位上，这样对个人及对组织长远发展来说都是有害无益的。因此，组织要做的是改变他们的升级心态，让他们树立正确的工作价值观，明白晋升不仅意味着更多的权力，更意味着更多的责任，把精力更多地集中到做好本职工作、提升自身的能力上。

# 第八章

# 公共部门人才的使用

治国安邦要靠人才，成就事业也要靠人才。只有真正拥有人才，才有可能把各项事业办好。而人才使用就是把符合条件的各类人才，合理地、恰当地安置在一定的岗位上，并同时采取积极而有效的措施确保各类人才的效用得以最大程度地发挥。人才使用是人才管理的关键环节，是人才识别、发现、考核的目的所在。认真探讨用人的方法和艺术，合理地使用人才，具有极为重要的意义。

## 第一节 人才使用概述

公共部门是相对于私营部门的一种重要的组织形态，泛指拥有公共权力，依法管理社会公共事务，以谋取社会的公共利益为目的的组织体系，以及由政府投资开办、以国有制形式运作的国有企业和科研院所、学校、医院等国有事业单位体系。公共部门往往是人才荟萃的领域，人才使用是公共部门人才资源管理的核心内容。人才，是指具备某种超常能力的人，有才干的人。这些人在知识、技能、意志等方面明显超过常人，在社会实践中，能以自己创造性的劳动，对认识世界、改造世界做出比一般人更为突出的贡献。

### 一、公共部门人才使用的内涵

21世纪是一个高技术的世纪，更是一个人才的世纪。人才使用成为公共部门人事工作中的重中之重。人才使用一般是指对人才的任用和安排，它是人才开发的一个重要环节。人才的培养、选拔和使用是人才开发的三个有机环节。培养和选拔是人才开发的先决条件，而人才的使用得当与否是人才开发的根本。

人才使用具有狭义和广义两种含义。狭义的人才使用指人事主管按各岗位的任务要求，将招聘到的人才分配到组织的具体岗位上，给予人才不同的职位，赋予他们具体的职责、权力，使他们进入工作角色，开始为实现组织目标发挥作用。广义的人才使用还包括人才的选拔、任用，岗位配置，人员组合，人事调整等内容，不仅要考虑将人才安排在不同的岗位上，还必须考虑人才在不同岗位上的调整、组合。本书所阐释的“人才使用”，主要指的是狭义层面。

从逻辑关系上看，人才使用是一个动态的过程。首先，是人才使用的宏观、微观规划；其次，是人才使用体制、模式的选择，以及人才使用原则的确定；再次，是具体单位根据各自实际需要对人才的选用。同时，宏观和微观人才使用主要根据经济社会情势的变化作出人才使用上的变动，以更好地发挥人才的潜在价值，达到使人才增值、使用人才后获得收益的状态。

科学理解人才使用的内涵必须把握以下几点：一是用人贵在用人之长。现代管理科学表明，世上少有无才之人，只有用人不当的管理者。二是注意人才的方向性。人的才能有大小、高低之分，并有方向性，即各有不同的专长。人的才能有三种类型：再现型、发现型和创造型。三种类型正好同我国古代的学、术、识相适应。再现型人才适合岗位责任明确、分工组织严密的工作；发现型人才适合担任工作自由裁量权较高，需要创意的岗位；创造型人才适合从事理论思维性与探索性的工作。三是实现人尽其才。这就要求组织必须建立一套合理而有效的人才管理体制，为人才脱颖而出创造必要的条件，努力达到人尽其才的目标。

## 二、公共部门人才使用的意义

人才是事业之本，尤其是公共部门，能否正确地选才用人是关系到社会进步、国家兴衰和事业成败的重大问题。我国是一个人才资源比较缺乏的国家。现有人才，无论从数量还是质量上来说，都远远满足不了我国社会主义现代化建设的需要。特别是长期计划经济体制的影响，造成我国有限的人才资源使用不合理，结构失调，大量人才积压、浪费等现象，严重制约了我国的经济建设和社会发展。因此，做好人才使用这篇文章，具有十分重要的意义：

### 1. 人才使用是人与事科学结合的基础

公共部门人才管理工作的目的，就是通过一系列管理活动，把合格的人才安排到适当的工作岗位上，实现人与事的科学结合，实现人力资本投资收益的最大化。显然，人才只有在适当的岗位上行使职权，履行义务，才能取得相应的绩效，如果人才与岗位不相适应，则会降低人才使用的效率，影响组织活动的顺利进行，而决定人才与工作岗位状态的正是人才的使用情况。要做到这一点，就必须对国家机关的所有职位进行职位分析，确定各职位对工作人员在政治品质、文化程度和专业知识等方面的具体要求，制定出与之相应的吸收录用条件。在吸收录用工作中，按照吸收录用条件，对吸收录用对象进行有针对性的考试和考核，在考试、考核合格的基础上，把他们安排到能够发挥其特长的工作岗位上去，因此，吸收录用是人与事科学结合的基础。

**2. 人才使用是实现保证工作人员队伍素质、实现人才增值的重要措施**

所谓人才增值，是指活劳动与物质生产资料相结合产生效益，并使效益最大化。目前，由于各种主客观原因的影响和历史条件的局限，公共部门工作人员队伍的文化素质、专业素质还不能完全适应社会主义现代化建设的需要。要尽快改变这种状况，就应不断提高对吸收录用工作重要性的认识，不断提高人才使用的质量。要做到这一点，就应该按照严格的程序和原则，通过严格的考试和考核，把那些确有真才实学的人才吸收进来。同时，根据人才队伍数量、文化程度结构、专业知识结构、年龄结构等方面的因素，把人才安排到合适的工作岗位上，真正做到适才适用、人尽其才、充分挖掘人才的潜能，实现人才增值的效果。

**3. 人才使用是我国现代化建设成败的关键**

党的十一届三中全会以后，我国已经进入以经济建设为中心的改革开放的新时期。把我国建设成一个高度物质文明和高度精神文明的现代化社会，是一项空前而伟大的事业，我们所面临的任务十分艰巨。要完成这样一项伟大的事业，没有千千万万人才的共同努力是不可能的。因此如何正确地选才用人，怎样做到人尽其才、才尽其用是一个重要的问题。目前我国的人才，不仅数量少，而且结构和布局也很不合理。据有关资料显示，我国现有人才中，教育、卫生、经济、财会等类专业技术人员，占了全国专业技术人员总数的70%；第一产业中人才整体性短缺，第二产业中新材料、新能源、生物技术、现代医药、环境保护等工程类专业技术人员远远不足，而第三产业中信息通讯、金融、保险、法律、现代旅游管理和社会中介服务等行业人才，特别是较高层次的人才严重不足；全国专业技术人员中，85%集中在国有单位，高级人才中，85%集中在中、东部地区。我国五十多年来的社会主义建设实践证明：凡是注重选才用人，社会主义建设事业就会兴旺发达；凡是忽视人才的作用，则社会主义建设事业就要受挫折。十年“文革”，不知摧残了多少人才，也不知给社会主义事业造成了多大损失。在社会主义现代化建设的过程中，如果我们的领导者再不注意人才的作用，忽视正确选才用人的意义，我们的现代化建设事业就难免会受挫折。因此，我们必须把正确选才用人的问题，提高到关系我国现代化建设成败的关键问题上来加以认识。

**4. 合理使用人才，还有利于减少公共部门的“内耗”**

人力资源不同于其他资源，尤其在公共部门，若人员组合不当，就会产生碰撞和摩擦，产生系统“内耗”，人才使用不当引起人才的不满，带来一系列的负作用，如工作积极性下降、士气低落、工作效率降低、浪费加剧等，此外，还会影响人才队伍的稳定性，造成人才流失，影响公共部门人才队伍建设，降低员工的整体素质。

### 三、人才使用的程序

在市场条件下，人才的使用过程从现象上看，表现为对人才的安置、运用和管理的过程；从本质上看，人才使用过程与生产资料运用一样，是组织对人才所提供的人力资源的消费过程。

人才使用过程在程序上包括以下内容：新员工的安置，干部选拔的任用，职务升降，员工调配，劳动组合，员工的退休、辞退管理。

在人才使用前，首先应当分析人才的任职资格，对人才的能力进行评价、确认，了解培训工作量是否达到了履行岗位职责的要求，如果人才已经具备了上岗条件，则由人力资源部门安排其上岗，如果尚未达到要求，则重新培训，或由企业辞退，解除劳动关系，这一工作的目的在于确保岗位任务的完成，避免因在岗人员不胜任工作而影响组织目标的实现，引起人事调整，加大人力资源管理的难度与工作量。

对于经过资格认证的员工，由人力资源管理部门按其具备的能力与招聘、培训目的将其分配到企业的各个部门，向人才颁发正式的任用书，任用书应写明职务的名称、工作内容、职责、权利，任用时间、考核方式等，员工接受任用书后，按规定时间上岗，进入工作状态。

人才开始工作之后，人力资源管理部门便开始对人才状态进行监督、考察，从中获取信息，作为人才评价的依据。根据评价的结果，人力资源管理部门做出人事决策，或向企业和单位的决策层提出建议，进行人事调整。

人事调整在人才使用过程中至关重要，人事调整重在对人才使用不当所进行的纠正，其目的在于改善、提高工作的质量和效率。人事调整可分为纵向调整和横向调整两种：纵向调整又分为晋升和降职；横向调整中涉及岗位的变动，而不涉及职务升降。由于对人才的考察和认识是一个过程，因此，在实际工作中常常出现人才能力与所在岗位不相适应的情况，这时候，实施人事调整将那些不足以应付当前职位要求的人员调任至较低的、承担较小责任的职位上，或将能力较高的员工提升到较高的职位就不可避免了。此外，在同一岗位上长期工作的人才会产生厌烦情绪，适时地对人才进行调整，也就是轮岗，有利于恢复士气和激发工作的热情。（见图 8-1）

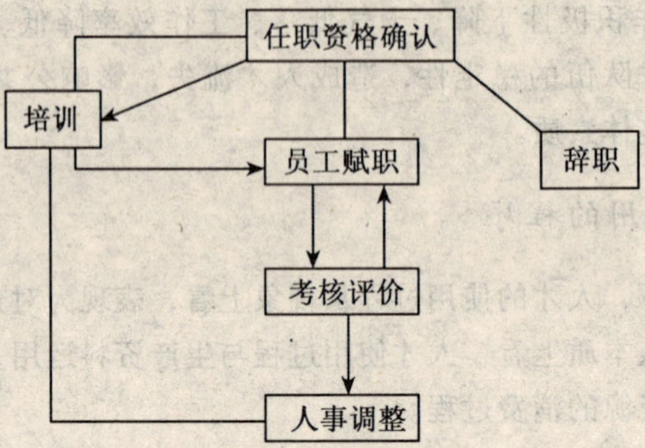


图 8-1　人才使用流程图

## 四、人才使用的原则

要科学合理地使用人才，充分发挥人才的应有作用，需要我们有爱才之心，有识才之眼；要有求才之渴，用才之能；要有容才之量，护才之魄；要有荐才之德，培才之道。具体说来，人才使用要坚持以下一些原则：

### 1. 任人唯贤的原则

纵览当今世界，一些经济和科技发达的国家，都十分重视遵循唯贤是举的用人原则，强调用人要实行能力主义，贯彻用人唯能的精神，重用有才干的贤能之士。以近几年发展最为迅速的美国微软公司为例，当总裁盖茨被问到他最近几年为公司所做的最重要的事情时，他回答说："我聘用了一批精明能干的人。"正是这些精明能干的人，编制出了世界一流的计算机软件，并使微软公司的销售额在十年中翻了一百多倍。不可否认，在任何组织中都不可避免地存在任人唯亲的现象，因为人的复杂性及人的品德难以考察，为防止意外的道德风险，一些管理者就任人唯亲；有些管理者为谋私利，主观上就有任人唯亲的倾向，形成裙带关系，造成权力失控，产生腐败。同时任人唯亲也会损害他人努力工作的积极性，压制优秀人才。因此，人才的使用过程中一定要通过严格的制度来规范用人机制，防止任人唯亲现象的发生。无论是古代的科举制还是现代的各种考试制度，其实质是“任人唯贤”，通过这种办法，把有才能的人选拔到重要岗位上。当前，我国进行社会主义现代化建设事业，要想实现国富民强，赶上发达国家，就必须首先重视人力资源的开发和利用，尤其在人才的选拔任用上一定要坚持“任人唯贤”的正确路线，避免任人唯亲，要重用勇于改革、敢于创新并取得优异成绩的优秀人才。只有如此，改革才能成功，企业才能发展，国家才能富强。目前我们在干部人事制度改革中实行的公开选拔和竞争上岗，都体现着任人唯贤的原则，旨在为优秀人才的脱颖而出创造一个良好的环境。

2. 适才适用的原则

培养、引进、开发人才是手段，使用人才是目的。要形成良性循环的人才管理机制就要求我们必须做到：一是用好用活现有人才。因为他们对本单位、本部门情况熟悉，工作中可以避免走弯路，使用中具有到位快的优势，通过适度的调和激励，可以改变现有人才闲置和浪费现象。二是要按照市场经济的要求，对那些具有强烈的经济意识，具有敢闯敢试的革新精神，具有务实求是、真抓实干作风，具有清醒头脑和较强科技才能的人才，要放在重要岗位上来。三是积极选拔和锻炼人才。邓小平说：“人才只有大胆使用，才能培养出来。”要尽力为他们提供施展才华的空间，以促进人才快速成长。同时人才由于素质不同、社会环境条件不同，也有高、中、低等不同的能级。根据每个人的才能，各随其志，各尽其才，各得其所，各献其功。这就是量才用人、职能相称原则的体现。国外把这种做法叫做“适才适用”的原则。相反，人才的能级低于他所处的管理层次、管理岗位的能级要求，就是小才大用，小马拉大车，会贻误事业，产生后患。在现实生活中这种不能量才用人的现象很多，有的人没有领导才能，勉强放在领导岗位，自己也难受，别人也有意见，结果工作搞不起来。有的人在某一方面有比较卓越的才能，但如果把他放在另外的岗位上，其才能就得不到发挥，不但浪费了人力资源，还会贻误工作。例如把科研成果突出的教授提拔为大学校长，把劳动模范提拔为单位领导等，有时结果会适得其反。因此人才的使用一定要注意能级相符，量才使用，把合适的人选拔到合适的岗位上。人都具有一定的能量，既有能量，就有大小，有大小就可以分级。所谓分级，就是建立一定的程序，一定的规范，一定的标准。不同的能级应该表现出不同的权力、物质利益和精神荣誉。权力、物质利益和精神荣誉是能量的一种外在体现，只有与能级相对应，才能满足人的心理平衡。在其位，谋其政，行其权，尽其责，取其值，获其誉，失职者要惩其误。有效的管理不是拉平或消灭这种权力、物质利益和精神荣誉上的差别，而是对应合理的能级给予适当的待遇。各类能级必须是动态地对应，才能知人善任，使具有相应才能的人处在相应能级的岗位上。人尽其才，才尽其用就是这个道理。

3. 用人之长的原则

人的才能或能力是多方面的，由于受主客观条件的限制，发展是很不均衡的，即人们在才能或能力方面，表现为既有特长，又有不足。用人时就要用其长，舍其短。用人之长，就是在使用时，着眼于其长处和优点，树立“人无完人”的观念，对人不能求全责备。我们在识别和选拔人才时，要有择其高山，不讳深谷，扬其所长，不怕所短的战略家的胆识和气魄。对被识者，应该采取客观、辩证的态度，将其长处和短处、优点与缺点、主流与非本质等方面作反复仔细地掂量，区别对待，若其短足以碍其长，短时期又不能克其短，只好不选拔；若其短不碍其长，则可不必理会，大胆选拔；若其短虽碍其长，但在扬其长时，可采取措施避其短，也可大胆选拔。对人才要重大德，宽小节，因为金无足赤，人无完人，倘若只看到别人的短处，看不到长处，就会陷入无人可选的困难境地。

4. 用人不疑的原则

用人不疑是管理决策者用人的基本条件。用人不疑原则，又可称为信任原则。就是说，对已被任用的人才，就要放手使用他们，发挥他们的主动性、积极性和创造性，支持他们取得成绩。既用之就要给予其充分的信任，在其职权范围内让他自主地工作。人是有自尊心和自信心的，相信其能够通过努力去完成某项工作或某项事业取得成就，就不能干涉太多，不能挫伤他们的积极性。用人不疑就是大胆放手让他去工作，只给他规定必须完成的目标和规定的任务，并进行适时的检查提供必要的指导与帮助，对具体实施的程序和采用的方法不做干涉。这样可以发挥每一个人才的聪明才智，激发其积极性和创造性，人尽其才，才尽其用。

5. 激励的原则

激励就是激发人的动机的心理过程，通过对人的内部、外部的物质或精神刺激，使其产生组织所期望的积极状态。我们在使用人才时要充分利用各种手段和方法，激发人的工作动机，调动人的积极性，使其能力发挥和贡献最大化。因此在一个组织中，管理者要适时对那些工作绩效明显、业绩突出的员工进行物质的或精神上的激励，让他们在物质上感到多劳多得的乐趣，精神上感到受到尊重和被承认的满足。激励会提高他们工作的积极性，以促其更加努力工作。如果没有激励和绩效评价，会使人感到干好干坏一个样，失去工作积极性。作为管理者要关心你所使用的人员，舍得激励，否则没人愿意为你出力。同时合理的激励还会稳定员工队伍，吸引更多人才，激励更会使人产生价值认可，从而更好地发挥作用。另外，动力不仅是人才使用的能源，而且是一种制约因素，没有它人才就不能有序运动。动力原则在很大程度上影响着其他原则的效能。能级原则必须有充分的能源才能实现。没有强有力的动力制约因素，能级可能蜕化为封建等级。人才辈出，人尽其才，靠人们的良好愿望是无法实现的。只有当某种动力因素迫使人们非用人才不可，才能真正做到不拘一格选拔人才，否则领导选拔就可能任人唯亲。如果没有一定的动力驱使，群众就会对那些漠不关心的事随意了事。动力可分为物质动力、精神动力和信息动力。

6. 优化组合的原则

人才群体结构的合理化，是指在人才群体中各种专业、各种门类、各种能级、各种年龄的人才的合理搭配，它是发挥人才最佳的群体效应的保证。一是专业结构的合理化，即在一个系统内需要具有各种学科和专业知识的人才，比例合理。二是部门结构合理化。三是能级结构合理化，不同知识和能力水平的人才的比例构成要合理。四是年龄结构合理化。所以，在考虑人才构成群体时，彼此的性格、年龄、能力等要素要匹配，达到结构合理，有利于实现组织的目标。优化组合要以项目为龙头来对人才进行组合培植，既照顾专业技术配置的合理，又考虑性格组合、学历层次的安排、年龄梯次结构，并适时调整和充实。这样有利于提高工作效率，实现优胜劣汰。

7. 人才使用的时效原则

人才使用的时效原则，一言以蔽之，就是在人才处于体力、智力的最佳状态和创造力最强的时期，适时加以选拔任用的原则。科学把握用人时机，使人才用当其时。各级人才管理部门要广开言路，拓宽视野，审势择人，量才使用，用当其时。人才用当其时的核心在于备用结合。

8. 知人善任的原则

应采取科学的手段和方法对人所蕴涵的人才资源力求准确地、基本地了解，善于让适当的人担任适当的工作。要用人所长，发挥人才的特长和优势，尊重人的兴趣和爱好，把他放到最适合的岗位，要了解人才的个性、潜力以及发展趋势，根据了解的情况来使用人才。人力资源管理部门在安置人才之前，必须详细了解不同岗位，不同职务的工作内容，在组织中的作用、地位以及岗位对人才素质技能的要求，明确各职位需要的是什么样的人才。并且对要安置的人才有一定的了解，做到知事与识人相结合，减少人才使用的失误，提高用人的准确性，按岗位要求，结合人才特点，合理用人。

## 第二节　人才使用的因素分析

人才的培养、选拔和使用是人才开发的三个有机环节。培养和选拔是开发的先决条件，但人才的使用得当与否是人才开发的根本。如果使用不当，人才开发就失去了意义。人才使用是否合理，是否能产生效益是由一系列人才使用的要素所决定的。

影响人才资源使用的因素主要包括人才使用主体、客体、组织内部环境因素和组织外部环境因素四个部分。

### 一、人才使用对象的因素

人才使用是一个双向选择和适应的过程。人才的个人因素也会影响到人才的使用。人才在能力、态度、个人目标和品质方面有所不同，因此对一个人适用的工作可能对另一个人就不适用。

#### 1. 职业倾向（occupational orientation）

职业倾向也称职业取向。一个人的职业倾向决定着他可能会选择和适合从事什么样的工作。比如，一个有着较强社会倾向的人可能会被吸引去从事包含着大量人际交往内容的职业，而不是去从事包含大量智力活动或体力活动的职业。美国学者 John Holland 提出了六种基本的职业倾向：（1）技能倾向。具有这种倾向的人适合从事那些包含体力活动并且需要一定的技巧、力量和协调性才能承担的职业。（2）研究倾向。这种人喜欢从事那些包含着较多认知活动（思考、理解）的职业，而不是以感知活动（感觉、反应、人际沟通、情感等）为主要内容的职业。（3）社交倾向。这种人乐于从事那些包含着大量人际交往内容的职业，他们通常喜欢周围有别人存在。（4）事务倾向。这种人一般从事那些包含着大量结构性的且规则较为固定的活动的职业，在这些职业中，人才个人的需要往往要服从于组织的需要，如会计等。（5）经营倾向。这种人喜欢从事那些通过言语活动影响他人的职业，例如管理人员、律师、公关人员。（6）艺术倾向。这种人喜欢从事那些包含着大量自我表现、艺术创造、情感表达以及个性化活动的职业。

#### 2. 能力

能力包括体能、心理素质、智能三个方面。体能即生理素质，主要指人的健康程度和健壮程度，表现为对劳动负荷的承受能力和劳动后消除疲劳的能力。心理素质指人的心理成熟程度，表现为对压力、挫折、困难等的承受力。智能包含三个方面：（1）智力——人才认识事物、运用知识解决问题的能力，包括观察力、理解力、思维判断力、记忆力、想像力、创造力等。（2）知识——人才通过学习、实践等活动所获得的理论与经验。（3）技能——人才在智力、知识的支配和指导下操作、运用、推动各种物质与信息资源的能力。三者构成了一个人才的全面、综合能力，它为人才适合工作岗位的需要、以及管理人员使用人才提供了现实的可能条件，是人才使用的重要影响因素。

### 3. 人生阶段

人是具有生命周期的。人力资源专家加里·德斯勒把人生分为成长阶段、探索阶段、确立阶段、维持阶段和下降阶段。在不同的人生阶段，人们的心理特征、心理素质、智能水平、社会负担、主要任务等都不相同，这就决定了在不同阶段，其职业发展的重点和内容是不同的，组织在进行人才使用时不能不考虑这些因素。

## 二、人才使用主体的因素

管理者的态度和偏好对人才资源使用的影响方式与企业文化紧密相关。他们的管理风格——举止、交流和与他人交往的方式——都向组织上下发出了有关他们关心什么的强烈的信号。人才管理者用什么样的价值标准去要求和使用人才，将会对组织文化的形成发挥关键性的作用。

此外，任何人才管理者都可能存在人才管理上的心理误区，即管理者常常出现的一些有害的心理，妨碍人才资源的有效使用：

1. 晕轮效应（halo effect），也叫感认上的印象概推。所谓晕轮效应，是指人们在判断别人时有一种倾向：首先把人分成好的和不好的两部分。当一个人被列为好的部分时，一切好的品性都加在他的身上。相反，如果一个人被归于不好的部分时，一切不好的品性又容易加在他的身上。影响感认上印象概推的主要因素有：（1）被感认者的社会地位；（2）被感认者的外表特征；（3）感认者自身的特征，影响他可能在别人身上也看到同样的特征；（4）感认者如果认为被感认者对他达到生活目标将有正面的作用，他对被感认者就容易产生好的印象。感认上的印象概推，可能是以个别推整体，也可能是以整体推个别。不论是哪一种情况，都有可能出现感认上的偏差，即晕轮效应。管理者在对人才进行使用时也有可能采取印象概推这种过于简单的方法，导致人才使用上的偏差。

2. 投射效应（projection effect）。它是指人们有一种强烈的倾向：当他们不知道别人的情况时，就常常认为别人具有他们自己的特性。这种看法容易产生两个缺陷：一是可能高估了别人与自己看法和想法的相似性；二是可能高估了别人在个性、爱好、品德等方面与自己的一致性，甚至是“以小人之心度君子之腹”。当管理者个性品质较好时，容易把他人想得过好，使用一些不太优秀的人。当管理者个性品质较差时，容易在奖惩上失度或是颠倒是非，使真正优秀的人才得不到有效的使用。

3. 嫉妒心理。它是人们相互类比中产生出的一种消极有害的心理，即对才能、名誉、地位或境遇超过自己的人心怀怨恨。管理者的嫉妒心理容易影响优秀人才脱颖而出，导致嫉贤妒能，排除异己，压抑人才，该提拔者不提拔，该使用者不使用。

4. 马太效应。是指对已有相当知名度的人给予的荣誉越来越多，而对那些尚未出名的人则往往忽视他们的成绩，或不承认，或贬低他们的价值。

5. 戴维现象。英国化学家戴维发现了订书匠法拉第在化学上的潜能，将其培育成人才。但此后戴维却开始贬低甚至压制法拉第。伯乐由识别和培养千里马，转而处处限制和妨碍千里马奔驰，带有一定的普遍性，被称为“戴维现象”。这种现象在人才使用中是一个常见的现象。究其原因，既有利益上的冲突，又有价值观上的扭曲，还有人际关系的失衡。

## 三、组织内部环境（internal environment）

那些从内部影响人才资源使用的因素构成了内部环境。组织的目标、政策、组织文化、管理人员的管理方式、人才本身的状况、非正式组织、其他组织机构都是重要的内部因素，这些因素对决定人才资源使用和组织内部其他部门间的相互作用有重要的影响。

1. 组织目标（mission）是组织持续存在的目的或原因。每一管理层都应为明确的组织目标而工作。事实上，每个组织单位（分公司、部门）的各项工作都应明白自己的目标，以便与组织的目标协调一致，人才资源使用也应为实现组织目标服务。特定组织的目标应当被看作是影响人才资源使用的一个重要内部因素。

2. 组织政策（policy）是指为决策提供方向而事先制定的指导方针。它是指导方针而不是条件苛刻的规则，政策具有一定的灵活性，在应用时需要进行解释和判断，他们对管理人员怎样完成自己的工作能产生重大的影响。许多组织在各个主要业务领域里都有相关的政策涉及人才资源使用。例如，鼓励组织成员尽可能多地发挥其人才资源潜力，确保现有的人才首先被安排在他们能够胜任的任一空缺职位上。因为政策具有一定的灵活性，所以没有必要要求管理者严格遵循政策表述。面对一项政策，人才资源管理人员所做的可能要比单单遵照法律所做的要多。

3. 组织文化（organization culture）。当作为影响人才资源使用的一个内部环境因素来考虑时，企业文化是指这个企业的社会和心理倾向。企业文化被定义为：与产生行为规范的正式结构相互影响的组织内部共享价值、信仰和习惯的系统。企业文化包含指导人们行为的价值观和标准，它决定组织的大方向。企业文化统领诸多方面，如企业提倡什么，怎样分配资源，以及企业的组织结构，所执行的制度，所雇人员，工作与人员的配合，绩效评价与报酬，问题与机遇的确定和处理，等等。人才资源管理者们能够而且应该决定他们希望在哪种企业文化氛围下工作，并且努力地确保这种文化的发展。不同的企业文化下有不同的人才资源使用的方式。在开放的组织文化中，管理者信任下属，注重开放交流，给组织成员以自主权，关心和支持员工；在封闭的组织文化中，管理者往往采用集权、独裁的管理方式，实行较窄的管理幅度和较严格的个人责任制。

4. 组织人才结构。它包括人才的年龄结构、知识结构、心理结构和个性结构。一个组织中需要保持多样化的人才结构，各种人才之间才能形成优势互补，使组织保持稳定和活力，因此在进行人才使用时必须要考虑组织的人才结构。

5. 组织人际关系。它包括组织中上下级之间的关系，领导者之间的关系和被领导者之间的关系。进行人才使用时，一方面要杜绝仅靠私人关系使用人才；另一方面也需要考虑到是否有利于达到和谐的人际关系，以便为人才使用创造良好人际的环境。

6. 非正式组织（informal organization）。管理者必须面对两种类型的组织——正式组织和非正式组织。这两类组织同时存在。组织通常通过组织机构图表和工作说明来描述正式组织，而非正式组织是一个在没有被官方指定的组织内发展人才相关作用的关系和形式的组织。这种非正式关系对人才资源使用具有很大的影响力。

## 四、组织外部环境（external environment）

那些从外部影响组织人才资源使用的因素组成了人才资源的外部环境。外部环境包括：人才市场、法律制度、社会因素、经济因素、竞争、组织服务对象、技术。每个因素，无论是单独地还是联系在一起，均能对组织的人才资源使用造成影响。因此，必须要经常尽力地识别和考察这些因素带来的影响。

1. 经济环境。它指经济体制、制度和运行方式。到目前为止，人类创造了计划经济、产品经济、商品经济和市场经济四种主要的经济形式和运行机制。市场经济体制是人才资源管理的最佳经济环境。市场经济的功能在于通过市场机制和价值规律的高效运行，促使社会产品和生产要素充分流动，以实现社会资源的最优化配置。人才资源作为资源的一种，在市场经济体制下能够充分流动，实现人才的最优配置，从而对人才使用产生影响。国家的经济，无论在总体上，还是在它的各个部门上，都是影响人才资源使用的主要外部环境因素。

2. 社会、文化环境。社会、文化因素也可能对人才资源的使用造成影响甚至施加压力，因为人才资源使用的主体和客体都是生活在一定社会中的具有文化观念的人。组织在实现其目标的过程中必须遵循社会规范，因为民众的接受程度常常直接影响到组织目标的实现。对企业来说，民众的态度将直接影响到企业的利润；对政府来说，民众的接受度直接影响到政府的行政绩效。也就是说组织进行人才资源使用时必须要考虑组织的社会责任（social responsibility）。一个组织要生存就必须实现组织目标，但如果一个企业不能满足社会需求，那它最终会被淘汰。社会教育条件和水平也对组织的人才使用造成影响。由于特定的文化和每一个社会意识形态的差异，人才资源管理和使用的实践在不同的国家并不相同。文化是指在一个社会或组织中，人们所持有的对一个人应该如何思考和行动的价值观和基本的假设，它能够非正式地强加到人们的预期行为上，这些预期行为的标准被称为“准则”。意识形态是产生于社会中的一系列相互联系的价值观和信念的动态框架，而且它能使那个社会的价值观明确化。人才资源使用不可能在一个真空中形成，它们必然体现出它们生存于其中的社会和文化环境。如在日本适用的人才资源使用方式在其他国家就不一定同样有效，日本企业和政府人员缓慢地提升或基于资历提升，离开了日本的环境，就可能没有相同的效果了。

3. 政治、法律制度环境。人才资源使用和管理作为市场经济活动的一种，必然受到政治环境的影响，民主政治是人才资源权益的保证，民主政治的一个重要方面就是法制化，要根据法律、法规、政策来管理和使用人才。这主要表现在以下几个方面：政府行使统筹规划职能，做好人才资源供求预测、总量调控、结构规划；政府运用产业政策、税收政策对人才资源管理进行引导和调节；政府通过信息服务、培训服务、设施服务和福利服务为人才资源管理提供便利；政府行使监督职能，严肃国家关于人才资源使用和管理的法律、法规、政策，保护人才资源的合法权益。

4. 组织的服务对象。消费一个组织的产品和服务的人们，即组织的服务对象，它也是组织外部环境的一部分。销售是组织生死存亡的关键，顾客满意是政府行政绩效的关键，因此就有必要保证组织及其成员的行为不引起其所服务的顾客的反感，组织在进行人才使用时必须要考虑顾客的因素。

5. 技术。技术指执行任务、安排设备（硬件和软件）而采用的方式。它在很大程度上改变了人力资源的使用。技术的快速变化导致组织不可能一成不变地开展工作，人才资源管理的一个重要关注点是已经和将要发生的技术变革对组织所产生的影响。人才使用必须要跟上迅速发展的技术，因为一旦出现了技术上的变化，某些技能也就不再需要了。例如，“计划”和“控制”从“做事”中分离出来，因此任用高层管理人才时就不再需要考虑他的实际操作技能。现在，技术也在改革着办公室，组织成员工作所需要的技能会被引进的新的信息技术（电脑、互联网）所影响。

6. 人才市场。人才市场是组织的一个外部人员储备，通过这个储备，组织能够获得它所需要的人才。人才的能力在很大程度上决定着组织能否顺利地完成自己的目标。由于可以从组织外部雇用新的人员，因此人才市场就是人才资源使用时必须考虑的一个外部环境因素。人才市场是随时变化的，这就引起一个组织人才资源的变化。在这种变化中，组织内部每个人的变化都会影响到管理者处理人才问题的方式。当拥有某种专长的人才短缺时，组织就不得不提供超过自己意愿的吸引条件，以吸引和留住人才；当招聘不到人才或招聘人才的成本过高时，组织就有可能选择对现有人才加强培训，以适应新岗位的需要。

7. 竞争。除非一个组织在它所服务的领域处于特殊的垄断地位，否则其他组织将会生产相似的产品或提供类似的服务。一个组织要在竞争中获得成功和发展，它就必须能够得到有竞争力的人才。组织的主要任务之一就是确保得到、保留和有效地使用不同职业领域的人才。

8. 其他部门。人才资源管理部门要想使工作更有效率就必须与其他部门相互合作，人才资源的使用必须要考虑其他部门的意见。

综上所述，许多相关因素影响着人才资源的使用。有效的人才资源使用需要认真考虑所有的环境因素。外部环境从企业外部影响着人才资源的使用。而且这些因素之间的相互关系使得人才资源使用变得更为复杂（见图 8-2）。

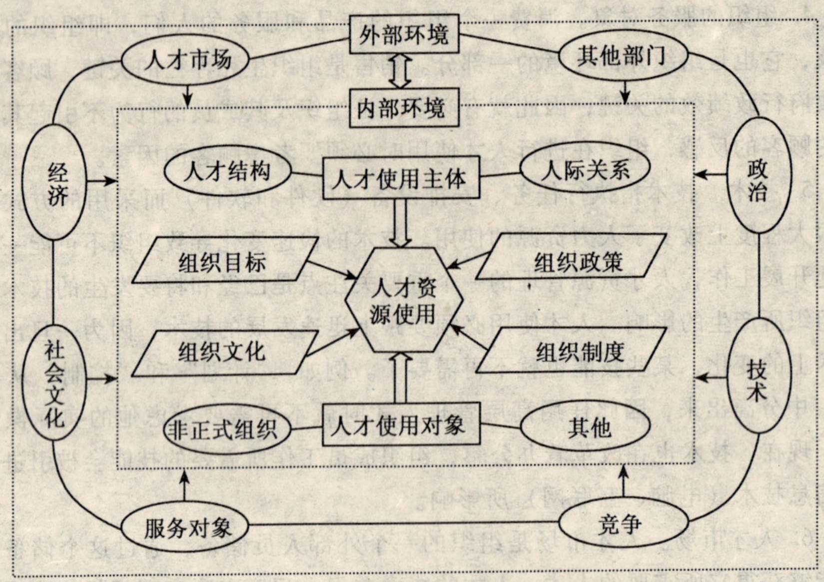


图 8-2　人才资源使用影响因素示意图





## 第三节　中国公共部门人才使用所面临的问题与对策

面临历史大变革或艰苦任务的时候，一些人往往产生没有人才的错觉，列宁称之为“罗兰夫人的错觉”。法国大革命高潮中，到处需要人才，而罗兰夫人认为，当时的法国“遍地都是些侏儒”，无才可用。十月革命胜利之后，苏维埃极需人才，但做组织工作的人同样发出“没有人才”的慨叹。针对这种思想，列宁写道：“人才既多又缺……这个矛盾现在表现得特别突出：到处都在呼求新生力量，埋怨组织内缺乏人才，而同时到处又都有大量的人力自请效劳，年轻的力量，特别是工人阶级中的年轻力量正在长成。做具体组织工作的人在这样的条件下埋怨缺乏人才就是陷入了法国大革命最高发展时代罗兰夫人所陷入过的同样的错觉中。”目前，我国公共部门的改革也面临着关键时期，如何选拔人才、使用人才将在一定意义上决定着历史变革的成败。

### 一、公共部门人力资源管理的核心是合理使用人才并使其增值

人才是一种特殊的资源，人才的合理化使用与其他资源的使用虽有区别，但也有共性。人力资源基于“人”的特性，其所产生的价值和影响、收益的

份额远远超过其他资源；人力资源和其他资源一样，在投入使用后都可能引起损耗，但人力资源却能在使用过程中不断实现自我补偿、更新和发展。人力资源是一种高增值的资源。量才使用、合理安排，是发挥人才优势的重要措施。人才使用从资源成本的角度来看，任何人才的使用都是以一定的代价取得相应的成效。如何以小的代价得到较大的成效，实现效益的最大化，这就需要合理使用人才。在现实中，不仅要看到一个人在目前岗位上取得的成绩，更要看到他在另外岗位上可能取得的成效，要在比较中使人才的作用效益最大化，把人才安排到最能发挥其特长的位置上，使其产生最佳效益。从需要方面来讲，对人才的合理使用也是被使用者的一种需求，这种需求一旦满足就能产生很大效果。合适的岗位，一是能产生一种舒畅的心情，为发挥其特长和最大能力创造了条件；二是会使人加倍珍惜自己的岗位，并由此产生动力，对本岗位的工作积极探索，勇于创新，全身心地投入，发挥出最大潜力，实现人才的增值。

人才的合理使用是人力资源管理的核心内容，因而人才的合理使用问题，历来为人事管理者所重视。一个地方、一个单位、一个部门工作的好坏，往往不在于领导者一己之贤能，而在于领导者是否善于发现贤者而授之以权。领导者善于分配权力和集中权力，往往是事业成败的关键。汉高祖刘邦在分析自己为什么得天下，而项羽为什么会失天下时总结道：运筹帷幄之中，决胜千里之外，我不如张良；治理国家，安抚百姓，调集军粮，使运输军粮的道路畅通无阻，我不如萧何；联络百万大军，战必胜、攻必取，我不如韩信。此三人皆人杰也，我能用之，这就是我能得天下的原因。而项羽只有一个谋士范增，还极不信任他。不能任用，把他气跑了，这就是项羽失天下的原因。进一步理解这段话会使我们明白：领导若善于发现贤能之士而授之以权柄，使之各负其责、各尽其职，就会成就事业，如刘邦之得天下。反之，若不能识才，不信任、不重用人才甚至对其束手束脚，势必要严重影响事业，招致失败，如项羽失天下。在人才使用问题上，邓小平同志也曾指出：现在一方面科技人员很缺，另一方面窝工浪费，用非所学、用非所长的现象很严重，这样的管理形式不行。怎样打破军民界限，部门、地方界限，合理使用，把全国的科技人员使用起来，并且使用得当是个很大问题。这里邓小平同志讲的“使用得当”就是要合理使用，量才使用，人事两宜，达到用其所长，避其所短，人尽其才，才尽其用的效果。

可以说，在知识经济社会，管理的重点已从生产转移到知识管理以及人力资源管理。管理者的最主要职责在于创造一个人才成长的优良环境，通过激发人的潜能和创造性，最终实现高绩效的工作。

## 二、我国公共部门人才使用存在的问题

从1986年1月中共中央和国务院联合发布了《关于严格按照党的原则选拔任用干部的通知》以来，我国的人才使用制度开始走向正轨。但随着经济体制与政治体制改革的逐步深入，尤其是公共部门人事制度改革的深入发展，现行选才用人制度的缺陷和弊端日益明显地暴露出来，其具体表现为以下几个方面：

### 1. 轻视或过分重视文凭

文凭代表文化水平，在使用人才时要注重文化程度，既要看文凭又要看水平，着眼于真才实学。在选拔干部时，既要重视实践经验，也要重视文化水平，但是决不能把实践经验同文化水平等同起来。轻视文凭，片面强调实践经验，这是不正确的。实践经验固然重要，但是如果没有较高的文化水平，也很难把实践经验系统化并上升到理论高度。过分重视文凭，无视人的能力，用文凭去限制人的发展，更是不可取的。

### 2. 论资排辈

人的资历与实际才能并不成正比例，把资历与才能等同起来，以资历、名望和地位取人，实际上是形而上学的观点。论资排辈是人才成长的严重障碍，它使许多有志有才的青年怯步不前，可贵的智慧火花因得不到及时点燃而熄灭。公共部门的领导者一定要树立唯贤是举的思想，不拘一格用人才。

### 3. 嫉贤妒能

战国时期的思想家荀况说过："士有妒友，则贤交不亲；君有妒臣，则贤人不至。"嫉贤妒能，即武大郎办店的办法，只用比自己水平低的人，而不用比自己水平高的人，这样的领导者是不可能把一个部门或一个科室管理好的。

### 4. 用不及时

有些部门有一批人才，领导者表面上也承诺要很好使用，但总是迟迟不用，或者长年累月地要一些同志当"临时负责人"，不予以正式任命，出现了"冯唐易老，李广难封"的局面，使他们的才智无法充分发挥出来，也严重影响了人才的工作积极性。

### 5. 求全责备

人非圣贤，孰能无过。作为部门的领导者，要善用有缺点而又有专长的人，不能求全责备。如果只任用纯而又纯一点毛病都没有的人，那就得不到一个人才。在以往的年代中，"左"的错误在用人方面的重要影响之一，就是教条式的提出百分之九十五和百分之五这样一个概念，即百分之九十五都是

"好人"，百分之五都是"坏人"。其结果是：在那个特定的历史条件下，被列入百分之五的人当中集聚了不少贤能之士，致使不少有志有才者被遗忘、被冷落和被埋没了。

6. 用非其才

唐太宗李世民在贞观二年（公元628年）对侍臣说："为政之要，惟在待人，用非其才，必难致治，今所任用，必须以德行学识为本。"这就是说，用人要以德行学识为本，用其所长，否则就不能治理国事。唐太宗这些话，现在来看还是有一定的道理。公共部门在用人时，一定要用其所长，不能随便乱用。但是在实际工作中，有的部门在使用人才时就没有很好地考虑人的专业才能，用非其才的现象还存在，造成浪费人才，未能发挥其作用。

7. 贵远贱近

曹丕在《典论·论文》中曾论人们"贵远贱近"的原因是"向声背实"，就是只重名声，不究实际。有些公共部门的领导人就是这样，不知百步之内有芳草，不充分发挥本单位现有人才的作用，采取各种办法从外地引进。而引进之后，往往不作调查研究，凭一时的印象办事，干出了和刘备一样的蠢事。《三国演义》里说，刘备想庞统想得要命，后来庞统被诸葛亮请来了，刘备一看此人面貌丑陋，心中不喜，把他远远地打发到耒阳县去了。像这样的现象屡见不鲜，实在值得我们反思。

8. 不善于自用其才

在对待人才的问题上，作为公共部门的领导者，应该爱才、识才。而作为有才能的人，也应该善于"自用其才"，充分发挥自己的才能。但是现在有些人不善于自用其才，一有成绩就自以为是，仿佛没了他地球就不转了；一旦遇到挫折就自怨自艾，悲观失望。这些人如果不纠正这种错误，难免重演贾谊的悲剧。贾谊是西汉政论家，才智过人，二十出头就被汉文帝召为博士，一年后任太中大夫。此时，他旁若无人，多次上疏，要汉文帝尽弃旧臣而听从他一人的主张，结果遭到群臣忌恨，文帝也起了疑心。贾谊被疏远后，三十三岁便自伤哭泣而死。苏东坡对于他的死寄于无限惋惜，在《贾谊论》一文中批评他"不能自用其才"。

9. 识人用人上的小视角思想

在识人用人中，一些公共部门的领导者对人才的看法上存在一些偏见：一是"近视"，即把识人用人的着眼点放在自己"目力"所及的小范围内，选拔使用人才常常限于身边的人；二是"短视"，即把识人用人，局限于有学历、有职称的显人才圈，而对大量的潜人才视而不见，或根本不去挖掘；三是

"斜视"，即不能辩证地看待识用干部，要么重德轻才，要么重才轻德；要么论资历求全才，要么重使用轻培养。还有个别领导者妒贤嫉能，为了个人的私利，不顾大局，压抑和摧残人才。对上述识人用人的偏差，要充分认识到它的副作用。我们应将所有潜人才和显人才尽收眼底，从而保持人才开发"源"远流长，人才辈出，扩大选人用人的视野，防止小视角选人的倾向。

## 三、改进人才使用，实现合理用人的对策

对于公共部门而言，拥有一支积极主动、尽职尽责、精明强干的人才队伍无疑是政府实现治理目标的根本保证之一，是故"为政在人"。可以讲，缺乏一支高素质、有活力、负责任的人才队伍，政府是不能有活力、有效率的。当今各国政府再造，莫不把公务人才再造作为一个重点。要实现公共部门人力资源的再造，必须改进人才使用，合理地使用人才。

### 1. 要转变旧观念，反对论资排辈，大胆提拔新秀

公共部门在选才用人时，尤其是挑选领导干部时，考察其资历固然重要，因为资历较长的人比起资历较短的人来说，经验要丰富一些，经验的多少也是形成能力的一个因素。但是，促使能力形成的因素是多方面的，除经验外，还有知识、性格、气质、思维敏捷度，等等。因此，综合起来考察，并非所有资历长的人比资历短的人能干。在青年人中，虽然总的来说资历较短，但能干的大有人在。如果论资排辈，就会对他们中的人才视而不见，就会压抑他们发挥自己才干的积极性。所以，在考察识别人才时，必须反对论资排辈，注意从青年人中挑选出类拔萃的人才。对年轻人的选拔，也必须实事求是，不可求全责备。既要注意发现他们的长处，又要指出他们的短处，并在此基础上大胆提拔。

### 2. 在公共部门人才使用过程中引入竞争机制

在吸收录用工作中，要引入竞争机制，必须遵循以下几个原则：一是法制原则。公共部门人才吸收录用程序、考试标准、考核方法，以及其他保障措施，必须以法律的形式确定下来，在立法方面为引入竞争机制提供法律依据和法律保证，以防止和堵塞可能干扰吸收录用工作的各种不正当行为。二是公开原则。要将人才吸收录用工作的内容、程序，以及考试、考核的内容、程序公开。考试要面向全社会，公开进行，平等竞争；考核要充分走群众路线，接受群众的监督。三是平等原则。凡是具备报考资格的公民，都有权参加国家工作人员的吸收录用考试；凡是通过考试、考核合格者，都有权担任一定的国家公职。国家公职向所有公民敞开，人人机会均等，考试成绩、考核结果面前人人平等，一视同仁。四是择优原则。选拔任用品学兼优的人才为国家机关提供高

质量、高效率的服务，是竞争机制的核心原则。要体现这一原则，公共部门应根据应考者考试成绩和考核结果，以及应考者的资历、学历、品德、健康状况等方面的情况，进行综合评定按综合成绩的高低，择优选用。

### 3. 坚持任人唯贤的路线

坚持任人唯贤，按照德才兼备的标准选拔人才。任人唯贤的干部路线，是我党整个干部人事工作的灵魂，它不仅贯穿干部人事工作的各个方面，各个环节，而且还制约着每一项干部人事制度和政策的产生、变化、发展，具有很强的导向性，它是我们制定一切干部人事政策的出发点和落脚点。要真正做到任人唯贤，关键要做到以下几点：一是要坚持重贤和公道正派。邓小平同志指出，选拔干部总的原则，还是德才兼备，主要看两条：第一是政治上的要求，就是要听党的话，是真正的共产党人；第二条是业务上的要求，就是有能力，包括有知识，有实际经验，有组织领导才能。同时对人才的职业道德和最基本的思想作风也要严格要求，要做到公道正派。选拔和使用人才应做到：贤，虽仇不弃；不贤，虽亲不用。二是要坚持“五湖四海”和“能上能下”。公共部门在选拔使用人才时应该视野开阔，拓宽渠道，从全局着眼，在较大范围里遴选。人才不管来自哪个地区，哪个单位，都要一视同仁，通盘衡量。同时，对于人才也要坚持“能上能下”。因为人才的“贤”不是一成不变的，我们必须根据“贤”的变化，通过多种途径不断进行调整。只有这样才能真正做到人适其职，位得其人。

### 4. 要正确处理资历和能力、学历与水平、领导经验与文化程度的关系

关于资历与能力的关系，既有统一的一面，又有不统一的一面。在考察识别人才时，为了正确处理资历与能力的关系，正确的做法应该是：以资历作参考，重在考察能力，以能力取人。学历与水平的关系也是辩证统一的关系。在考察识别人才时，应该以学历作参考，重在考察实际水平，以实际水平取人。领导经验与文化程度的关系比上述两种关系要复杂得多。在考察识别人才时，尤其对领导干部，既要注意领导经验，又要要求有一定的文化水平。对于具有一定领导经验但文化水平偏低的干部，应该动员、鼓励、帮助他们补课，通过再学习来提高他们的文化程度，实在不行的应予以调整。同时，对于文化程度较高且有一定领导能力的人，即使暂时缺乏经验，也要加以大胆提拔任用。

### 5. 建立公开选拔机制，做到知人善任，人尽其才

知人善任，人尽其才的内涵包括三层含义：一是能将因人择事转化为因事择人，打破传统用人上的论资排辈、搞派性等，把人才放到关键岗位上，达到人员与职位的最佳配置；二是人事两相宜，对个人而言，寻求到了与自己能

力、理想相符的职位，对用人单位、部门而言，得到了在同等条件下更优秀的人才；三是从总体来讲，使因事用人、职能相当、才职相长等良好的用人机制得到有效实施。

“善任”就要“知人”。“知人”是人才管理人员和管理机构的基本职能，是人才使用的第一步，也是关键的一环。一个人是好是坏，是否德才兼备，不能只听本人表白或别人反映，也不能只凭档案材料，而是应看其一贯行为，观其实践表现；不仅看八小时以内的表现，还要看八小时以外的表现，看其全面；不能光靠某些考核人员闭门造车，而是应走群众路线，广泛听取正、反两方面意见，既要看“德”，又要视“才”；既要看表现，又要查实绩；既要有定性考核，也应有定量考核，实现识才的科学化和合理化。知人是人才使用的前提，是用人的依据，对一个人做出相应的评价，就应有其相应的地位，让合适的人在合适的位置上。错误地评价和考核结果，往往是压抑人才和错用人才的开端。“知人”是“善任”的条件，可以说知人是为了“善任”，是用人的核心。坚持知人善任原则，能够充分发挥人的自觉能动性。

人有共性，也有个性。不同的人在能力、性格、行为上各有差异，用人的关键在于各得其所，各司其职，人尽其才，才尽其用。现代组织对其员工的个人职业发展道路越来越关心。一则是科技的迅速发展与市场竞争的加剧，使得组织对员工主动性与创造性越来越依赖；另一方面，科技发展又带来职工文化教育水平的提高，他们有较强的自我意识和对本身权利的要求。这样，公共部门不但不应反对员工对自己职业发展道路有自己的设想，而应鼓励并帮助他们完善和实现自己的个人目标，尽量做到各得其所，各司其职，各尽所能，各献其功，真正做到适才适用。只有充分开发本组织人力资源潜力，满足员工个人自我发展的需要，引导其个人目标与组织目标一致才能保证职工的积极性、创造性和对组织的忠诚与归属感。





**6. 合理授权，做到用人之长**

合理授权有利于发挥人才在工作中的积极性、主动性、创造性，刺激人才的工作意识、主人翁意识和创造意识，科学的授权是领导智慧和能力的延伸。任何一个好的领导都应创造一种氛围，这种氛围能使人才在理智和情感上投入工作。善于授权的领导能够建立一种“领导气候”，使下属能在此“气候”中自愿从事富有挑战意义的工作。人们常说“边干边学”、“干中学”、“实践出真知”。授权就是这种朴素道理变成实用原则的有力工具。

一个高明的领导者，应善于用人所长。“尺有所短，寸有所长”，让一位技术水平很高的行业技术尖子带领一个部门，他并不一定能成为一名出色的行政管理者，相反，还可能因此影响其技术水平的提高。应该明确，人才的特点在一个领域是长项，在另外的行业中可能就是“弱点”。掌握了这一人才规律，本着择优的原则，看其优点，用其长处，在优点和缺点相伴中取其优点，避其缺点，使各类人才的长处都得到发挥。

**7. 优化人才群体结构**

由于人的自然禀赋、环境条件等因素的影响，每一个人都不可能达到十全十美，人的气质类型，知识结构各异。在完成或实现某一目标时，只靠一个人的特长将难以如愿，而通过若干不同类型的个体的结合，在结构上达到互补。一个系统的人才群体，要发挥最大的功能，必须建立一个合理而优化的人才结构。在每一个层次，同一个能量级中的每个个体应存在气质、知识的互补。另外，互补的内容还应是多方面的，诸如年龄、体力的互补，个体特征的互补，知识技能的互补，以及工作条件的互补等。只有很好地利用这种互补，才能很好地发挥群体优势。一个单位或部门，职位上应是帅才、将才、兵才合理搭配的一个整体，把帅才、将才、兵才选好，放到相应的岗位，而不错位，做到最优化组合，群体才能和谐，人际关系才好处理，才能实现人员整体配置的社会效益大于个人效益的总和。

## ☞思考题：

1. 如何正确把握人才使用的内涵？
2. 试述做好公共部门人才使用的意义。
3. 简述公共部门进行人才使用的程序。
4. 结合实例说明进行人才使用的原则。
5. 在人才使用中，影响人才使用对象的因素有哪些？
6. 影响人才使用的主体因素有哪些？
7. 组织的内、外部环境对人才使用有哪些影响？
8. 结合实例说明中国公共部门应如何改进人才的使用？

## ☞案　例：

### E 市副市长遴选争议

东部沿海的 E 市是 T 省的第二大工业城市，工农业总产值占全省的五分之一。由于它的重要地位和作用，该市市委和市政府领导班子的配备也特别受省委的重视。市里的主要领导均系研究生毕业，多数人在其他市和省级机关担任过重要领导职务，领导管理城市工作能力是相当强的。然而，这个领导班子中，却偏偏缺少熟悉农村工作的领导干部。几年来，虽然城市工作搞得较有声色，但是有300多万人口的农村，工作显得相当被动落后，呈现了“跛足”状态。为此，T省省委建议调配一名富有农村工作经验的干部去E市担任主管农村工作的副市长，以改变那里农村工作的落后面貌。省委组织部按照省委意图，提名曾在农村基层工作多年、逐级提到现任吴县县长的老唐去担任，争论由此而起。

1985年12月3日，T省省委丁书记主持省委常委会讨论E市主管农村工作的副市长人选问题。为广泛听取意见，省政府、省人大和E市市委、市政府、市人大的有关主要领导也被请来了。省委组织部洪部长扼要介绍了唐县长的情况后，省人大副主任老孙首先发言。他说：“老唐这个人我了解。他是在农村土生土长起来的，对农村十分熟悉，做农村工作很有道道。不过，他文化程度不高，资历也浅，又没见过大世面。如果让他到强手如林的E市任副市长，显得不太协调。”

E市的王书记接过老孙的话茬，他谦逊地说：“我市市委和市政府的两套班子成员虽然都是高手。但是强手太少，还不够，还需要更多的强手。”同时，他用求援的目光望着洪部长，并委婉地说：“我们市肩负的担子很重，对领导干部的素质要求自然就高些。要不，完不成省委和中央交给的重要任务呀。为了我们不挨批评，还是请部长挑一个文化等各方面素质更好些的干部给我们吧。”听此话音，E市王书记显然也是嫌老唐的素质不够高。其间，还有些同志插话，询问老唐的学历、经历等。洪部长针对上述同志的意见，接着说：“就个人某些素质而言，老唐比起E市现班子中的其他同志，可能差一点。但是，老唐熟悉农村，搞农业工作经验丰富，这是E市目前工作比较薄弱的一环。就这方面而言，老唐称得上是个强手，其他同志则显得弱了些。我们建议把老唐作为候选人，目的是要发挥他这方面的特长，以弥补其他同志之短，使E市领导班子的群体结构更加合理。”洪部长说的有理，在一旁静听发言的省委常委老吴接着说：“大家所担心的无非是老唐在文化、政治理论水平和城市管理能力方面欠缺，怕他担负不起E市副市长的重任。这个问题，省委组织部老洪他们也有过考虑，但是考虑到E市两套班子中缺少的是农村工作的内行领导者，因此，在全省80个县（区）长和省、市有关部门的领导干部中挑来挑去，还是看中了老唐。老唐文化虽不高，也曾到农大进修过两年。

他由基层一步步提升上来，组织领导农村工作的能力很强。前些年让他当县长时，我们在座的同志不也曾担心人家干不好吗？事实怎样？在他任期内，吴县工农业总产值不是从全省72个县中的第十位上升到第二位吗？”会议室里顿时沉默了。大家在思考着老洪和老吴的话：群体结构更加合理、内行领导……

省委丁书记看一时没人讲话，接着说：“我们领导班子搭配要合理，需要各方面的人才，老唐进来未必不协调。”经丁书记一说，会议室又热闹起来了，大家你一言，我一语，赞成、反对的均有。丁书记知道一下子难以统一大家的意见，就喝了一口茶，环视大家，提高嗓音说：“当然了，如果有比老唐更合适的人选更好。这样吧，限一个月的时间，请大家回去分头再物色、推荐几个人比较一下，再作决定。”一个月后并没有物色到更合适的人选。于是，老唐被正式提议为E市副市长候选人，次年3月经E市人大选举正式成为E市主管农村工作的副市长。

老唐是上任了，但省委的此项决策究竟是否正确尚待实践检验。因此，省委丁书记特别关注E市的情况。1987年7月，丁书记接连收到了3份反映E市农村工作情况的内参报告。他戴上老花镜，认真读起来，几行三号仿宋字赫然耀目：

“今年头六个月，E市乡镇企业产值比去年同期增长25%，利润增长19%，上缴税收增长14%。”

“E市农村计划生育工作，措施得力，上半年已跃居全省前列。”

“E市今年旱稻播种面积比去年增加了3.7万亩。初步预算可比去年增产约3 000万斤……”

多么令人振奋的消息。丁书记习惯地拿起红蓝铅笔，在一些有说明力的数据上打上红杠杠。然后，兴奋地仰倒在沙发上，用红铅笔轻轻地敲打着摘下的老花镜，高兴地喃喃自语：“前年冬天那场E市副市长人选争鸣，算是有了结论了吧。我们全省各级领导班子的配备，应当从整体效应考虑才好。”





### ☞案例分析：

在遴选干部上，这一案例能给我们什么启示？

这是一个涉及“用人所长，扬长避短”方面的用人事例。

任何一个领导者都不可能是完人，不可能完全集所有的优秀素质于一身。但是，一个结构科学化的领导班子，则可以集许多领导者的优秀素质于一体，产生优化的整体功能。这种整体功能优于领导班子中各成员的素质之和。一般说来，衡量领导班子是否科学合理，必须遵循一定的科学方法和原则。这些方法和原则是：

1. 分析领导班子的结构是否符合领导班子建立的目的和要达到的功能，是否胜任它所担负的工作任务。E市领导班子中缺少的是农村工作的内行领导者，从所担负的工作任务看，让唐县长出任该市主管农村工作的副市长是合适的。

2. 分析领导班子成员的结构是否有利于加强领导班子的整体功能。E市两套班子中虽然个个素质都很好，但缺乏抓农村工作的内行。让唐县长任E市主管农村工作的副市长有利于加强领导班子的整体功能。

3. 分析领导班子成员的人数是否合理。要既无多余，又无不足，人员精干，运转灵活，高效率工作。E市领导班子有了唐县长，既无多余，又无不足，各司其职，各尽其能。

4. 分析领导班子成员的年龄、素质等搭配是否形成相互结合、相互补充、相互作用的合理结构。唐县长任该市主管农村工作的副市长，从搭配上看可以形成合理结构。一是可以充分发挥老唐的特长，给他提供更广阔的用武之地，以其之长弥补E市其他领导干部缺乏农村工作经验之短。二是又可以借助其他干部个人素质中“长”的方面，使老唐“短”的方面不至于显露出来，以影响班子的整体功能。因此，从搭配来看是合理的。

总之，老唐加入E市领导班子之后，E市领导班子的群体结构更加合理，整体功能大大增强，从而体现了“用其所长，扬长避短”的用人原则。

——根据洪向华著《MPA最新案例全集》下，湖南人民出版社2002年版，整理时有所改动。

# 第九章

# 公共部门人力激励

公共部门人力资源开发与管理的目标就是充分调动人的积极性，从而最大限度地挖掘人的潜力。在现实中，影响人的工作行为表现的因素是多种多样的，如社会环境、工作条件、技术设备等客观条件，以及教育、训练、知识经验积累和先天素质等。而其中最重要的、影响最大的是人的能力和心理因素。能力是做好工作的前提，但一个有能力而没有工作积极性的人是没有良好的行为表现的，所以，人的积极性成为人的工作行为表现的决定性因素。因此，以调动人的积极性为宗旨的激励就成为人力资源开发和管理的基本途径和重要手段。

## 第一节　激励理论概述

激励作为一种手段自古有之，但形成一套完整的理论体系、制度和方法，则是20世纪的事情，是心理学、管理学和组织行为学等多学科交融的结果。激励理论的提出、发展及其在人才资源管理实践中的运用，丰富了人才资源管理学的内容，推动了人才资源管理实践的发展。

### 一、激励的涵义

所谓激励，顾名思义就是激发和鼓励，是激发人的行为动机的心理过程，作为心理学的一个术语，是指运用各种因素和手段激发人的动机系统，诱发人的热情和行为的内在驱动力，使人达到一种兴奋状态，从而使外部刺激内化为个人的自觉行动。

从心理的内部状态看，激励是将人的动机系统激发起来，使之处于一种被激发的状态，从而对行为形成强大的推动力量。

从人的行为过程看，激励主要是通过一定的刺激，激发人的动机，使人产生一种内聚力，并向所期望的目标前进的心理和行为过程。人们的行为可以用不同的方式来调整，如强制手段、督促手段等，激励也是其中的一种。动机是人们行为的动因，由于动机的改变而导致的行为改变，是人们自觉自愿的改变，这是激励方式与其他行为调整方式的区别所在。

从人才资源管理角度来，激励是一种促进行为的刺激手段，是指运用各种外部适当的、健康有效的刺激性因素，激发人的需要、动机、欲望，促进人形成某种特定的预期目标，进而最大限度的发挥自身的潜力，并以高昂的情绪和持续的积极状态去追求这种目标的过程。

在人力资源管理中，激励是组织通过设计适当的外部奖酬形式和工作环境，以一定的行为规范和惩罚性措施，借助信息沟通，来激发、引导、保持和规划组织成员的行为，以有效地实现组织及其成员个人目标的系统活动。这一定义包含下面几个方面的内容：

1. 激励的出发点是满足组织成员的各种需要，即通过系统地设计适当的外部奖酬形式和工作环境，来满足组织员工的外在性需要和内在性需要。

2. 科学的激励工作需要奖励和惩罚并举，既要对员工表现出来的符合组织期望的行为进行奖励，又要对不符合组织期望的行为进行惩罚。

3. 激励贯穿于组织员工工作的全过程，包括对员工个人需要的了解、个性的把握、行为过程的控制和行为后果的评价等，因此，激励工作需要耐心。赫茨伯格曾说："如何激励员工：锲而不舍。"

4. 信息沟通贯穿于激励工作的始末，从对激励制度的宣传、对组织员工个人的了解，到对员工行为过程的控制和对员工行为后果的评价等，都依赖于一定的信息沟通。组织中信息沟通是否畅通，是否及时、准确、全面、直接影响着激励制度的运用效果和激励工作的成本。

5. 激励的最终目的是在实现组织预期目标的同时，也能让组织成员实现其个人目标。即达到组织目标和员工个人目标在客观上的统一。




## 二、激励的运行机制

激励是持续激发动机的心理过程。有效的激励必然符合人的心理和行为活动的规律，不符合人心理活动规律的激励不可能产生激励效果，不可能达到调动人的积极性的目的。激发人的动机的心理过程可以用模式表示为：需要引起动机，动机支配行为，行为又指向一定的目标（见图9-1）。

人的行为由动机支配，是在某种动机的策动下为达到某个目标的活动，而动机则是在需要的基础上产生的。心理学研究表明，人的动机是由他所体验的

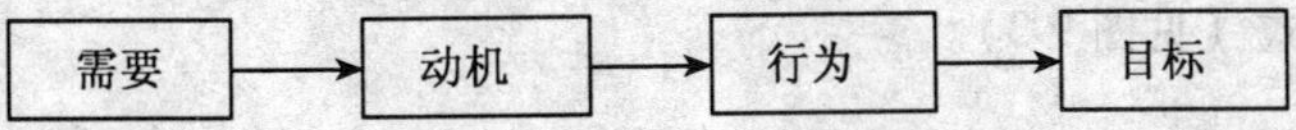


图 9-1 激励的心理过程模式图

某种未满足的需要或未达到的目标所引起的。这种需要或目标，既可以是生理上或者物质上的（如对食物、水分、空气等的需要），也可以是心理上或者精神上的（如追求事业成就等）。人的需要往往不止一种，而会同时存在多种需要，这些需要的强弱也会发生变化。在任何时候，一个人的行为动机总是受其全部需要结构中最重要、最强烈的需要所支配和决定的。这种最重要、最强烈的需要就叫作优势需要。当这种需要产生时，心理上就会产生一种不安和紧张。为了缓和这种心理紧张状态，需要就转化为意向和愿望。有了愿望还要选择或寻找目标（诱因）。目标找到后，就产生一种内驱力，这就是动机。在动机的直接推动下，进行满足需要以求实现目标的活动。目标达到后，动机逐渐减弱，满足需要的行为遂告结束，人的紧张心理得以消除。但新的需要随即发生，并转化为新的动机，引起新的行为。如此周而复始，循环往复，使人不断向新的目标前进，直至生命的终结。这就是人类行为的通常模式（见图 9-2）：

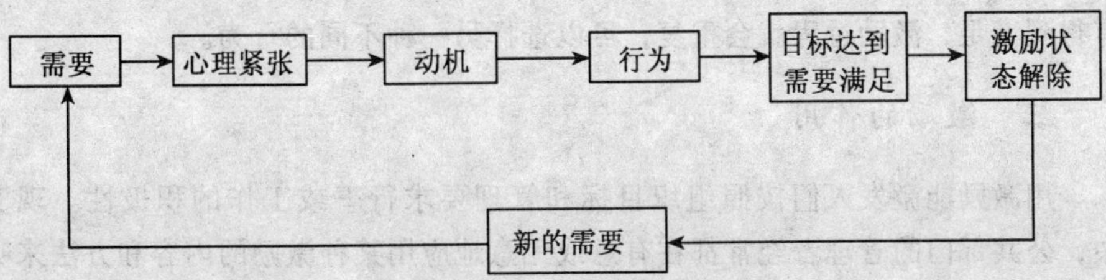


图 9-2 人类的行为模式图

从心理学的角度来分析，激励过程实质上要处理好三类变量的关系：一是刺激变量，即对人体的反应产生影响的刺激条件，包括可变与可控的自然与社会的环境刺激；二是主体内在变量，即对人的内在反应有影响的内在心理特征，如需要、动机、兴趣、性格等；三是主体反应变量，即刺激变量和主体变量在主体行为上的变化。对人的行为的激励，实质上就是用刺激变量使主体内在变量（需要、动机等）产生持续不断的兴奋，从而引起主体积极的行为反应，目标达到，即反馈强化了刺激变量。这样周而复始，不断延续，将这一人类行为基本模式中的需要、动机、目标和管理报酬结合起来，就构成了动机的激发过程模式（见图 9-3）。

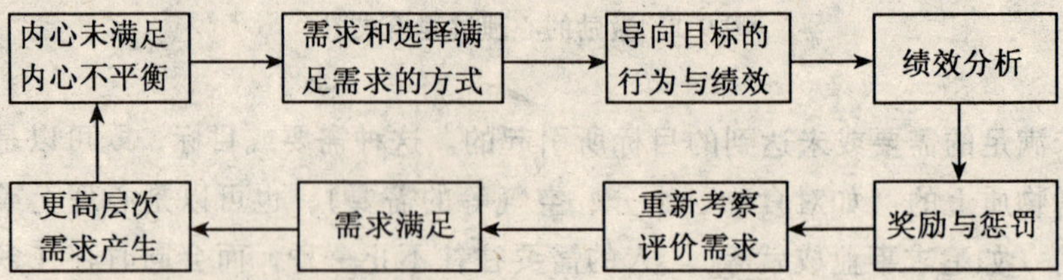


图 9-3　动机激发过程模式图

这一过程经过七个阶段：

(1) 需要产生，因此个人内心的不平衡，出现某种紧张的心理状态；

(2) 个人寻求和选择满足需要的对象（目标）和方法；

(3) 个人采取一定的行动，为实现目标而努力；

(4) 组织对个人在实现目标方面绩效的评价；

(5) 根据绩效评价予以奖励；

(6) 按照奖惩重新评价需要；

(7) 按照这一激励过程满足了需要，个人就会产生满足感，如果需要没有得到满足，激励过程就会重复，可以选择另一种不同的行为。

## 三、激励的作用

用激励能激发人们按照组织目标和管理要求行事或工作的积极性。现实中，公共部门的管理者经常都在有意或无意地应用某种激励的内容和方法来吸引和留住人才，以调动员工的积极性，使其个人目标和组织目标相吻合，取得显著的成效。激励在公共部门人力资源开发与管理中起着重要作用，主要体现在：

### 1. 激励是调动员工积极性的有效手段

通过激励机制的运作，一方面使已经就职的员工最充分地发挥技术和才能，变消极为积极，从而保持工作的有效性和高效性；另一方面又可以进一步激发员工的创造性和革新精神，从而大大提高工作绩效。特别是随着科学技术和生产过程日趋复杂，单靠机器设备不能增加生产，对员工科学技术素质要求越来越高，因而进一步激发员工的创造性和革新精神就显得越发重要了。

2. 人的巨大潜力，需要激励和开发①

哈佛大学教授威廉·詹姆士对按时计酬的工人的工作效率的研究发现：一般职工只需发挥20%～30%的能力，就能保住工作不被解雇；如经充分激励，职工的能力可以发挥80%～90%，甚至更高，并能在工作中始终保持高昂的士气和工作热情。这一研究明显地揭示出职工50%～60%的能力可因良好的激励措施的采用而被激发出来。前苏联心理学家曾对人的大脑的潜能进行过研究，结果表明：一般人只使用了他思维能力的很小一部分，如果一个人能使大脑发挥一半的能力，他就能迅速学会40种语言，熟记《苏联大百科全书》的所有条目内容，并学完10所大学的课程。在体力方面，研究表明：人体器官和结构经受得起10倍于日常生活中的负荷，所以说人的潜能是极为惊人的。激励可以激发出人的积极性、工作热情和创造性，从而推动生产力和整个社会的发展。

3. 激励的强化、教育作用有助于提高员工的社会责任感和心理素质

激励本身就是一种示范，通过对先进人物和事件的表扬和奖励，或通过对不良行为的批评和惩罚，以提高员工对社会要求和组织要求的认识，树立正确的是非观、善恶观和价值观，并用以监督和约束自己的思想和行为。激励还可以激发员工的荣誉感和羞耻感，培养员工积极向上的进取心和坚强意志。激励的这些作用都有助于培养员工的社会责任感和良好的心理素质，从而提高员工队伍的整体素质。

4. 激励有助于组织将员工的个人目标导向组织目标的轨道

个人目标和个人需要是员工行为的基本动力，它们与组织目标和总体利益之间，既有一致性又存在诸多差异性。当两者产生背离时，个人的目标往往会干扰组织目标的实现。组织通过奖励强化那些符合组织要求的行为，通过惩罚否定某些对组织不利的行为，促使员工调整原有行为的方向和方式。因此，激励的重要功能在于以个人利益和需要的满足为基本作用力，引导员工个人目标统一于组织的整体目标，推动员工努力完成工作，从而促进个人目标和组织目标达成一致并共同实现。

5. 激励是形成良好组织文化的有效途径

众所周知，良好的组织文化是组织生存和发展的基础，而良好的组织文化的培育，离不开正反两方面的强化。例如，许多人认为“服务制胜”的时代已经到来，树立服务意识，成为许多组织（包括企业组织和公共部门）文化

① 章达友：《人力资源管理》，厦门大学出版社2003年版，第351～352页。

建设的目标。显然，奖励优质服务行为的同时，还必然强化良好的服务意识；而批评和惩罚劣质服务行为的同时，则是对服务意识的负强化。

## 第二节　公共部门人力激励的类型和机制

弗朗西斯说过，你可以买到一个人的时间，你可以雇用一个人到指定的岗位，你可以买到按时计算的技术操作，但你买不到热情，买不到创造性，买不到全身心地投入，你必须设法争取这些。让组织中的成员全身心地投入到各项工作中，奉献出自己的聪明才智，这正是领导者运用激励的目的。美国哈佛大学教授威廉·詹姆士在对职工激励的调查研究中发现，按时计酬的职工一般仅需发挥20%～30%的能力就能保住饭碗。如果受到充分的激励，职工的能力可以发挥80%～90%，这一差距就是激励所致。所以，如果组织能把注意力放在运用激励手段以开发人力资源上，那么在同样的设备和工艺条件下，必将取得难以想象的巨大效果。请看下列公式：

工作绩效 = f（能力 × 激励）

这就是说，人的工作绩效取决于他的能力和激励水平，即积极性的高低。能力固然是取得绩效的基本保证，但是不管能力多强，如果激励水平低，就难以取得理想的绩效。所谓“明察秋毫而不见舆薪，是不为也，非不能也”，就是这个道理。

### 一、公共部门人力激励的基本类型

激励是人们从客观存在的需要出发，依据一定的条件，帮助人们确立合适的目标，从而激发人们的动机，促使人们采取相应的行动，激励即满足需要，激励即实现目标。但是，人们的客观需要和主观的目标追求存在差异，采取的激励方式必有所不同。按激励内容划分，可以将激励分为物质激励和精神激励两种类型；按激励的方向划分，可以将激励分为正激励和负激励两种类型；按激励的形式进行划分，可以将激励分为外激励与内激励两种不同的类型。下面对这些激励类型进行简单的分析。

#### 1. 物质激励与精神激励

按照激励内容进行划分，激励可以分为物质激励和精神激励两种类型。两者的最终目标是一致的，但作用对象不同。前者作用于人们的生理方面，是对人们物质需要的满足；后者作用于人们的心理方面，是对人们精神需要的满足。

物质资料是人类生存与发展必不可少的物质条件，物质需要是社会生活中最基础的需要，它是人们从事一切社会活动的基本动因，因此物质利益关系是社会关系中最根本的关系。所谓物质激励，就是以满足人们的物质需要为出发点，对物质利益关系进行调节，从而激发人们的劳动热情，物质激励多以加薪、奖金和福利的形式出现。在我国目前经济发展水平条件下，物质激励仍然是激励的重要手段。它对强化按劳分配的社会主义分配原则和发挥先进典型的榜样作用有着至关重要的意义。

人们不仅仅有物质上的需要，还有精神上的追求。在物质需要获得基本满足的情况下，精神上的追求就往往上升为人们的主导需要。俗话说“人往高处走、水往低处流”，每个人都有自尊心、荣誉感，都有积极向上的心理趋向。精神激励就是从满足人们的精神需要出发，通过对人们的心理状态施加正向影响来达到激励的目的。精神激励多以授予称号、颁发奖状、宣传事迹等形式出现，它作为满足人们精神需要的一种重要手段，有着激励作用大、持续时间长和影响范围广等优点。

物质激励和精神激励作为激励的两种不同类型，是相辅相成的，缺一不可的。在激励工作中，物质激励与精神激励很难截然分开，通常物质激励本身就体现着精神激励的作用，精神激励中也含有物质激励的因素。随着社会经济的发展和人们价值追求的变化，物质激励有向精神激励转化的趋势，激励工作中，要强调物质激励与精神激励相结合，并以精神激励为主的原则。

2. 正激励与负激励

根据激励的性质进行划分，激励可以分为正激励和负激励两种类型。所谓正激励，就是一个人的行为表现符合社会的需要，即通过奖赏方式来强化其行为表现，以达到调动工作积极性的目的。所谓负激励，就是一个人的行为不符合社会需要，即通过惩罚或者制裁的方式，来控制其行为表现，从反方向来实施激励。正激励与负激励作为激励的两种类型，都是对人的行为进行强化，不同之处在于取向相反，正激励起正强化的作用，是对行为的肯定，表现为奖赏与鼓励；负激励起负强化的作用，是对行为的否定，表现为批评与惩罚。正激励和负激励不仅可以直接作用于个人，而且会间接影响周围的人，通过树立正面的榜样或反面的典型，造成一种环境压力，可以使一个集体甚至整个社会能够形成一种良好的风气，从而达到激励先进、鞭策后进的目的。

3. 内激励和外激励

从激励的形式进行划分，激励有内激励和外激励两种类型。所谓内激励，就是通过启发诱导的方式，激发人的主动精神，使他们的工作热情建立在高度自觉性的基础上，充分发挥出内在潜力。所谓外激励，就是运用环境条件来制约人的动机，以此来强化或削弱各种行为，进而提高工作意愿。内激励多表现为进行思想教育工作，教育者本着晓之以理、动之以情、消除误会、融通感情的原则，使受教育者受到启发和触动，真正从思想上提高认识，树立起工作的信念。当然人们的思想和价值观的转化需要一个过程，需要一定的时间，所以内激励不能操之过急，否则就会违背人的认识规律和心理活动变化规律，使内激励失去作用。外激励多以行为规范的形式出现，通过建立一些措施和制度，鼓励或限制某些行为的产生。如设立合理化建议奖来激发员工的创造性和革新精神，建立岗位责任制对失职行为予以限制等。从两种激励的表现形式看，内激励带有自觉性的特征，外激励则表现出某种程度的强迫性。在激励工作中，要结合运用这两种激励类型，从不同角度来加强激励的效果。

## 二、公共部门人力激励机制

激励机制就是在激励过程中起关键性作用的因素，它对激励成败有着决定性的影响，了解和认识激励机制是搞好激励工作的必要前提。激励机制主要由激励时机、激励频率和激励程度三个方面的内容构成。

### 1. 激励时机

激励时机是激励机制的重要内容，不同阶段进行的激励作用和效果明显不同。激励过于超前，可能导致人们在心理上对激励产生漠视，影响激励的功效；激励过于滞后，又有可能会使人们感觉到多此一举，使激励失去意义。激励到底应该在什么时候进行好？这是一个复杂的问题，需要针对不同的情况，进行具体的分析。一般来说，根据工作的业务性质、复杂程度和完成周期的长短，可以把激励时机分为期前、期中和期末三种形式：

期前激励就是在工作开始之前，公布任务指标和相应的奖惩措施，这种形式主要是用于工作周期长、任务比较明确的项目。其优点在于使工作人员的积极性能与工作的计划安排挂起钩来，使他们能够树立明确的奋斗目标，缺点则是缺少反馈环节。

期中激励是在工作任务进行过程中，分阶段规定任务及相应奖惩措施，它主要是用于工作内容庞杂、需要分阶段完成的任务。其优点在于体现了及时性原则，有针对性；缺点是整体性不强。

期末激励是在工作任务完成以后，在对全部工作进行总结的基础上进行激励，主要适用于任务复杂、开始时难以确定指标的项目。缺点是不及时，容易影响激励效果。

在实际工作中，要综合运用这三种激励时机，使他们能相互补充，就可以收到更好的效果。

2. 激励频率

所谓激励频率，是指一定时段进行激励的次数。通常以工作任务的周期为时间单位。在这个周期内，激励次数多说明频率高，激励次数少则说明激励频率低。激励频率是重要的机制性因素，它对激励效果有着非常显著的影响，但不能把激励频率与激励效果简单的理解为正比例关系，并不是激励频率高，激励效果就一定好，反之激励频率低，激励效果就一定差。事实上，有时两者是反比关系。必须根据不同的情况，采取适当的激励频率，只有这样才能有效的达到激励的目的。

激励频率受到多种客观条件的制约，主要有工作的内容、性质、复杂程度，任务目标的明确程度，激励对象的素质状况及其对工作本身的满意程度、劳动条件及人事环境，等等。一般来说，对于复杂程度高、比较难完成的任务，激励频率应该低；对于比较简单、容易完成的任务，激励频率应该高。对于任务目标不明确、需要较长时期方可以见到成果的工作，激励频率应该低；对于任务目标明确、短期可见成果的工作，激励频率应该高。对于注重眼前利益、目光短浅的人，激励频率应该高；对于具有高层次需要、追求实现自身价值的人，激励频率应该低。在工作满意度低、劳动条件和人事环境不好的单位或部门，激励频率应该高；在工作满意度高、劳动条件和人事环境好的单位或部门，激励效率可以低些。总之，什么时候激励效率低，什么时候激励效率高，要根据具体情况做出决定，而不应随意确定。

3. 激励程度

所谓激励程度，是指激励量的大小，它与激励的效果也有着密切的联系。激励量过大或过小都会直接影响激励作用的发挥，俗话说："无功不受禄，有过必受罚。"在激励工作中应该遵循实事求是、公正的原则，根据工作人员的实际表现，予以适当程度的激励。滥用激励或保守吝啬，不但起不到调动积极性的作用，甚至还会起反作用，造成对工作积极性的挫伤。对一个在工作中并无突出贡献的人，却给予很高程度的奖赏，就会使周围的人不满意、不服气，进而对激励失去兴趣，最终造成人心涣散的被动局面；相反，假如对一个在工作中做出突出贡献的人，却得不到应有的奖赏，则会使人们感到反正干多干少一个样，都是平均主义大锅饭，从而造成工作热情下降的局面。产生以上现象的根本原因，都是由于没有恰到好处地把握好激励的程度。从一般意义上讲，激励程度应和完成任务的繁重程度和完成程度相一致，任务繁重，完成又很好的，应给予高额度奖励，次于前者的，应给予低额度奖励。只有这样，才能发挥激励的作用。

### 三、公共部门人力激励的原则

激励是一门科学，按照正确的激励原则制定激励措施，才能收到良好的激励效果，才能调动人才的工作积极性，促进组织目标的顺利实现。实施激励要注意以下六条原则：

**1. 目标结合的原则**

激励是为了鼓励员工向实现组织目标方向做出努力，是实现组织目标的一种手段。因此，判断激励是否有效，必须分析激励所产生的积极性是否有利于完成组织任务，实现组织目标。激励措施不当、方向不明，有时会引起员工相反的行为，结果好心办坏事，反而与组织目标背道而驰，危害组织利益。此外，激励目标的设定还必须能够满足员工的需要，否则无法提高员工的目标效价，达不到促使员工做出有效行为的目的。因此，只有将组织目标与个人目标结合好，使组织目标包含较多的个人目标，使个人目标的实现离不开为实现组织目标所作的努力，才会收到满意的激励效果。

**2. 准确把握员工的心理需求和人格类型原则**

激励的目的是为了调动员工的积极性，满足人们正当的、合理的需求。员工的心理需求和人格取向不同，就会产生不同的动机，不同的动机要求管理者采取不同的激励方法。因此，在制定激励措施前，要进行充分的调查研究。通过调查研究，准确把握员工的基本需求是什么？目前满足的状况如何？哪些需求的满足最能调动员工的积极性？准确把握了员工的心理需求，就可能有的放矢地采取激励措施，激励就会取得好的效果。要有的放矢地实施激励措施，还必须分析把握员工的人格类型，不同的员工有不同的个性。就人格类型进行划分，人主要有内向型和外向型两种：内向型人格的员工，其心理活动取向于内部，感情较深沉，待人接物谨小慎微，处理事情缺少决断力，但一旦下决心办某种事情，则常常会锲而不舍，能够进行自我分析和自我批评，不善交际，节奏缓慢。内向型人格的员工，通常追求自主性和能力的自我完善，追求成就感，用这些需求作为诱发因素对他们进行激励，可以收到良好的激励效果。外向型人格的员工，其心理活动趋向于外部，活泼开朗，感情外露，待人接物决断快，节奏快，独立性强，但比较轻率，不拘泥于小事，常常缺乏自我分析和自我批评精神。外向型人格的员工，通常追求权力和社会地位，追求自我价值的实现和社会尊重，用这些需求作为诱发因素，对他们进行激励可以收到良好的激励效果。

3. 采取合理激励措施原则

激励的效果与激励措施的科学合理程度有着密切的关系。激励措施科学合理，人们的心理接受度大，对人们积极性的调动也大。激励措施不合理，人们会在心理上产生排斥，甚至挫伤一些人的积极性，激励措施合理的一个重要的先决条件是使人们心理上都能接受，只有这样才能起到激励作用，调动全体员工的积极性。另外，一个组织内部员工的积极性，不仅与员工的思想觉悟、劳动态度、企业文化等因素有关，而且与整个社会舆论、社会风尚密切相关。因此制定激励措施，既要立足组织本身，也要考虑社会心理的作用，要尽可能利用良好的社会心理、社会舆论、社会风尚的积极作用，克服不良心理的消极作用。

4. 公平、公正原则

一个人对他的报酬是否满意不是只看其绝对值，而是要进行社会比较或历史比较，即相对值。每个人都把个人报酬与贡献的比率同他人的比率进行比较，判断自己是否受到了公平的待遇，从而影响自己的情绪，控制自己的工作行为。为实现公平、公正的原则，必须反对平均主义，克服“一刀切”的简单做法。平均主义是管理者的大忌，正是因为多年一贯的平均主义，才致使组织效率低下，员工工作懒散。平均分配奖励，会使奖励失去作用。差别性是激励的重要原则，实行公平、公正激励，还必须对全体员工一视同仁，不偏不倚。不能允许有人利用权力或因为私人感情搞特殊化，否则，将产生严重的负面效应，影响员工队伍的稳定，影响组织绩效。

5. 注重激励成本原则

激励是需要成本的，组织采取激励措施，必须支付一定的费用，如组织活动、发放奖励都需要资金支持，这些资金支出构成了激励成本。激励措施的收益是在激励措施生效后，会给组织带来的好处，这些好处使激励活动产生绩效。组织应该树立激励成本意识，关注激励的成本及其收益。如果激励成本过高，甚至超过取得的收益，那么这种激励对组织来说是没有实际意义的。组织在开展激励活动时，也要将其作为一项经营活动来考虑，注意降低激励成本。

6. 坚持绩效优先、按劳分配的原则

绩效优先、按劳分配的原则是激励活动的重要原则，它不仅能克服平均主义，避免挫伤贡献较大的人员的积极性，体现脑力劳动和体力劳动、复杂与简单劳动之间的差别，奖勤罚懒，奖优惩劣，而且也是社会主义按劳分配原则的贯彻，有利于社会主义物质文明和精神文明建设。坚持绩效优先、按劳分配，员工才有可能各尽其力，各负其责，才能增强工作的责任心，才能保持持久地旺盛的工作热情，竭尽全力地做好本职工作。

## 第三节　公共部门人力激励方法

激励的方法多种多样，运用恰当的激励方式可以使激励作用得到更充分的发挥。

### 一、公共部门人力激励中存在的问题

改革开放以来，我国公共部门基本上实行了以按劳分配为主的分配原则，极大地激励了员工的工作积极性。但是，由于受传统观念的影响和我国公共部门管理体制方面存在的不足，重文凭、重资历、重关系现象仍然比较严重，将学历与工资、晋级挂钩，忽视技能，导致对员工激励效果不力，这严重压抑了员工的积极性，导致工作效率的低下。

**1. 以“经济人观”看待全体员工**

在这种观念支持下，组织往往简单地以经济利益作为驱动员工的唯一手段，而忽略了员工的归属需要和成就追求，不重视组织内部的人际关系，更不会利用客观存在的非正式组织提高组织的凝聚力和效率。

**2. “灵活性”与“随意性”划等号**

部门领导缺少一种稳定的、有连续性的行为规则，类似问题的处理往往因时、因人而不同。这一方面使员工感到组织在对待不同人员时缺乏公正；另一方面又造成了“鞭打快牛”的不良效果，如此，组织效率的下降是必然的。

**3. 缺乏沟通，反馈不及时**

组织将它与员工的关系视为契约关系，重视工作，但不重视人际关系，缺乏领导与职工、职工与职工相互沟通的机制；由于员工得不到对自己行为评价意见的及时反馈，工作的激情衰减很快；加之考评中采用“强制分档，末位受损”的危险规则，员工不仅得不到“激励”，反而衍生出许多新的矛盾。

**4. 激励方案缺乏对员工特性的考察**

在实施激励时，往往忽视不同员工的特点而制订相同的激励方案，千篇一律，不加区别。特别在一些政府部门中，激励的方案单调简单，这明显不能对不同年龄、不同职务和不同个性的员工进行有效的激励。

**5. 个人绩效与团队贡献没有做到明确区分**

一般来说，团队生产能够超过其成员各自独立的生产之和，但是，团队生

产妨碍了对生产率和奖励的测量。特别在一些绩效考评制度不健全的部门中，由于在团队中个人贡献的难以观测性和难以分离性产生了“免费搭车”问题；在荣誉和成绩面前，往往造成团队成员之间的扯皮现象。

#### 6. 职位提升没有得到正确使用

一些部门在组织架构上不能全面考虑到职位提升的可能性大小、职位数量和提升时间，或者不能准确地衡量和计划员工有多大的机会获得提升以及职位提升后的收入增加程度，这些都影响到员工的工作动力和对事业前途的期望，使得职位提升这种激励机制不会产生太大的预期值。

#### 7. 太多或太少的信息披露

绩效评价制度具有二重性。一方面指导和帮助员工做好工作；另一方面对员工的表现进行评价，为今后的晋职、加薪等提供依据。在实践中，很难把这两个目的分割开来，这就意味着，组织在通过绩效评价制度给员工以反馈的同时，又透露出组织对员工将来发展上的看法。但是往往一些部门的管理者在对员工进行绩效评价时，掌握不好评价的“度”或不谨慎地处理这些问题。比如，评语太好，使某些员工认为将来提升非我莫属；评语太坏，使一些员工认为提升没有指望。这两种情况，都会降低员工努力工作的积极性。

#### 8. 目标设定不合理

现在许多公共部门都喜欢采用目标管理法，即将组织总体目标分解为各个员工的目标，根据目标完成情况给员工以适当的奖惩，以激励员工努力工作。但是目标设置时常不合理，有的在没弄清每个员工的性格、能力和知识水平时，就盲目制定出目标；或者有的目标设定不考虑目标之间的协调问题，以致使目标之间产生冲突，给绩效考核工作带来困难，扭曲激励机制的作用。有的目标设置不是太高就是太低，目标太高使员工感到无法实现而挫伤他们工作的积极性，目标太低则不能激发员工的潜能。

#### 9. 平均主义仍有市场

由于以前我国长期处于计划经济时期，现在公共部门中特别是政府部门中仍然存在着“大锅饭”的影子，组织在采取激励措施时，不能完全贯彻按劳分配的原则，或是把公平主义曲解为平均主义，这样就导致对员工的业绩不能给予客观正确的评价，极大挫伤了员工努力工作的积极性。

#### 10. 注重短期激励，缺乏长期激励；重物质激励，轻精神激励

现阶段我国许多公共机构都只强调短期效益，所以许多绩效考核都只能较好地考察到员工行为对部门近期利益的贡献，却忽略了对部门长期的、根本利益的贡献。在激励方面这些部门也只愿实行短期激励而不愿研究如何进行长期

激励。这就诱发员工片面追求短期利益，员工的这种短期行为最终损害了部门的根本利益，使部门丧失了可持续发展的内在动力。

根据马斯洛的需要层次论，物质只是人们较低层次的需要，但是现在我国许多公共机构在员工激励过程中，尤其是在关键员工激励过程中，只单纯强调物质激励，不愿在精神激励这一更高层次上下功夫、想办法、做研究。部门领导者给下属安排工作，很少实行员工参与式管理和民主协商的办法，这就难以发挥员工的潜能和创造力。

## 二、公共部门实施激励应把握的规律

任何激励内容，都会产生不同的激励效果，但是在相同激励成本之下，如何提高激励效果是人力资源工作者一直在考虑的问题。这就要求了解人的需求的多样性、层次性，动机的繁复性，在此基础上掌握人力激励的规律。

要把握人力激励的规律，只有把员工个人信息了解详细，结合组织实际情况对诱因进行准确地分析，综合运用各种动机激发手段，针对不同的情况找出可能效果最好的因素加以刺激，使全体员工的积极性、创造性、组织的综合活力，达到最佳状态，实现激励的效果最大化。

1. 不同类型的公共部门有着不同的激励特点。一个组织的文化底蕴不同，价值观不同，对员工的影响也会有所不同。举例来说，政府部门与事业单位相比较而言：政府部门工资、奖金都有一定的保障，工作周期性较明显，激励重在于目标的激励。事业单位员工的工作需要相应工作配套工具与工作成本保障，所以他们更在意与工作业绩的联系程度，激励重在于过程的激励。

2. 不同类型的员工，其诱因也有所不同。针对不同类型的员工，应提取不同的诱因，运用不同的激励方式：

第一种人才：高热情，高能力。这是组织最理想的杰出人才，基本对策是重用，给这些人才充分授权，赋予更多的责任。

第二种人才：低热情，高能力。这类人才一般对自己的职位和前程没有明确的目标，对这类人才要不断鼓励、不断鞭策，一方面报酬上适当刺激；另一方面要防止这些“怀才不遇”人才的牢骚和不满感染到组织，与他们及时沟通。

第三种人才：高热情，低能力。这是较常见的一种，尤其年轻人和新进员工。充分利用员工热情，及时对他们进行系统、有效的培训；提出提高工作能力的具体要求和具体方法；调整员工到其最适合的岗位或职务。

第四种人才：低热情，低能力。对这类人才不要失去信心，但要控制所花时间，开展小规模培训。激发其工作热情，改变其工作态度，再安排到合适岗位。

此外，为员工安排的职务必须与其性格相匹配。每个人都有自己的性格特征，比如，有的人安静，另一些人则活跃；一些人相信自己能主宰环境，而另一些人则认为自己成功与否主要取决于环境的影响；一些人喜欢高风险的具有挑战性的工作，而另一些人则是风险规避者。员工的个性各不相同，他们从事的工作也应当有所区别。与员工个人相匹配的工作才能让员工感到满意、舒适。比如说，喜欢稳定、程序化工作的传统员工适宜干会计、出纳员等工作，而充满自信、进取心强的员工则适宜让他们担任综合管理、公共关系部门等职务。

3. 在同一组织的不同发展阶段，其激励诱因也会有不同。新型组织中的员工更看重个人发展，他们知道组织在创业时期的艰难，对于工资要求不是很高。而老组织中的员工，由于已经进入了守业阶段，会更计较个人的现有职位、权力范围或是工资级别、奖金分配等。

4. 同一组织中的不同职位与不同管理层面也有不同的激励诱因。公共部门的员工主要分为：决策人员、管理人员、执行人员三大类，各种激励策略对于这三类关键员工产生的效果有所不同，如表 9-1 所示。

5. 同一员工的不同人生阶段，其关注的重点不同，诱因也就不同。刚毕业的大学生，选择一个适合自己感兴趣的岗位可能是最重要的，但是对于工作熟练程度较高的员工来说，职位的晋升可能会有较大的激励作用。在人生 30 岁至 40 岁的阶段，人们可能由于生活压力的原因，更注重工资的实际收入。在这一阶段，很多职业发展不稳定的人已经放弃了最初职业理想的追求，而忙于应付生活物质需求。

员工的职业生涯可分为：职业适应阶段、创业阶段、收获阶段和黄金阶段，各类激励方法在各阶段所起的效果也不一样，如表 9-2 所示。

表 9-1　　不同类型员工的激励策略及效果

| | A1 | A2 | A3 | B1 | B2 | B3 | C1 | C2 |
|---|---|---|---|---|---|---|---|---|
| 金钱激励 | ** | * | — | * | * | ** | ** | *** |
| 权力激励 | ** | ** | *** | * | * | * | * | * |
| 知识激励 | ** | ** | * | ** | — | *** | ** | ** |
| 核心技术激励 | — | — | — | *** | — | *** | *** | * |

续表

| | A1 | A2 | A3 | B1 | B2 | B3 | C1 | C2 |
|---|---|---|---|---|---|---|---|---|
| 荣誉激励 | * * | * * | * | * * | * * | * * | * * | * |
| 参与激励 | * * | * * | * | * * | — | * * | * * | * * |
| 竞争激励 | * * | * * | — | * * | * | * * | * * | * * |
| 信息激励 | * * | * * | — | * * | * | * * | * * | * * |
| 职务设计激励 | * * * | * * * | — | * * | * * | * * | * * | * * |
| 培训激励 | * * | * * | * | * * | * | * * * | * * * | * * |
| 目标激励 | * * | * | — | — | * | * * | * * | * * |
| 文化激励 | * * | * * | * * | * * | * * | * * | * * | * * |
| 股票期权与员工持股 | * * | * * | * * * | * * | * | * * * | * * | * * |

人员类型编号说明：A1：基层决策领导；A2：中层决策领导；A3：高层决策领导；B1：基层管理人员；B2：中层管理人员；B3：高层管理人员；C1：专业执行人员；C2：综合执行人员。

结果代码说明：—表示基本无效；＊表示有效；＊＊表示有较好效果；＊＊＊表示最应该考虑。

表 9-2　　不同职业生涯阶段员工的激励策略及效果

| | 职业适应阶段 | 创业阶段 | 收获阶段 | 黄金阶段 |
|---|---|---|---|---|
| 金钱激励 | * * * | * | * * | * |
| 权力激励 | * | * * | * * * | * * |
| 知识与核心技术激励 | * * | * * * | * * | * |
| 荣誉激励 | * * | * * | * * * | * * |
| 参与激励 | * * | * * | * * | * |
| 竞争激励 | * * | * * | * | * |
| 信息激励 | * | * * | * * | * |
| 职务设计激励 | * * | * * * | * * | — |
| 培训激励 | * * | * * * | * * | * |
| 文化激励 | * * | * * | * | * |
| 股票期权与员工持股 | * | * * | * * * | * * |

结果代码说明：—表示基本无效；＊表示有效；＊＊表示有较好效果；＊＊＊表示最应该考虑。

6. 不同生活环境及经历会导致员工有不同的诱因。未婚员工更喜欢集体联谊活动，而已婚的员工对孩子的成长环境更为关注；经历太多挫折的员工，对组织的平稳发展、上司的信赖与同事之间的和谐气氛更加珍惜，而意气风发、一帆风顺的员工，可能会更在意现有工作的难度，是不是有挑战性等。

## 三、人力激励基本方法

人力资源激励的基本形式和方法是对激励类型的具体化，比如目标激励、示范激励、参与激励都属于精神激励这一类型，同时某种程度上目标激励、示范激励还属于内激励这一类型。运用恰当的激励方式可以使激励作用得到更充分的发挥。

### 1. 目标激励法

在工作中，人们只有了解自己要努力达到的目标是什么，并且真正愿意实现它，才可能受到激励。目标激励，就是在综合考虑组织目标、部门目标和个人目标的基础上，确定适宜的目标，诱发人的动机和行为，调动人的积极性，最终实现组织的目标。目标具有引发、导向和激励的作用，通过目标激励既能使员工看到自己的价值和责任，也能使员工的个人需求与组织的目标统一起来。

所谓目标激励，就是把大、中、小和远、中、近的目标结合起来，使人在工作中每时每刻都把自己的行动与这些目标联系起来。目标激励包括设置目标、实施目标和检查目标，见图 9-4。

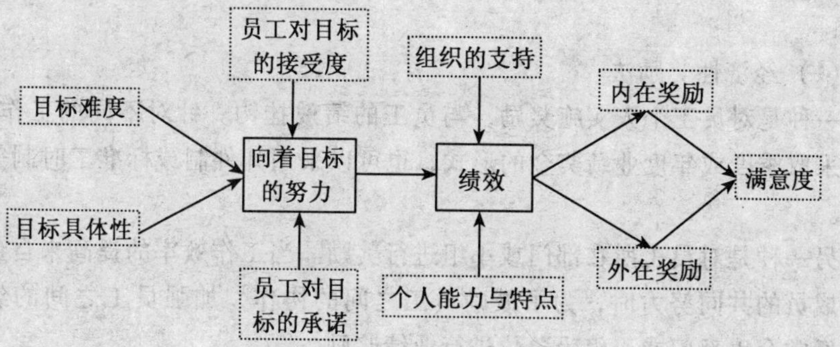


图 9-4　目标设置理论示意图

管理者要积极宣传组织的目标，正确地识别员工的个人目标，并且通过引导和教育使个人目标与组织的目标一致，员工对组织目标的赞同是目标激励有效性的前提。在制定目标的过程中，管理者应该让员工积极参与进来，帮助员工设置个人目标。管理者负责员工目标的修正，协助他们制定详细的实施计划，并在随后的工作中引导和帮助他们努力实现目标。员工的目标在某种意义上是对自己、上级和组织的一种承诺，为了履行承诺，他们会努力工作，体现出强烈的责任感，积极发挥自己的潜能，并且会在完成一个目标的过程中得到工作的乐趣。

需要强调的是，员工的目标应该符合 SMART 原则，也就是说目标应该是可确定的（Specific），可衡量的（Measurable），可接受的（Acceptable），现实可行的（Realistic）和有时间限制的（Time indication）。SMART 原则是一种经常使用的科学方法，可以帮助管理者检查设定的目标是否合理，发现问题并及时修正。

组织要提高目标激励法的有效性，除了以上应该注意的问题和应改采取的措施外，还要注重目标实施中的沟通、注意目标的修正和追踪，并注重目标的评估，建立执行目标奖励制度。

**2. 强化激励法**

强化分为正强化和负强化两种，强化激励法也可以成为奖惩激励法。正强化是对组织所需要的行为，采取表扬或奖励等方式予以肯定，以促进此种行为继续出现；负强化是对组织不期望的行为采取批评或惩罚的方式予以否定，使之不再出现或减少出现的次数。强化还可以分为经济性和非经济性两种：经济性的强化大多与薪酬有关，属于物质激励的范畴；非经济性的强化大多与满足员工的精神需要有关，属于精神激励的范畴。下面主要对正强化激励方法作些介绍：

（1）经济性奖励法

一种是对员工个人实施奖励，与员工的绩效挂钩。针对不同的工作性质，可以采取季度或年度业绩奖金的形式，也可以采用计件制或标准工时制等奖励方法。

另一种是对员工所在部门或小组进行奖励。当工作效率的提高来自部门或小组成员的共同努力时，为了鼓励员工之间的协作，加强员工之间的经验交流，经常会以部门或小组为单位进行业绩奖励。

还有一种奖励方式是对组织整体进行奖励。这种方式有利于组织员工个人目标与组织整体目标协调一致，使员工看到组织目标与个人目标之间的关系，从而激发员工的工作积极性。

对一个组织来说，具体采用哪种或哪几种经济奖励方式，要对组织的具体情况、员工工作岗位特点和员工的需求进行综合考虑决定。

（2）非经济性奖励法

员工除了具有经济方面的需求外，还有非经济方面的需求。当员工的经济需求得到满足或基本满足后，为员工提供多样化的非经济性奖励就成为激励员工的有效手段。非经济奖励主要涉及工作本身、工作环境和工作时间、荣誉等方面的奖励方式。

工作激励就是从工作本身着手，把适当的人安排到适当的岗位上，做到岗能匹配，甚至可以进行岗位和员工的双向选择。一方面要求员工能胜任所安排的工作；另一方面要求工作对员工来说具有一定的挑战性。这样，员工在完成工作的过程中就会产生成就感、责任感，认识到自己的价值和贡献，认可自己的能力，增强接受挑战的信心，从而在自身的发展过程中快乐地工作。

组织为了使工作具有可接受性和挑战性，在工作设计和实施过程中要注重员工的意见和建议，在合理的范围内让员工具有工作的自主权，尽量让员工参与到工作设计中来。可以为员工提供丰富的工作内容、职位升迁的机会和培训发展的机会，合理地放权，从而满足员工在工作和个人能力及自我实现方面的需求。

在工作环境方面，管理者尽量为员工配备良好的工作设备、优化办公环境等。和谐的、相互尊重的、互帮互助的稳定的工作环境有利于满足员工的社交、归属需求和尊重需求，有利于员工保持良好的工作状态，提高员工的满意度，从而发挥员工的工作积极性。

荣誉是组织对个体或群体的崇高评价，是满足人们尊重需要，激励员工奋力进取的重要手段。从人的需要来看，每个人都有受到尊重、得到认可的需要，所以对于工作表现突出的员工，可以给予奖励。荣誉奖励的成本较低，但是效果较好。荣誉极力要注意避免评奖过多过滥的现象，否则会大大降低荣誉的“含金量”，使荣誉的作用大打折扣。管理者一定要明确“在什么情况下给怎样的荣誉”，让荣誉有其存在的标准，并且在荣誉的评判过程中坚持用事实说话。

### 3. 参与激励法

现代人力资源管理的实践经验和研究表明，现代的员工都有参与管理的要求和愿望，创造和提供一切机会让员工参与管理是调动员工积极性的有效方法。由于员工参与了制度的制定和工作设计，这些制度和工作就会被员工理解和接受，就有利于制度和工作的执行，从而成功实施的机会就会加大。同时，由于员工参与了组织的管理工作，他们就会产生参与感和归属感，就会产生被重视、尊重和被信任的感觉，从而增强了员工的责任心和对组织的向心力。因此，让员工恰当地参与管理，既能满足员工归属感和自我实现的需求，起到激励作用，又能为组织的发展提供更多的机会和空间。

而且，在我国，员工是国家的主人，理所当然也就是组织部门的主人。应该充分运用参与激励法激发员工的工作热情，使他们有主人翁意识。参与激励法强调，组织领导者应把员工摆在主人的位置，尊重他们，信任他们，让他们在不同层次和不同深度上参与组织决策，吸收他们中的正确意见，全心全意依靠他们实现组织目标。

### 4. 示范激励法

示范激励法又称典范激励法，是指通过先进人物与典型事件来影响和改变个体、群体和组织的观念与行为的一种激励方法。示范由示范原型、示范场、示范效应三部分构成。示范现象的来源成为示范原型；示范场是指示范原型发生示范作用的范围和条件；示范效应是指示范原型在特定的示范场中对社会和个人的影响强度和深度。从示范原型的类别来看，示范效应可以分为两类：一类是原发型，即示范原型在没有宣传的情况下自发产生影响；另一类是树立型，即示范原型的言行得到社会的肯定和赞扬，并通过规定、舆论、宣传媒介等形式被确立为一定范围的效仿榜样。原发型是树立型的前提和基础，树立型是原发型的完善和提高，是自觉的示范形式。由于领导者在示范效应力场中，其示范效应系数最大，即在诸多参考系统中，领导者的参照系数的辐射力最强，所以，尤其要强调的是领导者本人的身先士卒、率先示范，正如一些部门负责人所说："喊破嗓子，不如做出样子。"

### 5. 情感激励法

情感分为积极的情感和消极的情感，积极的情感能提高人的活动能力，消极的情感能削弱人的活动能力。具有积极情感的人在工作中通常具有积极的心态和进取心，工作效率较高；具有消极情感的人通常工作效率较低。人力资源管理工作的一项重要任务，就是使被管理者尽可能保持积极情感。员工的积极情感需要人力资源管理者运用情感激励的方式来培养和带动，因为受到激励需要积极的心情，这是情感激励的基础。要进行情感激励，就要求管理者与员工进行有效地沟通，认真识别员工在情感方面的需求，从而采取有针对性的情感激励措施。在进行情感激励时，管理者可以采用语言激励方式，也可以采用非语言激励方式。无论采取何种方式，情感激励都要求管理者本人具备积极情感，用真诚的爱心来感应，满足员工情感方面的需求，使对方在内心深处产生强烈的意愿。

## ☞思考题：

1. 结合激励含义，说明激励所包含的内容。
2. 试述激励的运行机制。
3. 简述公共部门人力激励的作用。
4. 试述公共部门人力激励的基本类型。
5. 试述公共部门人力激励的基本原则。
6. 如何把握公共部门人力激励的基本规律。
7. 试述公共部门人力激励的基本方法。

## ☞案　例：

### 红烧肉的思考：因人、因时、因事激励

老板接到一桩业务，有一批货要搬到码头上去，又必须在半天内完成。任务相当重，手下就那么十几个伙计。这天一早，老板亲自下厨做饭。开饭时，老板给伙计一一盛好，还亲手捧到他们每个人手里。伙计王接过饭碗，拿起筷子，正要往嘴里扒，一股诱人的红烧肉浓香扑鼻而来。他急忙用筷子扒开一个小洞，三块油光发亮的红烧肉“藏”在米饭当中。他立即扭过身，一声不响地蹲在屋角，狼吞虎咽地吃起来。这顿饭，伙计王吃得特别香。他边吃边想：老板看得起我，今天要多出点力，于是他把货装得满满的，一趟又一趟，来回飞奔着，搬得汗流如雨……整个下午，其他伙计也都像他一样卖力，个个挑得汗流浃背。一天的活，一个上午就干完了。中午，伙计王不解，偷偷问伙计张：“你今天咋这么卖力？”张反问王：“你不也干得起劲嘛？”王说：“不瞒你，早上老板在我碗里塞了三块红烧肉啊！我总要对得住他对我的关照嘛！”“哦！”伙计张惊讶地瞪大了眼睛，说：“我的碗底也有红烧肉哩！”两人又问了别的伙计，原来老板在大家碗里都放了肉。众伙计恍然大悟，难怪吃早饭时，大家都不声不响闷笃笃地吃得那么香。如果这碗红烧肉放在桌子上，让大家夹来吃，可能就不会这样感激老板了。同样这几块红烧肉，同样几张嘴吃，却产生了不同的效果，这不能不说是一种精明。

资料来源：自编案例

☞**案例分析：**

老板为什么要单独在每个人碗底放红烧肉，而不是放在桌子上大家共分享？红烧肉单独放在每个人碗里产生的激励作用和放在桌上共享的激励作用，究竟哪个会更大一些？

这种精明其实是一种很用心的激励手法——让每个人都感到激励！“如果这碗红烧肉放在桌子上，让大家夹来吃，可能就不会这样感激老板了。同样这几块红烧肉，同样几张嘴吃，却产生了不同的效果”，这是引人深思的一句话，对于管理人员来说，“怎样让大家吃红烧肉吃得有劲头”是个永恒的而且常新的话题——不同的人激励方法不同，同一个人不同时期激励方法也不同。千万不能墨守陈规！

我们知道，每个人都渴望被激励，在获得有效激励的时候，每个人都会因为这种激励而产生自豪感、成就感。故事中的老板这么做，意在激励每一个人，而那位老板的做法妙处在于，他让每个员工都感到这份激励只是针对自己。如果红烧肉放在餐桌上共享，激励的效果当然有，但是，一定比单独放在碗里而使员工获得激励的效果小。这样说，有什么理由吗？用激励每个个体的形式起到提升团队绩效的激励手法，一定比用激励全员的形式起到提升团队绩效的激励手法更为有效。因为后者，激励手法单一，达不到激励每个个体的效果（个体对于激励的需求是不同的）。而达不到激励每个个体的目的，个人的绩效就不会最大化，个人绩效不最大化，团队的绩效又何能最大化呢？有人可能提出，老板虽然使用的是前一种手法，即激励个体，但老板也是给所有的人红烧肉呀，这与放在桌上大家共享有什么区别？的确，仅仅注重形式上的个体性是不够的，要知道，不是每个人都喜欢吃红烧肉的，就算每个人都说红烧肉好吃，但是吃的时间长了也会腻的，红烧肉的故事里，“红烧肉”只是一种象征，管理者在激励每个个体时，一定要把握每个人的不同需求，每个时期的不同需求，只有这样，好的形式结合有针对性的内容才能起到最佳的作用，这就叫“因人、因时、因事激励”。

# 第十章

# 公共部门绩效评估

绩效是指某一组织或员工在一定时间与条件下完成某一工作任务所表现出来的工作行为和所取得的工作结果。对组织而言，绩效的表现形式主要体现在三个方面：工作效率、工作数量与质量、工作效益。而绩效往往又随着系统因素、员工工作行为等相关因素的变化而不同，呈现出明显的多因性、多维性和多层次性。

## 第一节　公共部门绩效评估概述

### 一、公共部门绩效评估的特征与类型

公共部门中的绩效评估，又称绩效考核或绩效评价，它是按照一定的标准采用科学的方法检查和评定组织内部公务员对职位所规定的职责的履行程度，以确定其工作成绩的管理方法。其目的主要在于通过对公务员进行全面综合的评估，判断他们是否称职，诊断他们在管理中存在的问题，并以此作为人力资源管理的基本依据，切实保证他们的报酬、晋升、调动、职业技能开发、激励、辞退等工作的科学性，同时也可以检查公共部门的各项管理政策，如人员配置、员工培训等方面是否有失误。绩效评估是人力资源管理考核中的一项重要内容，但它不是部门考核的全部。公共部门中绩效评价只对进入本系统的公职人员进行旨在提高行政质量和效率的考核，而一个部门的全部考核包括人员的录用、绩效评价和奖惩管理。

绩效评估在公共部门管理中有着十分重要的地位和作用。首先，绩效评估是公共部门的任务得以完成的关键所在；其次，绩效评价是公务员自我提高的主要途径；最后，绩效评价是组织模式和文化的重要体现。因为个人和组织的绩效评估是管理的基本任务，没有绩效评估就无法做出最佳管理决策，绩效评

估可以使管理者及其下属制定计划以及纠正任何可识别的工作失误，可以使员工了解自己的工作情况，从而有利于以后工作的不断改进与完善。

与工商界的绩效特征相比较，公共部门的绩效明显呈现出以下特征：

第一，工商部门绩效目标的复杂性。企业追求的是利润最大化、市场占有率等可以明确量化的绩效目标，而公共部门的绩效目标则要相对复杂的多，社会目标、无形目标和长远目标等具有更根本的意义，而且公共部门的一些绩效指标一旦涉及公平、责任等范畴就难以进行定量分析，如针对决策部门、协调部门、咨询部门等非执行性部门的工作活动就难以形成量化的、可操作性的考评指标。

第二，公共部门绩效形态的特殊性。企业的绩效形态一般具有“可见性”和“终端性”两个特征，从而为企业的绩效考评工作提供了直接的、可比较的平台，而公共部门提供的产品往往是服务性质的，相当部分的产品是无形的，并且单个部门提供的绩效在整个公共服务中又往往是“中间状态的”，可比较性低。

第三，公共部门绩效的评价机制不健全。企业一般是按照价格波动、供求关系变化、成本约束来调整自己的产品结构、数量和质量，而公共部门的服务成本已经通过税收的形式预先向社会作了强行扣除，公共部门的相当产品由于缺少替代和竞争，无法经受价格机制和消费者偏好机制，也就是说公共部门的产品缺乏竞争和替代，因此公共部门产品或服务交易的特殊性导致了公共部门的绩效难以考评和评定。

公共部门人力资源管理中的绩效评估，一般分为判断型评估和发展型评估两种类型。

目前，大多数公共管理部门所采取的考评模式属于判断型评估的类型。我国的公共部门运用判断型评估时将其分为三类：一是普通型，即将绩效评估作为特定管理中的一个环节，如实行目标责任管理制、效能监察、效能建设、社会服务承诺制和行风评议等；二是行业型，由政府主管部门设立评估指标体系，对业内的企事业单位进行量化考评；三是专项型，即对政府工作的某一方面或专项活动作绩效评估，如教育部门的普通中小学全面实施素质教育评价，科技部制定的“高新区评价指标体系”，江苏省纪委的“应用指标分析方法对反腐败五年目标实现程度的测评”，等等。

发展型评估是现代组织进行业绩评估的发展方向，现代公共部门人力资源管理中的绩效评估的趋势就是建立一种“发展式”考评模式，即以提高员工未来的工作绩效为目的，着眼于在组织与员工之间建立一种战略伙伴关系，从而在个人发展目标与组织发展目标的互动中实现二者的共同发展。

## 二、绩效评估系统

绩效评估系统主要由工作数量、工作质量、工作适应能力三方面构成，亦称为绩效评估的三要素。工作数量，主要包括已完成的可以接受的工作分数、尽职的程度、所达到的工作期限、努力的效果等；工作质量，主要包括工作的准确性、工作的表现性和可接受性、在完成工作上所表现的技巧和能力、决定和判断的健全性等；工作适应能力，主要包括与上司及同事的合作能力、对新工作的学习能力、适应工作环境的能力等。

在考评中，绩效评估系统是由一系列指标体系所表现的。完整的绩效评估指标体系包括考评内容、绩效标准、绩效指标、指标权重、评分说明等内容。绩效评估指标体系就是评估系统经过层层分解而形成的层次分明的结构，其中最重要的是考评内容、绩效、指标权重三方面：

1. 绩效考评的内容主要包括工作业绩考评、工作行为考评、工作能力考评和工作态度考评。工作业绩考评是指对公务人员工作的结果或履行职务的结果的考核与评价，它是对公务人员贡献程度的衡量，是所有工作绩效考评中最本质的考评，直接体现出公务人员在工作中的价值大小。工作行为考评主要是指对公务人员在工作中表现出的相关行为进行考核的评价，衡量其行为是否符合部门规范和要求，是否有成效。由于对行为考评很难用具体的数字来精确的表述，因此，常用出勤率、表彰率等进行客观的评价。工作能力考评是对公务人员在职务工作中发挥出来的能力，主要包括四个方面：专业知识和相关知识，相关技能、技术和技巧，相关工作经验，所需体能和体力。在进行工作能力考评时应注意全面评价公务人员的专业性工作技能和相关的基本技能，包括人际技能、沟通技能、协调技能、公关技能、组织技能、分析和判断技能、处理和解决问题技能等。工作态度考评是对公务人员在工作中的努力程度的评价，即对其工作积极性的衡量，常用的考评指标有：主动精神、创新精神、敬业精神、自主精神、忠诚感、责任感、团队精神、进取精神、事业心、自信心等。工作态度是工作能力向工作业绩转换的中介变量，在很大程度上决定了能力向业绩的转化，同时应考虑到工作完成的内部条件（如分工是否合适、指令是否正确、工作环境是否良好等）和外部条件。

2. 考评权重。考评权重中某一指标的权重是指该项指标在整体绩效评估中的相对重要程度，权重是在评价过程中对被评价对象的不同侧面的重要程度的定量分配，是对各评价因子在总体评价中的作用区别对待，事实上，没有重点的评价就不算是客观的评价，每个公务人员的性质和所处层次不同，其工作的重点肯定不一样的，因此，对工作所进行的业绩考评必须针对不同内容对目标贡献的重要程度做出估计，即确定权重。

3. 绩效指标。绩效指标包括任务指标、职责指标和能力指标。任务指标是指在考评期内被考评人的关键工作或重要任务的完成情况。例如，对于技术人员可以是考评期内的新技术的研究开发任务，对于考评期内没有关键任务的员工，可以将考评的重点放在职责指标和能力指标上。职责指标实质上指组织关键绩效指标 Key performance lndicators（缩写为 KPI）的分解，即把一个大指标分解为多个小指标。能力指标是基于能力是公务人员个人的产出、效率或行为的基础而设置的，实质上是一种人员的素质测评体系。基于组织战略导向的 KPI 指标体系设计的基本程序为：确立组织目标、组织行业重点和关键绩效指标，它的基本方法包括四种：第一是按照组织结构分解 KPI；第二是按照组织业务流程分解 KPI；第三是外部导向法，即标杆基准法（Benchmarking），Benchmark 是标杆、基准的意思。它就是指在组织中不断学习、变革与应用这种最佳标杆的过程，是组织将自身的关键业绩行为与最强的竞争对手或那些在行业中领先的、最有名望的组织关键业绩作为行为基准进行评价与比较，分析这些基准组织的绩效形成原因，建立组织可持续发展的关键业绩标准及绩效改进的最优策略的程序与方法。第四是综合平衡计分法，主要包括财务结果、公众满意度指标、学习发展类指标，设定财务指标即从财务的角度分析，公众或上级部门对我们要求如何，我们如何达成公众的意愿等。公众满意度是指一套衡量公众对产品和服务满意程度的评价体系。学习发展类指标是指对满足组织学习、变革和发展需求的能力的考评，设定学习与发展类指标即从组织的学习和发展角度思考，我们能否持续提升并创造价值？学习发展类指标通常从公务人员、信息系统和组织三个角度来考察组织的学习和发展能力，目前，综合平衡计分法的综合性优势值得公共领域中的组织借鉴。





## 三、影响绩效评估的因素

成功的公共部门人力资源管理中的绩效评估需要对绩效评估因子进行成功的把握，它们是实现成功绩效评估必不可少的因素。不论是在进行绩效评估方法的研究还是在指标体系的设定，或是对其进行实际运用过程中，都要注意以下的环节：首先，是实现目标的决心和严肃、科学的工作态度。一个有效的绩效评估系统是建立在整个组织的领导实现目标的坚定决心上，以及严肃、认真的工作态度上的，组织必须知道通过绩效评估要实现什么样的目标、达成什么样的效果，这就需要全体成员的齐心协力和团队精神、领导成员的坚定信念。在此过程中，上下级之间还需要良好的沟通与交流，让下级知道绩效评估对于进一步完善和改进他们的工作有着重要的作用。其次，是绩效分析。绩效分析是系统地收集具体工作信息，用于发展绩效评估系统以及制定岗位职责的过程，在进行绩效分析过程中必须注意下列因素：信息的种类、来源、收集方法、时间、经费、努力等，绩效分析的信息可以从不同的对象、用不同的方法收集上来。再次，是绩效测量方法的学科性和可行性。因为评估是用来决定调资、升职、调动、培训等的信息来源，为了给决策者提供有效的信息，用于绩效评估的测量系统必须保证效度、信度和没有偏见。效度是指评估测量的准确程度，评估测量的效度越高，表示它所测量的结果越能正确反映工作绩效。目前许多科学家的研究及经验证明，为了使绩效评估的测量有效度，就必须考虑绩效标准。信度是指所考核的结果的稳定性和可靠性，主要表现在一个测量过程中的各项目的得分是否基本符合和两次测评的分数是否前后基本一致，一致性要求收集同一资料的两种可交替方法，其结果应当一致，稳定性要求同一测量设计在连续几次运用中产生相同的结果。同时在进行绩效测量时考评者应该保持公正、公平、没有任何偏见态度去考核被考核者，但有些考核者却常常在种族、年龄、性别、其他社会群体成员的认识和态度问题上存在偏见，因此应该尽量避免这种情况的发生。

绩效评估的效度、信度不仅由绩效评估系统中的因子设计所决定，而且受其他一些相关因素所影响。影响绩效评估的相关因素主要有：任务绩效和周边绩效，目标维度、顾客维度、过程维度、组织与员工维度等。

**1. 任务绩效和周边绩效**

这主要是根据工作绩效的多因性提出来的。一般来说，组织人员绩效中可评价的指标一部分应与其工作产出和效率直接相关联，也就是对其直接工作结果的评价，这部分绩效称之为任务绩效。另一部分绩效指标是对工作结果造成影响的因素，但无法运用结果来衡量，如工作中的一些行为等，它们被称为周边绩效。对任务绩效的评价指标通常包括工作的质量与数量、工作的效率与效益、他人的反应与评价等；对周边绩效的评价往往采用行为性描述指标。

**2. 目标维度、顾客维度、过程维度、组织与员工维度**

目标维度主要是测评组织在政策目标、关键成效领域、政府整体目标以及财政绩效方面的实现程度，具体指标包括：达到政策目标和关键领域的进步，预算表现、各项产出内容的消耗程度，满足财政收入的要求，不断提高市民的满意度等。顾客维度涉及顾客服务管理目标的具体化，主要测评各种顾客群体需求的满足程度，指标体系涉及顾客的满意水平，完成顾客型服务的目标，公众对关键问题和服务的了解程度等。过程维度的指标体系主要有涉及核心过程的效率（如提供服务的质和量），实现主要功能的准确性和质量，形成新的过程或改良等。组织和员工维度主要涉及对工作绩效的不断改进的考评，指标体系可以划分为引入新的过程或创见，同去年相比的绩效，接受培训员工的数量，全体员工的满意度和士气，信息管理的质量等。

## 第二节　绩效评估程序与方法

### 一、绩效评估程序

绩效评估是通过业绩考核来实现的。为了使业绩考核体系顺利运行，必须完备业绩考核管理过程。业绩考核的基本过程，包括制定绩效计划、进行持续沟通、实施绩效评价、提供绩效反馈以及指导绩效改进等五个环节（见图 10-1）。

**1. 制定绩效计划**

制定绩效计划是绩效管理过程的起点，是员工与直接上级就工作职责、工作任务及其有效完成的标准以及员工个人发展确定目标、达成共识的过程。在这个过程中，上级和员工对以下问题进行沟通并确定为书面计划：员工本年度的主要职责和任务，何时完成，判断完成成效的标准，完成工作所需要的权责及其他资源，工作目标、任务的完成对部门乃至企业的影响，上级如何帮助员工实现绩效目标，员工需要学习什么技能，如何沟通以了解工作进展、克服影响工作绩效的障碍和问题等。为避免员工与上级对绩效标准的认识出现偏差，制定绩效计划需要在双方有效沟通的基础上达成一致意见。所谓绩效标准，是指组织期望员工达到的绩效水平，绩效计划中绩效标准的确定非常关键，上级必须与员工达成共识。

**2. 持续沟通**

持续沟通是绩效管理的重要环节，也是传统的绩效管理模式与现代模式的本质区别之一。持续的沟通为促进员工理解和接受组织目标、阐明工作中潜在的问题、增进员工技能等提供了良好的机会，为员工接受最终评价结果奠定了基础，同时可以避免绩效评价结果偏离员工自身的期望。

**3. 实施绩效评价**

绩效评价是绩效管理的核心环节，是对员工在一定期间内的工作绩效进行

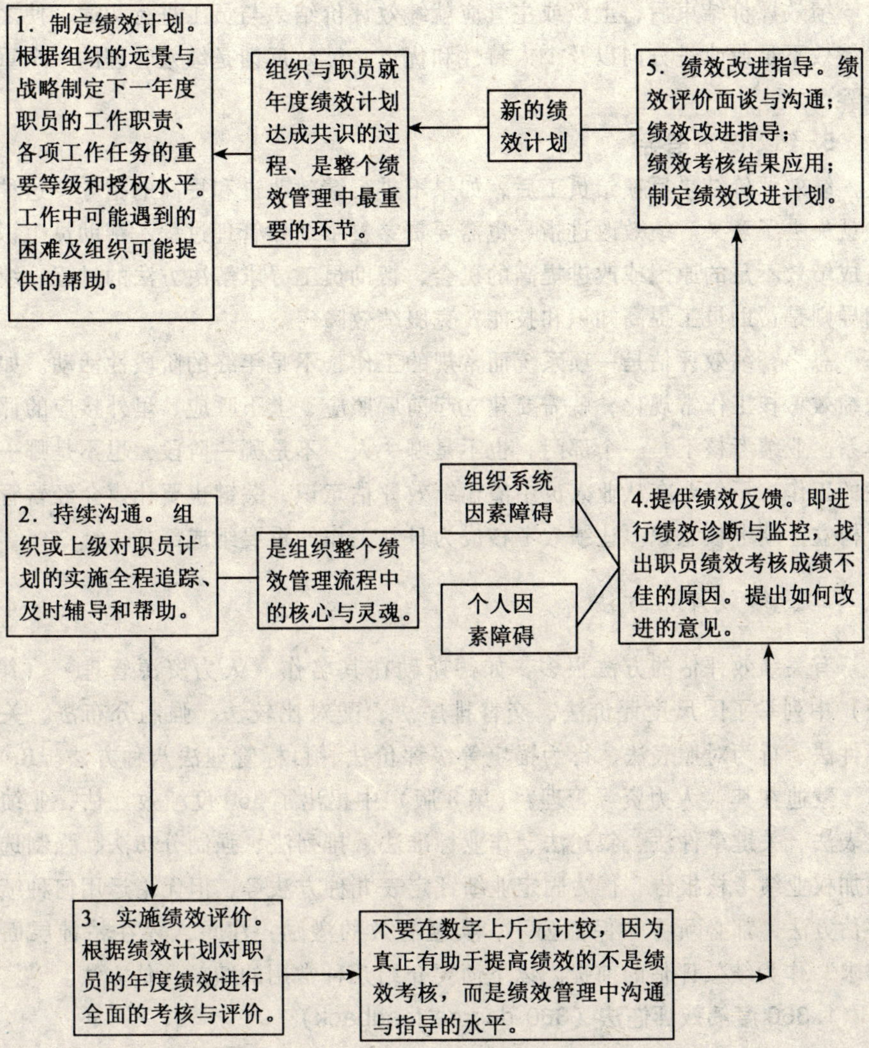
1．制定绩效计划。根据组织的远景与战略制定下一年度职员的工作职责、各项工作任务的重要等级和授权水平。工作中可能遇到的困难及组织可能提供的帮助。
组织与职员就年度绩效计划达成共识的过程、是整个绩效管理中最重要的环节。
新的绩效计划
5．绩效改进指导。绩效评价面谈与沟通；绩效改进指导；绩效考核结果应用；制定绩效改进计划。
组织系统因素障碍
个人因素障碍
4.提供绩效反馈。即进行绩效诊断与监控，找出职员绩效考核成绩不佳的原因。提出如何改进的意见。
2．持续沟通。组织或上级对职员计划的实施全程追踪、及时辅导和帮助。
是组织整个绩效管理流程中的核心与灵魂。
3．实施绩效评价。根据绩效计划对职员的年度绩效进行全面的考核与评价。
不要在数字上斤斤计较，因为真正有助于提高绩效的不是绩效考核，而是绩效管理中沟通与指导的水平。

图 10-1　公共部门绩效评估流程图

考察和评定，确定员工是否达到预定的绩效标准的管理活动。在公共部门人力资源管理中，不是单纯地对以往绩效进行评价，而是包括选择评价指标与测量方法、绩效信息收集与分析、选择评价主体与客体，以及绩效评价的结果运用等一系列复杂的管理系统。

### 4. 提供绩效反馈

绩效评价结束后，上级或主管应就绩效评价结果与员工进行沟通，使之明确绩效不足或改进方向以及个人特性和优点。绩效反馈是绩效管理的一个重要步骤。

### 5. 绩效改进指导

绩效评价结果反馈给员工后，如果不进行绩效改进和提高的指导，这种反馈就失去了意义。绩效改进指导也需要贯穿整个绩效管理过程，帮助员工识别造成绩效不足的原因或改进提高的机会，帮助员工寻求解决方法的过程；绩效辅导则是帮助员工提高知识和技能，克服绩效障碍。

总之，绩效评估是一项系统而常规的工作，不是年终的阶段性活动。如果把绩效考核工作常规化，就需要建立起前后照应、上下呼应、里外接应的评估体系。业绩考核不是一个部门，也不是哪一人，不是哪一阶段，也不是哪一时段的工作。不仅要在从业人员中灌输绩效评估意识，关键也要让媒介经营管理者树立业绩考核意识。让绩效考核成为日常工作的重要组成部分。

## 二、绩效评估方法

有关绩效评估的方法很多，如德斯勒在其名作《人力资源管理》（第6版）中列举了图尺度评价法、交替排序法、配对比较法、强制分布法、关键事件法、行为对照表法、行为锚定等级评价法、目标管理法八种方法。R. 韦恩·蒙迪在其《人力资源管理》（第8版）中提出了360度绩效评估、业绩评定表法、关键事件法、叙述法、作业标准法、排列法、强制分布法、强制选择和加权业绩考核报告、行为固定业绩评定表九种方法等，但无论运用何种绩效评估方法，都必须将“保证公平，实现有效的激励，注重人才在精神层面的需求”作为绩效评估的前提。以下简要介绍几种常用的绩效评估方法。

### 1. 360度绩效评估法（360-degree feedback）

360度绩效评估称为全方位评估，它是指从员工自己、上司、直接部属、同事甚至客户等各个角度来了解员工个人的绩效沟通技巧、人际关系、领导能力、行政能力等。通过这种理想的绩效评估，被评者不仅可以从自己、上下级、顾客、客户处获得多种角度的反馈，也可以从这些不同的反馈中清楚地知道自己的不足、长处与发展需求，使以后的职业发展更为顺畅。对公共部门来讲，通过这种全方位绩效评估，可以解决那些绩效难以量化的专业人才的绩效考核问题，可以通过各方面的反馈来测评员工的工作成果、工作情况并为组织做出培训、薪酬等决策提供依据。

2. 记录考核法（Essay appraisal method）

这种方法操作简单，它要求评价者记录下每个员工的强项、弱项、潜力，等等。老员工、老师、同事的考核记录对员工在提薪、晋升等方面起到举足轻重的作用。这种由相互熟知的人通过口头或书面的形式呈现出来的真实、客观的信息较其他复杂的方法同样也具有说服力。如果为了通过识别有发展潜力的员工或明确他们的发展需求来促进整个企业的绩效，我们可以从记录考核法获得的信息中迅速、准确地捕捉到员工的优缺点、长处和短处，因而可以根据员工的薄弱环节，有针对性地进行培训，为个人的职业生涯规划提供参考和研究基础。

3. 行为观察量表法（Field review）

一定数量的员工或核心管理者与来自各阶层领导组成的评估小组共同对员工进行评价。该量表是通过员工亲自参加的职务分析建立的，因此，在使用中评定比较明确；行为观察量表也有效地定义了职务的标准，为认识人事选择预测源提供了客观依据。但这种方法依赖于评定者对有效及无效行为的感知和回忆，因此，职员管理部门的偏见就会对评估结果产生一定的影响。另外，整个评估过程时间拉得过长。

4. 评级量表法（Graphic rating scale）

这种方法并未放弃记录考核法，而是更稳定、更可靠。一般来说，采用这种方法，主要是在一个等级表上对业绩的判断进行记录。这个等级被分成几类，常用诸如杰出、优秀、一般或是不满意这些形容词来评价的。根据不同的工作性质，它的考核因素也会做出相应的变化，但一般都包括对个性特征评价如诚信和合作精神。

5. 关键事件法（Critical incident method）

关键事件法要求保存最有利和最不利的工作行为的书面记录。当一种行为对部门的效益产生无论是积极的还是消极的重大影响，管理者都应把它记录下来，并把这些资料提供给评价者用于对员工的绩效评价。虽然它在认定员工特殊的良好表现和劣等表现方面是十分有效的，而且对于制定改善不良绩效的规划也是十分方便的，但其缺点在于如果考察期较长，则基层主管的工作量较大。此外，由于每一关键事件可能都会对绩效评估结果产生重大的影响，因而要求管理者在记录过程中不能带有主观色彩，必须始终如一地坚持客观、全面、精确的原则，这在实际操作过程中往往很难做到。

6. 目标管理法（Management by objectives approach，MBO）

目标管理法是指在目标管理法中，员工同他们的部门经理共同参与目标的建立，在如何实现目标方面，经理给予员工一定的自由度。参与目标建立，使得员工成为该过程的一部分。作为一种有效的反馈工具，目标管理法是通过员工知道期望于他们的是什么，从而把时间和精力投入到最大程度实现重要的组织目标的行为中去。从公平的角度来看，目标管理较为公平，因为绩效标准是按相对客观的条件来设定的，因而评分相对没有偏见。如果是想通过把绩效评估结果反馈给员工来激发员工的工作积极性，MBO 是达到组织内员工齐心协力共同提高业绩的最佳方法。

但目标管理法也有一些缺点，并存在若干潜在的问题。尽管目标管理法使员工的注意力集中在目标上，但它没有具体指出达到目标所要求的行为；绩效标准因员工不同而不同，因此，MBO 没有为相互比较提供共同的基础，而这些目标又会给员工带来绩效压力和紧张感。

**7. 强迫选择量表法（Forced-choice rating）**

强迫选择量表一般由 10～20 个组构成，每组又由四个行为描述项目组成。在每组四个行为描述项目中，要求评定者分别选择一个最能描述和最不能描述被评者行为表现的项目。和业绩评价表不同，强迫选择量表法用来描述员工的语句中并不直接包含明显的积极或消极内容。评价者并不知道评价结果到底是高还是低或是中等，这就避免了趋中倾向、严格或宽松变化等评价误差，强迫选择量表法可用于不同岗位的人员选拔。其缺点在于：评价者会试图猜想这些选项的倾向性，并根据自己的理解进行评定。此外，设计量表需要花费大量的财力和时间，且由于难以把握每一项选项的积极或消极成分，因而所得到的数据很难在其他管理活动中得到应用。

**8. 一对一比较法（Paired comparison）**

在这种方法中，将每个员工的业绩与小组的其他员工相比较，其比较常基于单一的标准，如总业绩，获得有利的对比结果最多的员工被排列在最高的位置。无论何时制定人力资源决策，该领域的一些专业人员都对使用这种比较方法，诸如排列法持有异议。比如，这些专业人员感到，员工未能得到提升的原因是，他们要达到他们的目标，而不是他们取得的目标要比工作小组中的其他人要好。这种决策的制定已超出个人的业绩，因此，应在一个更广泛的基础上进行考虑。

**9. 关键业绩指标法（Key performance index）**

关键业绩指标法中的“关键”二字的含义就是指一个组织在某一阶段战略上要解决的主要问题，绩效管理体系相应地针对这些问题的解决设计管理指标。其优点是：将组织战略分解为相应的指标体系来完成，而且绩效指标的完成程度体现了企业战略的完成程度。其弱点主要是：它虽然正确强调了战略的成功实施必须有一套与战略实施紧密相关的关键业绩指标来保证，但却没有能进一步将绩效目标分解到企业的基层管理及操作人员中，而且关键业绩指标法没能提供一套完整的对操作具有具体指导意义的指标框架体系。

**10. 平衡计分卡法（Balanced score card）**

平衡计分卡法是把战略放在了组织管理过程的核心地位，以一种深刻而一致的方法描述了战略在公司各个层面的具体体现，从而具有独特的贡献和意义。平衡计分卡法克服了单纯利用财务手段进行绩效管理的局限，从四个不同的视角，提供了一种考察价值创造的战略方法。财务视角，从组织资源所有人的角度来看组织增长、利润率以及风险战略；顾客视角，从顾客角度来看组织创造价值和差异化的战略；内部运作流程视角，使各种业务流程满足顾客和所有人需求的战略；学习和成长视角，创造一种支持组织变化、革新和成长的战略。利用平衡计分卡法，组织的管理人员可以测量自己的组织如何为当前以及未来的顾客创造价值。在保持对财务业绩关注的同时，平衡记分卡法清楚地表明了卓越而长期的价值和竞争业绩的驱动因素。一个战略记分卡法代替预算成为了管理过程的核心。事实上，平衡记分卡成了新战略管理过程的运作体系。

以上的评估方法都可以用于人才的绩效评估，但在评估过程中都无法避免一些个人的主观因素，如评价者的价值观、态度的影响。这就需要人们意识到并纠正这些固有的偏见和缺点，对人才的绩效评估持一种开放的态度。

## 三、绩效评估应注意的事项

业绩评估本来是各级主管行使管理职责的重要工具，但在很多单位，它本身却成了一个棘手的问题，常常令主管为难，员工不安，人事部门更是感到头痛。在我国的公共部门中，在这方面做得很成功的单位并不多见。

如何进行有效的业绩评估并让其发挥应有的实效？这是令人力资源工作者苦恼而又必须面对的问题。有效的业绩评估，不仅要建立起合理的评价制度，还应有相应的跟进措施使其落到实处。笔者认为可从以下方面入手，或许能让读者有所启发：

**1. 管理者成为业绩考核的中坚推动力量**

公共部门的各级管理者应作为业绩改善和提高的有效推动者，而不仅仅是员工业绩和能力的评定者。绩效评估是主管与员工之间的一种双向交互过程。这一过程包含了考评者与被考评者的工作沟通，考评者把工作要领、目标以及工作价值观传递给被考评者，双方达成共识与承诺。在实施目标的过程中，考评者随时对被考评者进行指导、帮助和观察，收集考评信息，通过实施可控的工作过程从而使考评结果可靠，令人信服。因此，绩效评估必须得到各级管理者的有效支持和认同，不然结果肯定是白费力气。公共部门绩效评估的主要执行人是各级主管而不是人力资源部门。只有各级管理者的中坚力量得以发挥，绩效评估的思想才能深入员工心中，受到重视与接纳。

**2. 目标管理（Management by objectives，MBO）与行为评价（Behavior Appraisal）有效结合起来，协调好业绩评估的监督职能与引导职能**

目标管理能够指导和监控员工的行为，使其把时间和精力最大程度地投入到主要的组织目标上。目标越具体，越具有挑战性，反馈越及时，奖励越明确，员工表现就越好。行为评价通过列出具有操作性的行为指标，便于主管观察员工的行为并作出评价，也便于公共部门文化建设过程中在内部寻找适合的行为案例，使公共部门最终实现形成一支高效能工作团队的管理目标。

**3. 形成有效的人力资源管理机制**

业绩评估作为公共部门人力资源开发与管理工作的一个方面，它的顺利进行离不开组织的整体人力资源开发管理架构和机制的建立和完善，同时绩效评估也要成为组织企业文化建设的价值导向。组织应从整体战略的眼光来构筑整个人力资源管理的“大厦”，让绩效评估与人力资源管理的其他环节相互联结、相互促进。具体的措施包括：及时的目标跟进与绩效辅导、评估后能给予相应的奖惩或改进监督、建立员工的投诉渠道和将评估结果运用到培训中去，等等。如果这些措施不完备，业绩评估效果就无法保证。

**4. 要注意评估方法的适用性**

运用业绩评估不是赶时髦，而是要运用科学的方法来检查和评定组织员工对职位所规定职责的履行程度，以确定其工作成绩，从而促进组织的人力资源管理，提高企业竞争力。当前，一些公共部门在进行绩效评估时，盲目运用所谓新兴的绩效评估方法，结果导致评估失灵。“平衡记分卡法”、360度绩效考核等绩效评估方法固然有其先进性，但对于你的单位来说并不一定具有适用性。如果一知半解，盲目引入，有时未获其利，可能反受其害。任何绩效评估方法都不是十全十美的，没有最好的绩效评价工具，只有最适合你组织的工具。简单实用或复杂科学，严厉或宽松，非正式的考核方式或系统性的考核方式，不同规模、不同文化、不同阶段的组织要选用不同的方式。因此，因地制宜、顺势而为，选择适合自己的绩效评估方法，方为明智之举。

5. 要注意评估标准的合理性

绩效评估标准是对员工绩效的数量和质量进行监测的准则。在进行绩效评估时，要充分考虑标准的合理性。这种合理性主要体现在几个方面：一是考核标准要全面。要保证重要的评价指标没有遗漏，公共部门制定的各种考核标准要相互补充，扬长避短，共同构成一个完整的考核体系。二是标准之间要协调。各种不同标准之间在相关质的规定性方面要衔接一致，不能相互冲突。三是关键标准要连贯。特别是关键绩效指标（KPI）应有一定的连贯性，否则不仅不利于考评工作的开展，而且可能导致员工在奋斗目标上的困惑。四是标准应尽可能量化，不能量化的要细化。只有科学合理的量度方法，才能让员工相信绩效评估的公正性和可行性。倘若绩效量度的内容过于笼统，量度的方法不明确，员工完全有理由认为考核结果是由考核者主观臆断而作出的判定，无任何客观标准和实际意义，只不过是形式上“走过场”，从而产生不满和抵抗情绪。

6. 要注意评估过程的完整性

完整的绩效评估过程包括事前沟通，制定考核标准，实施考核，考核结果的分析、评定，反馈、控制五个阶段。而我们的人力资源主管们通常忽视了最前面和最后面的两个重要过程。尽管人事部门把绩效评估系统和政策设计得比较完美，但如果事前没有和部门主管进行有效的沟通，得不到很好的理解和认同，结果肯定是白费劲。要知道绩效评估的主要执行人是各部门的直接主管，而不是人事部门。绩效评估的结果是必须让员工知道的，这就是绩效评估的反馈。如果企业做了绩效评估后，却不让员工知道评估的结果，而只作为企业对员工的奖赏或其他的决定，那么这种做法就不能发挥绩效评估的应有作用，从而使得绩效评估工作前功尽弃。

## 第三节　中国公共部门的绩效评估

公务员考核制度是国家公务员制度的重要组成部分，是人事行政的重要一环，从公务员的考录、转正、晋升一直到退休，都要接受考核；同时考核也是发现、选拔优秀行政管理人才的重要途径。但目前在考核制度实施中还存在一些不完善的地方。引入绩效评估的理念及其方法，对改进我国公务员考核制度具有深刻的现实意义。

## 一、公共部门考核制度的沿革与其面临的问题

### 1. 我国干部考核的历史发展

我国过去的干部考核制度随着党的工作从革命斗争到经济建设发展变化，经历了一个逐步发展的过程。

新中国成立前，干部的考核主要采取考核和民主鉴定的方式。考核采用三种方式：一是平时考核，由任免机关与所在机关首长或主管部门负责人就干部平时的表现进行考核，考核结果作为实施奖惩的参考；二是定期考核，每年一次，在组织进行调整时，考核结果作为实施奖惩升黜的基本依据；三是临时考核，在干部调动离职时进行，考核结果作为调动机关使用干部的参考依据。干部考核的内容包括政治的坚定性与进取精神，执行政策法令的情况，工作责任心、积极性与纪律性，工作能力与工作成绩，业务熟练与精通程度，学习勤奋情况以及民主作用，个人道德品质的优劣。鉴定内容包括执行政策情况、政治表现、对敌斗争表现、组织纪律性、工作能力与工作态度、学习精神、工作作风和生活作风、干群关系，等等。将鉴定写成书面材料，作为了解、教育和奖惩干部的依据。

新中国成立后的干部考核工作普遍实行干部鉴定制度。同时，在选拔使用干部时由组织进行全面考察，鉴定和考察的内容包括政治表现、组织纪律性、工作能力与工作态度、工作作风和生活作风、干群关系，等等。这种“鉴定”和“考察”，是新中国成立后直到“文化大革命”前考核干部的主要形式。

### 2. 公共部门现行的考核制度及其存在的问题

目前我国的公共部门，国家机关是其主体。现行国家公务员体制中，最早对公务员考核做出要求的是：1993 年的《国家公务员暂行条例》第五章对公务员考核的规定，条例对公务员考核的内容、原则、领导方式、考核程序、考核等次、考核结果的应用等作出了规定，但这些规定只是起到一个指导作用，内容都是原则性的，并不具有实践的可操作性。1994 年，人事部制定了《国家公务员考核暂行规定》，对考核的内容和标准、考核方法和程序、考核结果的使用、考核机构作出了较为详细的规定，各地区和各部门才全面开展了考核工作。1995 年和 1996 年，人事部还出台了两个指导性文件：《关于实施国家公务员考核制度有关问题的通知》和《关于实施国家公务员考核制度有关问题的补充通知》，各地区各部门先后根据国家的有关规定制定了不同层次和类型的政策、规定，这些政策和规定增强了考核工作的可操作性，保证了考核工作步入健康的良性发展轨道。为了进一步完善公务员考核制度，人事部于

2000 年又下发了《关于进一步加强国家公务员考核工作的意见》。2005 年 4 月，历经 4 年和十余次修改的《中华人民共和国公务员法》经人大常委会通过，并于 2006 年 1 月 1 日开始施行。《中华人民共和国公务员法》要求对公务员的考核内容包括德、能、勤、绩、廉五个方面，考核的重点是工作实绩，对公务员的绩效评估是考核工作的主体。这五个方面综合体现了公务员的素质及其履行岗位职责的情况，同时也突出了考核的重点。在考核结果的运用上，《中华人民共和国公务员法》规定对考核不称职的要降职；对工作表现突出，有显著成绩和贡献的个人、集体进行奖励等，体现了优胜劣汰的宗旨。随着《中华人民共和国公务员法》的实施，我国的公共部门基本形成了比较系统完备的考核制度体系。

但在考核制度的具体实施中，也面临着一些问题：

**1. 不同等级的公务员一起考核**

不同性质的岗位，工作内容、职责范围不同，公务员的等级不同，要求也不一样，在同一个笼统的标准下很难比较他们的优劣。在实际操作中经常出现科局长、科员一起考核的局面，这就会出现以下几种情况：一是领导掌握全局工作，大家把所有的工作成绩都归功于领导，那么领导理所当然被评为优秀；二是领导有时为了单位团结，让出优秀名额，推荐一部分同志为优秀，大家根据领导意图选其为优秀；三是个别领导根据个人印象，干脆指定某人为优秀。这几种情况都违背了公务员考核的目的，会引起其他公务员的不满，从而影响整个考核的质量。

**2. 重视年度考核，忽视平时考核**

《国家公务员暂行条例》第二十二条和《国家公务员考核暂行规定》第九条均将考核分为平时考核和年度考核，并且要求年度考核要以平时考核为依据。但在现实执行中，往往省略了平时考核；或虽有平时考核，但根本不重视，有考核而形不成平时考核结果。这样使年度考核时评价公务员带有很大的盲目性，无法真正做到客观地评价每一名公务员。

**3. 考核过程中出现论资排辈评优秀的现象**

《国家公务员考核暂行条例》第十二条规定了公务员评优后的待遇，评上优秀与职务升降、工资高低、奖惩挂钩。个人按照程序进行评选并不一定就能被评为优秀，为了得到优秀，又能得到大家的支持，部门内部就“齐心协力”，论资排辈，逐年轮流评为优秀，或为达到晋升目的给某人连续优秀。

**4. 按比例分配名额**

目前公务员考核结果一般分为优秀、称职、基本称职、不称职四个等次。

合格等次较容易确定，而优秀等次的确定则要难一些。根据《国家公务员考核暂行条例》第六条的规定："被确定为优秀等次的人数，一般掌握在本部门国家公务员总人数的10%以内，最多不超过15%。"大多数单位的做法是，按照各部门实际人数乘以10%～15%的比例然后再四舍五入将名额分配到基层单位。结果是按人数分配指标，而不管部门工作优劣，使得按考核标准应该是优秀的人因为人数限制评不上优秀，不应得优秀的却为了保证比例而评上了优秀，挫伤了公务员的工作积极性。

以上几种情况，都是考核中出现的一些不正常现象，致使考核制度奖优罚劣、奖勤罚懒的目标难以实现。这些现象虽然是个别的，但其危害作用不可低估，不仅会直接挫伤了广大公务员的积极性，而且由于考核不公平，会对公务员制度本身带来一定的破坏作用。如果考核不公平，考核结果不能反映公务员德、能、勤、绩等方面的实际情况；用这种考核结果作为公务员升降的依据，就难以选出优秀人才，其后果并不会比行政首长凭个人印象、好恶选人的方式更好；以此作为公务员奖惩的依据，不能客观评价公务员的行为，起不到奖优罚劣的作用；以此树立的优秀工作者不仅无法起积极示范作用，还会起不良的导向作用。同时不公平的考核既无法帮助行政首长发现机关工作中存在的缺点和管理制度上的漏洞，也不能帮助公务员了解自己工作中的缺陷和不足，及时改进和补救，更不能鼓励公务员之间通过相互比较，展开公平竞争，提高工作效率。所有这些，都不利于公务员制度作用的发挥。

## 二、考核制度现存问题的原因分析

现行公务员考核制度作为定期考察和评价个人或小组工作业绩的一种制度安排，需要管理者在明了考核实际过程中所面临的问题后，应该针对问题作出冷静思考，及时分析原因，纠正错误。目前，我国公务员考核时所存在的问题主要是由以下原因造成的：

1. 考核内容缺乏针对性、可比性。我国目前实行的公务员考核制度较多地保留了过去干部考核制度的特点，有许多内容并不适应新时期公务员考核的实际情况。如考核标准中的"德、能、勤、绩、廉"，其内容定性成分多，定量成分少，追求全面性，重点不突出，这些内容作为对公务员的普遍要求，是正确和必要的，但作为考核标准却显得过于笼统，缺乏明确的标准，在实际执行中难以把握，可比性差，两个情况相差不是很大的人，很难在考核中分出优劣。

2. 岗位之间工作量和工作难度不一致。公务员职位分类法要求每一等级中的职位在工作性质上可以不同，但其责任大小、工作难易程度、所需资格条件要大致相似，所得报酬和待遇也基本相同。但事实上许多部门之间和部门内部的同一等级不同岗位之间工作量的大小、工作的难易程度差别较大，如在市级单位的一名科长与乡镇的一名镇长，两人同为科级，但工作的环境、难度、承担的责任就有很大的不同。如果工作情况不同的两者都完成了工作任务，其他表现也差不多，那就只能根据评选者个人印象或者说是人缘好坏来评出优秀。这样有时就会出现工作量大、工作难度高的岗位上的同志没有评为优秀，而工作量不大的岗位的同志却被评为优秀的情况。

3. 考核制度的设计也有不尽合理的地方。考核制度的设计较多考虑了对工作人员的考核，但对领导者如何考核却语焉不详，如果领导者不负责任或有私心，无法从制度上对其加以约束。在对工作人员的考核中，有的领导干部因不愿意得罪人而不敢坚持原则、标准；有的甚至自己想获得优秀，或希望将与自己关系好的人评为优秀，不想按原则、标准进行考核，这都会导致出现考核不公平的现象。

4. 考核中没有规定不称职人员的比例。在《国家公务员考核暂行规定》中只规定了优秀等次的比例，没有对不称职人员的比例做出硬性的规定，在实际执行中，大家都做老好人，相互包容，没有一个不称职的，在客观上出现"搭便车"的现象。如某县级市在公共部门工作的1.4万余名工作人员在近五年考核中没有一人被评为不称职。

### 三、引入绩效评估，改进我国公务员考核制度

如前所述，正是由于我国现行公务员考核制度中考核内容过于空泛，缺乏针对性，公务员岗位之间工作量和工作难度不一致、缺乏可比性等原因，才使现行的公务员考核制度出现了种种不应有的问题。将绩效评估引入公务员考核不失为一种好的解决办法。

首先，绩效考核是一个动态、持续的绩效沟通过程。管理者与工作者双方在计划实施的全年随时保持联系，就工作者的绩效进行评定、协商，全程追踪年度目标的进展情况，及时排除遇到的障碍，甚至在必要时修订年度目标，从而提高了考核的针对性。另外，通过不断的绩效沟通面谈，管理者可以以"帮助者"和"伙伴"的角色，增进与工作者之间的相互了解，使得部门内部更易建立起工作团队，减少磨擦和由此引发的低效率，从而可以大大提高工作效率。

其次，通过引入绩效评估，可以在公务员考核中加入"顾客"即公务员

服务对象对该公务员的评价，并影响考核的结果，从而增强公务员的服务意识和对社会公众负责的精神，提高公众对公共部门公共服务的满意程度。

最后，纳入绩效管理体系的考核则可在融洽和谐的气氛中进行。原因有二：一是在充分参与绩效计划和绩效沟通的基础上，工作者能亲身感受和体验到绩效管理不是和他们作对，而是为了齐心协力提高绩效，他们因此会少些戒备，多些坦率；二是考核不会出乎意料，因为在平时动态、持续的沟通中，工作者已就自己的业绩情况和管理者基本达成共识，此次绩效考核只是对平时讨论的一个复核和总结，不会引起工作者的抵触情绪，从而在另一方面提高了部门的工作效率。

在我国公务员考核中，在引入绩效评估的同时，还应对考核制度本身进一步改进与完善：

1. 提高公务员考核制度的法律地位。在实行《公务员法》后，应及时总结经验，根据变化的情况，将《国家公务员考核暂行规定》上升为《国家公务员考核实施细则》，作为国家公务员法的补充条款，从而使考核工作有法可依，避免各地各部门各行其是。

2. 对公务员实行分类管理后，应针对综合管理类、专业技术类、行政执法类分别制定不同的考核标准，最好是每一个岗位都有与其相对应的考核标准，增强考核的针对性，为公务员考核提供科学的依据，以利于公务员考核制度建设。

3. 严格平时考核制度。建议考核委员会在年度考核时，应将平时考核的结果按相应比例纳入年度考核中，引起考核者和被考核者对平时考核足够的重视，同时降低年度考核时评价公务员的片面性。

4. 尽量增加考核标准中定量的内容，减少定性的内容。实践证明，采用定性分析的考核方法，很难区分不同部门之间公务员业绩的差别和同一部门内工作性质差别不太大的公务员工作业绩的高下，也很难根据考核结果客观、完整地评价一个公务员。因此，在公务员考核中，应建立细致合理的考核标准，可根据重点考绩的原则，适当提高考绩分值的比例，为公务员考核提供科学依据。

5. 按照管理权限，实行分级考核。国家公务员考核工作，要依据公务员管理权限，按公务员等级分级进行。一般公务员由本部门考核，部门领导把关；领导干部则由本部门配合上级主管部门考核，上级主管部门把关，增加本部门民主测评分数在最终结果中的比重。这样，增加了公务员考核的可比性，可以克服不同级别公务员一起考核无法比较的现象。

6. 严格考核制度，加强对考核工作的监督。建立监督考核人员的法规和机制，尤其是要加强对负有考核责任的领导干部的监督。应增加民主评议、民意测验在考核中的所占的比重，对考核结果进行公示，将考核置于群众监督之下，防止考核中个人说了算，或以职务高低、印象论优劣等左右考核结果的现象发生。

7. 建议规定适当的不称职比例，采用末位淘汰法，提高公务员队伍的整体素质，增强公务员的竞争意识和紧迫感，提高服务水平。

## ☞思考题：

1. 试述绩效评估的特征与类型。
2. 试述公共部门绩效评估系统。
3. 影响公共部门绩效评估的因素有哪些？
4. 试述公共部门绩效评估的程序。
5. 结合实例，说明绩效评估的方法。
6. 公共部门如何科学地做好绩效评估？
7. 如何运用绩效评估对公务员进行考核？

## ☞案　例：

### S大学管理学院的绩效管理改革

和往常一样，S大学管理学院的院长王天石按时来到了办公室。和往常不一样的是，院里的几名老师把他堵在了办公室的门口。王院长一看这几位来者，心里就明白了。他们曾在昨天晚上的电话里向他反映情况，对昨天学院的年度评估活动提出了质疑，对评估结果表示了强烈的不满。

原来，S大学管理学院至今没有统一的考评体系，正规的绩效考评只有一年一次的学年末综合考评，即年度考评。但即使这种“正统”考评，采用的也是一种直接的、主观的评优方法，亦即传统的投票法。具体做法是：先由个人在全院教职工面前述职，将一年来的德、能、勤、绩简单介绍一下；然后大家投票；按票数高低依次选出本年度优秀教师、优秀党员、优秀工会积极分子等。因为没有多少人会耐心听完几十个人的自我评价（实际上也没有多少人会认真地总结），加上考评结果除了在评职称时加分外，并不与其他项目如晋升、深造、奖金等挂钩，所以人们投票的随意性很大，与绩效基本无关。结果往往是工作优秀的人无人理睬，那些需要加分和喜欢计较得失的人却得到了许多实惠。也有时某个教研室事先通通气，投票时朝今年评职称的人身上集中一下，或者大家轮流坐庄。显然，考评的奖优罚劣作用并没有体现出来。

后来人们普遍对这种考评活动失去了兴趣，有时有人搞点小动作也无人计较；然而，也有那些工作真正出色的人，因不能通过正常渠道得到众人认可而颇有积怨。这种积怨终于在昨天的教学评估中爆发了。因为从今年起，学校规定年度教学考评与工资直接挂钩，考评获“优”者可以在规定时间内享受浮动一级工资的待遇。不知为什么，这一规定在管理学院的教职员工中没有公布。这样，本年度考评活动依然在绝大多数人的漠然对待中进行，但少数“先知先觉者”却暗中操作了这次评选。事后，明白了真相的员工们感觉受到了欺骗，先是由几位教师挑头向院领导发难，后来其他人又纷纷加入进来对这次评估活动提出质疑。

今天，虽然早有心理准备，但王院长看着面带愠色的这几位老师，还是担心双方的冲突会进一步加剧。

王院长的担心不是多余的。同院长一样，这几位教师也是有备而来，而且他们带来了绝大多数教职员工的签名支持，他们强烈要求改革管理学院的考评制度和管理体制，让管理学院名符其实。他们的措辞之严厉、情绪之激烈都超出了王院长的意料。但是，毕竟院长也经过了一夜的思考，而且大家的目标也基本上是一致的，所以王院长比较容易地说服了后来平静下来的部下，保证马上着手进行教学改革的筹划工作，绩效评估便是这次改革的突破。

可以说，正是这场冲突导致了管理学院绩效管理的改革，也拉开了院里教学改革的序幕。

事件发生后，管理学院副院长任一翔教授召集院里部分教职工就年度考评的问题征求意见。会上，大家的反应异常热烈，所反映的内容也超出了考评范围，涉及考绩、评优、人员培养、奖酬发放乃至课程设置和工作安排等诸多事项。这使院领导们深深意识到，绩效评估存在的问题远比想象中要多。后来，根据另外一些其他方面的调查，任副院长汇总出一份《关于管理学院绩效评估问题的分析报告》。该报告指出，目前管理学院在绩效考评中的问题，主要集中在四个方面；

1. 教学评估主观化。单一靠学生评价老师决定教学质量，模糊了真正的教学目的与考评目的。

2. 考评标准的非量化。纯定性性质的考评无法说明谁干得好，谁干得不好，谁又比谁好多少。

3. 考评结果的“无结果化”。奖罚力度不足以及只奖不罚的做法导致干多干少一个样。

4. 人员培养的随意化。外出访学、进修、深造与日常业绩无关，这是整个管理学院人心浮动、人人思“走”的重要原因。

报告最后指出：由此看来，对于绩效考评来说，不仅是考评的方法和标准，而且考评时间的选择、活动的组织、结果的处理以及考评活动与其他活动的联系等方面都存在着严重的缺陷。这些缺陷所造成的后果，短期内的影响是教职员工的个人情绪、工作热情和一定的收入，长此以往影响的就是员工素质、教学质量、人才去留和学院的发展。所以说，管理学院的绩效考评机制已经到了非改不可的程度，它直接影响到了下一步学院的教学改革。任副院长的报告得到了院党委会的批准。很快，一个由任副院长牵头、四位绩效考评专家组成的考评研究小组成立了。研究小组以教学系列的工作人员工作情况为重点，对沿用多年的《S大学管理学院教学质量评价表》进行了彻底的分析、评价和改造。几个星期以后，拿出了新的《S大学管理学院教学人员绩效考评暂行制度》。主要内容包括：

## 一、考核的基本思路

(1) 改年度考核制度为系统考评制度。由过去的一年一考改为一年多考，包括年度考评、学期考核、日常考核和特殊事件考评。其中特殊事件指校外办班、企业项目、教学评估等常规教学工作以外的事项，按事件情况单独考核；日常考核指日常出勤、上课，按出勤表随时考核；学期考核主要考核一学期的教学、科研情况，用登记表的形式详细记录；年度考评是全面考评，是将全年的工作情况做一次详细的考核、评价和分析，并与其他项目一起形成综合的绩效考评体系。

(2) 改纯粹的定性考评为定性与定量相结合的测评，且以定量为主，能直接量化的如教学时数、教学门类、出勤情况等直接量化，那些不能直接量化的如直接的教学质量、工作效率、管理工作等采用二次量化。

(3) 年度考核作为全面考评将教学评估、日常考核、学期考核、同事评价、教学与科研评估等合成一个综合系统，按项目确定权数，再次充分量化，最后按分值高低确定考评级别。

(4) 对考核结果及时反馈，合理分析，奖优罚劣，搞好沟通工作。

(5) 作为教职工工作情况的总结，年度考评的结果作为与下一步薪酬发放、工作安排、定编定岗、人员培养以及人事调整的重要依据。

## 二、对教学评估的改革

作为对教师教学质量主要评价渠道的教学评估，是这次考评改革的重头戏。

(1) 每学期在过去单一学生打分的基础上，增加专家听课测评和同事听课测评。

(2) 由部分退休老教师组成专家督导小组，负责测评任课老师的教学规范性和教学能力。时间安排在一个学期的任意时间里，每位任课老师的课至少听一次，事先不必通知任课老师。

(3) 各教研室负责从本专业的角度，对任课老师在专业深度和教学发展等方面进行测评。同事听课往往集中在期中，事先做好计划，提前告诉任课老师。

(4) 组织学生测评的重点应集中在老师授课的程序性和规定性方面。时间应该在期末，但测评表格必须在考试之前交上。测评内容包括全面性、新颖性、逻辑性和创新性等。

(5) 针对专家听课、同事听课和学生评价分别设计不同的测评表格。

## 三、年度考评的基本程序

(1) 成立考评小组，拟订相关事宜；

(2) 由教学人员各自登记一年来的教学和科研情况并计算量化分值；

(3) 由教研室负责人分别简单介绍各教研室成员的工作情况，行政管理、学校外创收、集体活动等其他事项，分条列示，着重强调个人分值情况；

(4) 组织投票打分；

(5) 由考评小组分别计算个人考评分数，确定考评等级；

(6) 公示考评结果，或者以书面形式通知个人，做好个别人的考评面谈工作；

(7) 落实奖惩条例。

## 四、考评结果的处理

考评结果分为优秀、良好、称职、基本称职、不称职、告诫五种情况。

(1) 年度考评中被确认为优秀者，按照有关规定晋升工资档次和发给奖金，优先考虑外出进修、访问或者读学位的机会；连续两年被确定为优秀者，具有优先聘任、优先晋升资格。

（2）只有年度考评被确定为合格者，才具有下一轮聘任和外出深造资格；连续三年以上被考评为合格者，方具备晋升、提拔资格。

（3）年度考评不合格者，不发年终奖金，并予以批评教育；连续两年考核不合格者，根据不同情况予以降职、调整工作、低聘或解聘；连续两年考核不合格者且不服从分配者，予以辞退。

（4）对年度考评实行告诫的人员，暂不兑现考评结果，待告诫期满，依据所定等次办理。

几个星期后，在S大学管理学院的同一间会议室里，采用新的教学评估标准而重新进行的考评会正在有条不紊地进行，几个小时后，院领导当众宣布评优最终结果时，全场爆发出了满意的掌声。

——摘自于肖鸣政主编的《人员素质测评》，高等教育出版社2003年版。引用时略作修改。

## ☞案例讨论：

1. 你认为S大学管理学院考核的基本思路是否全面？还需要作哪些补充？
2. 新的教学测评由三部分组成，你认为这三部分合理吗？为什么？

# 第十一章
# 公共部门人力资源薪酬管理

## 第一节　公共部门人力资源薪酬管理概述

### 一、公共部门人力资源薪酬及其构成

薪酬，通常指员工因已完成或将要完成的工作或服务而从组织中得到的各种货币或非货币形式的回报的总和。在营利性的企业部门中，薪酬还是产品最终成本的构成要素，是企业生产经营过程中投入的活劳动的货币表现形式。而在公共部门中，薪酬是对员工在不同职位或岗位上所付出的劳动给予的以物质形态存在的各种回报。

广义上讲，报酬可分为外在报酬（extrinsic rewards）和内在报酬（intrinsic rewards）两种，具体构成如图 11-1 所示①。

所谓外在报酬，是指组织对员工的劳动付出而给予的货币或非货币形式的报酬，包括员工的工资、津贴、奖金和各种直接和间接支付的福利等。外在报酬又可进一步划分为直接薪酬、间接薪酬和非财务性报酬等。其中，在公共组织中，直接薪酬是基于员工的劳动数量和质量而给予的货币形式的回报。间接薪酬是因其在职位或岗位上的劳动付出而获得的各种形式的福利，它是吸引高素质人才、稳定员工队伍的重要工具。非财务性报酬则主要包括安全舒适的工作条件、较多的职务消费、稳定的职业保障等。

所谓内在报酬，是指员工由工作本身所获得的工作满足感、荣誉感、成就感和责任感等。具体包含的内容有很多，如个人成长机会、较多的职权、良好

① 张德主编:《人力资源开发与管理》（第二版），清华大学出版社 2001 年版，第 217 页。

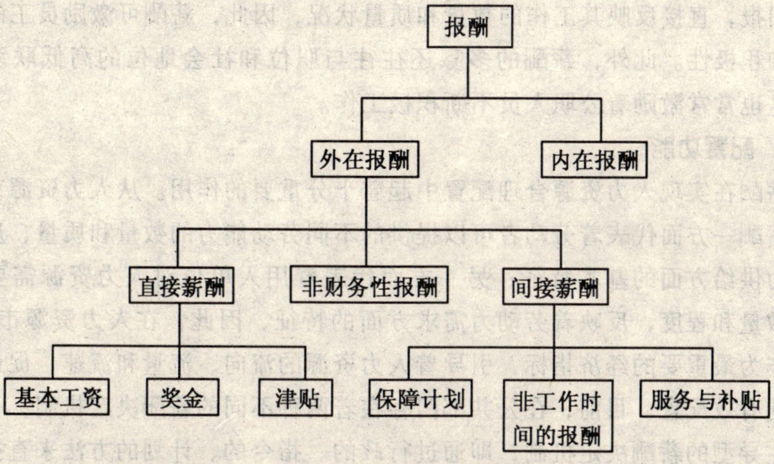


图 11-1　员工报酬结构和薪酬结构

的工作气氛、自由支配的工作时间、多元化的活动、参与决策的权利等。

狭义的报酬就是指薪酬（compensation），包括：一是货币形式的直接薪酬，如工资、奖金、津贴、股票期权等；二是非货币形式的间接薪酬，如服务、福利、带薪假期和员工保护等。

## 二、公共部门人力资源薪酬功能

公共部门人力资源薪酬功能主要包括补偿功能、激励功能、配置功能和稳定功能。

### 1. 补偿功能

公职人员在工作过程中必然要付出一定的体力和脑力，只有得到相应的补偿才能维持劳动力的再生产，保证工作的顺利进行。同时，随着知识更新速度的加快，公职人员在工作中也需要进行自我教育开发投资，不断提高自身的素质，以便更好地完成工作，这笔人力资本投资费用也需得到补偿，否则，公职人员的素质无法得到有效提升，会对组织目标的实现和竞争力的提升产生负面影响。此外，大多公职人员还承担着整个家庭生活支出的责任，这也需要公职人员通过在工作岗位上的劳动付出来获得相应的回报，以此来维持整个家庭物质和文化生活的需要。

### 2. 激励功能

薪酬不仅意味着公职人员个人和家庭生活的改善，而且还是评判公职人员个人价值的一个相对客观的经济尺度。因为薪酬是基于对公职人员工作绩效的一种回报，直接反映其工作的数量和质量状况，因此，薪酬可激励员工的工作效率和积极性。此外，薪酬的多寡还往往与职位和社会地位的高低联系在一起，这也常常激励着公职人员不断积极工作。

3. 配置功能

薪酬在实现人力资源合理配置中起着十分重要的作用。从人力资源市场来看，薪酬一方面代表着劳动者可以提供的不同劳动能力的数量和质量，反映着劳动力供给方面的基本特征；另一方面代表着用人单位对人力资源需要的种类、数量和程度，反映着劳动力需求方面的特征，因此，在人力资源市场上，薪酬作为最重要的经济指标，引导着人力资源的流向、流量和流速，促进人力资源的有效配置。目前，在公共部门存在着两种不同的薪酬决定机制：一种是政府主导型的薪酬决定机制，即通过行政的、指令的、计划的方法来直接确定不同种类、不同质量的各类劳动者的薪酬水平、薪酬结构，从而引导人力资源的配置；另一种是市场主导型的薪酬决定机制，即通过劳动力的流动和市场竞争，通过在供求平衡中所形成的薪酬水平的差别来引导人力资源配置。政府机关当前采用的是政府主导型的薪酬决定机制。在全球经济一体化的时代，愈来愈激励的人才竞争态势要求公共部门应逐步采用市场主导型的薪酬决定机制，以促进人力资源的优化配置和使用。

4. 稳定功能

在我国现阶段，薪酬是包括公职人员在内的所有社会成员个人消费资料的主要来源。作为消费性的薪酬，保障了社会成员的生活需要，实现了劳动力的再生产需求。对公共部门而言，如果薪酬标准制定得过低，公职人员的基本生活就会受到影响，劳动力的耗费就无法得到完全的补偿，人力资本的投资行为也会受到抑制，这无疑就会影响整个公共部门人力资源的素质；如果薪酬标准确定过高，由于公职人员的薪酬来自国民收入的再分配，这样又会增加整体经济的承受能力，影响经济的长期稳定发展。此外，公职人员工作的特殊性又使得过高的薪酬标准增强了营利性经济组织的攀比心理和下岗、离退休人员的不平衡心理，还对机构改革造成了相当大的阻力，因此，公共部门薪酬水平的确定直接关系到社会的稳定。

## 三、公共部门薪酬制度设计的基本原则

在进行公共部门薪酬制度设计时，一般应遵循以下原则：

1. 同工同酬原则

指只要从事相同的工作，不论公务员的性别、出身、民族如何，均给予相

同的报酬。这一原则几乎是西方市场经济国家公务员薪酬分配的首要原则。《公务员法》也明确规定："公务员工资制度贯彻按劳分配的原则，体现工作职责、工作能力、工作实绩、资历等因素，保持不同职务、级别之间的合理工资差距。"按劳分配原则是我国宪法所确认的分配原则，是社会主义初级阶段的主要分配形式，它要求按照劳动者向社会提供的劳动数量和质量领取报酬。同工同酬原则是按劳分配原则的一个表现形式，是按劳分配的必然要求，因此，公务员薪酬的确定必须以工作职责和付出劳动的数量和质量为主要依据。

**2. 定期增薪原则**

指国家定期增加公务员的薪酬，即政府在每年的财政预算中，必须保证必要的经费用于公务员增加工资。1993 年颁布的《国家公务员暂行条例》规定："国家公务员实行定期增资制度。"从 1989 年公务员第一次加薪算起，我国公务员工资调整了七次，依次是 1989 年、1997 年、1999 年、2001 年 1 月和 10 月、2003 年 7 月和 2006 年 12 月。但是，从我国加薪的实践看，定期增薪还存在一定难度。2005 年 4 月 27 日颁布的《公务员法》第七十三条明确规定："国家建立公务员工资的正常增长机制。"这一规定为公务员定期增薪提供了法律保障。定期增薪不仅使公务员的薪酬随着国民经济的发展而逐步增长，使公务员薪酬与经济发展保持平衡，而且可以使公务员增薪制度化、正常化，避免增薪工作的随意性。

**3. 比较平衡原则**

指国家在确定公务员薪酬水平时，应参考社会其他行业的员工的薪酬，使公务员的薪酬水平与社会上从事同类工作的员工的薪酬水平大体平衡。比较平衡原则的贯彻实施，不仅使公务员薪酬与国民经济的增长和社会劳动生产率的提高保持适当的比例关系，而且与市场上从事同类工作的员工的薪酬保持平衡，为公务员薪酬水平的确定提供了科学的依据。大多数市场经济国家都十分重视和强调比较平衡原则，《公务员法》第七十五条已明确规定："国家实行工资调查制度，定期进行公务员与企业相当人员工资水平的比较，并将工资调查比较结果作为公务员工资水平的依据。"与其他行业相比，公务员薪酬过高，会使政府开支增大，加重税收负担，影响国家经济建设，引起其他行业不满；公务员薪酬过低，会使人才流向其他行业，导致公务员素质下降，影响政府工作效率。以企业职工的工资收入作为参照来确定公务员的薪酬水平，可以更好地贯彻按劳分配原则，使各行业、各部门之间的工资分配公正合理。

**4. 物价补偿原则**

指国家根据物价指数的变动，定期调整工资，使工资增长率高于或等于物价上涨指数，以确保公务员的实际薪酬水平不会因物价指数的上涨而下降。具体做法有三种：一是实行薪酬指数化，如法国、意大利、荷兰等；二是参照物价上涨水平，定期调整薪酬标准，如美国、日本等国；三是发放物价补贴，定期计入薪酬标准，如印度、巴基斯坦等。

**5. 法律保障原则**

指公务员薪酬总额、薪酬标准和级别的确定以及薪酬水平的调整等必须依法管理。大多数市场经济国家如美国、日本和德国等都制定了相关法律，对公务员薪酬管理做出了明确规定，十分重视和强调公务员薪酬管理的法制化和制度化。自1993年公务员制度实施以来，我国有关公务员薪酬方面的法律法规缺失，导致公务员薪酬管理长期处于无法可依的状态。2005年4月27日《公务员法》的颁布实施使这种局面得以改变。《公务员法》第七十八条明确规定："任何机关不得违反国家规定自行更改公务员工资、福利、保险政策，擅自提高或者降低公务员的工资、福利、保险待遇。任何机关不得扣减或者拖欠公务员的工资。"同时，第七十九条也规定："公务员工资、福利、保险、退休金以及录用、培训、奖励、辞退等所需经费，应当列入财政预算，予以保障。"

## 第二节　公共部门员工工资制度设计与管理

在我国现阶段，非营利性的公共部门范畴十分广泛，包括政府机关、事业单位、民间组织和一部分公共企业等，其中，政府部门是最典型的公共部门，也是我国广义公共部门的主体。基于此，本节着重探讨政府部门的工资制度。而政府部门的工资制度包括政府公务员的工资制度和政府机关工人的工资制度，在此主要介绍政府公务员的工资制度。

### 一、公务员的职级工资制

一般意义上，工资制度就是指工资等级制度，即在工资分配过程中，根据按劳分配的原则，从工作质量方面确定一定时期的工作标准和工资标准。我国公务员目前的工资制度是从国家机关工作人员工资制度发展而来的。在1956年到1984年相当长的时期内，国家机关工作人员实行职务等级工资制，直接统一按货币规定工资标准。1985年后，实行以职务工资为主的结构工资制，国家机关行政人员的工资主要由基础工资、职务工资、工龄工资和奖励工资四部分组成。结构工资制对解决以往级别不符、劳酬脱节等问题起到了积极作用，但随着情况的变化，其缺陷也逐渐暴露出来：（1）工资分配过分强调职务因素，加重了“官本位”的社会观念，使得公务员往往以能否晋升作为价值取向，扭曲了公务员作为公共权力行使者的职业特征；（2）缺乏正常的增资机制，工资增长依财政状况而定，缺乏制度保障；（3）平均主义日趋严重，基础工资所占比重逐年下降；（4）不适应科学分类的要求，国家机关、事业单位实行单一的工资模式，无法体现各类工作的劳动特点。

在这种背景下，我国现行的公务员职级工资制伴随着我国公务员制度的实施而正式确立，它是在总结我国实行的职务等级工资制和以职务工资为主的结构工资制的经验教训并吸收了国外公务员工资制度的有关规定的基础上确定的。1993年的《国家公务员暂行条例》确定：“国家公务员实行级别工资制。”级别工资制从1993年10月1日起实行，根据不同职能，将公务员基本工资分为职务工资、级别工资、基础工资和工龄工资四个部分，其中，职务工资和级别工资是职级工资制的主体。

**1. 职务工资**

职务工资主要体现了职务高低、责任轻重、工作难易程度，是职级工资制中体现按劳分配的主要内容。公务员职务分为领导职务和非领导职务。在职务工资标准中，共设12个层次的职务，每一职务层次设若干工资档次，最少6档，最多14档。公务员按其所担任的职务确立相应的职务工资，职务工资随着职务、任职年限和工作年限的变动而变动。

**2. 级别工资**

公务员的级别是在确立公务员职务的基础上进一步确定的，级别共分15级。每个级别对应一项工资标准。在实际执行中，公务员级别工资的确定有以下特点：（1）级别与职务存在一定的对应关系。职务越高，所对应的级别越少；职务越低，所对应的级别越多。如科员职务对应有6个级别，而司局级职务只对应3个级别。（2）相邻职务的级别有交叉。如科员职务对应9～14级，正处级职务对应7～10级。（3）所担任的职务、承担的责任和能力、任职年限和工作年限共同决定了其级别的高低。即使是同一职务，也会因承担责任大小不同和工作年限不同而在级别上存在差异。公务员的级别只能在所担任的职务相对应的级别范围内变动。

在公务员职务分类的基础上设置级别工资的主要作用在于：（1）使受领导职位数和机构规格限制而难以晋升的公务员能通过晋升级别提高工资待遇，这充分适应了我国机关中科级职务以下的人员占92%以上的特点，拓展了公务员，尤其是基层公务员的激励机制，从“官本位”向“能力本位”发展，从而充分调动公务员的工作积极性。（2）使担任同一职务层次的公务员在承担的责任和能力、工作年限和任职年限上的差异能够通过级别工资加以反映，有利于更好地贯彻按劳分配的原则。

3. 基础工资

基础工资的职能是保障公务员及其家属基本生活的需要，与其职务高低无关，各职务人员均执行相同的基础工资。基础工资的数额从1993年的90元经过调整到2003年已达230元。设置和调整基础工资的目的是为了确保公务员的基本生活水平不因物价上涨而下降。

4. 工龄工资

工龄工资主要体现公务员的积累贡献，按其工作年限来确定。工作年限每增加一年，工龄工资增加1元，直到离退休前为止。

## 二、现行公务员工资的构成及其运行

公务员工资构成是指组成公务员工资总量的各种成分及其在工资总量中所占比重。在工资分配中，各种工资成分有侧重地执行不同的工资职能，以更好地体现按劳分配的原则和实现对员工的有效激励。我国公务员工资主要由基本工资、奖金、津贴和补贴四部分组成。

1. 基本工资

基本工资是员工工资结构的主要组成部分，也是计算其他工资收入的基础，较为全面地实现了工资的各项职能，主要依据员工的工作职位、工作责任及工作资历等因素来确定。

根据2005年《公务员法》第七十三条的规定:“公务员实行国家统一的职务与级别相结合的工资制度。”因而在基本工资构成中取消了工龄工资，现行公务员的基本工资主要包括职务工资和级别工资等，是工资结构中的基本组成部分，是以大体维持公务员本人基本生活费用为依据而确定的工资标准。所有公务员均实行同一标准，基本工资标准将主要依据全国城镇居民的生活费用而确定，并随生活费用的变化而进行调整，以保证公务员的基本生活水平不因物价上涨而下跌。

2. 奖金

奖金是基于员工的优异表现而给予的效率工资，目的是为了激励员工更加努力工作，提高工作效率，更有效地实现组织目标。

《公务员法》第七十四条明确规定：“公务员在定期考核中被确定为优秀、称职的，按照国家规定享受年终奖金。”可见，公务员奖金的发放是在对其严格考核的基础上进行的，定期考核的结果分为优秀、称职、基本称职和不称职四个等次，对定期考核中被确定为优秀和称职的，享受年终一次性奖金，数额按照本人月工资的一定比例发放。

3. 津贴

津贴是工资的一种补充形式，是对员工在特殊劳动条件或工作环境下付出额外劳动和生活费用支出给予的适当补充。目的是补偿员工在恶劣环境下的健康、物质和精神损失。

《公务员法》第七十四条明确规定了津贴制度："公务员按照国家规定享受地区附加津贴、艰苦边远地区津贴、岗位津贴等津贴。"地区津贴是公务员因在某一特定地区工作而享受的工资性补充，分为地区附加津贴和艰苦边远地区津贴两种。地区附加津贴，主要是根据各地区经济发展水平和生活费用支出等因素，同时考虑到机关单位工作人员工资水平与企业职工工资水平的差距而确定的。实行地区附加津贴，可使不同地区的机关工作人员工资的提高与经济发展相联系，从而体现不同地区经济发展及物价变动情况，由各省、自治区、直辖市运用地方财力建立。艰苦边远地区津贴，主要体现不同地区自然、地理环境的差异，根据不同地区的地域、海拔高度、气候以及当地物价等因素确定。该项津贴的设立充分体现了不同地区在自然地理环境等方面的差异，有利于发挥工资的补偿和导向作用，鼓励人们到边远地区工作。

岗位津贴是国家对特殊工作岗位上的公务员给予的额外劳动报酬，主要是根据公务员的岗位性质及工作条件确定的。公务员离开该岗位后，相应津贴即行取消。目前经国家批准建立的岗位津贴有公安干警值勤岗位津贴，海关工作人员岗位津贴，基层审计人员外勤工作补贴，人民法院干警岗位津贴，人民检察院干警岗位津贴，司法助理员岗位津贴，监察、纪检部门办案人员外出办案补贴等。

4. 补贴

补贴是为了保证员工实际工资水平和生活水平不下降或吸引员工长期为组织工作而设置的补助性工资。

《公务员法》第七十四条规定："公务员按照国家规定享受住房、医疗等补助。"首先，在住房补助方面，1998年下半年开始停止住房实物分配，逐步实行住房分配货币化。停止住房实物分配后，房价收入比（即本地区一套建筑面积为60平方米的经济适用房的平均价格与双职工家庭年平均工资之比）达到4倍以上；财政、单位原有住房建设资金可转化为住房补贴的地区可以对无房和住房面积未达到规定标准的职工实行住房补贴；对于住房补贴的改革还在进行之中，并没有统一的标准。其次，关于医疗补助。实行国家公务员医疗补助是在城镇职工基本医疗保险制度的基础上对国家公务员的补充医疗保障，是保持国家公务员队伍稳定、廉洁，保证政府高效运行的重要措施。医疗补助的水平要与当地经济发展水平和财政负担能力相适应，保证国家公务员原有医疗待遇水平不降低，并随经济发展有所提高。按现行财政管理体制，医疗补助经费由同级财政列入当年财政预算，具体筹资标准应根据原公费医疗的实际支出、基本医疗保险的筹资水平和财政承受能力等情况合理确定。医疗补助经费要专款专用，单独建账、单独管理，与基本医疗保险基金分开预算。

## 三、我国公务员工资制度中存在的问题及其改进策略

### （一）我国公务员整体薪酬的现实状况分析①

1993 年，我国在建立国家公务员制度的同时实施了第三次薪酬制度改革，其主要目的在于建立适应中国国情的、具有中国特色的公务员薪酬制度。经过十余年的逐步发展和完善，现行的公务员薪酬制度在稳定公务员队伍和提高行政效能等方面发挥了较大的作用。公务员整体薪酬状况主要表现为：

**1. 工资水平稳步增长**

工资水平是用来衡量员工个人价值和社会经济发展水平的重要经济尺度。改革开放以来，尤其是建立国家公务员制度以来，公务员工资水平也不断稳步增长。一方面，我国经济的快速发展为公务员工资水平的增长提供了强大的经济动力。经济持续高速发展要求公务员工资水平保持合理比例的增长，同时，也为公务员水平的提升提供了坚实的财政保障。另一方面，自 1993 年建立公务员制度以来，国家分别在 1989 年、1997 年、1999 年、2001 年 1 月、2001 年 10 月、2003 年和 2006 年连续七次给公务员加薪，折射出对提高公务员队伍薪酬待遇的重视程度。从行业平均工资水平看，国家机关的平均工资水平一直在稳步提升。国家机关、政党机关及社会团体的平均工资水平在国民经济 15 大行业中的排名也从 1995 年的第 12 名逐步上升到 2002 年的第 7 名。图 11-2 显示了各行业自 1995 年到 2002 年的平均工资水平的变动情况。

**2. 相对而言，工资结构逐渐趋于合理**

国家行政机关的工作性质决定了公务员薪酬与社会其他行业相比具有一定的独特性。在 1993 年的第三次工资制度改革中，我国在总结四十多年来实行的职务等级工资制和以职务为主的结构工资制的经验基础上确立了符合机关特点的职级工资制度，迄今已稳定运行十余年。职级工资制由职务工资、级别工资、基础工资和工龄工资四个部分构成，结构合理，综合体现了影响工资的多

① 常荔：《公务员薪酬状况研究述评》，《江西行政学院学报》，2006 年第 1 期。

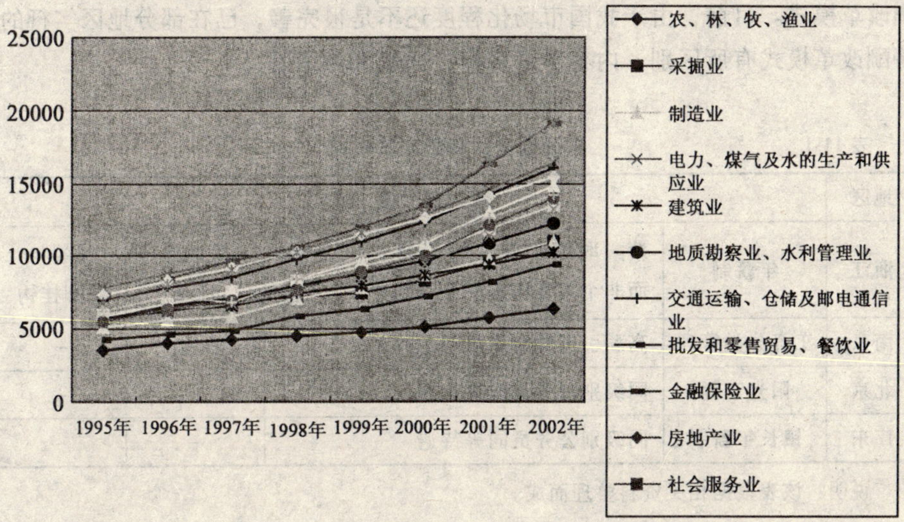


图 11-2 各行业平均工资水平变化趋势图

个因素和成分，职务工资和级别工资构成职级工资的主体。职务工资是根据公务员职务高低、责任轻重、工作难易程度和职务贡献确定相应的工资标准，体现按劳分配的原则。级别工资则按公务员的能力和资历确定工资标准，公务员的级别共分为 15 级，一个级别设置一个工资标准。基础工资按照大体维持公务员基本生活费用来确定，各职务人员均执行相同的基础工资，旨在保障公务员的生活质量。工龄工资按公务员的工作年限确定工资标准，主要体现公务员的积累贡献。

### 3. 地区薪酬模式呈现多样性

我国政治和经济环境的变化对现行的薪酬制度体系造成了巨大的冲击，为了适应这些变化，地方政府开始不断探索更具公平性和激励性的薪酬改革模式。当前，在现行的分级财政管理体制下，我国不同省市之间的公务员薪酬模式日益呈现出多样化的特点。在中央集中管理和领导下，具有独立财政权的地方政府根据本地区的经济发展水平和财政状况，自主、科学而合理地制定相适应的薪酬改革模式。各地区在制定各自的薪酬模式的过程中，充分运用薪酬杠杆的激励效应和优化人才资源配置的功能，以期达到提高行政效能、吸引和留住政府急需的稀缺人才甚至于反腐倡廉的目的。因此，在综合考虑当地经济发展水平、财政状况、公务员工资现状等因素，同时借鉴国外发达国家公务员薪酬制度的基础上，部分地区形成了具有鲜明中国特色的政府主导型的公务员薪酬改革模式。目前，由于我国市场化程度还不是很完善，已在部分地区实行的薪酬改革模式有所区别，内容丰富多样，如表 11-1 所示。

表 11-1　　部分地区的薪酬改革模式

| 地区 | 薪酬模式 | | | |
| --- | --- | --- | --- | --- |
| 浙江 | 年薪制 | 薪酬取决于所在岗位及工作业绩，而非个人资历和职务级别 | 廉政保证金 | 绩效与薪酬挂钩 |
| 南京 | 工资分类管理 | 高薪引进政府雇员 | - | - |
| 北京 | 阳光工程 | 同级别公务员同等待遇 | - | - |
| 广东 | 镇长年薪制 | 同级别公务员同等待遇 | - | - |

说明：该表根据相关资料整理而成。

### （二）现行公务员工资制度中存在的主要问题

#### 1. 公务员内部工资分配中平均主义倾向较严重，无法充分体现按劳分配的原则和激励功能

如前所述，基本工资在工资结构中占主导地位，是工资结构的核心部分，是按劳付酬原则的重要体现。在我国的职级工资制中，主要依据职务来计量国家机关工作人员的劳动量，具有很大的局限性。首先，从横向看，因工作系列的不同使得担任同一职务的公务员在承担责任、工作复杂性和能力以及贡献上有显著不同，相应地在工资分配上也应有所区别。但现行的薪酬制度忽视不同工作系列对知识、能力具有不同要求的客观现实，简单地以职务作为标准来衡量公务员的工作量，客观上导致了薪酬分配上的平均主义倾向，同时，在一定程度上也强化了"官本位"意识。其次，从纵向看，工资标准的起薪点（指基础工资）过低，职务之间的级差太小，很难体现对生活成本、责任风险、职务贡献的补偿意义。基础工资是用来维持公务员基本生活费用而确定的，而目前，经过连续加薪之后，公务员的基础工资标准从 1997 年的 50 元上升至 2001 年的 230 元，有了较大幅度的提高，但与经济发展水平和物价水平的提升相比，该标准仍偏低。从职务级差来看，同一档次的不同职务工资差不超过 250 元，一般在 70～80 元左右；同一职务工资档次的级差最高差额为 120 元，最低差额是 12 元，平均在 30～40 元之间，职务间的级差非常小，一定程度的平均化现象仍然存在。在实际运行中，根据 2001 年广东省统计局等单位对该

省市机关公务员工资状况的调查，高级公务员的工资太低，差距没有拉开。以2001年10月公务员工资调整后的标准计算，公务员中正厅级的基本工资最高才1911元，而一名普通科员的基本工资最高也有895元，仅相差1.1倍，这不能很好地反映出不同职务级别在履行职务上的劳动差别，职责与报酬不对等，加剧了平均主义倾向，不利于工资激励机制作用的发挥。此外，职级工资结构过于固定，缺乏必要的弹性，无法体现同一岗位公务员之间在能力和绩效水平上的差别，直接导致“干与不干一样”、“干多与干少一样”、“干好与干坏一样”，平均主义倾向严重。公务员薪酬分配制度欠缺内部公平性，这不仅难以发挥出薪酬分配的激励功能，还会引发优秀的专业人才流失等负面效应，必须加以改革。

2. 地区之间、部门之间的公务员收入差距过大

据调查，1994年机关工资收入水平最高地区与最低地区之比为1.9∶1，1996年机关工资收入水平最高地区与最低地区之比为2.4∶1，相差5149元。2000年，全国公务员年平均工资为9895元，公务员年平均工资最高的上海为15179元，最低的贵州为4867元，两者之比为3.12∶1。在2001年，我国机关的平均工资水平最高省与最低省的平均差距达到近3倍。即使在同一省不同县市、不同部门之间的薪酬也极不均衡，缺乏科学性和合理性。根据2001年广东省统计局的调查，同一地区不同单位的公务员执行不同的工资政策。以广州市为例，从职务看，不同机关相同职务的公务员工资差别较大，广州市机关公务员正厅级至副科级平均比广东省直厅局单位公务员相应职务要高出1000元左右；在市直机关和省直机关各单位中，部门之间的工资差别也很大，税务部门正处级月平均工资比档案部门正处级要高出1000元左右；即使同在广东省，工资政策也各不相同，并相差悬殊。梅州市公务员的工资只相当于深圳的几分之一。这种地区之间、部门之间过大的工资差距违背了工资的调节和激励职能。

3. 以职级工资为主的薪酬主系统与以奖金、津贴为主的薪酬辅系统倒挂，弱化薪酬制度的宏观调控管理的职能

工资、津贴和福利三个组成部分在公务员薪酬结构中的性质、地位和作用各不相同。工资居主导地位，构成薪酬制度的主体，是按劳分配原则的重要体现；津贴是对工资的重要补充。目前，机关的基本工资基本能按照国家统一规定的工资制度正常运行，但基本工资之外的津贴、补贴名目繁多，标准和渠道也各不相同，而且占公务员实际收入相当大的比例。据不完全统计，目前国家统一出台实施的各种岗位津贴项目约有40多项，各地自行出台的津贴补贴项

目则达300项。我国机关公务员平均工资构成中，基本工资占54%，津贴补贴占46%，比重基本相当。上海和广东津贴补贴占平均工资的比重分别达到61.4%和60.6%，已经超过了基本工资。可见，薪酬不均衡集中表现在以职级工资为主的薪酬主系统与以奖金、津贴为主的薪酬辅系统倒挂，由各地区、各部门自行发放的制度外工资收入在公务员总薪酬收入中所占比重过高，从而导致地区间、行业间和部门间的薪酬存在较大差距。据调查，经济发达地区的总薪酬收入一般要比其基本工资高出几倍，这种现象使得由国家统一制定的制度性的工资收入对公务员尤其是发达地区和权力部门的薪酬总收入影响很小，大大弱化了国家薪酬制度的宏观调控力度。

**4. 现行公务员薪酬制度的正常增资机制缺乏法律保障，欠缺科学性和合理性**

相对于其他行业，公务员群体具有一定的特殊性。他们既是社会公共资源的掌控者和管理者，又是社会公正和公平的维护者。公务员的工资支出属于国家财政支出的一部分，而这主要来源于纳税人缴纳的财政税收。因此，公务员的薪酬水平的确定及调整涉及财政再分配的公共问题，应经过科学测算。目前，美国、日本等西方发达国家在公务员薪酬水平的确定上建立了完善的平衡比较机制：由薪酬调查部门定期跟踪企业中相同或类似的岗位的工资水平，以此为依据，对公务员的薪酬水平进行动态调整。可见，在市场经济体系比较完善的西方国家已经建立市场导向的公务员薪酬水平的决定机制。1993年出台的《国家公务员暂行条例》原则上规定公务员工资制度的运行应遵循正常增资原则、平衡比较原则和物价补偿原则，即公务员工资标准应根据国民经济的发展、国有企业相当人员工资水平的增长和物价指数作出相应的调整，但在实际运行过程中并未得到有效地贯彻和实施，具体表现在：一方面，现行公务员工资标准的调整水平、调整程序和调整时间随意性大，如在1993年至1997年间，公务员的工资没有过调整；而在1999年至2003年间，则连续4次调整公务员工资，以“小步慢跑”的形式弥补公务员工资与我国经济发展水平的差距。但无论是调整标准的确定，还是调整程序和调整时间都没有通过科学、公开的方式进行分析和论证，法律依据不足。另一方面，我国公务员系统建立的与国有企业管理人员的工资大体持平的工资决定机制已经滞后于社会主义市场经济体制的发展，其局限性逐渐暴露。主要是由于随着社会经济的发展和经济体制改革的进一步深入，我国国民经济中所有制结构已发生很大变化，国有经济的比重正逐步降低，其对社会工资水平的代表性显然不足。2006年开始实施的《公务员法》对此做出改革，明确规定“实行工资调查制度，定期进行公务员与企业相当人员工资水平的调查比较”。该项规定表明我国公务员工资制度的制定和调整正走向科学化和制度化。

### （三）进一步完善现行公务员工资制度的途径

#### 1. 加快工资立法，规范工资制度管理工作

市场经济环境下，法制化是任何制度稳定运行的法定保障和基础，工资制度的设计与运行也必须严格贯彻法制化管理的原则。世界发达国家大多已通过立法的形式对公务员的薪酬管理制度予以保障。目前，于2006年开始实施的《公务员法》对公务员工资福利等问题作了具体规定，但迄今为止，我国尚未出台专门的工资方面的法律法规，用以规范公务员薪酬制度领域的政策行为，导致在公务员薪酬水平的制定、薪酬水平的调整以及调整程序和调整时间等诸方面出现无法可依的状况，在政策执行中以人代法、以言代法、以权代法的现象也时有发生。基于此，我国应充分借鉴世界发达国家薪酬管理的先进经验，加快建立公务员薪酬制度方面的专门法律法规，将公务员薪酬制度的改革成果用法律法规的形式固定下来，充分运用法律手段来调控公务员薪酬制度的运行，并在执行中切实维护薪酬制度的严肃性，真正实现有法可依、有法必依，推动我国公务员薪酬制度的科学化和规范化建设①。

#### 2. 简化现有的工资结构，引入绩效工资，发挥其激励功能

将公务员基本工资构成转变为职务工资、级别工资和绩效工资三部分。首先，公务员的劳动贡献主要体现在其所担任的职务上，职务不同，其工作难易程度、工作责任等都不同，因此，不同职务应设定不同工资标准，职务相同就应获得相同的职务工资；此外，应拉大职务间的级差，职务越高，所承担的责任和风险也越大，级差也应随之递增，适当拉开差距，充分体现按劳分配的原则。其次，级别工资的设置反映了公务员担任的职务和资历差别，适应了我国92%的公务员为科级职务以下人员的客观现实，弱化了“官本位”观念，应予以保留，但应增加级别工资档次，消除“倒级差”现象。最后，引入绩效工资，以反映相同职务或相同岗位的公务员在工作能力、工作实绩上的差异。将公务员工资收入与其工作绩效紧密联系，根据绩效水平设立若干等级，每个等级设定相应的绩效标准，工作绩效越高，相应的绩效工资水平就越高，以激励公务员努力工作。当然，为保证绩效工资制的有效实施，在实际导入之前，应建立一套科学且公平的绩效考核制度，以保证对员工的工作行为和实际表现进行客观评估。

---

① 常荔：《公务员薪酬制度的运行机制研究》，《行政与法》2006年第5期。

3. 建立统分结合的工资管理体制，完善宏观调控机制

长期以来，我国实行决策权高度集中统一的工资管理体制，这种脱胎于计划经济体制下的工资集中管理模式是传统的"统收统支"的财政体制的必然产物，却忽视了我国地区间经济发展不平衡这一长期的历史现实。改革开放以来，地区间经济发展不平衡日趋突出，而"分税制"财政体制的建立和完善使得传统的"三统一"（工资制度、工资标准、工资政策全国统一）工资管理模式也失去了存在的现实基础。基于此，中央政府应坚持工资集中管理与适度放权相结合，既要做到工资政策、工资制度和工资标准的宏观统一，又要适度放权给地方，以合理体现地区间经济发展的差异性。这样，有利于解决高度统一的工资管理体制与地区间差异的矛盾，有利于调动各地区发展经济的积极性。

4. 建立规范的津补贴制度

尽管1993年的工资制度改革就提出建立"地区津贴制度"，即在国家宏观调控的前提下，各地可以根据本地经济发展水平、财力状况制定自身的"津补贴"，以体现效率优先、兼顾公平的原则。但是，由于随之出台统一的"津补贴"政策，导致各地、各部门自行其是，自主设计各类名目繁多的"津补贴"政策，以职级工资为主的薪酬主系统与以奖金、津贴为主的薪酬辅系统倒挂，造成工资外的津贴收入远远大于工资收入，不同地区、不同部门之间的实际收入差距不断加大的现象，从而弱化薪酬制度的宏观调控管理的职能。当前应严格禁止在薪酬制度之外乱发各种名目的津贴和补贴，将大量的津补贴纳入到现有的薪酬体系中，建立规范的奖金制度和地区津贴制度，使之尽可能地透明化和公开化，逐步形成与各地区经济发展相适应的科学合理的地区工资关系。




## 第三节　公共部门员工的福利制度

### 一、公共部门员工福利的内涵与特点

所谓公共部门员工福利，指在没有政府立法要求的前提下，公共部门为改善和提高员工物质文化水平而主动采取的一些福利措施。通常在工资报酬和劳动保险之外，通过举办集体福利设施，提供服务和发放补贴等形式，给予公共组织员工的一种生活保障和生活享受，用以满足他们带有共同性或普遍性的消费需要，并以免费或优惠的形式提供。

公共部门员工福利与社会保险以及其他社会福利项目都属于社会保障体系，但与之相比较，具有以下不同的特点①：

1. 目标不同。社会保险的目的在于保障社会劳动者的基本物质生活水平，而提供员工福利的直接目标则表现在两个方面：一是保障员工基本生活需要；二是进一步提高员工的物质文化水平，即在保障原有生活水平的基础上的进一步提高和改善。而提供员工福利对公共组织的深层次意义则在于增进员工的凝聚力和向心力，增强团队意识和组织归属感，吸引和留住高素质的员工。

2. 性质不同。社会保险一般由国家立法强制实施，由政府举办，是为丧失劳动能力或暂时失去劳动岗位的劳动者提供的收入保险计划。员工福利的提供则不具有法律强制性，它是由公共组织依据本单位的具体情况，自主建立并对组织员工实施的一种福利措施。

3. 享受主体和条件不同。社会保险是针对以劳动为生但丧失劳动能力或暂时失去劳动岗位的劳动者提供的保障计划，而员工福利只有在本单位任职的员工才能享受，这是由公共组织提供员工福利的目标所决定的。同时，社会保险是以权利义务的对等为原则的，从业人员必须在其就业年份里拨出一部分收入缴纳保险税（费）作为保险基金，这样，在投保者缴纳社会保险税（费）满一定期限后，当其满足法律规定的条件时才可按照规定领取保险津贴，得到一定补偿。而员工福利是员工个人的额外收益，是组织提供的用以满足员工的普遍性或共同性的消费需要，一般不体现按劳分配的原则，因此无需员工为之付出代价。

## 二、公共部门员工福利制度设计的原则

不同于营利性的企业组织，公共部门福利制度的设计应遵循以下原则：

**1. 员工福利要与国民经济发展水平相适应**

公共部门员工的福利费用主要来自国家的财政预算拨款，国民经济发展状况直接决定了一国的财政收入水平，因此，从这个意义上讲，公共部门员工的福利水平是由国民经济发展状况所决定的，必须与其相适应。一方面，如果对公共部门员工的福利支出过高，不仅会形成对外部市场的强烈冲击，而且会加大国家的财政负担，并引发社会广泛的对公职人员过高的福利水平的科学性和合理性的质疑；另一方面，如果福利水平过低，则可能影响到公共部门福利目

① 孙柏瑛、祁光华编著：《公共部门人力资源管理》，中国人民大学出版社 1999 年版，第 255 页。

标的实现，无法有效满足员工的物质文化生活水平的需要。因此，公共部门员工福利水平既不宜过高，也不宜过低，应与国民经济发展水平保持一致。

**2. 员工福利要与组织经济承受能力相适应**

从微观上来讲，公共部门员工的福利水平的设计还必须考虑到本组织的实际经济承受能力，换言之，组织必须能负担得起。如果超出本组织的实际经济状况而一味增加员工福利水平，尽管可能短期内有利于实现组织的福利目标，但是，从长期看，福利支出过高势必会削减组织其他运转费用的开支，从而成为组织沉重的包袱，降低组织的活力，进而影响到组织目标的实现和竞争力的提升，最终可能会降低员工福利，甚至无法予以保障。

**3. 正确处理工资和福利的关系，确保工资收入在总收入中的主体地位**

工资和福利都属于公共部门员工薪酬收入中不可分割的组成部分，都是个人消费品分配的形式，但两者在分配原则、所属地位和功能上具有明显的差异。工资在国民收入分配中居于主导地位，是根据员工提供的、被社会承认的劳动的数量和质量进行分配，是个人消费品分配的主要形式。而福利主要是按需要和可能进行分配，其享受对象是本组织的全部或部分员工，不体现按劳分配的原则，是个人消费品分配的辅助形式。在实际操作中，如果两者关系处理不当，不仅会对组织的目标实现产生负面影响，而且还产生负的外部性。一方面，由于员工福利的发放不贯彻按劳分配的原则，是员工个人的额外收益，因此，若福利在员工总收入中所占比重过高势必会削弱员工的工作动力，降低其工作积极性，影响到组织目标的有效实现。另一方面，相对工资而言，福利是较典型的隐形收入，现有的税收手段难以对其进行有效追踪和监控，实际运作中，工资向福利的转化会导致大量税源流失，影响到国家的财政收入。因此，必须确保工资在国民收入分配格局中的主导地位，福利只是对工资的必要补充。



## 三、公共部门员工福利的内容

我国公共部门员工的福利可以分为两大类：一类是针对员工个人所享有的福利性待遇和各种福利性补贴；二是集体福利设施以及社会文化福利设施。具体福利内容包括：

**1. 福利补贴**

公共部门员工的福利补贴一般以现金形式发放，是个人工资收入之外的其他货币形式收入。它是为了满足员工的不同需要，尤其是减轻其生活负担而设立的，涉及衣、食、住、行等各方面，如上下班交通补贴、防暑降温费、冬季宿舍取暖补贴、洗理费、房租补贴、生活用品价格补贴以及生活困难补助等。其中，对公务员而言，生活困难补助被分为定期补助和临时补助两种。定期补助是对生活费用低于一般水平、不能维持正常生活的公务员确定补助金额，按月提供；临时补助则是对公务员发生一些特殊困难而自己又无力解决的，如因疾病、死亡、天灾、人祸等造成生活困难的，给予临时性的补助，补助对象只限于本人或所供养的直系亲属。补助标准按国家规定，具体补助金额由各单位根据国家标准自行确定，经费来源于工会费、福利费开支。

2. 带薪休假

即指公共部门员工在非工作时间里，按正常的工作时间发放工资的福利。目前，国家实行统一的工时制度，即劳动者每日工作 8 小时，每周工作 40 小时，周六和周日为法定的休息日，目的是为了合理安排劳动者的工作和休息时间，维护其休息权利，调动劳动者的工作积极性。除此之外，还包括的主要内容有：

（1）节假。在国家法定的节假日，如春节、劳动节等，按工作日发放工资。

（2）探亲假。这是国家为解决员工探望分居两地的配偶、父母而提供的一种福利。凡在公共部门工作满一年，且与配偶不住在一起，又不能在公休假日团聚的，可以享受探望配偶的假期待遇；与父母亲不在一起，又不能在公休假日团聚的，可以享受探望父母的假期待遇。探亲假期因具体情况不同而有所区别，通常，未婚公职人员探望父母，原则上每年给假一次，假期 20 天。已婚公职人员探望配偶，每年给予探亲假一次，假期 30 天。在规定探亲假和路程假期内，按照本人的标准工资发给工资。

（3）年休假。国家为保护公职人员的身体健康，每年安排一段时间进行工作轮休。年休假的天数一般根据工作任务和各类人员的资历、岗位等不同情况而有所区别，最多不得超过两周。

（4）婚丧假。根据规定，公务员结婚或直系亲属死亡，可酌情给予 1 ~ 3 天的婚丧假。婚丧假期间工资照发。

（5）产假。女性员工在产前和产后所享有的一定的休息时间并领取相应的产假工资。

此外，《公务员法》对公务员补休的规定有别于劳动法。《劳动法》规定，用人单位安排劳动者延长工作时间的，支付不低于工资的 150% 的工资报酬；休息日安排劳动者工作又不能安排补休的，支付不低于工资的 200% 的工资报酬；法定休假日安排劳动者工作的，支付不低于工资的 300% 的工资报酬。而对公务员而言，公务员在法定工作日之外加班的，有权要求给予相应的补休。

### 3. 集体生活福利设施

单位集体生活福利是公共部门员工福利的另一项主要内容，其目的是为了满足员工的共同需要，尽可能减轻员工的家务劳动负担，并提高其身体和文化素质，方便员工的生活。

目前，我国公共部门员工享有的主要集体生活福利设施包括：

（1）生活福利设施。包括员工食堂、员工集体宿舍、低房租住房、托儿所、幼儿园、浴室、理发室、休息室等。这些生活福利设施的建立目的是为了满足员工的共同需要，尽可能减轻员工的家务劳动负担，为员工的生活创造便利条件。

（2）社会文化设施。包括文化宫、俱乐部、体育场、健身室、游泳池、图书馆等，这些社会文化设施的建设目的是为了满足员工的文化生活需要，提高其身体和文化素质，促进其身心健康成长。

（3）员工住宅等设施。住宅设施是保障员工稳定工作的基本物质条件，国家或组织为满足员工的基本生存需要而有必要提供相应的住宅设施或福利补贴。在计划经济体制下，国家实行福利分房政策，即由国家或单位进行住宅建设，然后将其分配给员工使用，只收取较低租金，这种制度显然不适应社会主义市场经济体制的要求。目前，国家正加快住房的商品化改革，实行货币化分房制度。在这种背景下，公共部门普遍开始推行具有福利性质的住房公积金制度，基本做法是：由用人单位和员工共同承担住房公积金，每月将员工一定比例的基本工资扣除并存入住房基金的个人基金账户，用人单位也相应地补充一定比例的款额，共同积累住房基金，积累到一定规模，可发给个人自由购置商品房。住房基金属于员工个人收入的部分，可以转移和继承。

## 四、现行公共部门员工福利制度中存在的问题及其改革

长期以来，我国公共部门员工福利制度对保障员工的物质文化需要、提升生活质量和调动员工工作积极性等方面发挥了重要作用。但随着我国社会政治经济的发展，传统的福利制度的弊端也逐步凸显，突出表现为：

第一，福利在公共部门员工劳动报酬中所占比重过大①。

长期以来，我国实行的是“低工资、多补贴，泛福利”的分配模式。在这种模式下，相当一部分劳动报酬如住房、文化设施等，是以物化形式提供给

① 孙柏瑛、祁光华编著：《公共部门人力资源管理》，中国人民大学出版社 1999 年版，第 257～258 页。

员工，而不进入工资。这与计划经济体制下我国经济发展水平不高相适应，但这却无法满足我国日益完善的社会主义市场经济体制的要求，必须加以改革。

第二，福利的社会化程度低。

一些本来应由社会承担的福利设施，如托儿所、幼儿园、理发室、卫生室等，都由公共部门自身来承担，结果导致“公共部门办社会”现象相当严重。这既增加了国家财政负担，也不利于机构精简和工作效率的提高，同时还使得相当一部分福利设施得不到充分利用，闲置、浪费的现象严重。从这个意义上讲，我国福利制度也亟待改革。

第三，福利费的提取和使用存在不合理，削弱了工资在国民收入分配中的主体地位。

目前，机关和事业单位的福利费应按职工基本总额的2.5%提取。但一些公共部门擅自提高福利标准，或者采取种种形式给员工发放福利性补贴，包括计划外经费、行政事业经费的增收节支部分等，设立名目繁多的福利项目，以福利补贴或实物的形式发放给部门员工。这在客观上加大了福利在员工劳动薪酬中的比重，加剧了工资福利化和实物化的倾向，进一步削弱了工资在国民收入分配中的主体地位，在一定程度上破坏了按劳分配的原则。

因此，有效地改革和完善公共部门员工福利制度是当前公共部门薪酬管理工作所面临的重点课题。如前所述，进行公共部门员工福利制度的设计必须遵循三个基本原则，即与国家经济发展水平相适应，与本单位实际经济承受能力相适应，同时要能正确处理工资和福利之间的关系，保证工资在国民收入分配中的主体地位等。现阶段，要重点从以下几方面入手：

第一，逐步降低福利的实物化倾向，加快福利货币化的改革力度，使得员工的实际福利水平能够在其薪酬收入中得到真实反映。

第二，逐步降低福利在员工薪酬收入中的比重，可将部分福利性补贴纳入统一的工资制度，以发挥工资在国民收入分配中的主导作用。

第三，大力促进第三产业的发展，切实解决“部门办社会”的问题，逐步提高福利制度的社会化和商品化程度。

第四，建立健全有关规章制度，加强监督管理，使福利制度充分发挥应有的作用。

## ☞思考题：

1. 试分析公共部门人员薪酬的基本构成。

2. 试述公共部门人员薪酬的功能。

3. 试论公共部门人员薪酬设计的基本原则。

4. 说明公务员职级工资制的结构。

5. 中国公务员工资运行中存在哪些问题?

6. 试论改进中国公务员工资薪酬制度的基本策略。

7. 说明公务员福利制度的特点。

8. 试述公务员福利制度的设计原则及其内容。

9. 如何深化对中国公务员福利制度进行改革?

## ☞案　例:

### "低工资制"应当引起严重关切

目前，中国的贫富之悬殊，超过了世界绝大多数国家，可以说，已经走到世界的极端。这究竟是怎样出现的呢，我的看法是：全社会许多群体和阶层出现贫困问题，主要是由于实行了"低工资制"。

"低工资制"是中国目前分配的主要形式，这个制度存在一天，贫困问题就无法解决。当然，看起来"低工资制"首先影响到的是城市居民，但由于目前已有1.2~1.4亿农民进城打工，因此"低工资制"对农民的打击是更大的。同时，在农村，乡镇企业的"工资部分"可能不进入"全国工资总额"的统计，但农村的乡镇企业和私营企业受到全国"低工资制"浪潮的席卷，对在企业就业的农民，实行的是更加低的"低工资制"。

"低工资制"不仅出现在国有经济单位，而且出现在私人企业。在很多私人企业，劳动者的工资比国有经济单位的工资还要低得多，而且没有保障。

可以说，全国的劳动者，都被罩在一张"低工资制"的巨大的网里。

### 当前的"低工资制"造成极高的剩余价值率

2003年，我计算了自1978年以来全国工资总额与GDP的比例。发现，工资总额在GDP中的比重实在太低了。尽管如此，还在不断下降。1978年以来，1980年最高，为17.1%；1998年最低，仅有11.7%。近些年来，始终在12%处徘徊，没有达到13%。

我曾就我的计算结果与一位美国的经济系教授交谈，他大吃一惊，简直不相信会有这么低。他回国后把他的计算结果告诉我，美国的该比例，能达到

50%以上。而美国的GDP是中国的将近10倍啊。所以，美国实行的是“正常工资制”，而不是“低工资制”。

不过，尽管中国的工资总额很低，但能不能叫“低工资制”呢，还需要证明。

有人从表面上看，说我们的工资已经从1978年以前的40来块钱，涨到了今天的1000块钱了，涨了25倍，怎么还是低工资啊？是高工资嘛。我说，首先不能这么比。1000和40是不能做四则运算的，因为它们不是可比价格。凡可比价格，必须考虑物价上涨因素。如果我们没有不变价格可资计算，我又找到另一个办法，就是计算工资总额与GDP的比例。

其结果，就是我上面计算的。当然，奇怪的事情在中国总是有的，例如2001年全国工资总额是1.18万亿元，但当年的“社会消费品零售总额”就达到了3.76万亿元。就算假设全体劳动农民的总收入有1万亿元，加在一起也只达到3.76万亿元的60%，这还不包括房屋和汽车的消费。

那么，改革前怎么样呢？

我使用的全是《中国统计年鉴》的资料，改革前没有GDP统计，只好用大致相当的“国民收入”来计算。改革前最正常的年景是1956～1957年、1963～1965年，那时“工资总额”的比重远超过今天，可能超过5～10个百分点。

这未免使人大感不解。“文化大革命”前，当时的“工资总额”是不包括房屋、医疗和教育费用的，对这几项收取的费用，完全是象征性的，如果这几项费用国家不再负担了，也就是说，要从“低工资制”转化为“正常工资制”了，那么，“工资总额”的比例应当大大提高。结果，改革开放以来，它不升反降，而且大大下降了。

当前的“低工资制”，可以说，造成了空前的高剩余价值率。因此，它极端地挤压了社会“总需求”，使中国经济总是处于“经济危机”的边缘。

### “低工资制”转化为“正常工资制”的途径

我认为，尽快将“低工资制”转化为“正常工资制”，对于中国经济就成了一项很迫切的“任务”。当然，在实际上，要完成这种转化，是非常困难的。对于工资总额的比例，人们已经习惯了每年增长个百分之几，大致上和GDP的增长相呼应。由于前几年医改、房改、教改一股脑压下来，由国家负担改为人民自己负担，担子越来越重，贫穷的人民苦不堪言，所以，至今仍然维持改革开放前的“低工资制”，不仅没有道理，而且对于人民会越来越严酷。

主要的困难是，在国家推行中国特色的“市场经济”之后，“低工资制”虽然无理，但缺乏改变的途径。如果要改变，就必须承认并保障“工人集体争议工资”的权利。既然美国工人阶级有这个权利，全世界的工人阶级包括中国工人阶级也应当有这个权利（我这里说的工人，当然包括全体脑、体劳动的雇员）。但是工人“集体争议工资”，必须有工人自己合法的组织。这种组织目前很难被承认，理由是它对“稳定”不利，于是国家进入了两难选择。实质上仍然是：富人，穷人，必须选择一头，也就是说，必须有一头做出让步，中国的事实是，穷人已经太穷了，已经无法再“让”出什么了。

——摘自《经济学家茶座》总第23辑，山东人民出版社2006年版。略有删改。

## ☞案例讨论：

1. 你对作者的观点如何看待，说明理由。

2. 运用所学的薪酬理论，提出将“低工资制”转化为“正常工资制”的合理途径。

# 第十二章

# 公共部门人力资源培训与开发

## 第一节　公共部门人力资源培训与开发概述

### 一、公共部门人力资源培训与开发内涵

培训和开发在组织实践中经常不做严格的区分，但实际上培训和开发并不完全是相同的概念，而是具有不同的含义和侧重点的。培训主要是向员工传授完成当前工作所需的知识、技能和能力，所需时间相对较短，阶段性较清晰；而开发则具有未来导向性，更加强调和关注胜任未来工作的知识、技能和能力，它着眼于更为长期的目标，所需时间较长，阶段性较模糊。一般来讲，培训是人力资源开发的主要手段，但不是惟一的手段。人力资源开发不仅与培训密切相关，而且与组织人力资源管理的其他职能有关，尤其是与绩效评估有关。因此，总的来讲，培训的内涵较小，开发的内涵较大。

所谓公共部门人力资源培训与开发，指以提高员工工作绩效和实现公共组织战略目标为目的，为促进员工获得或改进与工作相关的知识、技能、动机态度、行为而实施的有计划的、系统性的教育、培训和学习等活动。培训与开发的重点在于通过有计划的教育、培训和学习，确保并帮助员工获得知识、技能和能力，以便胜任现在和未来的工作。

公共部门人力资源培训和开发的直接目的，是为了提高员工的知识和技能，改进员工的工作态度和工作行为，从而进一步提升员工的工作业绩和实现公共组织的目标。因此，从员工个人的角度看，培训和开发能够满足员工职业生涯发展和实现自我价值的需要。从组织角度看，培训和开发活动的开展，有助于提高公共组织的工作效率，降低运作成本，更高效地实现组织的各项目标。

## 二、公共部门人力资源培训的种类

公共部门员工培训的种类可以从不同的视角进行划分，根据公共部门培训内容、培训对象、培训层次，以及培训与工作关系的不同，可将培训与开发划分为不同的类型。

### 1. 知识培训、技能培训和态度培训

根据培训内容的不同，可将员工培训划分为知识培训、技能培训和态度培训。所谓知识培训，是以有关组织的事实性信息为培训内容，帮助员工了解和掌握完成本职工作所需的基本知识和组织的基本情况，如公共组织的战略目标、规章制度、历史发展、经营状况、价值体系等。

所谓技能培训，是以完成工作所需的技能和能力为培训内容，帮助员工掌握从事本职工作的必备技能，如操作技能、沟通能力、人际关系能力、概念技能等。

所谓态度培训，则强调改善员工的工作态度，培养积极、主动和负责的工作精神，增强团队意识和组织观念，增进组织认同感，培养员工对组织的信任和忠诚。

### 2. 新员工培训、在职员工培训和管理人员开发

根据培训对象的不同，可将培训划分为普通员工培训和管理人员开发，而普通员工培训又可进一步划分为新员工培训和在职员工培训。

新员工培训，又称导向培训，指为了使刚被组织录用的新员工尽快适应工作、了解组织环境以及融入到组织之中而展开的一系列培训活动。新员工培训往往通过座谈、参观、播放介绍组织的影片、岗位实习等方式帮助新员工全方位了解组织内的规章制度和组织文化，熟悉工作和生活环境和掌握即将从事工作的基本内容和职责要求等，以增进对组织和工作的认识。新员工导向培训的深层意义在于培养员工对组织的归属感，包括从思想上、感情上和心理上产生认同、依附、参与和投入，这些是培训员工对组织忠诚、承诺和责任感的基础。

在职员工培训，指对已在岗的员工为提升其工作绩效而实施的知识更新、技能提升和态度转变等一系列培训活动。这是组织培训体系的主体，应贯穿于员工的整个发展过程。在职员工培训具有以下特点：一是培训方式具有多样性。员工素质和岗位性质的不同，培训方式上也应有所区别。实践中，在岗培训、转岗培训、脱产进修等方式在组织中获得了广泛应用。二是培训内容具有广泛性。对文化素质较低的员工，可以实施不脱产的继续教育，使之获得更高

的知识水平，提升其文化素质。对所有在职员工，都应不断更新其专业知识和专业技能，及时了解各自领域内的最新动态和最新知识和技能，使之能更有效的工作，并促进职业的成长和发展。三是培训内容具有适应性和前瞻性。根据外部环境的变化、组织战略规划的调整和结构变革，适时展开某些专业领域的培训，以改善公共组织内员工的素质结构，适应外部环境的要求，或为未来组织的发展储备必要的人才。

所谓管理人员开发，指通过传授知识、转变观念或提高技能来改善当前或未来管理工作绩效的一系列活动。管理人员开发越来越重要的原因不仅与其在组织中的地位有关，而且还在于内部晋升已成为组织管理人才的主要来源。处于组织较低层次的员工需要借助于某种开发活动以具备承担未来更高职位的能力。从提高组织的未来工作绩效的目的出发，管理人员开发过程，首先，应考察组织所处的外部环境和内部条件，评估组织当前和未来的战略需要；其次，评估组织内部不同层次管理人员的工作绩效和现实的管理能力；再次，依据理想的管理能力结构和实际能力结构之间的差距，运用多种方式开发管理人员。在这个过程中，管理人员开发还应兼顾到其自身的职业发展规划，尽可能将个人成长和组织发展相结合。

### 3. 高级培训、中级培训和初级培训

根据公共组织中培训层次的不同，可将员工培训划分为高级培训、中级培训和初级培训。

根据能级对应的原则，人的能力有大小的差别，组织的能级也有高低层次之分，因而，应将不同能力的人放在组织内部不同的职位上，赋予不同的权利和责任，才能实现能力和职位的对应和适应。对于稳定的组织能级结构而言，组织层次越高，人数越少，组织中大量的人员集中于中低层次，因此，组织培训必须根据这一客观状况，分层安排人员培训。通常，初级培训可侧重于与岗位直接相关的一般性的知识和技能的培训；中级培训则可在更新专业知识和技能的基础上，适当增加有关理论课程；高级培训应侧重于学习新理论、新观念和新方法，以适应组织战略性发展的需要。实践中，培训的层次越高，培训的组织形式则越趋于小型化和短期化。如初级培训通常采用正规学校、社会办学的方式实现，而高级培训则通过短训班、研讨班和出国考察培训的方式来实现。

### 4. 初任培训、任职培训、专门业务培训和更新知识培训

《公务员法》明确规定，政府机关应根据公务员工作职责和提高公务员素质的需要，对公务员进行分级分类培训。目前，我国公务员培训分为初任培

训、任职培训、专门业务培训和更新知识培训。

所谓初任培训，指对主任科员以下及其相当职务层次的非领导职务的新录用人员在试用期内进行的培训。其目的主要在于通过培训，使新录用人员了解机关的工作特点、组织纪律，明确自己的工作内容和职责范围，初步掌握工作所需要的基本知识、工作程序和工作方法，为正式上岗做好准备。对新录用人员的初任培训，目前主要有两种方式：一种是工作实习，即让新录用的人员在有经验的公务员指导和带领下，直接参加实际的工作，通过工作实践逐步适应本职工作。二是专门的培训教育，即由各招录机关自己举办培训班对新录用人员进行培训，或将新录用人员送到专门的培训机构进行培训。实践中究竟采用哪种方式，由录用机关根据实际情况决定。目前，初任培训在试用期间进行，时间不少于10天；初任培训合格者，才能任职定级，不合格或未参加培训的不能任职定级。

所谓任职培训，指对晋升领导职务的公务员在任职前或任职后一年内进行的培训。任职培训根据所任职务分层次进行，重点提高担任领导职务公务员的政治鉴别力和拒腐防变的能力，总揽全局和战略思维的能力，领导经济、社会发展等工作和运用社会主义市场经济规律的能力，科学决策和依法行政的能力，统筹协调和处理复杂问题的能力。因此，任职培训强调政治思想、业务能力和决策水平等的综合提高。任职培训一般在到职前进行，培训时间不少于30天。

所谓专门业务培训，指根据专项工作的需要对从事专项工作的公务员而进行的培训。培训内容主要有两个方面：一是专业理论知识，如综合管理类公务员就要学习综合管理方面的专业理论知识；二是专业技术和技能，即学习从事专项工作所需的专业技能，如现代办公设备的操作与管理等。专门业务培训主要采用脱产集中培训的方式进行，根据需要和对象的不同，可采取长、短班相结合的办法，进行系统的学习，以保证培训质量，实现公务员能够胜任专项工作的需要。

所谓更新知识培训，又称定期培训和在职培训，指对公务员进行更新知识、提高工作能力的培训。其目的在于使公务员不断掌握新知识和新技能，及时更新知识结构，提高工作能力和水平，以适应新形势发展的需要。更新知识培训的方式灵活多样，既可采取集中时间进行培训的方法，也可不采取集中时间但保证不少于多少时间的培训，可采取派往专门的公务员培训机构进行培训，也可委托其他培训机构进行培训等。对担任专业技术职务公务员的培训，应按照专业技术人员继续教育的要求，进行专业技术培训。

## 三、公共部门人力资源培训与人力资源管理职能的关系

随着现代组织人力资源管理的系统化趋势越来越明显，公共部门人力资源培训与开发体系也迫切需要与其他人力资源管理职能相互衔接、相互影响，以实现系统化人力资源管理效益的最大化。相对而言，人力资源培训与开发与职位设计、人力资源规划、绩效管理系统、招募与甄选等人力资源管理活动的关联更为紧密。

### 1. 人力资源培训与职位设计的关系

公共部门人员培训需求分析主要建立在三个层面的分析之上，包括组织分析、任务分析和人员分析，而根据组织中的职位设计可进行上述三个层面的分析。组织分析是针对组织的战略目标和整体组织状况展开分析，这就需要组织战略和组织研究系统的支持；任务分析主要通过职位分析来进行，职位分析是人力资源管理的基础性的操作技术，通过明确工作内容、业绩标准和任职资格要求来为培训需求分析提供基本信息，从而使公共组织能够结合每个职位的具体工作特性和工作要求来构建分层分类的培训计划；而人员分析则建立在绩效管理体系和素质模型的基础之上，通过绩效考核，发现员工工作绩效和组织期望之间的差距；另一方面，通过素质模型评价，发现员工能力上的不足和短板。两个方面结合就可以得到员工具体需要通过什么样的培训来提升自己的能力和业绩。

### 2. 人力资源培训与人力资源规划的关系

人力资源规划是预测未来组织任务和环境对组织的要求以及为完成这些任务与满足这些要求而提供人力资源的过程。组织结构的复杂性要求组织必须制定人力资源规划，以确保组织在发展过程中对人力资源的需求，并能够有计划地在预测基础上调整人员在未来职务上的分布状态，有效地预测和控制人工成本。组织人力资源规划是人力资源培训与开发策略制定的基础和前提条件。通过组织的整体人力资源规划来确定培训开发的阶段性和层次性，确定重点对哪些人员、重点对哪些内容的培训与开发，并确保与人员补充规划和晋升规划的连续性等。

### 3. 人力资源培训与人员招募和甄选的关系

导向培训是组织人力资源培训和开发体系中非常重要的内容。通过导向培训，组织向刚进入组织的新员工灌输组织的文化与价值观，并使其了解组织的基本状况，传授职位的基本技能，这样便能使员工迅速地融入组织，减少进入陌生组织环境所带来的冲击，提高员工整个职业生涯发展的质量。从整个人力

资源管理流程看，导向培训是继人员招募与甄选之后的人力资源管理环节，同时，它是员工上岗的前提和基础。只有在确保员工了解组织的基本情况，认同组织文化，掌握了基本的岗位技能的前提下，员工才能正式步入工作岗位。

**4. 人力资源培训与绩效管理体系的关系**

绩效管理就是管理者和员工双方就目标及如何达到目标而达成共识，并增强员工成功达到目标的管理方法。绩效管理是一个由绩效计划、绩效过程监控、绩效考核、绩效反馈和绩效改进等环节组成的一个完整系统。绩效管理与人力资源培训体系的接口主要体现在绩效考核与绩效改进这两个环节。其中，绩效考核为培训需求分析中的人员分析提供了基本的数据和信息。另一方面，培训与开发作为员工绩效改进的重要手段和工具，为提升员工绩效水平提供了重要支撑。

## 第二节 公共部门人力资源培训与开发系统模型

公共部门人力资源培训与开发是由培训需求分析、培训项目的设计和实施、培训效果评估等环节所构成的复杂而连续的网络体系，如图 12-1 所示①。该培训与开发系统的构建有助于公共部门科学、系统地开展员工培训和开发活动，并最终对员工工作绩效和组织绩效的提升发挥了极为重要的作用。

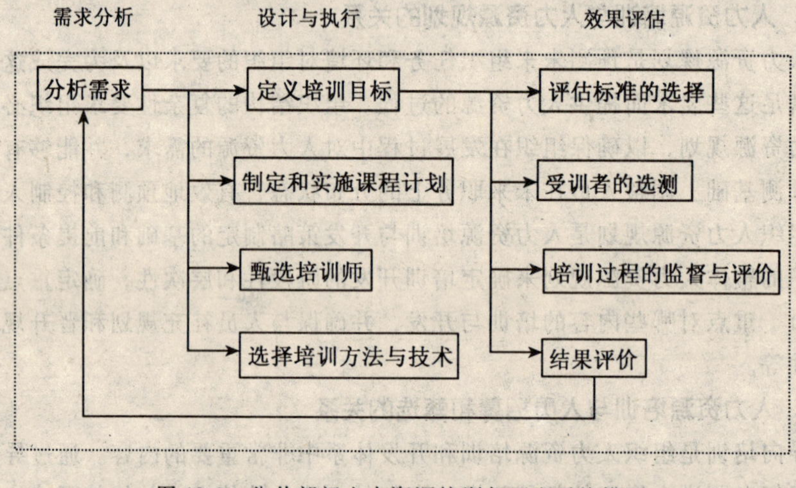


图 12-1 公共部门人力资源培训与开发系统模型

① 徐芳主编：《培训与开发理论及技术》，复旦大学出版社 2005 年版，第 48 页。

## 一、公共部门培训需求分析

培训需求分析就是通过收集组织及其成员现有绩效水平的有关信息，评估现有绩效水平与组织期望的绩效水平之间的差距，进一步寻找组织及其成员在知识、技术和能力方面的差距，为培训活动提供必要的依据。培训需求分析是组织人力资源培训和开发系统的首要和必经环节，也是其他培训与开发活动的前提和基础。

### （一）公共部门培训需求分析的内容

对于培训需求分析的内容，很多学者认为可以从三个层面来进行，即组织分析、任务分析和人员分析。如表 12-1 所示①。

表 12-1　　培训需求分析的三个层次

| 层　次 | 需求分析的内容 |
| --- | --- |
| 组织层面 | 哪些地方需要培训，实施培训的环境和条件如何？ |
| 任务层面 | 为了有效完成工作，培训内容应该是什么？ |
| 人员层面 | 哪些员工需要接受培训，需要哪种培训？ |

#### 1. 组织层面的培训需求分析

组织层面的培训需求分析是通过对公共组织发展战略的分析确定组织整体的培训方向，其目的在于全面认识影响员工工作能力和工作业绩的组织特征，以确定何处需要培训，以及完成这些工作的背景条件。

组织层面的分析通常集中于以下几个方面：

（1）公共组织的发展目标和战略规划。组织的发展目标和战略规划是评估组织绩效的重要标准，对组织发展目标和战略规划的全面分析有助于科学制定人力资源规划，进而确立相应的人力资源开发战略。

（2）公共组织资源。公共组织资源是保障人力资源培训和开发工作顺利开展的重要决定因素，包括可利用的资金数量、组织设备和各种辅助设施、相关培训资料和组织内部的专业队伍等。

（3）组织氛围。组织氛围是否有利于人力资源培训与开发工作已成为预测其成败的重要指标。具体分析内容包括管理者的支持、组织内信任关系、组织风气、组织道德等。

① 徐芳主编：《培训与开发理论及技术》，复旦大学出版社 2005 年版，第 108 页。

### 2. 任务层面的培训需求分析

任务层面的培训需求分析是指系统地收集关于某项工作信息的方法，其目的是明确为了达到最优的工作绩效，员工所必须具备的知识、技能、态度及其他素质特征，即确定组织的培训内容。从人力资源管理活动来看，工作分析和绩效评估环节为组织的任务需求分析提供了重要的信息依据。

一般说来，任务需求分析可以采用以下程序：

首先，通过工作分析，撰写详细的工作说明书，以便了解工作所包含的主要任务和履行这些工作所需要的任职资格条件。

其次，通过实际工作观察确定工作中实际发生的业绩行为，同时，通过绩效标准来确定工作中应该发生的业绩行为，两者结果相比较有助于确定受训者在培训结束时应该达到的绩效水平，这为培训目标的设定提供了重要的依据。

再次，明确要达到最优的工作绩效，员工必须具备的知识、技能、态度及其他素质特征，并根据对工作绩效的影响程度和环境条件的限制等因素，确定培训内容。

### 3. 人员层面的培训需求分析

继组织分析和任务分析之后，就应该确定哪些员工需要培训以及需要什么样的培训。

人员层面的培训需求分析指的是根据各项工作的绩效标准来评估从事特定工作的员工，其执行各项任务的绩效情况，如果员工的实际绩效水平与公共组织的绩效标准之间存在差距，就必须分析他所具备的知识、技术、能力是否足够，以此进一步确定其具体的培训需求。因此，人员分析的目的就在于决定个别员工的培训需求，其焦点在于组织成员怎样才能更好地执行其主要的工作任务，达到最优的工作绩效。员工的业绩评估结果、关键行为或事件、对员工及其上级的培训需求调查都是人员层面需求分析信息的重要来源。

绩效评估是进行个人分析的一个非常有价值的信息来源，但是，对公共组织员工的绩效分析中不能片面地将培训作为解决员工绩效问题的惟一手段，换言之，当员工工作绩效出现问题时，组织不能简单地认为是缺乏培训的结果，而应深入了解产生绩效差距的真正原因，如图 12-2 所示①。事实上，导致员工绩效下降的原因是多方面的，譬如，有可能是组织结构设置、内部流程等方面存在问题，有可能是工作中缺乏足够的资源支持，也有可能是员工本身工作动机不足；也有可能是知识、技能或能力不足等。总之，解决员工绩效问题不



① G. R. Herbert & D. Dovespike, Performance Appraisal in the Training Needs Analysis Process: A Review and Critique、Public Personnel Management, 19 (3), 1990, P. 254

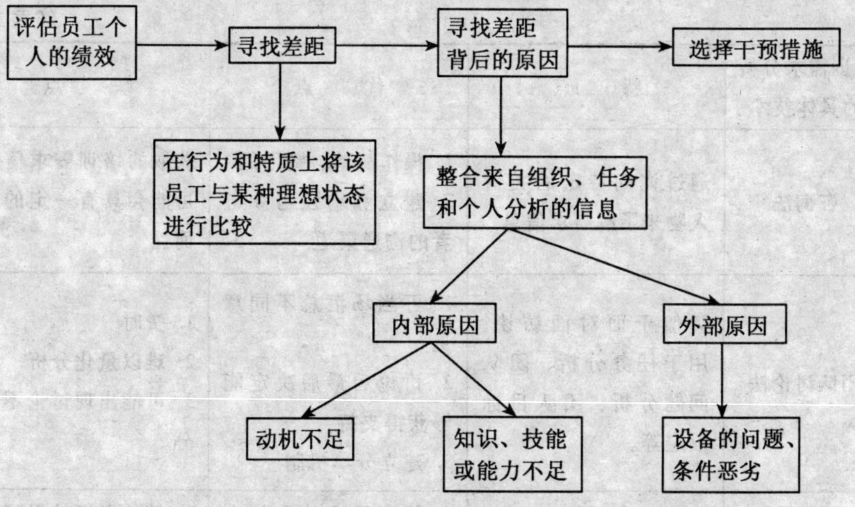


图 12-2　人员分析过程中进行绩效评估的操作模型

能单纯依靠培训，而必须与公共组织的工作设计、人员甄选、绩效评价体系、薪酬设计和奖惩系统等进行联动分析。

### （二）公共部门培训需求分析的方法

公共部门培训需求分析所依据的信息依靠多种方法来获得，具体包括直接观察法、面谈法、问卷法、绩效评估法、咨询法、团队讨论法、测验法、评价中心法、书面资料分析法等。每种方法都有其优缺点，表 12-2 总结了一些公共组织中常用的培训需求分析方法及其优缺点，这有助于公共组织根据实际情况在若干种分析方法中做出最佳的选择，其中，观察法、面谈法、问卷法前面已作过详细介绍，在此不再赘述。

表 12-2　　培训需求分析的主要技术方法及其优缺点①

| 培训需求分析的具体技术 | 特　点 | 优　点 | 缺　点 |
|---|---|---|---|
| 测验法 | 测验员工的工作熟练度和认知度，发现员工学习成果的不足之处 | 1. 结果易量化分析和比较<br>2. 有助于确认问题的发生原因 | 1. 结果只能适用于说明知识能力<br>2. 无法展现实际的工作行为与态度 |

① 徐芳主编:《培训与开发理论及技术》,复旦大学出版社 2005 年版,第 112～113 页。

续表

| 培训需求分析的具体技术 | 特　　点 | 优　　点 | 缺　　点 |
|---|---|---|---|
| 咨询法 | 通过询问特定的关键人物来了解需求信息 | 1. 操作简单、费用低<br>2. 建立和增强与参与者的沟通渠道 | 获取的培训需求信息可能会具有一定的片面性 |
| 团队讨论法 | 类似于面对面访谈，用于任务分析、团队问题分析、团队目标设定等。 | 1. 可当场汇总不同意见<br>2. 讨论后最后决定能够获得支持<br>3. 建立分享机制 | 1. 费时<br>2. 难以量化分析<br>3. 可能出现讨论不充分 |
| 绩效考评结果分析法 | 将现实绩效与绩效标准相比较，找出差距，分析原因 | 1. 培训需求信息较全面<br>2. 有助于确认绩效低下的真正原因 | 1. 绩效考评结果可能不充分，信息不完全<br>2. 易受到人为因素的干扰 |
| 评价中心法 | 主要适用于管理潜能开发的评价，需要参与者处于模拟的管理情境中完成一系列活动以确定哪些方面需要发展 | 1. 可对人员的发展潜力进行初步确认<br>2. 直观判断其发展潜力，减少误差，增加甄选的客观性 | 1. 费时，成本高<br>2. 评价被试者的潜能过程中难以有固定的标准可运用 |
| 书面资料分析法 | 用分析组织资料的方式考察培训需求 | 1. 通过现有的重要信息和问题，提供客观的依据<br>2. 资料易获得 | 1. 信息的时效性差<br>2. 通常无法找到问题的原因和解决之道 |
| 直接观察法 | 观察员工在工作中表现出的行为 | 1. 得到有关工作行为和环境的资料<br>2. 将评估活动对工作的干扰降到最低 | 1. 观察员需要具备熟练的观察技巧<br>2. 被观察者的行为方式可能会受到影响 |
| 访谈法 | 与某些特定人群的面谈 | 有利于了解员工的感受、问题原因与解决之道 | 1. 费时<br>2. 不易量化分析<br>3. 需要熟练的访谈技巧 |

续表

| 培训需求分析的具体技术 | 特　点 | 优　点 | 缺　点 |
| --- | --- | --- | --- |
| 问卷法 | 使用设计好的调查表格向员工进行调查，对获取的资料进行分析 | 1. 可短期内向大量的人员进行调查<br>2. 成本低<br>3. 易于量化分析 | 1. 问卷编制周期较长<br>2. 限制于受访者表达意见的自由，不够具体<br>3. 回收率可能较低，有些答案不符合要求 |

## 二、公共部门培训项目的设计与实施

确定了员工培训需求之后，制定具体的员工培训计划就被提上工作日程，内容包括明确培训目标、设计培训项目并组织实施、甄选培训师以及选择相应的培训方法等。可以说，培训计划为整个培训项目的设计和实施指明了明确的方向，保证每项结构复杂的培训项目能够有序而顺畅地进行，其中，培训目标则是对培训效果进行事后评估的主要依据。

### 1. 明确培训目标

培训目标是基于培训需求分析而确定的，它反映了公共组织对培训项目的基本意图和期望。培训目标既是确定培训内容和培训方法的基本依据，又是评估培训效果的主要标准，因此，培训目标的确定必须明确、具体并且是可衡量的。通常，培训目标应清楚地阐述受训者在接受培训之后，能够做什么，在什么条件下做以及做到什么程度。可见，培训目标包括三个基本的构成要素：受训者在完成培训之后的行为表现，行为赖以发生的特定环境条件，以及组织可以接受的行为业绩标准。

### 2. 制定和实施课程计划

课程计划主要涉及培训内容的设计和各类培训活动的安排，包括课程内容的设计、教材的选择、培训时间的安排、培训地点的选择和培训设备等。

（1）课程内容的设计。课程设计的指导思想要贯彻和体现培训目标，使培训目标通过一系列的课程内容能够转化为受训者的行为表现并达到一定的绩效标准，因此，课程内容应以培训目标为依据，设计培训活动的基本内容。

（2）教材的选择。选择培训教材应紧紧围绕培训目标和具体的培训内容而进行，内容要充分贯彻和体现理论联系实践的原则。通常，教材来源主要有四种：外面公开出售的教材、组织内容的教材、培训公司开发的教材和培训师编写的教材。

(3) 培训时间的安排。培训时间安排只有两种选择：工作时间内和工作时间外。公共组织一般应综合考虑培训成本和培训的实际效果来合理安排培训时间，换言之，培训时间安排应把握的基本原则是：在保证公共组织正常运作的前提下，力求降低实施培训活动的成本（尤其是受训者的机会成本），提高培训活动的有效性，因此，公共组织的培训活动是在工作时间内还是在工作时间外进行并无定论，可视具体情况而定。

(4) 培训地点的选择和设计。通常，应根据培训内容来选择和设计培训地点。譬如，如果以传授知识为主要内容，那么一般在教室里进行。为了促进双向沟通和交流，座位安排一般有扇型、U型和圆桌型等摆放方式。当然，除了考虑座位安排，培训组织者还需要考察视觉效果、听觉效果、温度控制、凳椅的舒适度、交通条件等因素。

(5) 培训设备的安排。培训设备一般包括电脑、投影仪、白板、话筒、纸、笔等器材。培训活动要根据课程内容的安排事先准备好相关培训器材，以保证课程计划的顺利实施，实现预期的培训目标。

### 3. 甄选培训师

培训师既可内部培养，也可从外部培训机构直接聘请。培训师的选择是公共组织培训活动的关键环节，培训师水平的高低直接影响到具体的培训活动的实施效果。通常，优秀的培训师需要具备的素质和技巧如下①：

(1) 基本素质

灵活性——在短时间内有能力调整方向，并知道应该做些什么。

鼓励性——具有能够感染其他人的热情。

幽默感——不要让自己和气氛变得很严肃。

真实性——己所不欲，勿施于人。

成熟性——当你认为问题不需要回答的时候可以不回答。

(2) 技巧

控制能力——有能力使每个人以及整个团队朝着目标努力。

创新能力——协调任务和程序之间的关系，使整个团队的效率更高。

评估能力——知道什么样的信息和反馈对于整个团队的发展是至关重要的。

转换能力——能够帮助其他人把现场的经验应用于对能力的提高上。

---

① 徐芳主编：《培训与开发理论及技术》，复旦大学出版社2005年版，第160～161页。

沟通能力——高度的敏感性和理解能力，能够转达准确的意思。

4. 选择培训方法

公共组织的培训方法主要包括讲授法、案例分析法、角色扮演法、敏感性训练、讨论会等，这些培训方法各有其优缺点，具体见第三节内容。在实践中，应根据具体的培训内容来选择合适的培训方法。

## 三、公共部门培训效果评估

培训效果评估指通过运用科学的测量工具来评价培训目标的实现程度，以此来判断培训的有效性并为未来举办类似的培训活动提供参考。公共部门培训效果评估是整个培训和开发流程中的关键组成部分，只有通过效果评估，才能科学判定该培训项目是否达到了预期的培训目标，以及员工个人的知识、技能的提高程度和业绩改善力度，并通过进一步的项目改进更有效地提升员工和组织绩效。

1. 柯克帕特里克的培训效果模型

柯克帕特里克的培训效果模型是全球范围内最具有影响力，并被广泛采用的培训评估模型，它从受训者的反应、学习成果、工作行为和结果等四个方面来评估培训的效果。

第一层次评估受训者的反应，即受训者的意见反馈，这是培训效果评估的最低层次。受训者对培训的反应涉及培训的各个方面，如培训目标是否合理，培训内容是否实用，培训方式是否合适，教学方法是否有效，培训教师是否具备相应的学识水平等。这个层次关注的是受训者对培训项目及其有效性的知觉。通常，受训者反应方面的信息收集主要采用问卷、课后会谈、课堂上的讨论等方式进行。运用该指标评估培训项目的效果具有一定的局限性，它只能反映受训者对培训的满意程度，却无法判断培训是否实现了预期的培训目标。

第二层次评估学习成果，主要通过培训之后的测试来衡量学员对原理、事实、技能和技术的掌握程度，即受训者是否掌握了人力资源开发目标中要求他们学会的东西。培训是一种学习知识和技能的活动，受训员工在培训中所获得的知识水平、所掌握技能的程度等，可以反映出培训的效果。要了解受训员工的学习效果，通过采用测试的方法，包括笔试、技能培训和工作模拟等来获取相关信息。该层面评估有利于帮助判断受训者所获得的知识和技能在多大程度上能成功地应用在工作中，其结果可以用来改进培训课程。

第三层次评估工作行为，指员工接受培训后行为的改变，即受训者是否在实际的工作中运用了从培训中学到的东西。换言之，工作行为的评估是为了确定从培训项目中所学到的技能和知识在多大程度上转化为实际工作行为的改进。组织培训的目的是为了提高员工的工作绩效，因此受训员工在培训中获得的知识和技能能否应用于实际工作，能否有效地实现学习成果与实际应用之间的转化，是评价培训效果的重要效度标准。测量这个指标需要对受训者的在职表现进行观察，可通过问卷、会谈等形式调查受训者、受训者的主管、下属和同事以及其他经常观察受训者工作行为的人员来获得有关受训者工作行为的信息，包括工作态度、工作行为的规范性、操作技能的熟练性、解决问题的能力等。一般来说，工作行为的改变具有滞后性，因此，对受训员工工作行为进行评估应该在其回到工作岗位 3 ~6 个月后进行。

第四层次评估结果，即组织培训的投资回报率（ROI），衡量的是培训或人力资源开发工作是否降低了组织的运作成本，是否改善了组织的绩效，这涉及对组织绩效改进的监控。对该项指标的评估是培训效果评估的最高层次，同时也是最难评估的，因为影响组织绩效的因素除了员工的绩效外，还有许多其他因素。通常，测量这个指标需要搜集和分析公共组织运营方面的数据。数据的收集可以采取问卷、绩效结果分析、投入—产出分析等形式进行。

柯克帕特里克的培训效果模型不仅关注较低层次的效果指标，如受训者的反应和学习成果，同时也强调培训后受训者行为的改变和组织绩效的提高，有助于科学、全面地衡量培训工作对组织战略目标的实现是否具有价值和贡献，也利于发现培训和开发体系中存在的深层次问题，因此，在世界范围内得到了广泛的应用，世界一些知名公司基于此模型开发出类似的四个层次的培训效果评估模式，如美国电话电报公司（AT&T）就采用了类似的四水准评估模式，其架构为反应结果、能力结果、应用结果和价值结果。但是，实际调查中发现大多数的组织并没有同时在这四个层次上去搜集信息，如美国培训与开发协会发布的《美国2000年各州行业报道》对500个组织进行了调查，调查发现：77%的组织对受训者的反应进行了测量，36%的组织对学习成果进行了测量，15%的组织搜集了有关工作行为改变的信息，只有8%的组织采集了经营结果层次的数据。可见，组织应重视培训效果评估的完整性，尤其应注重对工作行为改变和绩效结果这两个层面的评估。

2. CIRO 评估模型

伯德(M. Bird)等人于1970年开发出了CIRO的模型,最初在欧洲被广泛采用。该模型描述了四类基本评估级别,CIRO就是这四类评估级别即情境、输入、反应和输出的英文单词的首写字母:一是情境评估(Context evaluation),主要依据目前的环境背景以决定培训需求及目标。在这一水准中必须建立三种目标：

短期目标、中期目标和最终目标。二是输入评估(Input evaluation),主要是搜集有关培训资源方面的资料并据此决定人力资源开发的投入。三是反应评估(Reaction evaluation),主要是取得受训学员对方案的反应资料,以便改进人力资源开发方案。四是输出评估(Outcome evaluation),主要是取得人力资源开发结果的资料,以便和前面的三个目标作比较并作为下次方案实施的参考。

### 3. CIPP 评估模型

高尔文在教育领域研究成果的基础之上，提出了与 CIRO 模式类似的 CIPP 模型，该模型也由四个方面的评估内容所构成：背景评估（Context evaluation）主要是确定培训需求、机会与目标；投入评估（Input evaluation）则决定资源使用的方式以及培训方案设计与规划的策略；过程评估（Process evaluation）主要关注对培训方案的监督控制与回馈；产出评估（Product evaluation）则衡量培训目标达到的程度。CIPP 模型在实践中被广泛采用。

### 4. 菲利普斯的五级投资回报模型

五级投资回报模型是在柯克帕特里克模型的基础上增加了一个第五层次的评估，即成本收益的比较。第一层次评估受训者的满意度，几乎所有组织都实施这一层次的评估，通过课堂反馈、抽查受训者的课堂笔记和同受训者的交谈、项目结束后的问卷调查等途径来了解受训者对培训活动的反应，从而对受训者的满意度进行评估。第二层次评估受训者的学习成果，衡量的是受训者对知识的掌握程度。通常，在培训项目前后按照同样的标准进行知识和技能考核，通过比较培训前后受训者的考核成绩，就可确定其进步程度。实践中的评估工具包括测试、技能实践、角色扮演、情境模拟、小组评估等。第三层次评估培训知识在工作中的应用，评估重点是受训者应用培训知识后对组织产生的影响。具体的评估方法主要有关键事件分析法和实地观察法。第四层次评估培训结果，主要是衡量培训的效益性，即衡量培训成本是否合算，利润是否大于成本。评估标准包括产量、质量、成本、时间和客户满意度。评估工具可采用成本收益评估法。第五层次评估培训的投资回报率，评估重点是培训项目所带来的货币利润与其他成本的比较。目前，对组织培训的投资回报率还没有普遍的认可标准，而且对投资回报率的评估是一个困难且昂贵的过程。

### 5. 布林克霍夫的六阶段评估模型

布林克霍夫将培训评估模型拓展成了六个阶段：（1）目标设定：主要分析培训需求是什么？（2）项目策划：项目如何设计才能满足培训需求？（3）项目实施：项目运作得如何？（4）即时的结果：受训者是否学到新知识和新技能？（5）中间产出或使用结果：受训者是否在工作中运用了他们所学的知

识和技能？（6）影响和价值：培训是否对组织的运作做出了有价值的贡献？根据布林克霍夫的评估模型，培训评估是由相互连接的几个步骤构成的一个圆环，前一个步骤的工作为下一个步骤的工作提出了需要解决的问题，进而构成一个连续的、系统的评估过程。

除了上述五种评估模型之外，布什内尔于1990年以系统的观点提出了由输入——过程——输出——结果构成的四阶段培训评估模型；考夫曼和凯勒1994年在柯氏模式的基础上构建了五层次培训评估模型，在反应、获取、应用、组织产出的培训评估指标外增加了社会贡献指标。培训活动的测量随着培训评估模型的深入研究日趋科学化和系统化，这有助于推动组织培训活动的顺利展开，并为准确评估培训活动对组织的贡献奠定了科学的基础。

## 四、公共部门培训成果转化

公共部门培训成果转化，指受训者持续而有效地将其在培训中所获得的知识、技能、行为和态度运用于工作当中，从而使培训项目发挥其最大价值的过程。公共组织实施培训的目的是通过员工获取知识和提升技能来最终实现组织绩效的提高。因此，从这个意义来讲，培训成果转化构成员工培训和开发系统不可分割的一个组成部分，并成为整个培训和开发系统中的核心问题。

### （一）培训成果转化理论

#### 1. 同因素理论

同因素理论是由桑代克和伍德沃斯提出的。该理论认为，培训成果转化取决于培训任务、材料、设备和其他学习环境与工作环境的相似性。学习环境与工作环境的相似性有两个衡量尺度：物理环境逼真与心理逼真。物理环境逼真指培训中的各项条件，如设备、任务、环境等与实际工作的一致程度。心理逼真指受训者对培训中的各项任务与实际工作中的各项任务予以同等重视的程度。一些证据表明，在培训成果转化中，心理逼真比物理环境逼真所起的作用更大一些。同因素理论特别适用于模拟培训，如案例研究、商业游戏和角色扮演等。由于增强逼真程度势必增加培训任务的复杂性和培训成本，因此，组织必须在两者之间权衡后做出决策。

#### 2. 激励推广理论

激励推广理论认为，促进培训成果转化的方法是在培训项目设计中重点强调那些最重要的特征和一般原则，同时明确这些一般原则的适用范围。那么，当工作环境（设备、问题、任务）与培训环境有所差异时，受训者仍然可以在转化过程中依据解决问题的一般原则来处理问题，从而具备在不同工作环境中应用学习成果的能力。激励推广理论在设计管理技能培训项目中得到了最广泛的应用，因为管理者所面临的是复杂和动态的组织环境，不可能时刻处于与培训环境完全相同的工作情境中。而激励推广理论则强调，只要针对工作时的一般原则进行培训，培训环境的设计可以与工作环境不相似，并鼓励受训者接受培训时和培训结束后将所学技能应用于与培训环境不同的工作环境。

3. 认知转化理论

认知转化理论是以信息加工模型作为其理论基础的，信息的存储和恢复是这一学习模型的关键因素。认知转化理论强调，培训成果能否转化取决于受训者“回忆”所学技能的能力。因此，培训师可通过向受训者提供有意义的材料和编码策略，来增加受训者将实际工作中的问题与所学技能相结合的机会，从而提高培训成果转化的成功率。

**（二）促进培训成果转化的具体方法**

公共组织期望通过培训来提高个人绩效和组织整体的运作效率，组织必须关注培训能否影响员工的工作行为，并且这种影响在什么样的条件下才能有效地发挥作用？这就需要研究影响员工将培训中获取的知识、技能转化为实际工作行为的因素，如图 12-3 所示①。1988 年，鲍德温和福特构建了很有影响的培训成果转化模型，该模型用简明的方式概括有哪些因素将影响培训成果转化的最终效果，具体包括：受训者的特征、培训项目的设计和工作环境等。这些因素既直接影响培训过程中学习成果的推广和维持，同时又以学习保存为中间变量间接影响最终培训效果。概括来说，培训成果的转化，就是通过培训投入（包括受训者特征、培训项目的设计和工作环境）获得新的知识和技能，并将其在受训者的认知和行为模式中加以保存，然后在适当的工作情景中加以维持和推广的过程。

根据培训成果转化过程模型可知，公共组织能否取得良好的培训效果不仅取决于受训者本身和培训项目，还取决于员工所处的工作环境是否有利于培训成果的转化。如果因缺乏支持性的工作环境影响了员工培训成果的转化，员工就会感到自我价值难以得到充分体现，进而可能产生人员流失的风险，对公共组织的竞争力造成威胁。因而，为了使培训活动实现最大化的价值贡献，公共

① T. T. Baldwin & J. K. Ford, Transfer of Training: A Review and Directions for Future Research, Personnel Psychology, 41, 1988. P. 65.

组织应采取有效的措施大力促进培训成果的转化，具体表现在①：

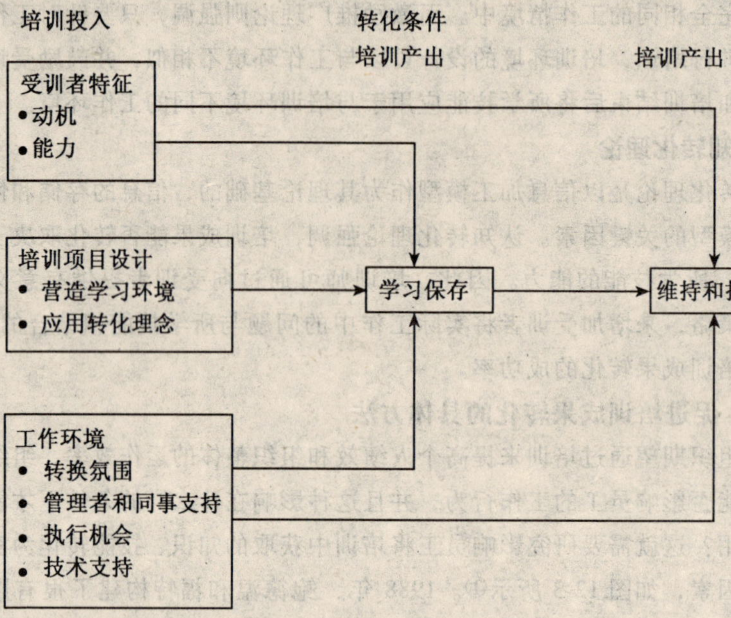


图 12-3 培训成果转化过程模型

### 1. 激发受训者的学习动机

如果受训者缺乏学习动力或不具备相应的学习能力，培训成果转化根本就不可能发生。受训者个体的学习行为的方向、强度和学习能力直接或间接地影响着培训成果转化过程的顺利进行。根据目标设置理论、期望理论和需求理论等激励理论，激发受训者的学习动机可从以下举措入手：第一，设置具体明确的、需要经过努力才能达到的培训目标。在培训过程中，如果目标具体，并具有挑战性，培训内容和学员的能力、经历相关，并能根据学员任务完成的情况提供反馈，那么，教学效果就能得到保证。第二，在培训努力、培训成果和因培训而获得的奖励之间建立密切的依存关系，通过提高学员的积极预期来激发学习动机。在营造培训环境的过程中，培训师可向受训者重点说明培训以后能够得到的好处，帮助受训者建立起努力——成绩——奖励之间的依存关系，那

① 徐芳主编：《培训与开发理论及技术》，复旦大学出版社 2005 年版，第 322 ~ 324 页。

么受训者的学习动机就会变得强烈。第三，努力挖掘受训者的成就需求，将之与培训活动密切联系。如果组织能够帮助员工感知到激发自己的成就需求与日后的职业成功存在密不可分的联系，那么，员工也能积极投入到培训活动中。

2. 改进培训项目设计环节

培训项目设计和实施是否合理也会对培训成果转化产生影响。在培训项目设计和规划时，应关注以下具体环节：第一，尽量使培训环境的设置与工作环境相同。第二，培训师在培训过程中要努力向学员传授并使其掌握能够将培训所学知识和技能应用于实际工作中的基本原理和方法。第三，编写行为手册，将培训中的重点知识和技能，尤其是那些在工作中表现不很明显、需要提示的要点，概括成业务手册分发给受训者，以便随时查阅。

3. 培育有利于培训成果转化的工作环境

员工结束培训后返回岗位，需要一个能够促进培训成果转化的工作环境。实践中，正是由于工作环境中存在诸多阻碍员工培训成果转化的因素，如部门管理者和同事的不支持、资金短缺、设备匮乏等因素，导致“培训没有太大实际用处”的观点产生，因此，应努力培育有利于培训成果转化的工作环境。第一，提高管理者对培训工作的支持程度。管理者应积极倡导和鼓励受训员工将培训中获得的新技能和行为方式用到工作之中，并给予及时的激励，强化其转化行为。第二，在组织中建立有效的激励政策。促进培训成果转化的激励政策主要通过技能工资体系来实现。技能工资体系将员工的薪酬与培训知识和技能的应用挂钩，受训员工在工作中运用新技能越多，相应其技能工资水平就越高，从而有效地促进了员工参加培训和转化培训成果的积极性。第三，建立一对一的辅导关系。研究表明，受训者没有应用培训内容的机会是影响培训成果转化的关键因素。一对一的由管理者进行的员工辅导能够为接受管理技能开发的管理者提供练习机会，并从中得到积极反馈。研究结果已证明一对一的员工辅导作为培训成果转化措施的有效性，在没有进行一对一员工辅导的情况下，培训提高了22.4%的生产率，而在结束培训后采用一对一员工辅导的情况下，生产率的增加几乎是前一种的四倍（88.0%）。

4. 积极而有效的沟通

有效沟通是增强培训效果的重要手段。成功的培训一定伴随着积极而有效的沟通，而且有效的沟通一般应贯穿于整个培训过程中，包括培训前、培训中和培训后的不同阶段。培训前沟通主要在部门主管和受训员工之间进行，主要目的是让受训员工明确自身知识、技能等方面存在的不足，清楚认识培训期间要完成的任务以及与此次培训内容相关的组织问题等。培训期间的沟通对象则较广泛，包括培训师、其他学员和培训机构等，沟通的主要内容是培训中没有听懂的问题和本组织存在的问题，目的是为了更好地掌握培训内容和了解及寻求解决本组织问题的方法。培训后的沟通一般在培训结束后的一段时间内进行，受训员工可以汇报、授课、制定应用计划书等形式将培训内容转化为实际可操作的制度和方法，传授给未参加培训的员工或者作为培训档案资料予以保存。可见，培训后的沟通可以很好地达到培训内容的强化、转化、消化和扩大培训效果的目的。

## 第三节　公共部门人力资源的培训方法

对公共组织而言，要实现培训内容在培训师和受训员工之间有效的转移，取得良好的培训效果，就必须在培训过程中采用科学、适当的培训方法。培训方法有很多种，如讲授法、讨论法、案例研讨法、角色扮演、敏感性训练、行为塑造、互联网培训等。以下将介绍公共组织常用的几种培训方法的优缺点，以便于根据培训内容选择相适应的培训方法。

### 一、讲授法

讲授法属于传统的培训方式，主要是培训师通过语言表达，系统地向受训者传授知识，期望这些受训者能记住其中的重要观念与特定知识。讲授法的特点在于能在相对较短的时间内将事实性信息有效传递给大量的听众。讲授法的优点在于：运作简单，便于培训师掌控培训课程的进度，常适用于大班授课，适合事实性信息和程序性信息的培训。其缺点表现在：信息沟通具有单向性，受训者参与程度低，获得的反馈很少；受训者之间交流思想的机会也非常少；此外，还忽略了受训学员的个体差异。




### 二、研讨会

研讨会也属于传统的培训方法，主要通过培训师与受训者之间或受训者之间的双向讨论来分析和解决疑难问题。在培训过程中通常需要受训者的积极参与，讨论则为受训者提供了获得反馈、澄清疑问、交流思想的机会。研讨会双向互动的沟通过程克服了单纯的传授法所带来的问题。要使研讨会有效地进行，需要做到以下几点：一是每次讨论要建立明确的目标，并让每一位受训学员都了解这些目标；二是要激发受训学员对讨论问题的兴趣，并启发他们积极思考；三是设计和公布研讨会议程表（包括时间限制），并于每一阶段结束时检查进度；四是可将大班分成若干小组，促进小组内学员之间的沟通，使每个学员都有表达自己观点的机会。

研讨会的优点在于：受训学员能够主动提出问题，自由表达个人观点，有助于激发学习兴趣；鼓励受训学员积极思考，有利于能力的开发；双向互动的过程有利于取长补短，互相学习，有利于知识和经验的交流。但研讨会也有一定的局限性：第一，对培训师的素质要求较高，不仅要善于组织讨论，而且要能激发受训学员的讨论兴趣，启发他们积极思考。第二，讨论课题选择的好坏将直接影响培训的效果。第三，受训人员自身的水平也会影响培训的效果。第四，不利于受训人员系统地掌握知识和技能。研讨会多用于培训学员分析、解决问题的能力和人际交往能力。

### 三、案例研究

案例研究是指利用书面材料或影片，对实际或想象的事件加以详尽的描述，进而寻求合适的解决问题的途径。它的重点是对过去所发生的事情作诊断或解决特别的问题，它比较适合静态地解决问题。在围绕某个案例进行讨论的过程中，受训学员参与性高，既能充分表达个人观点，同时又可共享集体的经验和意见，有助于推动培训成果在实际工作的应用。

案例研究的优点表现在：在个案研究的学习过程中，受训学员可得到一些有关管理方面的知识与原则；此外，多向交流使受训学员获得不同的经验和观点，拓宽思维视角，有利于组织实际问题的解决。其局限性在于：对案例选择和编写具有较高要求，而且耗时较长。

### 四、角色扮演

角色扮演指设计一个最接近现实状况的培训环境，要求受训学员扮演某种角色，借助角色的演练来理解角色身份和角色内容，从而提高主动地面对现实和解决问题的能力。角色扮演的实践性强，反馈效果好，有助于提高受训学员的观察能力和解决问题的能力，有助于训练和改善员工的仪态和工作态度，多用于专门技能的培训，如人际关系技能。其难点和关键点就是角色扮演过程的设计和具体实施。

### 五、演示法

演示法也称观摩范例法，是指运用一定的实物和教具，通过现场示范使受训者理解和掌握某种工作的操作规范。要使演示法有效，必须在示范前准备好所有的用具，搁置整齐；示范完毕，让每个受训者试一试，并对每个受训者的试做给予立即的反馈。

演示法综合运用视觉、听觉、触觉等多种感官，做到看、听、想、问相结合，有助于激发受训者的学习兴趣；有利于加深对所学内容的印象。但是，由于不是所有学习内容都能演示，因而其使用范围有限，多用于操作性知识的培训。

## 六、视听技术法

视听技术法指综合利用投影仪、录像机、DVD、电脑等现代视听技术对员工进行培训，多用于对新员工培训中。在培训中运用视听技术方法时，首先要依据培训目的和培训内容选择合适的视听教材；其次，可组织受训学员以"播映内容如何应用在工作上"为主题进行讨论，以增加对培训内容的理解；再次，讨论后，培训师必须做重点总结或将如何应用在工作上的具体方法告诉受训人员。

视听技术法具有很多优点：第一，由于视听培训充分利用人体的五种感觉（视觉、听觉、嗅觉、味觉、触觉）去理解培训内容，相比单纯的讲授或讨论，会给受训学员留下更深的印象。第二，培训内容既直观，又生动形象，比较容易引起受训人员的关注和兴趣。第三，视听教材可反复使用，从而能更好地适应受训人员的个别差异和不同水平的要求。但受训学员的实践性较差，视听设备和视听教材的购置成本高，耗时长，且容易过时。该方法多适用于组织概况、岗位技能的培训内容。

可见，各种培训方法各有其优缺点和相应的适用范围，在培训项目的实施中，关键是要根据培训目标和培训内容，选择最适合的一种或几种培训方法。表12-3从获得知识、改变态度、解决难题技巧、人际沟通技能、参与许可、知识保持等六个方面分别衡量了各种培训方法的有效性。排列的次序越高，说明人事专家认为这种方法最有效。

表12-3　**几类主要的培训方法的效果比较①**

| 培训方法 | 获得知识 | 改变态度 | 解决难题技巧 | 人际沟通技能 | 参与许可 | 知识保存 |
|---|---|---|---|---|---|---|
| 案例研究 | 2 | 4 | 1 | 4 | 2 | 2 |

① Terry L. Leap and Michael D. Crino: Personal, Haman Resource Management Macmillan, 1989, P. 291.

续表

| 培训方法 | 获得知识 | 改变态度 | 解决难题技巧 | 人际沟通技能 | 参与许可 | 知识保存 |
|---|---|---|---|---|---|---|
| 讨论会 | 3 | 3 | 4 | 3 | 1 | 5 |
| 讲授 | 9 | 8 | 9 | 8 | 8 | 8 |
| 商业游戏 | 6 | 5 | 2 | 5 | 3 | 6 |
| 电影 | 4 | 6 | 7 | 6 | 5 | 7 |
| 程序化教学 | 1 | 7 | 6 | 7 | 7 | 1 |
| 角色扮演 | 7 | 2 | 3 | 2 | 4 | 4 |
| 敏感性训练 | 8 | 1 | 5 | 1 | 6 | 3 |
| 电视教学 | 5 | 9 | 8 | 9 | 9 | 9 |

## ☞思考题：

1. 试述人力资源开发与培训的种类。
2. 说明人力资源培训与人力资源管理二者之间的关系。
3. 说明公共部门培训需求的三个层次及其分析方法。
4. 运用实案设计一项公共部门培训的项目。
5. 分析培训成果转化的模型。
6. 结合实例，分析公共部门培训的方法。

## ☞案　例：

### 西门子公司对员工的投资开发与培训体系

德国西门子股份公司是德国最大的企业之一和第二大工业康采恩。它的总部设在德国柏林和慕尼黑，是世界最大的电气工程和电子公司之一，也是历史传统最悠久的公司之一。西门子公司拥有员工45万人，销售额近800亿欧元，业务遍及全球。西门子公司之所以发展成为世界电气界的一颗璀璨明星，总结其成功的经验，最重要的一条就是人才资源开发与培训。

西门子公司的管理者认为：创新是公司的命脉，技术是造福人类的力量，领先的技术是立于不败之地的保障。因此，他们始终把人才培训、推动科技进步作为公司发展的首选之策。从世界上第一台指针式发报机的诞生到现代高科技太阳能芯片的生产，在100多年的科技发展较量中，西门子公司在同领域中始终是一路领先，该公司现有员工中，大学以上学历者已超过50%。目前，每年还要接收几千名新大学生，仅用于这批学生的继续教育费，公司每年就要拨3亿马克。另外，公司每年还要投入70亿美元和45000名人员专门用于研究与发展，以迎接本领域的挑战。

西门子公司一贯奉行"人的能力是可以通过教育和不断地培训而提高的"。因而，它坚持由公司自己来培养和造就人才。早在1910年它就为其内部人员开设了正式的培训课程。早期的培训是在车间进行的，后来建立各类专门的培训学校，并有了专业的培训老师。公司旨在通过针对性极强的连续培训，提高全体员工的技能和素质，树立创新精神，不断提高企业及个人所面临的挑战。

西门子已经形成了独具特色的培训体系。人才培训计划从大学精英培训、新员工培训到员工再培训，这是西门子强大竞争力的来源之一。

一、大学精英培训

西门子每年在全球接收3000名左右的大学生，为了利用这些宝贵的人才，西门子也制定了专门的计划。西门子公司人事部经理的日常工作之一是访问高等院校。在那里，他们寻找的首先是"企业家类型的人物"。在学习期间，西门子公司对未来的"企业家们"的基本要求是：良好的考试成绩，丰富的语言知识，实习好和工作好。此外，还向他们提出一些高要求，诸如有广泛的兴趣，有好奇心，有改进工作的愿望，以及在紧急情况下的冷静沉着和坚毅顽强。

西门子注意加强与大学生的沟通，增强对大学生的吸引力。公司同各国高校建立了密切联系，为学生和老师安排活动，并无偿提供实习场所和教学场所，举办报告会等。1995年4月，西门子在北京成立了"高校联络处"，开始与高校建立稳定而持久的伙伴关系，加强与高校教师、学生及各院系、研究所的联系和沟通。西门子每年在重点院校颁发300多项奖学金，并为优秀学生提供毕业后求职的指导和帮助，"高校联络处"也因而被称为西门子和高校沟通的桥梁。

进入西门子的大学毕业生首先要接受综合考核。考核内容既包括专业知识，也包括实际工作能力和团队精神，公司根据考核的结果安排适当的工作岗位。此外，西门子还从大学生中选出30名尖子进行专门培训，培养他们的领导能力，培圳时间为10个月，分3个阶段进行，大学精英培训计划为西门子储备了大量管理人员。

## 二、新员工培训

新员工培训又称第一职业培训。在德国，一般从15岁到20岁的年轻人，如果中学毕业后没有进入大学，要想工作，必须先在企业接受3年左右的第一职业培训。在第一职业培训期间，学生要接受双轨制教育：一周工作5天，其中3天在企业接受工作培训，另外2天在职业学校学习知识。这样，学生不仅可以在工厂学到基本的熟练技巧和技术，而且可以在职业学校受到相关基础知识教育。通过接近真刀实枪的作业，他们的职业能力及操作能力都会得到提高。由于企业内部的培训设施基本上使用的是技术最先进的培训设施，保证了第一职业培训的高水平，因此第一职业教育证书在德国经济界享有很高的声誉。

西门子早在1992年就拨专款设立了专门用于培训工人的“学徒基金”。现在公司在全球拥有60多个培训场所，如在公司总部慕尼黑设有韦尔纳·冯·西门子学院，在爱尔兰设有技术助理学院，它们都配备了最先进的设备，每年培训经费近8亿马克。目前，共有一万多名学徒在西门子接受了第一职业培训，大约占员工总数的5%，他们学习工商知识和技术，毕业后可以直接到生产一线工作。

在中国，西门子与北京市国际技术合作中心合作，共同建立了北京技术培训中心，西门子投资4000万马克。合同规定，中心在合同期内负责为西门子在华建立的合资企业提供人员培训，目前该中心每年可以对800人进行培训。

第一职业培训（新员工培训）保证了员工一正式进入公司就具有很高的技术水平和职业素养，为企业的长期发展奠定了坚实的基础。

## 三、员工在职培训

西门子公司认为，在世界性的竞争日益激烈的市场上，在革新颇具灵活性和长期性的商务活动中，人是最主要的力量，知识和技术必须不断更新换代，才能跟上商业环境以及新兴技术的发展步伐，所以公司正在努力走上一个“学习型企业”之路。为此，西门子特别重视员工的在职培训，在公司每年投入的8亿马克培训费中，有60%用于员工在职培训。西门子员工的在职培训和进修主要有两种形式：西门子管理教程和员工再培训计划，其中管理教程培训尤为独特和有效。

西门子员工管理教程分五个级别，各级培训分别以前一级别培训为基础，从第五级别到第一级别所获技能依次提高，其具体培训内容大致如下：

第五级别：管理理论教程。培训对象：具有管理潜能的员工。培训目的：

提高参与者的自我管理能力和团队建设能力。培训内容：西门子企业文化、自我管理能力、个人发展计划、项目管理、了解及满足客户需求的团队协调技能。

第四级别：基础管理教程。培训对象：具有较高潜力的初级管理人员。培训目的：让参与者准备适应初级管理工作。培训内容：综合项目的完成、质量及生产效率管理、财务管理、流程管理、组织建设及团队行为、有效的交流和网络化。

第三级别：高级管理教程。培训对象：负责核心流程或多项职能的管理人员。培训目的：开发参与者的企业家潜能。培训内容：公司管理方法、业务拓展及市场发展策略、技术革新管理、西门子全球机构、多元文化间的交流、改革管理、企业家行为及责任感。

第二级别：总体管理教程。培训对象：管理业务或项目并对其业绩全权负责者；负责全球性、地区性的服务者；至少负责两个职能部门者；在某些产品、服务方面是全球性、地区性业务的管理人员。培训目的：塑造领导能力。培训内容：企业价值、前景与公司业绩之间的相互关系、高级战略管理技术、知识管理、识别全球趋势、调整公司业务、管理全球性合作。

第一级别：西门子执行教程。培训对象：已经或者有可能担任重要职位的管理人员。培训目的：提高领导能力。培训内容：根据参与者的情况特别安排。

西门子公司内部设有"管理人员培训部"，它负责对工作人员进行观察，并且定期同他们及其上司谈话，最后提出对工作人员继续使用的建议。工作人员也可以直接到该部门提出对自己培养和提升问题的建议。

此外，西门子公司还特地设置了一个管理干部培训中心和13个基层管理培训中心。在培养管理人才方面，公司针对三种能力（专业技术能力、激发和调动个人及团体力量的人事能力、将内部和外部利益协调统一为企业整体利益的能力）进行培训。前两种主要针对基层和中层管理者，第三种则是专对高层管理者而言的。这些培训内容和方法，极大地增强了管理干部的素质和能力。

目前，整个公司在国内外拥有600多个培训中心、700多名专业教师和近3000名兼职教师，开设了50余种专业。在公司的全体员工中，每年参加各种定期和不定期培训学习的多达15万人。为此，公司每年投资六七亿马克用于培训及购置最先进的培训实验设备。为适应技术进步和管理方式的变化，课程内容每年都有调整，大部分培训项目都是根据公司当前生产、经营和应用技术的需要设置的，很大一部分是在工作岗位上完成的。

西门子公司认为，投资于人，使人才结构优化，是增加生产、保证质量、提高竞争力、赚取最大利润的关键，所以，他们十分注意企业内的职工技术教育。

**☞案例讨论：**

1. 试分析西门子公司对员工培训的特点。
2. 德国的“第一职业培训”对我国的职业教育有何启示？

# 第十三章

# 公共部门人力的监控与约束

公共部门人力掌握着公权力，对全社会的福祉来说，具有举足轻重的作用。孟德斯鸠曾说过："一切有权力的人都容易滥用权力，这是一条万古不易的道理。有权力的人们使用权力，一直到有界限的地方才会停止。"于是，建立公共部门人力的约束与监控机制至关重要。具体说来，公共部门人力的约束与监控机制主要体现在两个层面：一是对依法行使权力的约束与监控；二是对工作程序、工作绩效的约束与监控。通过这两个层面，来合理利用人才，制衡公共权力，提高公共部门的效益。

## 第一节　监控与约束及其作用

所谓监控，就是指各监控主体对监控对象的行为及活动进行监督、控制的过程。公共部门监控机制，是指依据法律法规和其他相关规范对公共部门以及公职人员从事公职管理活动的行为进行监督、监察和纠正的一系列方式、方法、手段的总称。它是一种内外结合的"他律"行为。

从字面上理解，约束是用"约定"来进行"规束"。它本质上是一种管制行为，即依据法律、法规、规章制度、道德、俗规民约等社会规范对行为进行管制，既包括行为人的自我管制，也包括外部的行为管制。斯图尔特提出需求、约束和选择模式时认为："约束是限制工作人员能做什么的因素。"西蒙认为，我们社会中更多的正式约束是以工作与经济保障和经济地位之间关系为依据的，主要分为资格约束、经济约束、法纪约束和社会约束。①

为了使公权力得到公平、正义的使用，防止他们滥用权力，我们必须对公共部门及其公职人员的行为建立一种发现和纠正机制，即实施监控。监控必须

① 赫伯特·A. 西蒙：《管理行为》，机械工业出版社 2004 年版，第 171 页。

与约束相互配合才能发挥应有的作用。约束主要针对行为的影响因素，监控主要针对行为本身。如上所述，约束与监控其实是相辅相成的。其关系可以简单概括为：对公共部门的人员公职行为进行控制，再辅以对行为结果进行奖惩规定来限制约束他们的行为，以便达到组织的目标，真正地用好人、管好人。

### 一、对公职人员进行监控与约束的必要性

公共部门的人才是代表人民来行使国家权力的群体，它代表了党和政府的形象，对国家机关的运转效率和信用、责任都具有极其重要的影响。如果对公职人员行使公权力的行为不加以监控和约束，势必造成行政权力的扩张，导致政治腐败和专横。因此，只有对权力进行合理的监控与约束，才能使得权力更有效率、公正地运用。为了使人尽其责，各司其位，就要对人员进行科学合理的监督和约束，规范公共部门人员的行为，将所有人的行为纳入到合法性的制度框架内，这既符合人才使用的规律，也能更好地使他们专于工作，提高效率。

更重要的是，公共部门的人员不同于私部门，他们代表着公权力，且广泛地掌握着社会资源，具有不可替代性的特点。公共选择学派认为，公共领域中的个人也是满足“经济人”假设的，他们也趋向于扩大预算规模，牟取私利。如果监控与约束不力，很可能导致公共部门工作人员的腐败，与私部门管理人员相比，公共部门工作人员的腐败危害更大、更广，它不仅严重侵害国家、社会及个人的利益，破坏党和政府同人民群众的关系，同时，也扭曲了经济，破坏了民主，扰乱了正常的社会秩序，具体来说，其危害有以下几点：

第一，公共部门公职人员的腐败，危害国家政权建设。腐败是侵入国家政府健康肌体的毒瘤，直接危害国家健康的发展。如果放任腐败现象滋生蔓延，将导致国家政权的变质，甚至政权垮台。

第二，公共部门公职人员的腐败，削弱政府功能，破坏政府形象。首先，削弱政府的执法功能，破坏法制的统一；其次，削弱政府的政策功能，导致公共决策失误，政策实施偏离方向，行政效率降低，人民负担加重；再次，削弱政府的宏观调控职能，破坏经济和社会治安职能，一些公职人员办事不公，导致了社会矛盾的激化，引起人民不满，增加不安定因素。总之，腐败行为削弱政府功能的发挥，严重损害了政府的形象和声誉。

第三，公共部门工作人员的腐败破坏市场机制，造成社会资源的极大浪费。公共部门管理人员的腐败行为践踏市场经济的基本原则，扰乱市场机制的运行，破坏市场平等交易，侵占市场主体的利益，导致不公平竞争，使市场资

源配置的基础性作用难以发挥，造成资源的巨大浪费。腐败行为还会使外来投资者丧失信心，阻碍对外开放的发展。

第四，公共部门工作人员的腐败破坏社会风气。腐败是社会中的一种腐蚀剂，它腐蚀人的精神风貌和伦理道德，破坏公职人员的职业道德。腐败行为更严重的后果是毒化社会风气，导致社会道德水平的滑坡。

## 二、监控机制及其作用

要准确地理解何为对公共部门及其成员的监控，首先就必须了解公共部门监控的对象和内容。一般而言，公共部门监控的对象是指国家机关与第三部门中从事公职的人员。其内容包括如下四个部分：（1）对公职人员守法的监控，即对公共组织在对其成员管理的过程中执行贯彻法规情况的监控。（2）对公职人员执法的监控，也就是对国家机关及其公务员实施国家法律、法规和政策以及决定、命令的情况进行监督检查，并对违反法律、法规及政策的行为提出建议，加以纠正甚至予以必要惩戒的过程。（3）对公职人员廉政的监控，主要是依据法律和道德的规范对公务员个人执行公务的行为进行的监控。（4）对公职人员勤政的监控，这一方面的监控着眼于公职人员行政活动的效能和效率。

任何有组织的系统，都有自身的目的和运营程序。系统的各种运营机制在活动中应符合这些特殊的要求。但是实际上，由于种种内部的或外部的干扰，可能产生异常情况使运营偏离正常轨道，因此有必要设置一定的监控系统及其运作机制，以便随时排除干扰，保证正常运营的有序性和有效性。公共部门运营中的问题主要表现在两个方面：首先，人事管理者和被管理者都有可能违反系统运行规则。管理者可能决策失误、滥用职权、不负责任；被管理者可能违反职务规则和行业道德规则。这些都会破坏公共部门系统运营的有序性和有效性。其次，不合理的运营规则本身也会导致系统运营的紊乱。具有相对稳定性的公共部门系统规则，往往难以及时随着变动的系统和变化的情况而改变，因此，系统内在与外在的因素不可避免地会与旧的规则发生冲突，从而引起纠纷和矛盾。

公共部门监控系统的运作机制作用包括两方面：一方面，需要准确而及时地搜集、获取各种有关系统运营的信息，将这些信息与运营规则和运营方向作比较，发现和判断其中违反运营规则或偏离运营方向的情况，并将这些信息输入有关的控制机构；另一方面，控制系统在接到输入信息后要给出必要的调整指令，以恢复系统运营的正常秩序和正确方向。我们把前者简称为“监测”，把后者简称为“控制”，两者统称为“监控”。通过监控，可以对公职人员违法违纪行为起到防范和惩处作用；可以对由公职人员行为引发的或对公职人员管理过程中的不当之处起到补救作用；可以根据发展变化的情况及时地制定、修改和废除有关的规章制度，从而有利于公共部门及其人员管理的民主化、法制化建设；有利于保持公职人员队伍和公共机关的高效、廉洁。所以，公共部门的监控包括双重功能：一是对公共部门的管理机构实施具体人事制度的监控；二是对公职人员执行公务活动的情况及公职人员行为规范的监控。

### 三、约束机制及其作用

约束机制是指为规范组织成员行为，便于组织有序运转，充分发挥其作用而经法定程序制定和颁布执行的具有规范性要求、标准的规章制度和手段的总称。约束包括国家的法律法规、行业标准、组织内部的规章制度，以及各种形式的监督等。从这个定义可以看到，组织中的约束有以下几个特点：其一，法律的从属性。约束必须以国家法律法规为依据才能有实际的意义，才能在组织中对所有成员有权威性，有效发挥作用。其二，功利目标性。任何组织运转都是围绕一定目标进行的，而约束正是为保障组织目标顺利实现而执行的，因此组织目标是组织约束所服务的对象。其三，范围确定性。任何约束都有确定的约束范围，可以按照部门职能的划分或等级划分来进行约束。其四，具体操作性。约束必须有利于执行，空泛的约束没有任何意义，因而约束必须清楚地以明文形式确定下来，易于操作。其五，时代发展性。对于在实践中不断产生的新问题、新情况，有必要制定制度规章来进行约束，因此，随着时代的发展变化，约束也要相应地发生转变。

现代人力资源开发与管理理论的发展表明，传统的人事管理中一些刚性约束正在逐渐减少，取而代之的是上级与下级或雇主与雇员之间的双向沟通，即柔性约束。举例来说，组织运行必然要有相应的规章制度，这种规章制度是组织制定的一套规则，是组织成员的行为标准，用以指导组织成员的行为，便于组织运作不会因个人的疏忽而导致不良的结果。但是执行这些规则并不是为了对组织成员进行强制性约束，相反，执行规则的目的是为了增强员工之间的相互沟通，通过互相尊重的态度制定恰当的行为规范；向组织成员解释订立规则的原因及其具体意义，使成员乐意遵守，而非强迫；使组织成员做事能相互协调，不致破坏成员之间的和谐。从这个例子可以看到，随着人力资源理论的发展，约束模式也相应地发生变化，体现了人事管理由传统的“胡萝卜加大棒”向“以人为本”的管理实现的转变，同时这种人事管理思想的转变也对约束功能的评估提出了新的要求。

人力资源管理四大功能：规划、获取、开发、约束，约束功能处于十分重要的地位，通过对人事管理中的约束功能做模式化的探讨，给出一个可供评估的约束模式，将有利于更好地修改和完善约束的功能，保证组织目标有序、稳定地完成。具体而言，它具有以下方面的作用：

1. 组织中的约束功能有利于明确组织成员的职权，组织成员在享有一定权利的同时，必须承担相应的义务，负起一定的职责，接受组织的监督。组织成员的职权明晰，可以有效地避免侵权和超权等不良现象的发生。

2. 现代人力资源开发与管理理论中，刚性约束向柔性约束的转变有利于组织由金字塔型向扁平化的方向转变，这样的转变可以帮助打破传统的官僚制下的死板、严格的科层管理和单一的沟通渠道，从而建立起灵活的、信息通畅的管理模式。

3. 组织中的约束机制同激励机制的有机配合，是保证组织按既定目标高效运转且保持稳定的前提。约束机制使约束具有强制性和普适性，可以从根本上杜绝传统的"人治"管理模式，做到对上级人员与下级人员一视同仁，任何人不得超越约束规定的范围，在约束机制面前，上级与下级的区别只在于所承担的职责不同。

组织约束和激励的相互配套，有利于职权同利益的挂钩，所承担的职权越大，所获得的利益回报也就越丰厚。只有约束同激励相互配合，才能保证组织运转既保持稳定，又使组织成员有较大的动力。

## 四、对公共部门公职人员实施监控约束的主体

对国家公职人员实施监控和约束的主体一般有以下几种：

### 1. 国家权力机关的监控约束

国家权力机关的监控与约束在对整个公职人员监控系统中居于最高的层次。在我国及西方一些实行议会内阁制的国家中，行政机关由人大（议会）产生，对人大（议会）负责。人大（议会）的监控与约束体现在它们对于行政机关及其领导人有监督、质询乃至弹劾罢免的权力，行政机关的重大决策也必须经过人大（议会）的批准方可得以实施。在实行总统制的国家里，根据"三权分立"的原则，权力（立法）机关与行政机关互相制衡。行政机关及其高层官员也当然地受到来自于立法机关的监督和制约。当然，国家权力机关的性质也决定了它的约束与监控范围仅限于行政机关工作中比较重要的事项和行政机关的主要官员。

### 2. 国家司法机关的监控约束

司法机关在公职人员监控与约束的系统中有比较独特的地位。它的独特体现在它的监控与约束是一种“被动”的监控与约束，通过受理行政相对人和公职人员个人的有关诉讼案件来进行监控与约束。这一“被动”的特点决定了国家司法机关的监控与约束是有限的。

### 3. 国家行政机关的监控约束

行政机关及其公职人员的大量日常性工作主要地由行政机关内部的监控与约束机制进行。由于行政工作对于效率的较高要求和行政管理工作的专业性，这种内部的监督与约束在整个公务员的约束与监控体制中占据主要的位置。具体而言，有基于组织层级关系而进行的上级行政机关对下级行政机关的领导和监督、上级政府职能部门对下级政府职能部门的指导和监督以及行政机关领导人对其所辖公务员的领导和监督等；还有同级别的机关和公务员互相的监督以及下级机关和公职人员对上级的监督；此外，在各级行政机关中均设有监察和审计等部门，对同级政府机关各部门及其公务员以及下级行政机关和公务员进行监督与约束。

### 4. 政党的监控约束

政党在当今世界各国的政治生活中发挥着极大的作用。在公务员的监控与约束机制中，政党也是不容忽视的监控与约束主体。在实行多党制或两党制的西方国家里，行政机关的首长大多由执政党的党员担任，执政党可以通过党内的程序对他们施加影响，而在野党也可以通过议会和新闻舆论等渠道对执政党所把持的行政机关进行监督与约束，且出于党派利益和政治斗争的需要，这种来自在野党的监督与制约往往能发挥很大的作用，从而对公职机关及其成员进行极为有效的监督和制约。在我国，中国共产党作为执政党，对公共机关进行政治、思想和组织的领导，其对公共机关及其公职人员的监控作用是不言而喻的。

### 5. 人民群众及社会舆论的监控约束

人民群众以及社会舆论也是不容忽视的约束与监控主体。通过一系列的制度安排与设计，公民个人可以对公共机关及其公职人员提出批评、建议和意见，也可以对公共机关及其公职人员的违法失职行为进行检举，这些权利均得到法律的确认和保障。此外，现代社会中发达而相对独立的新闻舆论也发挥了独特而有效的约束与监控作用。

## 第二节 公共部门监控与约束的主要内容

公共部门监控与约束就是依法享有监控与约束权的主体，通过法定的程序和形式对公共部门及其公职人员的权利和义务的明确规定，在既定的有限公共资源的基础上，发挥公职人员的积极性和创造性，达到公共资源的最佳配置，为社会和公众提供优质的公共产品和服务。它是一种动态的管理过程。

### 一、公共部门监控与约束的特点

公共部门人力资源监控与约束有以下两方面的特点：

#### 1. 公共部门人力监控与约束的法治性

法治是现代社会的基本特征，也是公共部门人力资源约束与监控的重要特征，是公共部门人力资源约束机制运行的基本前提和保障。政府管理就是要实现社会公共利益的最大化。公共部门人力资源监控与约束是对政府公职人员的制约和监督，公职人员在政府部门行使的是国家公共权力。国家公共权力是一种极为稀缺的资源，并且这种稀缺资源一旦被异化，即公共权力被公职人员用于个人利益的获取，社会公众的公共利益就会受到严重的损害。因此，必须以法律的形式对政府公职人员的权利和义务加以明确的规定。政府公职人员只有在权利和义务的框架内行使公共权力，才能保障公共部门人力资源约束与监控的有效性。

#### 2. 公共部门人力资源监控与约束的复杂性

公共部门人力资源监控与约束的复杂性就在于它是对行使政府公共权力的公职人员的监督和约束。在任何社会管理活动中，人始终处于主导的地位。从“经济人”的角度出发，人在社会活动中总是自利的，或者说总是趋利避害的，以实现自己的个人价值最大化为目标，这就决定了人在管理活动中的复杂性。另一方面，作为公共管理活动的特性，公共权力的委托—代理关系决定了其自利行为的低成本而高收入，且具有“暗箱操作”的隐蔽性，致使监督制约更难于其他领域，这就为政府公职人员以权谋私提供了更多的机会。这样一来，公共部门人力资源的约束与私营部门的人力资源约束相比，就显得相当复杂。

### 二、公共部门监控与约束的内容

公共部门约束与监控的主要内容分为两个方面，即内部监控约束和外部监控约束。

1. 内部监控约束

即公共部门内部对人员的监督与约束。它主要有两种形式：一是合同监控约束；二是组织的制度监控约束。

（1）合同监控约束。

合同监控约束就是指个人与组织签订合同书，明确双方的权利、义务关系，以合同的形式约束个人行为，并防止公共部门人力资源的流失。

目前的监控约束机制的重点还是停留在对人才的管制上，而对于如何留住人才则注意不够，监控约束机制往往被忽视。其实，一套合理的监控约束机制可以成为有效地留住人才的手段。通过约束机制留人，首先得在观念上达成一致。事业留人，待遇留人，感情留人，这些正向的留人理念很容易得到认同，而约束留人会给人感到不是那么顺耳。但如果从契约的角度来看，对人才的约束是顺理成章的事情。人才加入组织，契约的双方从维护自身利益的角度出发，肯定会考虑如何维系这种契约关系，明确如果一方提出结束合同关系，应该给另一方的补偿。如果人才选择离职的代价大到足以使他考虑离职是否值得，留人的约束机制就发生了作用，从而减少人才的流失。所以，通过约束机制留人并非不让人才流动，而是明晰和强化公共部门和人员的契约约束关系。

在政府部门实行的公务员聘任制，就是合同化管理人才的体现。西方国家公职人员任用由以委任为主转为以聘任为主，在公务员中大力推行聘任制。英国将政府机构分为负责决策的核心司和负责执行的行政执行局。除核心司的部分高级官员还沿用委任外，其他公务员都实行契约聘用。美国实行考绩制，常任雇员的比例也不断降低，已由 20 世纪 30 年代的 87.9% 下降为目前的 55.5%。丹麦、意大利、荷兰、芬兰、瑞典等国家将职位分为职业型体制和职位型体制。韩国原来仅专门职公务员和雇佣职公务员实行聘任制，约占公务员总数的 3%，近年来也在不断扩大聘任制范围。就连一贯强调终身制的日本，也提出要在部分人员中实行聘任制设想。目前，实行聘任制已成为西方文官制度改革的重要趋势。聘用制有利于实现“效率优先，兼顾公平”的原则，对促进人才的进步，形成良好的竞争与协作工作平台有积极的作用。所以我国在公务员法里专门规定对一些专业性较强的职位和辅助性的职位可以进行聘任，聘任就要签订合同，按照合同进行管理，这是过去暂行条例所没有的。

我国目前的事业单位人员实行聘用制，单位与职工依据国家有关法律、法规、规章和政策在平等自愿、协商一致的基础上，通过签订聘用合同，确定单位与个人的聘用关系，明确双方的责任、权利、义务。通过实行聘用制，转换事业单位用人机制，实现单位人事管理由身份管理向岗位管理转变，由行政作用向平等协商的聘用关系转变，能够充分调动事业单位各类人员的积极性和创造性。使这些事业单位的人才由“单位人”转变为“社会人”，实现人才资源的优化配置。如“十一五”期间，海南省事业单位按照科学管理人员的要求，以聘用为基础，合同为依据，岗位管理为内容，初步建立起符合不同事业单位特点和不同岗位特点的管理制度。通过改变用人方式，强化聘后管理，逐步形成人员能进能出、职务能上能下、待遇能升能降、有利于人才成长的用人机制，不断推进事业单位人事管理的规范化、法制化。

（2）制度监控约束。

制度监控约束是指通过建立健全公共部门内部的管理制度来规范公职人员的行为，它是人才管理的基础工作。公共部门中的所有公职人员都必须服务和服从于部门内部的管理制度。如果公共部门只对部门的总体行为予以原则规范，缺乏具体的制度约束，那么部门中的利益主体关系就只能靠“个人”对规范的解释来协调，势必形成人治，人治下的监控约束机制将导致公职人员之间的摩擦和矛盾。

制度监控约束是人力资源管理的关键。要像管理组织的有形资产一样，制定出严格有效的管理办法，使人才管理工作有法可依。制度对人才的作用主要从两方面表现出来：一是制度要被高度地认同；二是制度必须严格地执行。有制度不执行会挫伤组织成员的积极性，不如没有规则，如果制度被高度认同，则会焕发出人才的工作激情。

监督制约是行政管理的一个重要环节。监控约束作为对管理者的“再管理”，它应当贯穿于各项具体管理活动之中。在公共管理中，人员的录用、考核、奖惩、升降、任免、培训、交流、回避、工资福利、退休等活动中都应当有监控约束的参与，从这个意义上说，公共部门的制度监控，不仅是对全体公职人员的全部行为的监控，而且还必须贯穿于所有行政程序与行政过程的始终。约束监控制度若设计得科学严密，能对行政行为本身构筑起预置性防范的屏障。

同时约束监控制度还能为组织提供一个公平竞争的平台。在约束与监控制度面前人人平等，不能有不受约束、凌驾于组织之上、可以为所欲为地“将军”，也不能有不受监控的“特殊士兵”。通过监控与约束，保障组织正常、高效地运作。在一定的条件下，坏的制度能泯灭良知，好的制度则能抑制人的“恶因子”。

2. 外部监控与约束

外部监控与约束是社会对公职人员形成的一种外在约束与控制。它包括法律监控与约束、道德约束、社会群团和媒体监控与约束。

(1) 法律监控与约束。

法律约束与监控是运用法律制裁措施对公共部门及其成员通过法律途径维护组织与成员的合法权益的同时，约束其行为。

(2) 道德约束。

公职人员作为治国理政的主体，依法履行公职，承担着管理国家事务和社会公共事务的职能，其角色定位有别于一般的职业群体。因而，若从职业伦理的角度来看，公职人员所必须达到的精神状态也必然不同于对普通职业的要求，这种精神状态具象化为“职业道德”，并被社会认同。作为“职业道德”，它依赖于公职人员内在的精神认知，并通过主观意识的约束来实现。道德约束对公职人员队伍中的所有成员都是一样的，是公务员所“共有”的约束。

(3) 社会群团和舆论的约束监控。

公民个人和团体对公职人员的监督。社会群团对公职人员的约束监督，主要是通过批评、建议、申诉、控告和检举等形式来实现的。对公职人员实行舆论约束监控主要是通过报刊广播电视等途径实现的。公务员的一切言行均在舆论约束监控之列，如公务员是否称职、是否公正廉洁、是否遵守党纪国法、是否具有高尚的品德及修养等，舆论约束监控的作用特别巨大。

### 三、与监控约束相关的两个制度

#### 1. 惩戒制度

对公共部门成员的惩戒，或者称为纪律处分，是指对违反公职人员义务按有关规定进行惩罚。惩罚的主要功能是补偿违反纪律的行为所带来的损失和惩戒违纪的公职员。通过惩戒这种手段，可以更好地对公共部门成员进行良好的约束与监督。

一般而言，对公共部门成员的惩戒按违纪的轻重程度分为三类：一是申诫、警告、记过等，适用于对轻微的失职行为及考绩劣“者”的惩戒；二是减薪、停薪、停升等，适用于比较严重的违纪行为和考绩“中劣”者的惩戒；三是降级、降职、调职、免职、离职、休职以及取消退休金等，适用于严重的违纪行为和考绩“特劣”者的惩戒。

公共部门的惩戒有着极其重要的意义：首先，它有利于保证公共机关正常运行；其次，它有利于加强对公共部门成员的管理；最后，可以防止公共部门运用的权力不正当的侵犯公民的权利。

2. 回避制度

回避制度的建立可以有效防止因亲情、乡情等特殊关系给人事管理所带来的种种弊端，为公共部门公正廉洁、依法行政创造良好的工作环境，从而有利于有效的对公职人员进制约与监督，加强公共部门的管理。

回避制度主要包括以下几种类型：（1）任职回避，又称为职务回避，是公共部门在任用上的限制，是指不允许有亲属关系的人员在同一公共部门形成上下级关系、监督与被监督关系。（2）地域回避，即原籍回避，是限制公职人员在其家乡所在地担任某一级别的领导工作。（3）公务回避，是指公共部门公职人员在执行公务时，遇到处理自己及其亲属有利害关系的问题时，要自觉避开，本人不得参与，也不得施加任何影响。公务员回避是针对某一特定的公务而言，确定公共部门回避范围时，要着重说明其在执行公务时，涉及处理那些类亲属、哪些事项需要回避。公务员回避的目的是为了保证公物处理结果的公正性。

回避制度的建立，有利于保证公共部门人才依法执行公务，有利于党政机关的廉政建设，有利于群众对公务活动进行监督。

## 第三节　西方国家对公共部门及其公职人员的监控与约束

西方国家对公共部门及其成员的监督与约束机制较为科学，它们运用法律来保障制度以及规范的有效运行。在监督上，体现为利用法律制度安排对公职人员进行全方位的监督；在相配套的约束上，重视运用相关的义务关系对他们进行约束，实现了监督与约束的有效结合。

### 一、西方国家的监控系统

鉴于公职人员系统在公共部门中的地位，对它的监控不但引起了西方社会各界人士的关注，同时也成为整个公共部门运行的职责。目前在西方各国公共部门内已构建了一个错落有序、相互制约、相对完备的监控公职人员系统的网络。这一网络是由立法系统、司法系统和行政系统诸方面组成。

1. 立法系统的监控

在西方各国，国家机构的设置一般以分权理论为指导，要求不同的国家权力制约平衡，即通过彼此制约，达到相互平衡。这种权力分立模式里的立法系统对行政系统发挥着强大的制衡作用。立法系统一方面以立法决定国家的大政方针；另一方面又监控着行政系统的工作，即公职人员系统的运营情况。立法系统的监控方法主要有：质询、听取行政部门工作报告、审批财政预算和行政立法等。

**2. 司法系统的监控**

早期司法系统行使的司法权，主要涉及普通刑事和民事案件。以后审批管辖范围不断扩大，不仅涉及了立法行为，还参与处理包括人事纠纷在内的各种行政矛盾。司法系统正是以这种特有的司法审判职能，在事实上获得了一种监控公职人员系统的地位，即通过司法审判活动一方面纠正公职人员系统运营中的违反规则的情况；另一方面又以司法审判判例的形式参与制定和补充公职人员系统的规则。

从处理人事纠纷和参与建立公职人员系统规则这个意义上说，司法系统对公职人员系统的监控属于宏观与微观（工作管理）相结合的监控。

**3. 行政系统自身的监控**

行政系统自身的监控概括起来可以分为自力监控与规则监控两种情况。

**自力监控** 是指行政首长或人事管理机关沿着自身的工作系统，自上而下地对各级工作人员实施的制约与监控。在这种监控中，监控主体根据本单位工作特点和性质，结合公职人员的服务规则和职位规范考察工作人员的工作效绩，并运用合法的监控方式与手段促进工作人员提高工作效率，保证政府行政的正常运行。很显然，完成这种监控的主要手段就是激励和制裁。

**规则监控** 行政系统通过制定规则对公职人员系统进行的制约与监控。行政系统的规则监控是各种监控机制中最普遍的一种，因此它比立法、司法和其他监控更为直接。

考核奖惩等自力监控起着一种系统自我保护的作用；制定或修改公职人员管理规则的规则监控，则对系统起到一种自我发展的作用。

**4. 工会的监控**

西方国家的公务员工会在监控机制中发挥着重要作用。工会的监控权主要有：上诉与参与仲裁。很多西方国家允许由政府和公务员工会的联合协议机构直接参与处理公务纠纷案件。它一方面保证了相对客观地审理案件；另一方面加强了公务员工会在监控机制中的地位和作用。工会还可以通过罢工的方式作为制约与监控政府人事管理活动的手段。

**5. 舆论监控**

舆论监控在西方有“第四权力”的美誉，这种制约与监控形式有其独特的一面。舆论监控具有天然优势，它可以迅速产生影响并能启动法律监控的程序。舆论监控也是一把“双刃剑”，如果运用不好，其反作用也很大。正如黑格尔所说的："在公众舆论中，真理和无穷错误直接混杂在一起。"因此，舆论要加以节制，"如果不加以节制，就会出现百犬吠声，聚蚊成雷，激流若潮的狂热势态，这是舆论的弊端"。

## 二、西方国家监控约束机制

西方国家公共部门的约束与监控机制历经300余年的发展，其演进经历了三个发展阶段：

1. 公务员制度建立之初，约束与监控是行政首长的特权。具有自上而下的单向性和单线性的特点，且约束与监督的方式简单而粗糙。没有专门的监控机构。

2. 开始建立系统内的约束监控机构，立法、司法、公共舆论等系统外约束监控机制开始建立并逐步完善，由单线性约束监控机制向多线性约束监控机制发展。

3. 公务员工会的产生。工会对保障公务员合法权益的斗争提供了强有力的支持。管理者自上而下的监控变为管理者与被管理者之间的互相约束与监督，单向性约束监控变成了双向性约束监控。

西方公务员系统经历这三个阶段的发展后，其约束与监控系统形成了多元化和双向化格局，并使这种格局呈现出了系统性、制度化、独立性和双向性的运行方式。

1. 系统性。西方国家公务员监控系统构成了一张严密的公务员监控网络，且既具有相对的独立性，又具有明确的职能分工，各司其职，互不干涉，形成一个较为完整的组织网络，这一网络从不同层面对公务员以及各行政机构的行政行为进行监督控制，以使渎职不法行为或防患于未然，或给予及时纠正。各监控部门的职能划分相对科学，且各具有特殊的监控领域。部门内的监控内容清晰，事前事中事后的监控齐全，既有对公务员个人的监控，又有对公务员管理活动的监控，兼顾了社会的整体利益和公务员的个人利益。

2. 制度化。西方各国的监控都有着完善制度保障，立法机关在制定法律时，就很重视有关的监控条款。最直接的对公务员监控来自行政法规中的规定，如美国1911年颁布的《从政道德法》、《廉政法》等，大量的法规和条例已基本形成了一套较系统的、具体的公务员行为规范。在西方除了有健全的实体法的约束，更有对监控程序的程序法规定，特别是对公务员进行惩罚时的程序规定较为细致周延。为了防止惩戒权的滥用，保障公务员的合法权益，西方各国政府大多建立了公务员惩戒的救济制度，政府给予被惩戒者上诉的权利，同时设有相应的上诉审理机关或审议机关。这种制度显然为被惩戒者提供了一次甚至多次的补救机会。

3. 独立性。西方各国都很强调监控机构的独立性，特别重视行政系统内监控机构的独立性。监控机构缺乏独立性也就缺乏权威性，就很难避免“失监”、“弱监”、“虚监”现象的发生，权力发生错位也就势所难免了。保持监控机构的独立性，就必须使监控机构的管理权、用人权、财政权都完全脱离于被监控机构。美国的伦理道德办公室就是为了加强廉政方面的立法而从人事管理总署内分离出来的一个独立机构。法国也是由独立的行政法院通过对行政案件的审判活动而实施司法监控的。它们都具有相对独立的管理权、人事权与财权。

4. 双向性。西方政府与公务员的法律关系被定位为雇佣关系，单个公务员与行政机关相比无疑处于弱势地位，因此在西方通过组织工会进行集体谈判来影响行政机关以保证公务员个人正当权益的实现。当公务员的正当权益被侵犯时，工会代表与政府代表以平等的身份参与仲裁纠纷，打破了传统的“官方一统”的局面。它一方面保证了对案件审理的相对客观性；另一方面也加强了公务员工会在监控机制中的地位和作用。同时，西方各国政府承认职业工会享有就政府公务员的各项事宜与政府谈判的权力，工会就有关公务员切身利益的有关问题通过与政府的谈判，一方面实现维护公务员集体权益的目的，一方面以此来监控政府的人事管理活动。

## 三、西方国家监控与约束机制的特征分析

从总的趋势看，西方各国公共部门约束与监控呈现出很多共性特征：(1)公共部门监控与约束从消极性的防范与惩戒向积极性的评价与保障发展；(2)不同程度地朝着民主化、公开化、形式多样化发展；(3)从较分散式的监控转向专门与系统的监控。上述特征具体反映在以下诸方面。

1. 注重法律建设，规范行政行为。西方国家的立法比较严格，务必做到一切行为皆有法律作为依据和保障。最直接的对公职人员的监控来自行政法规的规定，如美国 1911 年颁布的《从政道德法》、《廉政法》等，大量的法规和条例已基本形成了一套较系统的具体的公职人员行为规范。①

2. 强化议会监控的民主化、公开化程度，建立相应的制度体系：

(1) 听证会制度。如美国国会，可通过听证会制度来审查政府官员的不

① 李和中：《西方公务员监控系统及其借鉴》，《中国行政管理》2004 年第 10 期。

廉洁行为。国会议员对任何被怀疑有不端或违法行为的官员均可举行听证调查，政府官员必须随叫随到，否则以藐视国会罪论处。

（2）质询制度。许多国家的议会都采用质询这种方式，揭露政府官员为政不廉行为。轰动日本的“里库路特”风波，就是由于在野党议员在议会中穷追不舍，提出质询案，造成竹下登内阁垮台的。

（3）弹劾制度。弹劾是资本主义国家对于国家高级官员的违法失职行为的检举活动。具有弹劾权的是议会。资本主义国家的弹劾通常由下议院提出，上议院受理。通过弹劾案使那些违法失职的高官辞职。由于弹劾的对象往往是政界头面人物，所以，它对于整肃官场风纪，起到了一种巨大的威慑作用。

（4）不信任投票。这是责任内阁制国家议会监督政府的一种形式。如果议会通过对内阁的不信任案，内阁必须总辞职。因此，它对政府全体成员也是一种潜在的威慑，对政府的腐败起着重要的抑制作用。

3. 约束与监督以“经济人”假设为前提，与公共部门公职人员的利益相结合。从监督约束的运行看，西方将约束与监督机制与个人利益、个人行为挂钩，通过对个人利益的约束来控制公共部门人员的行为。根据公共选择理论，人都有逐利的动机，关心个人利益最大化。在个人利益、部门利益、公共利益发生矛盾时，他们很有可能选择个人利益、部门利益而置公共利益不顾。西方国家通过公职人员因损害公共利益将丧失其个人利益的相应规范来约束他们的行为，如我国香港地区即是通过扣除或取消养老金、公积金的办法来限制公务员的违纪行为。

20 世纪 90 年代中叶以后，西方公务员监控机制呈现出新的改革特点：一是监控主体的关系由独立分离转向融合互动，传统的政治行政二分法下，立法机关和司法机关的监控各自独立地进行，互不干涉。现代西方国家在立法、司法独立的前提下，强调二者在监控上的合作与互动，由此形成监控的系统合力；二是监控由注重过程到注重结果，传统监督体系重视法律程序和规制对公务员行为过程的约束，却忽视了结果，而西方国家所实施的“放松规制”改革，使监督体系更加重视实现的结果。三是进行行政伦理建设和行政文化建设，加强“软性监督”，20 世纪 80 年代，西方各国政府面临严重的道德危机，从那以后，西方各国政府均空前强化行政伦理建设和行政伦理的法制化，以推动公务员道德素质的提升。

## 第四节 中国公共部门的监控与约束

### 一、中国公共部门的监控约束体系

改革开放以来，经过多年的努力，我国已经初步建立起适合中国国情的公共部门约束与监控体系。

#### 1. 权力机关的监督

在我国，权力机关的监督就是指人民代表大会及其常务委员会对公共部门的监督。在我国，宪法规定，各级国家行政机关由同级国家权力机关产生，对它负责，受它监督，也就是说，权力机关有权对公共部门及其工作人员进行监督。这种监督是监督体系中最重要、最经常、最全面的监督。

权力机关的监督包括的内容主要有：第一，受理公民的申诉；第二，监督政府组成人员；第三，开展执法检察、调查和人大代表视察；第四，组织人大代表召开常务委员会会议、专门委员会会议对政府工作进行评议。

#### 2. 司法监督

我国的司法监督是指人民法院和人民检察院对公共部门及其工作人员的违法行为实施侦察、审判等监督活动。从目前来看，可以列入司法检察的范围主要是与行政相对人的切身利益密切相关的具体行政行为，即对侵犯公民、法人和其他组织的人身权和财产权的具体行政行为，通过诉讼途径，由人民法院和人民检察院实施司法监督。

审判机关的监督是国家审判机关通过审理行政案件，对公共部门的具体行为及其工作人员进行司法审查，监督他们在行政管理活动中是否依法行政、廉洁奉公、尽职尽责。审判机关的监督属于事后监督，它能从司法的角度及时有效地纠正行政机关及其工作人员的各种违法行为，从而保证国家法律、法规在政府各项工作中得以贯彻。

在我国，检察机关的监督主要是通过对公共部门工作人员职务上的犯罪或者利用行政职务进行犯罪行使检察权，包括对犯有渎职罪、贪污罪、贿赂罪、挪用国家抢险救灾款物罪的国家公共部门工作人员向法院提起诉讼，追究犯罪人的法律责任，促使国家公共部门工作人员依法办事。

#### 3. 社会力量的监督

它是指除党和国家机关以外的社会力量通过批评、建议、申诉、检举、控告等形式对公共部门及其工作人员进行的监督。这些监督具有社会性、分散性、灵活性和批评性的特点。它可以分为群众监督和社会监督两个方面：

（1）群众监督。这是一种最经常、最普遍、最重要的监督。我国宪法规定："中华人民共和国的一切权力属于人民。"人民是国家的主人，国家公共机关工作人员是由人民选举、受人民委托代表人民管理国家公共事务的公仆。人民对自己的公仆应当享有监督权。这也是我国公民享有的最基本的权利之一。

（2）社会监督。社会监督包括人民政协监督、民主党派的监督、各社会团体及群众团体的监督以及新闻媒体的监督。

**4. 共产党的监督**

中国共产党是国家的执政党，在国家各项活动中处于核心领导地位。党对国家、社会生活实施广泛全面的监督，也必然包括对公共部门及其工作人员的监督。公共部门工作人员是人民的公仆，执政党对其的监督主要是监督他们贯彻党的路线、方针、政策，遵守党的纪律，规范地执行国家的法律、法规的情况。这种监督主要是通过各级党组织对公共部门工作人员进行日常政治思想教育、组织活动、检察批评督促和党的各级纪律检查委员会对党员违纪、违法行为的专门查处来实现的。

**5. 公共部门的内部监督**

公共部门的内部监督是指行政系统内部的一种自我监督活动，主要包括以下内容：

（1）自上而下的监督。这是指上级机关对下级机关及其工作人员所进行的一种监督。他的主要内容包括：工作检查、专案检查和行政复议。

（2）行政监察。指行政机关内部设置专门监督机关，对行政机关及其工作人员实施检查和惩戒的专门监督活动。监察机关负责对国家行政机关及其工作人员的违法行为进行监督、检查，负责受理涉及国家行政机关和工作人员违反行政纪律行为的检举报告，受理国家行政机关工作人员的申诉以及对监察应受惩处的人员予以行政处分。

（3）审计监督。是指由国家审计机关对财政、财务收支以及经济活动进行的专门监督。审计监督的方式是检查被审计单位的财政预算、财务计划等，及时制止违反财经纪律的行为，对违反财经法规的直接负责人员和单位负责人，认为应当给予行政处分的，移送检察机关或者有关部门处理，对构成犯罪的，提请司法机关依法处理。

## 二、中国公职人员监控系统的特点及存在的问题

我国公务员的监控系统分为内、外两个系统：内部系统是指公共部门自身对公职人员的行为及其结果的监督控制；外部系统包括国家权力机关监督、司法机关监督、政党监督、社会团体监督、人民群众监督以及社会舆论监督诸部分。两个系统共同构建为一套具有中国特色的监控保障系统，以便使公共部门及其工作人员能够恪尽职守，廉政勤政。与西方国家公共监控系统比较，我国公职人员监控系统有着自身的特点：

1. 在我国，共产党的领导是我们事业取得胜利的根本保障。这决定了中国共产党是唯一的执政党，公职人员在党的领导下工作，"党管干部"是我国对公职人员管理的基本原则，所以，共产党对公职人员的监控是实施党的领导的手段和必然要求。它不同于西方的政党监控——在野党对执政党政府及其公务员的监督。

2. 在西方各国，公务员是特殊的利益群体，他们大多建有文官工会，工会在监督政府人事管理活动、保障公务员的合法权益方面具有重要的作用。工会可以通过运用参与仲裁、罢工以及集体交涉中的协议和谈判对政府人事管理活动进行监控。而我国的公职人员不是特殊的利益集团，不存在工会对人事的监控。

3. 根据我国宪法中人民主权的原则，我国的群众监控是一种独立的重要监控形式，通过各种人民团体对政府监督来实现。而西方不存在独立的群众监控。

4. 我国的行政监察部门隶属于政府，属于行政系统内监督。而在西方国家，大多采用的是系统外监控方式，且其监督公务员的机构都是与政府相对独立的。

当前，在进一步深化改革的要求下，我国对公职人员的监控工作正在有条不紊地持续展开。随着一系列法规的出台，一系列措施的被采纳，对公职人员监控工作将会取得更大的进展。但是不容忽视的是，现实中公共部门工作人员仍存在不少运用权力寻租腐败、假公济私的现象，在一定程度上反映了公职人员监控约束机制的缺失与低效，说明我国公务员监控体系仍有待健全，监控约束工作急需加强。

第一，与西方国家相比，我国监控的法制程度有待进一步提升，法律法规缺乏可操作性且法制监督的弹性空间很大。

一般来说，对公职人员进行监督与制约，必须有统一的客观标准，而不能

以某个人的主观意志为判断标准。这个客观标准就是公务员行为规范。尽管，我国对公职人员行为在法规上进行了相应规范，但在现实执行中仍存在着一些空白和误区，主要体现在原则性太强，缺乏可操作性，不利于法律的贯彻实施。这些法律规范没有突出各级、各种公务员具体工作的特点，有的仍停留在计划经济时代对全体干部的规范上，其内容过于笼统、划一，对于不同职业特点的公务员很难准确把握。① 由于缺乏可操作性就会使法律很难在实际中得到贯彻落实，这就给人治提供了法律的空隙。

第二，监督主体与监督对象不平衡，监督体制缺乏独立性。

监督实质上是监督权对公权力的制约，是公民权（尤指知情权）对公共权力的制约监督。这就要求监督主体必须处于相对独立的地位，否则就很有可能失去监督的自主性，所以说，独立性是监督的本质特征和内在要求。在我国监督与制约实践中，只有共产党的纪委监督发挥了实质性的作用，国家机关的监督和社会监督由于受到现有的宪政体制的制约，缺乏足够的独立性和权力支持，其监督作用难以彰显。② 另外，从我国现有的公务员监控系统来看，监控机构虽多，但在实际监控活动中，由于隶属关系、平行关系、利益关系等多种没有厘清的关系，往往存在着无权监督、无法监督、无力监督、不愿监督的情况，乃至“空监”的现象时有发生。

第三，侧重事后监控。

我国目前对公务员的监控侧重于事后监控，即在违法乱纪的现象发生后，才调查取证，依法惩处，致使只能起到“事发查处”的作用，而事前防范、事中督察的功能被弱化。

第四，缺乏双向监控。

我国公务员的监控注重上级对下级的监控，公务员中的领导者可利用职权对下属公务员进行经常性、全面性的检查督促，而下级对上级的监控却难以落到实处。公务员的维权观念淡薄。

第五，我国的监督约束机制与激励保障机制不匹配。

义务与权利是对等的，监督约束机制是否能够落实，有待于相应配套的激励保障机制。从我国公务员目前的工资水平来看，收入水平不高，而且地区、行业收入以及不同部门之间的收入差距也比较大，容易造成公务员的心理失

① 于秀琴：《论加强公务员行为监督》，《理论学刊》2004 年第 3 期。

② 王宝源：《新时期公务员监督体制改革论略》，《云南行政学院学报》2005 年第 1 期。

衡，导致一些领导干部利用手中的权力进行寻租和谋取私利。① 有关反权力腐败的研究表明，公务员名义工资和奖励水平不高，容易引发“灰色收入”、“黑色收入”。此外，我国现有的公务员行为失范后的惩罚措施同公务员本身的利益相关性小、力度不够，往往因缺乏威慑力而使监督流于形式，致使监督与腐败同行，由于执行不力，监督约束形同虚设，难以发挥应有的作用。

第六，缺乏透明度。

由于长期以来受“官本位”、“上智下愚”等传统文化观念的影响，由此造成了中国传统行政监控的特点，即行政监控基本是“封闭”活动，对公务员的监控缺乏公开性。

## 三、《国家公务员法》对监控约束机制的新发展

2006年开始实施的《公务员法》是我国推行公务员制度十几年的经验总结，其中，在将公务员的权益保障与监督约束的力度手段相结合上进行了有益的探索，对我国公共部门监督约束机制进行了创新。

《公务员法》第一条开宗明义地将“加强对公务员的监督”作为立法宗旨之一，随后的第六条提出“公务员的管理，坚持监督约束与激励保障并重的原则”，表现了我国积极学习当代先进的监督理念，将加强监督和维护公务员合法权利一致起来，是对传统思维框架的突破。同时，《公务员法》将监督约束机制渗透在人事管理的各个环节，贯穿于公务员的义务、惩戒、回避、引咎辞职、责令辞职、辞退、离职从业限制以及法律责任等规定之中，它所表现的发展与创新主要有：

### 1. 从监控与约束的双向性出发，为公务员义务与权利的对等提供了法律保障

《公务员法》第十二条规定了公务员应当履行的九项义务，其中，第五项规定公务员有“服从和执行上级依法作出的决定和命令”的义务，同时，《公务员法》第五十四条规定：“公务员执行公务时，认为上级的决定或者命令有错误的，可以向上级提出改正或者撤销该决定或者命令的意见。上级不改变该决定或者命令，或者要求立即执行的，公务员应当执行该决定或者命令，执行的后果由上级负责，公务员不承担责任。但是，公务员执行明显违法的决定或者命令的，应当依法承担相应的责任。”这就明确规定了公务员所服从和执行

① 张永新：《论构建对公共权力的制约与监督机制》，《中共长春市委党校学报》2005年第5期。

的上级决定和命令，必须是依法做出的。为防止执行上级违法或者错误的决定或命令，对公共利益或公民的合法权益造成重大的不可挽回的损失，公务员有权利提出纠正意见；对于执行明显违法或者错误的决定和命令，公务员本人应当承担相应的责任，以增强公务员的责任意识。

它既保障了首长负责制的执行，又为下级对上级的建议以及可能出现的失误提供了法律渠道，相对于以前命令的单向行使，更多地考虑到了双方的利益，更具科学性。

**2. 将公务员惩戒制度与权益保障制度相结合，使监控约束更加行之有效**

《公务员法》设专章规定了公务员的惩戒制度，将公务员的纪律与对公务员的处分合并为一章，使其共同构成公务员的惩戒制度，突出了对“有纪律就有责任”、“有权力就有监督”等执法理念的贯彻落实，体现了对公务员监督约束机制的合理创新。公务员的惩戒制度包括两个方面的内容，即公务员应遵守的纪律和违反纪律应受到的行政处分。《公务员法》第五十三条规定了公务员必须遵守的16项纪律，公务员违反了纪律，就应承担一定的法律责任，受到相应的处分。① 这反映了《公务员法》对监督约束力度的加强。

同时，《公务员法》第九十条中规定：“对省级以下机关作出的申诉处理决定不服，可以向作出处理决定的上一级机关提出再申诉。”以改变一级申诉制为二级申诉制。申诉的同一级公务员主管部门主要是指同级组织部门与人事部门。上一级机关是指能改变或者撤销原处理机关决定的机关。二级申诉制度给予了公务员更多的申诉机会，上级受理申诉机关会更慎重考虑处理决定。申诉控告属于机关内部的监督纠错机制，这也将使我国的公务员权益保障制度更加行之有效。

一方面，加强公务员的监督力度；另一方面又注重到公务员自身的权益，两方面的结合体现了人本思想。

**3. 制定了更具弹性的公务员回避制度，并扩大了公务员回避制度的使用情形，公务员的约束条件更为全面、合理**

与《国家公务员暂行条例》相比，《公务员法》所规定的回避制度更为完善，主要体现在两个方面：一是设计了弹性适度的任职回避标准，因地域或者工作性质特殊，需要变通执行任职回避的，由省级以上公务员综合管理部门规定；二是扩大了公务员回避的适用情形，规定凡是可能影响公正执行公务的情形都应当回避。回避制度的完善，既是正当程序的基本要求，又是《公务员

① 孙雪：《公务员监督机制的完善》，《学习月刊》2005年第7期。

法》注重保障相对人合法权益的立法宗旨的落实，充分体现了新的公共管理理念。

此外，《公务员法》根据公务员范围扩大后的实际情况，将离任回避制度及其责任加以制度化、规范化和法律化，因而也成为《公务员法》的一个新亮点。《公务员法》第一百零二条规定公务员辞去公职或者退休的，原系领导成员的公务员在离职三年内，其他公务员在离职两年内，不得到与原工作业务直接相关的企业或者其他营利性组织任职，不得从事与原工作业务直接相关的营利性活动。公务员辞去公职或者退休后有违反前款规定行为的，由其原所在机关的同级公务员主管部门责令限期改正；逾期不改正的，由县级以上工商行政管理部门没收该人员从业期间的违法所得，责令接收单位将该人员予以清退，并根据情节轻重，对接收单位处以被处罚人员违法所得一倍以上五倍以下的罚款。

这样的制度设计不仅有利于约束公务员的行政行为，也有利于维护公平的市场秩序。如果公务员离职后利用剩余权力资源从事营利性活动，这对那些没有这种人事资源的行业竞争对手来说是不公平的。离任回避制度的新特点是与“权力寻租”新形式相伴而生的。权力场上的“期权交易”不同于一般权钱交易，它有谋放长线之远计。近年来，公务员权力期权化的现象时有出现。在位期间利用职务权力与职务影响帮助业务相关单位在土地、项目审批、国有资产变卖、协调融资等方面谋利，不求当时回报，待辞去公职或退休后，到相关业务单位去实现自己的利益。有时，期货化的待遇与企业中的合法收入混到一起，逃避有关部门的监督与查处，这是权钱交易的新形式。这种腐败能顺利规避查处的风险，安全系数较高，隐蔽性很强，而离任回避的新规定使得这种权力寻租成为泡影。

**4. 在退出机制方面，引入引咎辞职、责令辞职等制度，强化领导成员的责任意识，体现了“执政为民”的根本宗旨**

根据实践的需要，《公务员法》第八十二条引入了引咎辞职与责令辞职制度，规定领导成员因工作严重失误、失职造成重大损失或者恶劣社会影响的，或者对重大事故负有领导责任的，应当引咎辞去领导职务。领导成员应当引咎辞职或者因其他原因不再适合担任现任领导职务，本人不提出辞职的，应当责令其辞去领导职务。引咎辞职是指领导干部由于直接或间接的责任，造成一定损失或社会不良影响，从而主动承担责任的一种自律或自先行为。温家宝总理指出：“有权必有责，用权受监督，侵权要赔偿。”身为领导干部，决不是为了做官，而要切实承担为党、为人民服务的责任；他们有责任为人民群众做事，也有责任承担发生特大事故的处罚。《公务员法》的实施，预示着今后官员问责制还将进一步加强，今后对官员工作失误处理和官员责任承担方面将进一步规范化、法制化、制度化。

对于少数公务员，平时不努力工作，大错不犯，小错不断，且占着位置却对工作敷衍了事者，按照《公务员法》规定，将予以辞退。这样有助于从法律制度上根治公务员的懒惰性，提高工作效能，使对公务员的监督与约束更加规范和系统。《公务员法》以法律的形式督促公务员树立责任意识，树立“执政为民”的服务宗旨，以全心全意为人民服务为己任，真正做到“权为民所用，利为民所谋”。

**5.《公务员法》对公务员的考核更为全面彻底**

《公务员法》第三十三条规定对公务员的考核，应按照管理权限，全面考核公务员的德、能、勤、绩、廉，重点考核工作实绩。“廉”是新加入的考核标准，是指廉洁自律的情况，主要看公务员是否严格遵守党和国家廉洁从政的有关规定；是否廉洁奉公，忠于职守，有无利用职权和职务上的影响谋取不正当利益的行为；是否严格遵守公共财务管理的规定，有无假公济私、化公为私行为；是否艰苦奋斗，勤俭节约，有无讲排场、比阔气、挥霍公款、铺张浪费的行为，等等。

“廉”的标准的提出，是针对我国对干部考核，特别是对领导干部考核的现实提出的。由于长期以来在考核干部时用“政绩”代替一切，结果就出现了一个“两搞现象”，即一边搞经济一边搞腐败。究其根源，乃是有的领导没有树立科学发展观，对“两手抓，两手都要硬”认识不到位，片面认为只要经济搞上去，就会一俊遮百丑，甚至认为腐败是经济快速发展的必要润滑剂。对所谓的“经济能人”“用其能、忍其贪”，这无异于饮鸩止渴。正是基于此，《公务员法》在原《国家公务员暂行条例》考核“德、能、勤、绩”的四个指标上增加了“廉”这个指标，表明了国家将监督与约束的理念渗透到了考核中。

从监督约束机制上看，《公务员法》还有所不足。例如，财产申报制度没有得到应有的体现。在我国香港特别行政区，《防止贿赂条例》为政府和其他公职人员设定了极其严格的行为准则：任何政府雇员如果拥有与收入不相称的财产而又无法给出合理解释，即属违法；任何政府雇员未得行政长官许可而接受礼物或一定数额的贷款，即使没有贪污动机的证据，也属违法；任何政府人员维持高于收入的生活水平，如果无法作出合理解释等，都将受到廉政公署的检控。这都有待于我们进一步通过法制建设予以完善。

### 四、完善中国公务员监控约束的基本思路：理念、制度、机制的三维突破

以2004年为标志，我国的反腐败斗争在战略上将出现“三个转变”，即由被动防御为主转向主动进攻为主；由权力反腐为主转向制度反腐为主；由事后监督为主转向事前监督为主。在反腐倡廉力度不断加大的今天，迫切需要我们在监控理念、监控制度、监控机制三方面进行积极有益的探索，集思广益，兴利除弊，建立一个以专业化为主，多头参与的监控新系统。因此，针对我国监控系统及其运行机制所面临的问题，借鉴国外的监控体系与监控手段的成功之处，全面实现对我国的公务员监控的创新已势所难免。

**1. 确立新的监控理念**

行政监督观念落后是中国完善公职人员监控与约束的最大的思想障碍。诸如信任就不需要监督、监督就是不信任；监控只防“小人”，不防“君子”；监控就应揭短，揭短才是监控，等等。不消除这些落后观念，就难以建立完善的公务员监控体系。

首先，要树立公开监督的理念。列宁曾经指出：“没有公开性而来谈民主是很可笑的，并且这种公开性还要不只限于对本组织的成员公开。”要监督首先应当知情，要知情就要求行政活动公开，因此，对公务员的监控一定要强调公开监督的理念，使监督者和被监督者都能养成健康的监督心理。

其次，要树立分权监控的理念。中国国家政治体制遵循“议行合一”的原则设置不同的国家机关，不搞所谓的“三权分立”以权力制衡权力的政体，但这并不意味着在“议行合一”的政体下不研究和实践行政部门之间和行政部门内设机构的权力分解和权力制衡问题，实行分权监督应当是最有效的监控原则。

再次，要树立利益监控的理念。应该说，中国行政监控机构比较健全，各种监督法律法规规章和细则也不谓不多，但是收效却不甚理想。一个重要的原因就是监控系统的设置没有明确地贯彻或遵循利益监督原则：一是对监控者本身没有规范其利益动力机制；二是对被监督者的利益敏感点缺乏有效的监督机制。监督与被监督的这种利益机制缺失状况，若不发生根本性变化，提高对公务员监控的效力就难以落在实处。

最后，要加强伦理道德建设，对公职人员实行“软性监督”。国家公职人员自身的政治道德素质是决定其腐败与否的决定性因素。其道德、信念、世界观、人生观、价值观一旦扭曲，行为就可能出现偏差。没有内在的自律因素，

光有监督的外在因素也是难以起到作用的。加强国家公职人员权力的有效制约与监督，首先必须加强公务员的自我约束，自警、自省、自律、自觉接受监督意识教育，即道德自律。加强公务员的道德修养，等于公务员为自己立法，这是防范公共机关及其工作人员腐败的内在因素。根据我国实际情况，当前加强公共部门及其工作人员道德建设应该从以下几个方面着手：

第一，加强国家公职人员的廉政教育。我们应经常对广大公职人员进行马克思列宁主义、毛泽东思想、邓小平理论的教育，树立正确的世界观、人生观和价值观，坚定正确的政治观念，明确自己的公仆身份和对人民的职责，从而形成全心全意为人民服务的公仆意识，并以这种意识为指导，支配自己从事的一切公务活动。

第二，匡邪扶正。在推进公职人员道德建设中，我们一方面要广泛动员群众揭露"恶行"，依法严惩腐败；另一方面又要大力提倡"善行"，从精神上和物质上奖励廉洁行为，使全社会树立起以腐败为耻，以廉洁为荣的价值观念。

第三，建立国家公职人员个人信誉制度。美国政府将建立公职人员个人信誉档案作为监督约束公职人员的工具，其方法就是将个人不诚实的行为载入个人信誉档案库中，档案资料通过全国联网，其信誉档案是录用、升迁的前提之一。我国也可以借鉴美国个人信誉制度来规范公职人员的道德建设。国家有必要制定相应法律，规定公职人员在职期间有腐败行为，不仅会被辞退、开除，而且将会影响到今后的就业、贷款、保险和经营，使其难以立足社会。

**2. 完善加固监控制度**

只有制度才能保障和维护监控，没有以制度为载体的监控是虚弱的监控。党的十六大以来，进一步确立了坚持标本兼治、综合治理、制度反腐的方针。十六届三中全会和中央纪委第三次全会明确提出要建立健全与社会主义市场经济体制相适应的教育、制度、监督并重的惩治和预防腐败体系，凸显出了制度在反腐败中的重要地位。

(1) 若仅仅从制度门类来看，和制度建设比较发达的西方国家相比，我们的反腐败制度并不逊色。但是，从制度的有效性和效率来看，我们还存在明显的差距，主要表现在：一些重要的制度因为缺少核心环节，或者缺乏其他制度的有力支撑，而没有发挥出其应有的作用。因此，要建立我国的惩治预防腐败的监控体系，关键是要从系统的角度来构建已有制度体系的核心环节，下力气做好薄弱环节的修补和加固工作，使这些制度全方位发挥作用。例如我国的审计制度在近两年能够发挥明显作用的主要原因还是人的因素；从审计制度本身而言，其核心环节还存在明显的欠缺。在制度性因素依然存在欠缺的情况下，近两年的审计报告能够做到公开发布就说明人的因素在其中发挥了相当重要的作用。在这些人的因素中，中央高层领导的反腐败决心，以及审计机关的主动作用是非常重要的。因此，致力于从制度上加固我国的审计制度核心环节仍然是十分紧迫的任务。要使审计机构能够更加独立地为人民负责，就应改革我国审计中的财政问责制这一核心环节，在审计机构的隶属关系方面，在其预算的来源上，亦都应该进行制度化层面的修补与加固，唯有坚实的制度基础的支撑，中国公务员监控系统才会有强壮的骨骼。

（2）进一步完善我国行政监察制度。在现实生活中，我国行政监察的职能还难以充分发挥，有待于进一步完善：

第一，应提高行政监察机关的法律地位，使其树立应有的权威性。借鉴中外历史经验，结合我国实际情况，如果将监察机关从目前行政系统中划出来单独设置，直接向各级人民代表大会负责，使监察机关同审判机关、检察机关的法律地位相一致，与各级行政机关的法律地位并列。这样一方面可以更充分地体现监察工作的权威性；另一方面，使监察机关具备独立的法律地位，对改变目前的监察机关的地位不高，检察权难以到位的被动局面，无疑具有积极的作用。

第二，改革现行的行政监察领导体制，增强监察机关的抗干扰性。目前，我国监察机关实行的是双重领导体制，这大大削弱了检察工作的有效性。我们认为，应当对检察机关的双重领导体制进行改革：一是将现行的监察机关领导体制改为垂直领导体制，从根本上提高检察机关的抗干扰性；二是检察机关的主要领导成员，应由同级人民代表大会选举并报上一级监察机关提请同级人民代表大会批准后任命；三是检察机关的各项开支费用应当单列，分别由同级人民代表大会审议后列入财政预算；四是制定相关法规，对非法干扰监察工作的单位和个人，要依法从严惩处。

第三，扩大监察机关的职权，扩大监察机关的处分权限。赋予监察机关对违法、违纪的公务员有警告、记过、记大过、降级、降职、撤职处分的职权；二是赋予监察机关一定的经济处罚权；三是监察机关应有责令申报权和没收权，对一些重大经济嫌疑分子，监察机关有权以财产来源不明予以没收，收归国库。

第四，建立监察官身份保障制度。立法部门有必要尽快制定和颁布监察官法，在监察官法中明确规定，监察人员非经法定条件和程序，不受免职和撤职，不被无故调离岗位，当监察人员履行职务时其身份受到非法侵害，有请求法律予以保护的权利。

（3）应建立与健全公职人员财产申报制度。公职人员财产申报制度，是根据国家的有关法律、法规，要求国家工作人员对其财产和收入情况进行如实申报的一种制度。它对约束和规范政府公职人员的行为，反腐倡廉，树立政府和公务员的良好形象起到了积极的作用。借鉴其他国家的成功经验，我国在1995年5月25日由中共中央办公厅、国务院办公厅联合发布了《关于政党机关县（处）级以上领导干部收入申报的规定》。但是，我国公共部门工作人员财产申报制度还不够周延，且难以落实。因此，要尽快建立确实完整的、切实有效的公务员财产申报制度，使申报主体、申报内容、申报时间、申报主管机关和申报资料公开等各个环节更加健全、合理。

**3. 健全规范监控约束机制**

首先，规范分权监控机制。“集体领导，分工负责”是我国政府机关及其工作部门的权力运行规则。但是这种运作方式有其不可避免的缺陷，其中的“分工负责”制度如不进行规范，就难以真正解决行政机关班子成员的相互监督问题，整个行政机关的监控机制在权力源头就可能存在缺陷。因此，完善监控约束机制应当以规范行政机关分权监督为重点，制定国家行政机关分工分权监督规则，按照行政决策权、审查权、执行权分开的原则，规定“分工负责”的操作办法以及调整分工的具体规则，特别对审查权和执行权应当规定由领导班子不同成员分管。应当规定对具有审查权的工作部门，一般不准直接管理下属单位的执行事项，更不准设立下属公司和其他经营单位。

其次，健全源头监控机制。比较完善的监控机制应当包括事前监督、事中监督和事后监督三个阶段。在近年来的反腐败实践中，我们发现这样两个基本现象：事前基本没有监督，事中基本缺乏监督。领导班子的内部监督流于形式，特别是对主要领导干部，同级党委不敢监督，同级纪委更不能监督。所以，我们常常可以看到，落马高官一旦案发，不是开除党籍，就是判刑，甚至被判处死刑。因为在犯罪之前，几乎没有什么可以监督他们。使行政监控失去了事前监督的预防功能，事中监督的补救功能。所以，完善公职人员监控机制必须从源头入手，特别是在财的源头、物的源头、人的源头进行预置监督，并在此基础上强化事中监督。

再次，建立维权监控机制。要形成公共部门和机关内部相互监督，其中最重要的手段之一就是应当完善各个利益主体的维权监督机制，即当各个利益主体在自身利益受到影响或可能受到影响的情况下，要有对造成侵害的当事主体进行维权监督的科学机制。

在政府行政机关内部建立维权监控机制，其主要途径有：（1）建立公共部门和内设机关的维权监督机制。（2）建立逐级行政单位的维权监督机制。（3）完善公务员申诉控告监督机制。除此之外，在公共部门系统外，要鼓励人民群众对公共部门进行广泛监督，真正把人民群众对公共部门及其公职人员的监督制度化、经常化。

☞**思考题：**

1. 试述监控与约束两者之间的关系。
2. 分述监控和约束各自的作用。
3. 试述中国对公共部门实施监控与约束的主体。
4. 分析中国公职人员监控系统的特点。
5. 试述公共部门组织系统内部监控与约束的主要内容。
6. 试述公共部门组织外部监控与约束的主要内容。
7. 试论西方国家监控运行机制及其特点。
8. 试论进一步完善中国公务员监控约束的基本思路。

☞**案　例：**

**马德卖官案说明了什么？**

马德被指控在1992年11月至2002年2月的10年间，利用担任黑龙江省牡丹江市副市长、绥化地区行署专员、绥化地区地委书记、绥化市市委书记的职务便利，在负责包扶企业、提拔使用干部等工作中，为他人谋取利益，多次单独或伙同其妻田雅芝非法收受、索取17人贿赂，合计人民币603万余元。

公诉机关指控，其中12起案件与买官卖官有关，该案被称为“新中国成立以来查处的最大卖官案”。案发后，赃款已全部追缴。

案件曾于今年3月22日在北京市第二中级人民法院开庭审理。马德对受贿事实和受贿金额的指控全部承认，没有提出异议。

北京市第二中级人民法院认为，马德身为国家工作人员，利用职务上的便利，为他人谋取利益，非法收受、索取他人钱款，其行为已构成受贿罪。公诉机关指控马德犯受贿罪的事实清楚，证据确实充分，指控罪名成立，故判决死刑，缓期两年执行。

案件审理中，马德的辩护人钱列阳律师提出，马德在被“双规”后，主动坦白了办案机关未掌握的受贿问题；法院在判决中对这一点予以了确认，认为马德确实交代了有关部门不掌握的大部分受贿行为，具有坦白情节，采纳辩护人意见。

钱列阳另外提出的辩护意见认为，案发后，马德检举揭发他人重大犯罪行为，应当被认为有重大立功表现，应该予以减轻处罚。

法院认为，马德向有关部门检举揭发他人犯罪行为，提供侦破其他案件的重要线索，经查证属实，具有立功表现，但其行为不符合重大立功的构成要件。据了解，马德在审查期间，检举揭发了原绥化市市长王慎义等人的受贿行为。

钱列阳律师提出的第三点辩护意见认为，全部赃款已被收缴，未给国家造成经济损失。法院提出异议，认为公诉机关指控马德利用职务之便为他人谋取利益，严重侵害了国家工作人员职务行为的廉洁性，并未认定马德的受贿行为给国家造成直接的经济损失，辩护人的意见不能采纳。

在充分考虑了辩护人的意见和马德的认罪态度后，法院做出判决，马德受贿数额特别巨大，犯罪情节特别严重，论罪应当判处死刑。

鉴于马德在被审查期间如实供述了有关部门尚未掌握的部分犯罪事实，具有坦白情节；检举他人涉嫌受贿犯罪，经查证属实，具有立功表现，因此对其判处死刑，可不立即执行。

### ☞案例分析：

从监控与约束的角度分析马德卖官案给我们的启示。

温家宝总理指出：“有权必有责，用权受监督，侵权要赔偿。”

马德卖官鬻爵案件暴露出来的问题，是权力的过分集中和现阶段我国组织人事选拔制度在约束与监控机制上的缺失。在我国的传统公共人事管理中，干部的选拔，特别是各级领导干部的遴选准入，主要采取下管一级的党管干部的任用方式，即党的上一级委员会遴选下一级党政领导干部，党的组织部门负责考察，最终由党的委员会负责任命。但在具体的制度运作中，往往党委中的主要负责人特别是第一把手，对干部选拔拥有生杀予夺的绝对权力，缺乏相应的约束手段，监督也往往流于形式。这样一来，就为我国公共人事管理的“潜规则”的生成提供了土壤。

如何改变这一现状？

第一，要破除将“约束与监控”和“发展经济”对立起来的观念，一些地方的领导干部，为了经济发展的需要，在选拔干部时把所谓发展经济的“业绩”视为唯一标准，甚至对某些“经济能人”采取了“用其能、忍其贪”的态度。既然领导“忍其贪”，那么震耳欲聋的赞扬声、贺喜声淹没举报声、警钟声也是必然的了。纪检监察部门即使接到举报，也不敢去查——谁查谁就要承担阻碍地方经济发展的“罪责”，调查的人会比被调查的人承受更重的政治压力。

第二，需要加大组织人事选拔制度的监督力度，进一步完善监控程序。

第三，领导干部的任用应该更为公开和透明，唯有公开，才能使监督真正落到实处。对主要领导干部的遴选准入制度设计应坚持“民意本位”从选拔完全转为选举。

第四，在行使推荐领导干部的制度上，除了为避免领导人个人专断，扩大人事决策者的人数和采取无记名投票的方式外，还应该采取“连坐制”，追究推荐有问题的领导干部的领导人个人的责任，要求其引咎辞职，从而形成相应的约束。

第五，对公共部门领导干部的评估指标进行多元化改革，诸如将民意、合法性、合规性作为领导干部任用的第一条件更为重要，这是公共部门具有的特殊性所决定的。

# 第十四章

# 公共部门人力资源管理的法制化

公共部门人才管理的法制化是指政府公共部门的人才管理要坚持依法管理，有法可依，有法必依。我国于2005年4月27日由第十届全国人民代表大会常务委员会第十五次会议通过并于2006年1月1日起施行《中华人民共和国公务员法》，这是我国第一部干部人事管理的法律，是干部人事管理科学化、法制化的里程碑，标志着我国干部人事管理进入了依法管理的新阶段，它结束了新中国建立以来一直没有干部人事管理工作综合性法律的历史，填补了我国法律体系的一个空白，标志着我国公务员管理历史上一个划时代阶段的到来，引领着我国的政府人才管理工作迈向法制化的轨道。

## 第一节 人事管理法制化的意义

党的十五大提出依法治国、建设社会主义法治国家的方略。在依法治国的要求下，作为高层次人才的国家公务员也是依法治理的一个重点。只有将人才管理工作纳入法治轨道，坚持人才管理工作有法可依、有法必依，才能形成其深厚的根基，不致成为无本之木。真正做到人才管理工作的规范化、科学化、法制化。

### 一、公共部门人事管理法制化的内涵

法制就是法律和制度，其前提就是有法可依，基本任务是依法办事。法制化是一个内涵丰富、外延广泛的动态范畴。因此公共部门人力资源管理法制化是指政府在人事管理中，要按照法律规定的人事管理权限，依法对公职人员进行管理，保护其合法权益，并约束其在法律和制度规定的范围内正确履行行政管理职责。公共部门人力资源管理法制化是法制化原则在人力资源管理中的贯彻。具体而言，人事法制包括人员考试、任用、培训、考绩、保障、褒奖、抚

恤、退休、养老等人事行政时所必须遵守之法规制度，故人事法制是对人力资源管理的全方位规范。我国公共部门的人力资源主要集中在国家机关和事业单位。公共部门人事管理法制化主要即针对这两部分。其构成要素或表现主要有以下几个方面：

**1. 建立规范公职人员管理的相关立法，不断完善法律法规体系**

公共部门人力资源管理法制化的基本前提是有法可依，建立公职人员管理的法律、法规体系是法制化的先行条件，因此公共部门人力资源管理要实现法制化首先就需要制定公职人员管理的法律、法规。不管是采用专门完整的国家公务员法以及配套单行条例或实施原则，还是其他有关人事管理的法律条文等形式，都从某种程度上确立了政府依法管理的原则。人事行政管理体制、管理者与被管理者的法律地位和权利及义务关系、管理的基本制度和基本秩序、人事权正当行使的范围和方式以及公务员的正当行为，都可以通过规范公职人员管理的相关立法和体系的完善得以明确和确立；同时公共部门人力资源管理法规制度的调整范围逐步适度，包含其应有的对象，从而使整个公共部门人力资源管理有法可依。

**2. 严格地依靠法律手段并符合法律要求进行人事行政管理活动**

要实现公共部门人力资源管理的法制化，没有良好的法律规定是不行的，但是如果只是有法律和制度，但没有在政府的人事管理中的充分体现和贯彻，法制化管理也只是纸上谈兵，毫无意义可言。依法管理不仅要确立法律、法规在人事行政管理过程中的权威性，并且要在法律规定的范围内行使，不得超越法律规定的范围。

**3. 依法追究公共部门人力资源管理中的违法行为**

这包括两层含义：一是公职人员在行政执法中必须严格按照规范，在法律范围内从事行政管理活动。一旦违反了规范或触犯了刑律，必须依法追究其行政或刑事责任；二是公职人员管理机关也必须依法进行人事管理活动。如果出现不当或违法的管理行为，造成公共部门人力资源合法权益损失的，仍然要依法追究责任。

**4. 对公共部门人力资源管理的权力予以必要的制约和监督，这也是法制化的必然要求**

为了防止政府人事行政管理权力的滥用和违法违纪行为，必须通过一定渠道，对人事行政管理权的行使进行监督，纠正行为偏差，保证管理行为按照法律规定进行。

上述四个方面缺一不可，互为条件，是公共部门人力资源管理实现法制化目标的共同保证。可见，由于公共部门人力资源管理涉及面广，它的法制化必定是一个较为系统的立体动态过程，应该包括立法、执法、监督等多个方面。其根本任务主要在于以下两个方面：一是为了使公共部门的人力资源得到合法、合理的使用，政府组织和人事主管部门必须依照法律规定规范地行使人事管理权；二是政府组织和人事主管部门要监督并约束公职人员依法行政，不能超越或违反法律规定的范围或界限。

## 二、人事管理法制化的基本原则

在我国公共部门人力资源管理法制化的过程中，我们应坚持以下几个方面的原则：

### 1. 党管人才原则

一方面，党的干部路线方针、政策是我们制定人事人才管理各项法律法规的根本依据；另一方面，党的干部路线方针、政策又应当通过人事人才法律法规的制定与实施得以具体化、条文化、规范化的贯彻，从而更好地在人事人才管理工作中去体现党管人才的原则。

### 2. 法律至上原则

1999 年宪法修正案首次明确了我国社会主义法制建设的法律至上原则。政府人事部门必须在法定的职权范围内进行抽象行政行为，制定的法律规范或政策性文件必须符合有关法律的立法精神和立法目的。由于政策是党和国家为指导某种管理工作而制定的内部行动准则，一般对社会公众还没有像法律那样的普遍约束力；而法律体现的是人民的意志，是政策的规范化、固定化和条文化，是对全体社会成员都具有强制性和普遍约束力的行为规范，因此一旦遇到政策与法律发生矛盾和冲突时政府人事部门首先应当维护法律的至上尊严，贯彻法律优先原则。

### 3. 公平公开竞争原则

这是社会主义市场经济体制对人事人才管理提出的基本要求，也是新时期人事人才法制化管理的题中应有之义。公平原则要求人事人才管理活动从立法、立规到执法、管理的全过程消除歧视、体现公平、给予“体制内”和“体制外”的各类人才和参与市场竞争的其他主体以平等的法律地位，尽早终结人事人才管理中的“双轨制”。公开原则要求政府部门充分尊重管理相对人和市场参与者的知情权，透明人事人才工作，做到法规规范公开、信息公开、执法过程和管理过程公开、结果公开。竞争原则要求政府人事部门扮演好人力资本市场竞争规则的制定者、竞争纠纷的裁决者、竞争环境的维护者。

#### 4. 依法行政原则

依法行政原则包含以下几方面内容：职权法定；依据法律；权责统一。职权法定指行政机关及其工作人员的行政权力都必须由法律予以创设和规定。行政机关必须在法律规定的职权范围内进行活动。凡没有法律授权的，行政机关就不得依行政权而为之；凡是没有法律授权的，行政机关不得为管理相对人设置义务。依据法律是指行政机关的行为必须依据法律，不论是制定规范性文件的抽象行政行为还是做出处理决定的具体行政行为，都必须有法律依据。权责统一是指行政机关的职权同时又是其职责，权利同时又是义务，法律授予行政机关的职权实际上又是赋予行政机关以义务和责任。它要求行政机关在行使职权时必须同时承担相应的责任和义务，包括保证法律得以全面贯彻的责任和因损害管理相对人的权益而承担赔偿的义务。

### 三、公共部门人事管理法制化的意义

由于历史的原因，我国公共部门的人事管理官僚主义盛行，长期实行的是以长官意志为核心的人治式管理模式。在这一模式下，长官由于不受监督和约束，实际掌握并按自己的意志行使着许多重要的管理权力，如决策权、物权、财权，最重要的是人事选择和任用权。与长官的亲疏关系、长官的偏爱和情感等都有成为用人标准的可能，这就使得人才选择的标准有很大的不确定性，极易造成任人唯亲、裙带关系，从而引起人事动荡等一系列问题的产生，扰乱政府正常的行政管理秩序，影响和阻碍了社会主义建设的进程。因此，在现代社会中，实现公共部门人事管理的法制化，对我国特别是公共部门来说具有重要的意义。

#### 1. 人事管理法制化是市场经济发展的必然要求

21 世纪头 20 年是我国改革发展的重要战略机遇期，今后几年，是全面建设小康社会的关键时期。市场经济从一定意义上讲就是法制经济。在市场经济条件下，市场竞争非常激烈。市场竞争涉及的内容很多，其中人才竞争是一个不可忽视的内容。我国对人事人才方面的立法做过一些工作，如 1993 年国务院出台的《国家公务员暂行条例》，1995 年中共中央印发了《党政领导干部选拔任用工作暂行条例》，以及由此派生出来若干规定、办法、实施细则等。这些条例、办法、规定、细则等极具规范性，起过并还将起着重要的作用。但从严格意义上看，五十多年来，我们国家的干部人事管理方面有很多政策文件，但是法律法规极少，特别是没有一部人事管理总章程性的法律。这些仅具有准法规的规范力度，还没有上升到法的高度，这导致在涉及干部人事人才方面的

是与非、合法与非法的问题上，当事人不是找法院，而是找机关找领导解决。如果缺乏干部人事管理法律，就不利于依法治国，不利于全面建设小康社会的发展进程。入世后，人事人才管理中的问题将更加突出。因此为了不使政府重蹈直接干预市场的覆辙，在人事人才管理工作方面，我们要加快立法进程，加大执法力度，完善配套法规体系。因此我们说，公共部门人事管理的法制化是发展和完善市场经济的客观需要。

**2. 人事管理法制化是深化干部人事制度改革的需要，有利于建设一支优秀人才密集、善于治国理政的高素质专业化的公务员队伍，有利于与国际接轨，适应国际人事管理法制化的大环境**

入世使我国各项工作必须适应国际大环境的发展，人事管理工作也不例外。公务员法的颁布实施，正是适应了这样的新形势、新任务的需要。它着眼于公务员制度的完善和创新，着眼于加强对公务员的管理监督和激励保障，着眼于促进勤政廉政和提高工作效能，着眼于建设一支优秀人才密集、善于治国理政的高素质专业化的公务员队伍。

党的十三大提出了在我国建立和推行公务员制度，党的十四大提出要加快我国人事劳动制度改革，尽快推行国家公务员制度。十多年来我国人事制度改革取得了显著的成绩：逢进必考的机制进一步建立；交流回避制度初见成效；队伍的出口初步畅通；干部队伍培训工作经常化、制度化；奖惩制度发挥有效作用；干部队伍分类管理的格局基本形成；干部考核机制运行良好。通过公务员法的颁布实施，将把我国公务员队伍的建设和管理提高到一个新水平，从而有力地促进我国公务员队伍的能力和素质建设，进一步推动我国社会主义市场经济、民主政治、先进文化建设与和谐社会建设。《公务员法》的颁布实施是在邓小平理论和“三个代表”重要思想的指引下，深化干部人事制度改革的一项重大举措，是积极稳妥地推进我国政治体制改革和社会主义精神文明建设的重要步骤，是积极适应国际大环境中人事管理法制化的需要。




**3. 人事管理法制化有利于发扬社会主义民主政治、建设社会主义政治文明**

《公务员法》是新中国成立50多年来我国干部人事管理的综合性法律，是我国公务员管理工作走向科学化、规范化、法制化的重要里程碑。公务员法颁布施行，对于规范公务员的管理、保障公务员的合法权益、加强对公务员的监督、建设高素质的公务员队伍，对于促进勤政廉政建设、提高工作效能、贯彻依法治国方略、发扬社会主义民主政治、建设社会主义政治文明都具有重要而深远的意义。

**4. 人事管理法制化有利于规范政府部门人才管理工作，防止干部人事工作中的主观随意性，为进一步吸引和凝聚高素质人才、防止和克服用人上的不正之风提供了重要的法律武器**

长期以来，我国人才资源管理主要以内部规章、文件为调整依据，在人才培养、使用、评价、奖惩、待遇、纠纷处理等各个环节，缺乏稳定、系统的法制保障，导致人才市场信用关系不健全，人才市场主体特别是人才个人权益得不到有效的保护。人事管理的法制化，能够增强政府吸纳优秀人才的能力，促进政府人才的新陈代谢。人事管理的法制化，明确了人才进入政府工作的途径，以及明确规定了人才在政府中的职业发展前景，这改变了以往用人的暗箱操作和人情作风，使得政府在吸纳人才的时候能够引进真正有素质、有能力的人才。同时，人事管理的法制化为淘汰不适合政府工作的人员提供了法定的做法，从而使不胜任的人员能够及时被替代，从而提高政府人才的整体水平。制定公务员法是及时总结十几年推行公务员制度的经验，进一步完善公务员制度的需要，尤其机关人事管理科学化、民主化和法制化，对于提高公务员的素质，维护他们的权益，调动他们的积极性，促进行政能力建设，发挥了重要作用。

## 第二节　中国公共部门人事管理法制化分析

公共部门人事管理的法制化始于19世纪中叶。英国和美国先后于1855年和1883年率先建立了具有两官分途、职务常任、政治中立和考试任用等特征的公务员制度。此后，世界各发达国家和多数发展中国家都将公务员制度法制化，从而将公共部门人事管理纳入了法制化的轨道。

### 一、改革开放后中国公共部门人事管理法制化的发展

1949年新中国建立以后，采用的是民主革命时期建立的集中统一的干部管理制度，一直到“文化大革命”时才得以废止。“文化大革命”结束以后，我国公共部门人力资源管理的法制化建设主要经历了三个阶段：

一是恢复和新发展阶段（1976年10月至1987年10月）。这一时期，恢复了已废止的人事法律法规、人事管理原则和人事立法机构；同时还确定了人事管理工作的新方针、规章及制度。

二是全面改革阶段（1987年10月党的十三大召开至1993年8月）。人事部向国务院提出了一个关于我国人事行政法规建设的设想方案，其中包括几十

项法规建设计划；同时，人事部制定了一批过渡性的人事行政法规，如关于国家行政机关工作人员的考试、录用、培训等，关于干部的聘用制度和辞职制度等。

三是创新阶段（1993 年 8 月至今）。1993 年 8 月，我国颁布了第一个以公共部门人事管理为主的行政法规——《国家公务员暂行条例》，标志着我国人事管理制度创新阶段的到来。从那时起，我国公共部门人力资源管理法规体系开始逐步建立，其中国家公务员管理法规体系、机构编制管理法规体系、国有企事业单位人事管理法规体系、知识分子管理法规体系和人才流动法规体系相继出台，2005 年通过的《中华人民共和国公务员法》则奠定了中国公共部门法制创新的基础。

二十多年来我国公共部门人力资源管理的法制化建设取得的主要成就体现在以下几个方面：

**1. 确定依法管理的指导思想**

从党的第十三大明确提出“实现干部人事的依法管理”以后，加强人事管理的法制化建设和实现人事工作的依法管理，就成为我国干部人事工作的一个重要内容和组成部分。从我国目前的情况来看，许多方面的改革都是围绕这一工作展开的，如国家公务员制度，就是以立法为起点，以立法为主线，随着国家公务员法规的出台而逐步建立起来的，我国人事部还在 1993 年提出了建立健全人事法规体系的指导思想，并决定开展“人事法规年”活动，有效地促进了人事管理立法工作的展开，加快了人事管理工作的步伐。特别值得一提的是第十届全国人大常委会第十五次会议审议通过的《中华人民共和国公务员法》，这对于进一步规范公务员的管理，保障公务员的合法权益，加强对公务员的监督，建设治国理政的高素质的干部队伍，促进勤政廉政，都具有重要而深远的意义。它是我国公务员管理工作走向科学化、规范化、法制化的重要里程碑。公务员法以《国家公务员暂行条例》为基础，凡是暂行条例中的内容经过实践证明是可行的，都保留了下来，从而保持了公务员制度的连续性和稳定性。同时，又坚持与时俱进，有所创新，这具体表现在公务员队伍的领导与管理、公务员范围的界定、公务员的来源以及公务员的监督约束和激励保障等方面，体现了中国的特色。《公务员法》的颁布，为公务员录用、考核、职务任免、职务升降、奖励、培训、交流与回避、工资福利保险、辞职辞退、退休、申诉控告等一系列公务员单项法规的制定提供了依据，为建立适应我国社会主义市场经济体制要求的公务员法律体系奠定了基础，必将把人事管理法制建设推进到一个新阶段。

**2. 注重了人事管理立法的预测和规划工作**

1989年4月，人事部制定了《人事部近期立法规则》，1991年4月制定了《人事部立法体系设想及“八五”期间立法项目》，确定了国家公务员管理法规、机构编制法规、企事业人事管理法规、专业技术人员管理法规及其他人事管理法规等5个部分构成的人事管理法规目标体系，共70多个中期立法规划项目，为我国公共部门人才工作进行了科学的预测和作了政策法规方面的储备。

**3. 制定和颁布了一大批人事管理法规**

二十多年来，国务院的人事部共制定了有关人事管理方面的法规、规章计880多件，无论是从数量上还是从内容上都是十多年前所无法比拟的。《公务员法》是我国第一部属于干部人事管理总章程性质的重要法律。它的出台，标志着我国公务员制度建设进入了新的阶段。这不仅完善了我国的人事管理制度，而且体现了我国公务员法律制度走向了成熟。其内容基本上涉及了我国人事管理的各个主要方面和环节，初步形成了一个比较完善的人事管理的法律法规体系框架，为我国人事工作有法可依创造了良好的条件。

## 二、中国公共部门人事管理法制化的要求

规范人才管理，把公共部门的人才管理纳入法制化轨道，首先是要实现公务员管理的法制化，其次是要实现事业单位人才管理的法制化。

**1. 实现公务员管理的法制化，构建国家公务员法律法规体系，使国家对公务员的管理真正做到有法可依**

各级政府部门对国家公务员法律法规的实施，真正做到有法必依，执法必严，违法必纠。加强机构编制管理，严格执行机构编制工作集中统一领导和审批管理制度，控制机构编制增长；探索机构编制管理与财政预算管理相互配套协调的约束机制；完善机构设置和编制管理办法，推进机构编制管理规范化、法制化，防止机构编制的再度膨胀，巩固机构改革成果。人才管理中也要把“公务精神”的培育贯穿公务员队伍建设的始终。党的十六届四中全会强调，要弘扬以爱国主义为核心的民族精神和以改革创新为核心的时代精神。按照党中央的要求和我国公务员制度的具体实践，具有时代特征、中国特色的公务员精神可概括为：热爱祖国、忠于人民，恪尽职守、廉洁奉公，求真务实、开拓创新，顾全大局、团结协作。把培育和弘扬公务员精神作为一项重要任务，贯穿到实施公务员法的全过程，贯穿到健全和完善公务员制度的全过程，贯穿到加强公务员队伍建设的全过程，需要全体公务员始终保持昂扬向上的精神状

态，自觉创造一流的工作业绩。人才管理的法制化要把能力建设贯穿公务员队伍建设的始终。能力建设是当今世界各国公务员队伍建设的潮流，也是我国公务员队伍建设的重点。认真落实党的十六大和十六届四中全会关于加强党的执政能力建设的部署，按照公务员法提出加强公务员队伍能力和素质建设的要求，不断提高广大公务员特别是担任领导职务的公务员治国理政的本领，不断提高公务员队伍的整体素质，需要全体公务员不断提高五种本领：一是不断提高促进发展、推动改革、维护稳定的本领。二是不断提高公共行政、公共管理、公共服务的本领。三是不断提高组织群众、宣传群众、服务群众的本领。四是不断提高依法执政、依法行政、依法办事的本领。五是不断提高善于学习、善于调查研究、善于自主创新的本领。

2. 事业单位工作人员的合同化管理

事业单位是我国各类人才的聚集地，要开发人才资源，搞活事业单位，发展社会事业就必须依法加强事业单位登记管理。按照国务院《事业单位登记管理暂行条例》的要求，积极做好事业单位登记年检工作，确保事业单位合法正常运行。搞活事业单位的核心是尊重知识、尊重人才、尊重劳动、尊重创造，要做到“四个尊重”不能靠单位和领导的“恩赐”，只能靠法制，对事业单位工作人员依法管理的有效形式就是推行人员聘用制度。首先要通过立法立规来确立聘用关系双方平等主体地位，这是人员聘用制度的核心。其次要通过立法立规来制定平等主体之间的聘用规则，用以规范买卖双方在人力资本市场中的博弈行为。应当在认真贯彻国务院办公厅转发国家人事部《关于在事业单位试行人员聘用制度的若干意见》的基础上抓紧对人员聘用制度的修改和完善，争取尽早出台事业单位人员聘用制条例，确立事业单位新型的用人关系。再次要加快事业单位社会保障制度的改革与完善。做好机关事业单位工资福利与退休管理工作。完善工资基金管理系统，提高管理工作效率；认真贯彻执行国家关于改革完善机关事业单位工作人员工资制度的有关政策。最后要建立权益保障制度。要通过立法确立事业单位与聘用人员之间的聘用关系，要进一步建立和完善事业单位争议调解与仲裁制度，切实保障聘用合同双方当事人的合法权益。

## 三、中国公共部门人事管理法制化过程中所存在的问题

改革开放以来，我国公共部门人事管理的法制化建设取得了巨大的进展。但是这方面的法制建设还只是初步的，离我国法制化建设的目标还存在着差距，主要表现在立法、执法、与法制监督几个方面。

### （一）中国公共部门人事管理在立法方面存在的问题

#### 1. 立法的相对滞后和不完善

我国公共部门人力资源管理应包括党政部门人力资源管理，即公务员的管理和事业单位人力资源管理两大部分。综观我国当前人事管理法制化建设的立法现状，公务员管理层面的形势稍微乐观一些，已颁布了《国家公务员暂行条例》和《国家公务员法》，还有配套的部门规章以及相适应的规范性文件。但是从事业单位人事管理层面看，除了部分省市出台了地方政府规章规范事业单位人事管理之外，左右事业单位人事管理的是大量基层政府部门和各级各类事业单位自己制定的规范性文件或土政策，目前尚无一部行政法规可供依据。国务院办公厅转发国家人事部《关于在事业单位试行人员聘用制度的若干意见》可算是近年来事业单位人事管理最高级别的文件，也只是一部部门规章性质的文件。至于涉及整体性的人才流动、安全、权益的维护以及高层次人才的引进则更是缺少法律规范的框架约束，存在着一定的立法空白，使得这部分人事管理内容无法可依，无政策可依。

#### 2. 规范性文件缺乏总体协调

虽然我国在人事管理工作方面颁布了大量的法律法规，但是由于缺乏整体的设计和思考，法规、规范性文件往往都是单项性的，并且一部分的文件在制定时带有浓厚的地方利益和部门利益色彩；同时由于制定主体的多而杂，主观随意性大，导致上下级文件之间、前后文件之间交叉重复、边界不清，难以协调和配套。

#### 3. 立法程序不规范，忽视管理相对人的合法权益

我国虽然已颁布了大量的人事管理法规，但是有些法规的时效性、合法性、合规性和冲突性，并没有经过严格的法律程序进行审查和监督，往往出现许多相互冲突或者是不配套的文件在同时发挥着作用。从已有的政府人事管理规范性文件看，具体保护人才合法权益和管理方承担侵权责任的实体规范甚少，留给管理方自由裁量的空间又较大，使得其合法权益极易受到侵害而难以寻求保护。

### （二）中国公共部门人事管理在执法与法制监督方面存在的问题

#### 1. 有法不依，地方和单位的土政策盛行

国家颁布的有关人事管理的法规、规章是从全面的角度来规范某一方面的人事管理内容的，但是地方组织和政府部门在执行的过程中，往往会结合本地区、本单位的需要和利益而制定出一套灵活方便、可操作的人事管理原则，使其得不到系统的贯彻执行。

### 2. 政策与法律错位

在公共部门人力资源管理法制化的过程中，我们一再强调法律至上的原则，即法律高于政策。但是在当前具体的人才管理实践中政策与法律“错位”现象时有发生，由于我国存在着立法空白，许多人力资源管理内容无法可依，“有法律依法律，没有法律从政策”的原则进一步强化了政策的重要性，并在实践中逐步异化演变为“政策优先”，只依靠政策而不研究法律，政策已逐渐演变成阻碍法制建设与发展的一道屏障。更有甚者，当政策与法律、法规、规章相冲突和抵触时，则随意修改上级文件，这就从根本上误解了进行法制化建设的目的，与之相差甚远。

### 3. 监督机制不完善与缺乏

要实现公共部门人力资源管理的法制化，仅有良好的法律规定是不行的，还必须使其能在政府的人事管理中得到充分地体现和有效贯彻，因此我们必须加强对行政执法的监督。监督纠错是保障公共部门人力资源管理依法进行的不可或缺的关键一环。但是从我国目前的人事管理状况来看，存在着以下问题：一方面上级的政策文件下发和执行了，但并不存在监督执行情况；另一方面即使在执行过程中出现违法违规的现象，但不见监督主体的出现，更令人气愤的是有关职能部门不但不纠错，反而为虎作伥，破坏了法制体系，损害了人们的合法利益。

### 4. 以言代法

在实际的人力资源管理过程中，由于领导人的个人魅力，往往出现以权代法的现象，即不依据已有的管理规范而是凭借领导人的权力进行管理。这主要表现在：基层机关或单位在遇到问题时，习惯于去请示上级领导人；对上级管理机关对基层或下级机关的请示不是以书面而是以口头的形式进行答复；职能部门也只是以领导人的指示命令去规范工作等。



## 第三节　完善公共部门人事管理法制化的途径

提高中国人才资源开发和政府管理的法制化水平是维护人民权益，保持经济社会稳定、协调、持续发展的基本要求，也是推动人才资源开发工作深化发展的需要。实现人才资源开发的法制化，一要完善立法程序，二要建立完备的法制体系，三要公正司法和执法，四是要增强公职人员的法制意识。

## 一、加强人事立法工作，健全公共部门管理的法规体系

切实加强立法工作，提高立法质量，才能为公共部门人事管理法制化奠定坚实的基础。立法工作是进行法制化建设的起点，没有法律法规的存在，奢谈法制化是无源之水，无本之木，所以，我们必须重视立法。针对我国公共部门人力管理法制化建设立法中存在的问题，我们应该从以下几个方面入手：

**1. 必须以邓小平同志的民主法制思想为指导，以国家的法律、法规和党的政策为依据，以最大多数人民的利益为根本原则，着眼于改革、发展、稳定的大局，从当地实际出发进行立法，并注意同有关法律、法规的衔接和配套**

**2. 不断地调整和完善人事管理法规体系**

一方面中央和地方都应做好法规、规章、政策等规范性文件的清理工作，及时加以修改和废止，以确保法律法规体系的一致性、完整性；另一方面中央应当着重完善《公务员法》等有关人事管理方面的法律法规，尽快将公务员管理和事业单位人事管理通过立法上升为国家法律，同时明确省和较大城市可以在法律框架之下制定规章或规范性文件；作为地方，应当在现有法律规定的基础上，制定适合本地区实际情况和发展的地方性法规和政府规章，逐步建立门类齐全、科学合理、相互配套的并且与社会主义市场经济相适应的人事管理法律法规体系，确保人事管理的各个环节有法可依。

**3. 严格立法程序，完善审核制度**

程序立法是人事管理法制化的根本问题之一，也是人事管理法治化的薄弱点。首先要对程序立法进行总体规划，包括程序法的基本原则、体例模式、适用范围、基本制度，以及违反程序法的法律责任机制等。基本原则中首先是合法性原则和合理性原则。此外还包括公正原则、效率原则和参与原则。公正原则不仅要求实际上已实现的公正，而且要求使管理相对人对管理行为有一种公正的确信感。它要求人事行政机关在行使其管理行为时要不偏不倚地对待管理相对人，排除各种偏见，公正地做出处理决定。效率原则指人事管理程序中的各种方式、步骤、时限、顺序的设置都必须有助于确保基本的行政效率。这一原则契合了宪法中有关国家机关要不断提高工作质量和工作效率的规定。参与原则是现代行政程序法普遍认同的一项原则，它要求受行政管理权力运行结果影响的人有权参与行政权力的运作，并对行政决定的形成发挥有效作用。参与原则为管理相对人提供了民主、平等参与的机会，可以提高人事管理机关所作处理决定的科学性和可接受性。这实际上间接地保护了行政相对人的合法权益，有利于促进行政机关提高其管理行为的社会效益和经济效益，有利于推进

依法行政。其次，各级人事部门所制定的法律法规和其他规范性文件，对政策法规的立项、起草、论证、上报、下发、备案及汇编等环节必须进行严格的规范，特别是各地方所起草的人事政策、法规等规范性文件，必须经省人事厅法制部门审核后，提交当地人民政府或人大；出台后及时送省人事厅法制部门备案。最后，在当前的社会背景下，人事管理程序立法既要注重对管理相对人和公民的权利保护，又要注重对行政效率和行政效能的维护。

**4. 理顺关系，加快实体法建设**

从人事人才管理的实体法看，当前应主要抓好三方面的工作。首先要提高人事人才工作的立法层次。要尽快将公务员管理、事业单位人事管理、人才管理（包括人才流动、人才市场、人才调控、人才安全等）、人事争议仲裁等通过立法上升为国家法律，同时明确省和较大城市可以在法律框架之下制定规章或规范性文件，并以此与国家法律共同构建人事管理法律体系。市及以下各级政府及各单位只能认真执行贯彻省以上的法律、法规、规范性文件，且不得在法律、法规、规范性文件的框架外自行定规立制，彻底铲除土政策滋生的“土壤”。其次是对现行各种地方和部门的政策进行全面清理，坚决废除那些与宪法法律法规和规章以及国家大政方针相抵触的“内部规定”、“部门规定”和“土政策”。对已有各类法规、规范性文件作进一步清理。清理的程序应当是把经过审查、符合市场经济改革要求、仍然合法有效的文件重新予以公布施行，未予公布施行的一律宣布失效。最后是省级人事部门要在法律法规的框架下研究制定好具体执行的政策规范，切实指导和组织好全省人事人才法律法规的贯彻执行；省市两级人事部门要充当人事人才法律法规执行情况、反馈修改的“管道”，使不合时宜的法律法规能够得到及时修改，确保法律法规能够符合国情和基层的实情。

## 二、加强依法行政，严格行政执法

加强依法行政，严格行政执法是公共部门人力资源管理法制化的核心。针对我国目前的情况，我们必须从以下几个方面来加以完善：

**1. 加强执法理念的指导作用**

公共部门人力资源管理工作必须要坚持法律至上的原则，用“大法管小法”、“上位法管下位法”、“新法管旧法”的法治理念来指导政府的依法行政工作。公共部门人力资源管理必须依循法律、行政法规、规章、地方法规、部门或地方规章来进行。

2. 坚决抛弃以言代法、以权代法的错误做法

依法行政意味着政府的全部行为有法律依据和法律授权。政府行政执法（包括制定和实施地方政策）必须符合宪法和法律的规定，政府人事部门对于人事所施行的管理必须依法进行、于法有据，即使法律没有规定的也应依循公开、公正、公平、合理、民主、秩序等法治原则行事。人事管理工作的依据是法律法规，而不是领导者个人的讲话和口头答复。职能部门对已由法律法规明确规定的问题，就必须不折不扣地遵照执行，对于基层和单位法律法规没有规范到的问题所作的请示必须经过一定的程序研究后以书面形式答复，严格按照公开、公平、合理、民主、秩序等法制的原则进行，并使这些答复成为相关法规的补充条款而构成法规体系的一部分，绝不可以领导者个人的讲话或者是指示命令为依据行事。

3. 鼓励法规范围内的创新活动

由于我国公共部门人力资源管理工作方面存在着立法空白，对于法律法规尚未规范的领域应当鼓励制度和地方立法的探索创新；而对于法律法规已经明确规范了的领域应当鼓励方法和形式上的创新。但是我们必须坚持的是创新活动应当在法律法规的框架之内进行，坚决反对那些把法律法规扔在一边另搞一套或违反法律法规规定的所谓“创新”活动。

## 三、建立、完善各项机制和制度，强化人事执法监督

要建立健全依法行政的制约监督机制，必须着力于以下诸方面：

1. 及时建立和完善人事行政执法责任制

要把各种人事法律法规的执行逐项分解并落实到具体的执法岗位和执法人员，明确其执法权限、执法程序和执法责任，做到职责明确、程序规范、各司其职，通过执法公示制度，主动接受社会和群众的监督。特别要把群众的评议意见作为考核执法人员的重要依据。

2. 建立健全依法行政的制约监督机制，把党的监督、权力机关的监督、行政系统的自我监督、社会舆论与群众监督几个方面有机地结合起来

党对公共部门人事执法监督主要表现在以下两个方面：一是政治监督，主要是通过“党管人事”这一途径来实现的；另一方面是通过党组织来进行的，其内容主要是监督人事行政部门贯彻执行《党政干部选拔任用条例》和国家《公务员法》的情况以及党的人事方针、政策在人力资源管理中的落实情况。权力机关的监督主要是各级权力机关审查和监督同级政府及其组成部门所制定的规范性文件是否符合国家法律法规的规定，特别是对于非法源性行政规范性

文件的合法性、合理性的审查，以防止违法行政和行政权力的滥用。行政系统的自我监督，一方面人事部门内设的职能处室和法制部门要在各自的职权范围内对职能所涉及的各类文件进行审查和监督，必要时要进行纠正；另一方面要在人事部门内建立人事执法检查机构，由专门检查人员负责所辖行政区域内人事法律法规执行情况的综合检查、监督与纠错；其次是建立行政责任和行政损害赔偿制度，对于那些玩忽职守、消极懈怠、不负责任的公务员要严厉追究有关当事人的行政责任，如果因该行为而导致相对人、公民造成伤害和利益受到损害的，还应承担行政赔偿责任。社会舆论与群众监督就是所有涉及人事管理的法律法规政策、规范性文件、解释（除按照国家规定不能公开的以外），均应向社会公众与舆论公开，尽量避免暗箱操作。要通过信息公开，让舆论和社会力量关注有关法律法规和政策，人民群众更好地理解法规和政策，提高人民群众的参与度，以便更好地监督政府依法管理人事工作。

**3. 建立健全各种制度**

这包括以下几个方面：一是建立人才信用制度。要以国家的有关法律法规为依据，由政府人事部门统一组织和规划，加强对人才信用的监管，严厉查处假学历、假职称、假档案、假荣誉称号等欺骗行为。倡导建立诚信的行为规范，树立诚实守信的职业道德，构建社会信用体系框架，惩罚失信行为，净化社会环境。二是完善公务员申诉、控告制度和人事争议仲裁制度。依据事实和法律，及时查处行政机关内部侵害公务员合法权益的违法违纪行为并对其进行纠正；结合当地实际，本着公平、公开、合理、民主和程序的原则贯彻执行《人事争议处理暂行规定》，及时地处理人事争议案件。三是建立人事行政复议制度。人事行政复议是人事行政系统内部自我纠正错误的一种重要制度。各级人事行政部门要指定专门人员负责，积极地受理由公民、法人和其他组织依法提出的行政复议申请，严格依照行政复议法开展人事行政复议工作。坚决撤销或纠正违法的或不当的具体行政行为，该追究法律责任的，要依法追究其法律责任。四是实行人事执法检查和报告制度。对落实人事政策法规的情况实行年检制度，并且要进行不定期的抽查，每次检查都要有记录和书面报告，并在一定范围内和期限内对有关情况进行通报。

## 四、深入开展普法教育，提高公职人员的法律意识

建立普法教育培训制度，全面落实《2001～2005 年全国人事干部教育培训规划和全国人事系统法制宣传教育第四个五年规划》，重点抓好法律知识的培训，开展“学法用法活动”。根据全国人事工作会议精神，应当采取灵活多

样的形式进行法律宣传教育活动，五年内各级人事部门工作人员轮训一遍，平均每年培训20%左右，把人事普法培训考试考核结果作为对公务员考核、任职、定级、晋升的重要依据。这样，通过法制宣传教育的经常化和制度化，使人事管理人员提高法律素质和法律意识，实现由注重依靠行政手段管理向注重运用法律手段转变，提高依法行政水平，从而实现我国公共部门人力资源管理的法制化。

公共部门人事管理的法制化建设是一个复杂的系统过程，任重而道远。但是我们坚信，只要各方面齐心协力，真抓实干，公共部门人事管理法制化建设的进程会进一步加快，最终公共部门人事管理的各个环节都会实现有法可依、有法必依、执法必严、违法必纠，法制化建设一定会取得喜人的成绩。

## ☞思考题：

1. 试述公共部门人力资源管理法制化的内容。
2. 试述公共部门人力资源管理法制化的基本原则。
3. 公共部门人力资源管理法制化的意义何在？
4. 为什么中国公共部门人力资源管理需要法制化？
5. 当前中国公共部门人力资源管理法制化进程面临的主要问题有哪些方面？
6. 试论完善公共部门人事管理法制化的途径。

## ☞案　例：

### 法治的宣言：波茨坦郊外的老磨坊

风光如画的波茨坦小镇，位于柏林市西南27公里处。全城最值得去一看的名胜，当数隐蔽在一片密林里的那座“无忧宫”——桑苏西宫。

1866年10月13日，普鲁士大公国（德国的前身）的国王威廉一世，在大队御林军的前呼后拥之下，兴高采烈地来到了这座行宫里。

说起来，威廉一世，在世界史上也还算是一个声名显赫的角色。他在德国历史上的地位，可以与中国的秦始皇、俄国的彼得大帝约略相比。他一上台，就马上对左右邻国发动了三场闪电式的侵略战，连战皆捷，开疆万里。当日，他正是刚打赢了对奥地利的“七周战争”，刚刚把500万人口和64万平方公里土地划入了普鲁士的版图，从维也纳大吹大擂地凯旋。可以想象，当时的威廉一世是多么的春风得意、踌躇满志。

想当日，阳光灿烂的日子，得意洋洋的威廉一世登上了这座行宫的顶楼。在他的身后簇拥着一大群卑躬屈膝的大臣和一大群花枝招展的贵妇小姐。放眼望去，这座行宫的建筑式样，连同宫内的喷泉、林荫大道、草地、雕塑，都是由他的先祖腓特烈大帝在一百多年前，完全仿照法国的凡尔赛宫翻版建造的。正眺望着眼前美丽的风景，忽然，一座又残又旧的大风车磨坊，映入了他的眼帘，挡住了他眺望全城的视线。这给威廉一世兴致勃勃的好心情里，投下了一道不可容忍的阴影。

“拆掉它!”威廉一世发出了一道阴沉的命令。

“是，陛下!”一个大臣赶快飞跑而去。不过很快就飞跑回来：“报告陛下，拆不得，那是一家私人的磨坊……”

威廉一世恼怒了：“花钱买下来，再拆！快去办!”

“是！是!”大臣再次飞奔而去。然而，过一阵，又再次飞奔回来，气喘吁吁地报告说：“陛下，陛下……磨坊……还是不能拆……”

“为什么?”威廉一世惊讶地问道。而答案却很简单：“磨坊主……死活……不肯卖。”

“多给他钱！他要多少就给多少!”国王开始不耐烦了。

“不行啊，陛下，那个倔老头儿说了，磨坊是他爷爷的爷爷留传下来的，一家人世世代代靠它糊口为生，它的价值无法计算，给多少钱也不肯卖!”

“混账!”威廉一世暴怒了。我南征北战，攻城掠地，取人皇冠、领土如折路边野花，这小小一个倔老头儿，居然敢与我讨价还价？威廉一世咆哮着：“马上派兵去给我拆掉磨坊！谁敢抗拒，就地正法!”

一大队御林军应声蜂拥而去，铁蹄踏处，老磨坊顷刻被夷为一片平地。

事态发展至此，这样的一桩小事，这样的一个结局，在我们许多中国人的眼中，是完全正常的一件事。磨坊主老头敬酒不吃吃罚酒，有“权利”可以出卖而偏不肯卖，那纯粹是他个人不识抬举，最后落了个鸡飞蛋打，除了怨自己，还能怨谁？但德国人，就不是这样想的了。

“国王竟然如此胡作非为，这个国家到底还有没有天理?”那个又穷又倔的磨坊主老头，一边蹲在旧磨坊的废墟上，老泪纵横，一边向过往的人们大声控诉。很快，废墟旁便引来了一大群民众，个个都义愤填膺地议论纷纷——

“这样蛮不讲理，完全是违反宪法的!”

“可他是国王呀!”

"国王就可以随便侵犯老百姓的权利吗?"

"国王就可以不遵守宪法，那国家的法律还有什么用?"

"告他去!""对！告国王!""控告国王!"

金光灿烂的无忧官外，秋风黄叶，顷刻间化作了一场昏天黑地的风暴。

现在，追寻着当年成千上万波茨坦市民游行队伍的脚步，我们来到了德国的首都柏林最高法院的门外。在波茨坦市民高呼"告国王"的口号支持下，磨坊主老头就在这里，郑重地向普鲁士最高法院呈递了一份古往今来破天荒第一次的"民告国王"的起诉书——被告人：国王威廉一世；事由：利用职权擅拆民房；要求：赔偿一切损失！保障国民"私有财产神圣不可侵犯"的财产权利！

起诉书一出，整个普鲁士震动了，整个德意志也都惊动了。小市民告大国王？整个欧洲，都在注视着这宗世界法律史上第一宗、也是空前的一宗"王事案件"的审判。

开庭审判的那天，据说，柏林最高法院的旁听席上挤满了来自全国各地的人，但被告席上却空着，骄横的国王拒不出庭，也没有派律师代表前来应诉。可这并不妨碍审判的照样进行。

当原告磨坊主老头向法官详细叙述了事情的经过后，旁听席上爆发了雷鸣般的怒吼声："赔偿！赔偿！赔偿!"

对这宗案情极其简单、事实一目了然的民事小案子，最高法院的三位大法官面面相觑，一时竟不知如何是好。

但正义女神的雕像，就矗立在法院的门外，雕像背后的那句格言，还铭刻在三位法官的心头："为了正义，哪怕它天崩地裂!"三位法官最后终于统一了意见——"法官只有一个上司，那就是法律！法官只忠于一个上司，那就是法律!"他们毅然地一致裁定：被告人因擅用王权，侵犯原告人由宪法规定的财产权利，触犯了《帝国宪法》第七十九条第六款。现判决如下："责成被告人威廉一世，在原址立即重建一座同样大小的磨坊，并赔偿原告人误工费、各项损失费、诉讼费等等费用 150 大元。"

铿锵有力，大快人心！欢呼而出的人群几乎挤破了法院的大门。

骄蛮的威廉一世接到这份判决书时，一双手竟不由地颤抖。此时此刻，他才醒悟到：如果他藐视法律，人民就会藐视他这个皇帝；如果他胆敢与法律为敌，那人民就会愤怒地与他为敌。经过一番痛苦的权衡之后，威廉一世不得不向法律低头，完完全全按法庭的判决书去照办。

一座崭新的磨坊又矗立在桑苏西宫墙外，150 大元也送到了老头儿手上。

磨坊主告国王的案例，终于得到了一个圆满的结局。

至此，“磨坊主告国王”的故事似乎已经讲完。但且慢，据说，出乎所有人意料地，这故事还有一段极为感人的后话……

那是在官司打完的几十年之后了。那时候，骄横的国王威廉一世，与倔强的磨坊主老头都已经先后去世，尘归尘，土归土了。威廉一世的孙子，已当上了德意志的第二个皇帝。而当年磨坊主倔老头儿的儿子，也默默地继续当他的第二代磨坊主。不过，他也快变成一个老头儿了。那座由法院判罚威廉一世重建的新磨坊，经过几十年的风吹雨打，也开始变得有点残旧。老人、孩子、旧磨坊，加上生意萧条，风雨飘摇，第二代磨坊主老头面临着倒闭破产的困局。在万般无奈之下，他猛然想起了这一宗陈年旧官司。他咬咬牙给威廉二世写了一封信，表示想将上一代未达成的交易，由这一代来完成，即把这座旧磨坊出售给威廉二世。

威廉二世接到信后，却非常认真地反复思考了整件事的前前后后。他认为，这件事既表现了德国人民的法治传统，同时，又表现了威廉一世尊重法律的理性精神，从这个意义上来说，旧磨坊，可说是德意志全民族的一座丰碑。因此，再三思考之后，他亲自提笔，给磨坊主写了一封回信，随信赠给磨坊主6 000大元，让他渡过生活的难关，并劝他好好保存着祖先遗留的产业，也为德国保存着两家先辈所遵守的那种法治精神。收到威廉二世的信和钱之后，第二代磨坊主老头感动得热泪盈眶。他遵照皇帝的愿望，用这些钱对旧磨坊进行了大力的修葺，让它能容光焕发，一代一代地流传下去。时至当日，我们来到这柏林郊外的小镇，在桑苏西宫的围墙外，我们仍然能看到这座名闻遐迩的老磨坊。

微风吹来，树林沙沙响。在悠悠的蓝天白云下，在丹枫黄叶的掩映中，这座经历了几个世纪的老磨坊，年复一年，日复一日地，不知疲倦地，仿佛还在向我们诉说着这个“民权、法治”的古老故事……

——摘自《寻找法律的印迹》，法律出版社2005年版，略有删改。

## ☞案例分析：法治与法制化

1. 没有法治，就没有法制化。针对这件事情，西方法治主义的奠基人洛克说道：“风能进，雨能进，国王不能进。”意思是说我的房子虽然破旧，可能透风，也可能漏雨，但是风能随便进，雨能随便进，国王却不能随便进。因为家虽然残破，但在国王代表的公共权力和国家威慑力面前：至高无上的法律保障了它的独立、尊严与不容侵犯！这就是法治。

2. 法制化是法治的内容。在这个西方法律的经典案例里，可以说，是集中了西方法治精神的内核：那个又穷又倔的磨坊主老头，是在循法律的途径，去维护他的个人权利；波茨坦的市民们，不是发动战争暴乱而是到法院去列队游行，用和平的方式，去捍卫这个国家的法律正义；三位大法官则是在兢兢业业地履行“司法独立”、“公平正义”的司法原则。社会的一切矛盾与冲突都应置于法制的框架内解决，这就是西方人有事情就找法院的原因。法治社会就是以法律为至上权威的社会。中国目前并不缺少法律，而是缺乏法律至上的理念。

什么叫法治？这就是从上到下，人人都要依法办事，这才叫法治。

# 参考文献

教　材

杨　东：《人力资源管理》，重庆大学出版社 2005 年版。
李啸尘：《新人力资源管理》（第 2 卷），石油工业出版社 2000 年版。
张　德：《人力资源开发与管理》（第二版），清华大学出版社 2001 年版。
赵曙明：《人力资源管理与开发》，中国人事出版社 1998 年版。
余凯成：《人力资源管理》，大连理工大学出版社 1999 年版。
吴国存，李新建：《人力资源开发与管理概论》，南开大学出版社 2001 年版。
郑绍濂，陈万华，杨洪兰：《人力资源开发与管理》，复旦大学出版社 1995 年版。
卢福财，庄凯：《人力资源管理》，经济管理出版社 2003 年版。
梁裕楷，袁兆亿，陈天祥：《人力资源开发与管理》，中山大学出版社 2000 年版。
赵西萍：《组织与人力资源管理》，西安交通大学出版社 1999 年版。
李盛平，陈子明：《职位分类与人事管理》，中国经济出版社 1986 年版。
付亚和：《工作分析》，复旦大学出版社 2004 年版。
萧鸣政：《工作分析方法与技术》，中国人民大学出版社 2002 年版。
廖泉文：《招聘与录用》，中国人民大学出版社 2002 年版。
苏永华，聂莎，彭平根：《人事心理学》，东北财经大学出版社 2000 年版。
沈亚平：《公共部门人力资源管理》，天津大学出版社 2003 年版。
姚先国，柴效武：《公共部门人力资源管理》，科学出版社、武汉出版社 2004 年版。
赵　曼：《公共部门人力资源管理》，清华大学出版社 2005 年版。
傅夏仙，吴晓谊：《公共部门人才资源管理基础》，上海人民出版社 2005

年版。
公共部门人力资源管理编写组：《公共部门人力资源管理》，中国国际广播出版社 2003 年版。
吴　江，胡冶岩：《公共部门人力资源管理》，中央党校出版社 2003 年版。
丛建阁：《公共部门人才资源开发与管理》，中国财政经济出版社 2002 年版。
吴肇基：《公共部门人力资源管理》，中国戏剧出版社 2001 年版。
陈昌文：《公共部门人力资源开发与管理》，四川人民出版社 2000 年版。
孙柏英，祁光华：《公共部门人力资源管理》，中国人民大学出版社 1999 年版。
刘　沂，赵同文：《公共部门人力资源管理概论》，华东理工大学出版社 2002 年版。
李德志：《人事行政学》，高等教育出版社 2001 年版。
谭　融：《公共部门人力资源管理》，天津大学出版社 2003 年版。
李文良：《公共部门与人力资源管理》，吉林人民出版社 2003 年版。
王　珉：《公共部门人力资源管理教程》，中国传媒大学出版社 2004 年版。
余兴安，段尔：《公共部门人力资源管理》，中国国际广播出版社 2002 年版。
边慧敏：《公共部门人力资源管理》，西南财经大学出版社 2003 年版。
萧鸣政：《人力资源开发与管理——在公共组织中的应用》，北京大学出版社 2005 年版。
张泰峰，［美］Eric Reader：《公共部门人力资源管理》，郑州大学出版社 2004 年版。
腾玉成，俞宪忠：《公共部门人力资源管理》，中国人民大学出版社 2003 年版。
徐　芳：《培训与开发理论及技术》，复旦大学出版社 2005 年版。

著　作

萧鸣政：《工作分析的理论与方法》，兵器工业出版社 1997 年版。
冉　斌：《工作分析与组织设计》，海天出版社 2002 年版。
华茂通：《现代企业人力资源解决方案》，中国物资出版社 2003 年版。
萧鸣政：《人员测评理论与方法》，中国劳动社会保障出版社 2004 年版。
张品乾：《企事业人员素质测评》，北京科学技术出版社 1986 年版。
郑日昌：《心理测量》，湖南教育出版社 1987 年版。
费英秋：《素质的透视与测评》，中国物资出版社 1994 年版。

谢　一，杨开忠：《劳动力流动与区域经济差异》，新华出版社 2005 年版。
向　洪，李向前、邢未萍：《人才资本》，中国时代经济出版社 2002 年版。
王通讯：《人才资源论》，中国社会科学出版社 2001 年版。
王　倩：《经典用人谋略全鉴》，地震出版社 2006 年版。
韩庆祥：《企业行为管理》，中国经济出版社 2003 年版。
袁　坤：《哈佛人才管理学》，中国三峡出版社 2000 年版。
袁俊昌：《人的管理科学》，中国经济出版社 2003 年版。
林玉梅：《21 世纪中国中小型城市人才资源开发与管理》，中共中央党校出版社 2003 年版。
桂昭明：《人才资源经济学》，蓝天出版社 2005 年版。
魏海波、史宇航：《行政管理学简明词典》，江苏人民出版社 1986 年版。
刘俊生：《公共人事管理比较分析》，人民出版社 2001 年版。
李和中：《21 世纪国家公务员制度》，武汉大学出版社 2006 年版。

译　著

[美] 罗伯特 · L · 马希斯、约翰 · H · 杰克逊，李小平译：《人力资源管理培训教程》，机械工业出版社 1999 年版。
[美] R · 韦恩 · 蒙迪、罗伯特 · M · 诺埃，葛新权、郑兆红、王斌等译：《人力资源管理》（第六版），经济科学出版社 1998 年版。
[美] 恩尼斯待丁、麦克米科，安鸿章等译：《工作岗位分析的方法与应用》，中国建材工业出版社 1991 年版。
[美] 勒波尔夫，徐文栋、张玉姝译：《奖励：用人之道》，南海出版公司 1991 年版。
[美] 罗纳德 · 克林格勒、约翰 · 纳尔班迪：《公共部门人力资源管理：系统与战略》，中国人民大学出版社 2001 年版。
[美] T · 赞恩 · 里夫斯，句华等译：《公共部门人力资源管理案例》，中国人民大学出版社 2004 年版。
[美] 拉塞尔 · M · 林登，汪大海等译：《无缝隙政府：公共部门再造指南》，中国人民大学出版社 2002 年版。
[美] 戴维 · 奥斯本，谭功荣等译：《摒弃官僚制：政府再造的五项战略》，中国人民大学出版社 2002 年版。
[美] 戴维 · 奥斯本，特德 · 盖布勒：《改革政府：企业精神如何改革着公营部门》，上海译文出版社 1996 年版。

[美] B·盖伊·彼得斯：《政府未来的治理模式》，中国人民大学出版社 2001 年版。
[美] 麦克尔·巴泽雷：《突破官僚制：政府管理的新愿景》，中国人民大学出版社 2002 年版。
[美] 珍妮特·V·登哈特，罗伯特·B·登哈特：《新公共服务：服务而不是掌舵》，中国人民大学出版社 2004 年版。
[美] 乔治·弗雷德里克森：《公共行政的精神》，中国人民大学出版社 2004 年版。
[美] 赫伯特·A·西蒙：《管理行为》，机械工业出版社 2004 年版。

## 论　文

阎　薇：《人力资本特性及其激励》，《经济师》2005 年第 1 期。
王通讯：《人才资源开发的国际背景和若干概念》，《青岛远洋船员学院学报》1998 年第 1 期。
李　强：《人力资源工作分析研究》，《科学管理研究》2006 年第 1 期。
张　宇：《浅谈工作分析的历史渊源》，《经济师》2006 年第 3 期。
龚志刚：《工作分析在人力资源管理中的运用》，《湖南税务高等专科学院学报》2005 年第 6 期。
李文东：《工作分析的新趋势》，《心理学进展》2006 年第 3 期。
曲真儒：《我国职位分类模式的演变及特点》，《大连干部学刊》1996 年第 3 期。
负　杰：《试析美国职位分类简化趋势及其对我国的启示》，《行政论坛》1997 年第 4 期。
周润仙：《论工作分析、职位评价和职位分类之间的关系》，《科技创业月刊》2004 年第 11 期。
何　伟：《组织扁平化理论和行政体制创新》，《探索》2003 年第 2 期。
徐拥军：《“知识人”假设与知识型员工激励模式》，《经济师》2004 年第 2 期。
李华芳：《中国古代与西方激励方法之借鉴》，《成都行政学院学报》2003 年第 6 期。
刘善敏：《人力测评技巧》，《广东经济》2002 年第 7 期。
朱武生：《人力测评体系建立的几个问题》，《人事管理》2002 年第 6 期。
刘元英，曲　丹：《我国人才测评的功能及其现状和发展》，《黑龙江社会科学》2004 年第 2 期。
朱鉇华，张华处：《我国人才测评存在的问题及对策》，《中国人力资源开发》2004 年第 6 期。
杨东涛，朱武生：《人才测评在人力资源管理中的运用研究》，《南京社会科学》2003 年第 5 期。
徐晓芹：《心理测评与人才选拔》，《行政与法》1998 年第 3 期。
严于龙：《人口与就业》，《时事报告》2004 年第 1 期。
杨秀平，瞿学惠：《论优化人力资源的生态环境》，《天水师范学院学报》2003 年第 6 期。
朱达明：《人才生态环境建设策略》，《中国人才》2004 年第 6 期。
夏德根：《论经济全球化下的人才资源生态战略》，《管理纵横》2003 年第 11 期。
徐兆铭，乔云霞：《核心竞争力与人才资源》，《科技情报开发与经济》2005 年第 6 期。
商　敏：《现代企业人才招募分析》，《商业研究》2004 年第 10 期。
李建钟：《世界范围的人才流失现象及发展趋势》，《中国人力资源开发》2001 年第 3 期。
王小龙：《国有企业人才流失的契约性阻挠与社会福利损失：一种代理理论分析》，《经济研究》2002 年第 1 期。
张　旭：《我国人才流动和人才市场建设成效显著》，《中国人才》2003 年第 9 期。
韩承敏：《邓小平人才观与中国人才资源开发实践》，《苏州大学学报》2005 年第 1 期。
王通讯：《基于人才强国战略的人才资源开发》，《中国人才》2005 年第 2 期。
黄　艳，王　忠：《公共部门人力资源管理激励机制变迁》，《石家庄经济学院学报》2003 年第 10 期。
鲍方修：《公共部门人才激励模式探析》，《人事人才》2005 年第 3 期。
吴丽娟：《论我国公务员人才资源的市场化配置》，《湘潭师范学院学报》2005 年第 2 期。
杭天珑：《积极推进干部人才资源的市场化配置》，《领导科学》2002 年第 12 期。
陈　魁：《社会与政府间人事流动的挤压与吸纳效应》，《中国行政管理》2004 年第 4 期。